〈第7版〉 事例からみる
重加算税の研究

八ッ尾順一 著

清文社

【第7版】発刊にあたって

　平成12年6月に本書の初版を出してから、既に22年が経過した。今回の第7版は、前回の第6版（平成30年3月発刊）の出版から令和4年7月までの期間の法律・通達等の改正、判例・公表裁決の追加、そして税務統計資料の見直し等をしている。

　なお、令和2年度から同4年度までの間において、重加算税を含めて、加算税については、次の法律改正が行われた。

　　① 国外財産調書制度と加算税の軽減・加重・罰則（令和2年度税制改正）
　　② 電磁的記録に係る重加算税の規定（令和3年度税制改正）
　　③ 隠蔽・仮装と「必要経費の否認」「損金不算入」（令和4年度税制改正）

　これらの税制改正によって、重加算税を含む他の加算税の取扱いが煩雑になったことは間違いないであろう。

　また、前回に続き、平成29年から令和3年に公表された裁決の中で、重加算税に係るものを抽出し、その「隠蔽・仮装」に係る判断基準を検討分析した。この公表された裁決では、課税庁が行った重加算税の賦課決定処分が多く取り消されている。

　その他に、重加算税に係る国税庁の税務統計資料データも刷新した。令和2年、同3年は、コロナ禍で、税務調査の件数が大幅に減少している。その反面、悪質な納税者の割合が高くなっている。

　なお、平成28年度税制改正において、重加算税における「隠ぺい」というひらがなの表記が「隠蔽」という漢字に改正された。したがって、本書においても、判例・裁決等の原文はそのままとし、その他のものについては、「隠蔽」に変更している。

本書が、税理士、公認会計士、弁護士、そして経理担当者らが、税務調査などの税の実務の中で、判断を迷われたときに、役立つことを期待している。

　今回は、清文社の編集部の長砂太賀氏に、編集・校正等で大変お世話になった。ここに厚くお礼を申し上げたい。

　　令和4年9月

八ツ尾　順一

は し が き (初版)

　税の実務上、「重加算税」の取扱いは、曖昧模糊としている。課税庁の税務執行をみても、重加算税を賦課決定することに対して、客観的な基準を持っているようにも思えないし、納税者（その代理人である税理士も含めて）自身も重加算税を課せられることに対して、確固たる基準がないために反論ができない。このように、重加算税に対しては、課税庁も納税者も今まで十分に「隠ぺい・仮装」ということの吟味がなされないままに、課税庁の一方的な裁量によって処理されてきたのである。ここ最近では、否認事項に対する重加算税の賦課決定が増加している（また、地域によって重加算税の賦課決定割合が異なっている）といわれるものの、その原因が納税者にあるのか、それとも、単に調査官の拡大解釈によるものか、定かではない。その意味では、「重加算税」の課税要件を明らかにすることが望まれる。

　このような点を鑑みて、今回、日本税理士会連合会の諮問機関である税制審議会でも、「重加算税制度の問題点について」（平成12年2月14日）と題して、答申を提出している。

　その内容は、次の3項目について述べられている。

　①　隠ぺい・仮装の意義と執行上の問題点

　②　現行法令上の問題点

　③　重加算税の賦課基準等の開示と理由附記制度の創設

　本書は、過去の重加算税の裁決・判例等を中心に検討し、その中から、重加算税の賦課要件（判断基準）である「隠ぺい・仮装」をできるだけ具体化し、そのポイントを示すことを目的としたものであるが、重加算税の考え方については、上記審議会の答申でも述べられているように、判例等においてもまだ統一されていない部分が多くあり、また、類似するような事件であっても、事実認定によって、その判断が異なるケースが多くみられる。したがって、本書に

おいて裁決・判例から要約した結論（ポイント）も、できるだけ単純で、明快なものにするように心掛けたつもりであるが、必ずしも統一されたものではない。その他、本書では、図解・設例等を多く用いて、読者に分かりやすいようにと心掛けたつもりである。ただ、本書を執筆するに際して、十分な時間を確保することができなかったため、「重加算税の論点」が一部漏れているかもしれない。この点については、読者から忌憚のないご意見をお願いしたいと考えている。

　本書の企画を持ち込まれた、清文社・取締役・出版開発室長の吉永洋輔氏には、延び延びになった原稿で大変ご迷惑をかけ、また、同社の坂田啓氏には、編集・校正などで懇切ていねいな配慮をしていただき、本書の全体的な見直し作業は、いつものことながら、深川輝明氏（元国税審判官・税理士）にお願いした。

　これらの方々には、本当に厚くお礼を申し上げたい。

　　平成12年6月

　　　　　　　　　　　　　　　　　　　　　八ッ尾　　順一

第1章

第6章　税務調査と重加算税 ‥‥‥‥‥‥‥‥‥‥‥‥‥‥ *301*

第7章 重加算税の具体的な対応策 ･･････････････････ *369*

第8章 脱税（ほ脱）と重加算税 ･･････････････････････ *377*

裁決・判例一覧表

加算税の種類と目的

1 種類、目的、性格

　加算税は、「申告納税制度」及び「徴収納付制度」の定着と発展を図るため、納税義務者の申告義務及び徴収納付義務が適正に履行されない場合の行政制裁として賦課徴収されるものである。

　加算税は、次図の①〜④の４種類に分類されるが、それに「延滞税」及び「利子税」を加えたものを附帯税（通法２四）という。

【国　税】

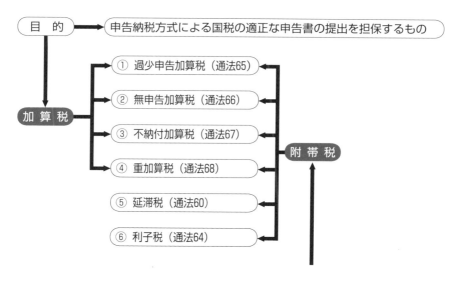

その性質（付随性）上、本税と一体的なもので、本税についての課税処分が取り消されると、附帯税もその課税根拠を失い、消滅してしまう。

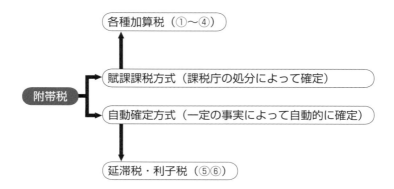

種　類	課　税　要　件
① 過少申告加算税	申告期限内に提出された納税申告書に記載した金額が過少で修正申告又は更正する場合
② 無申告加算税	申告期限までに納税申告書を提出しないで、期限後申告又は決定する場合と期限後申告又は決定があった後に、修正申告又は更正する場合
③ 不納付加算税	源泉徴収などにより納付すべき税額を法定納期限までに納付しないで、法定納期限後に納付又は納税の告知をする場合
④ 重加算税	・過少申告加算税が課される場合に、国税の計算の基礎となる事実を隠蔽・仮装したところに基づき納税申告書を提出した場合 ・無申告加算税が課される場合に、同様の不正行為がある場合 ・不納付加算税が課される場合に、同様の不正行為がある場合

事例 ◆ **贈与税と無申告**（相続税法7条／みなし規定）

> ◎**要旨**（東京地裁平成19.8.23判決）
> 　親族から土地の持分を買った原告らが、当該購入代金額は相続税法7条の規定する「著しく低い価額の対価」であり時価との差額は贈与による取得と見なされるとして、贈与税の決定または更正およびこれに伴い無申告加算税または過少申告加算税の賦課決定を受けたため、原告らが、当該代金額は相続税評価額と同額であるから同条は適用されず各処分は違法であると主張して、取消を求めて提訴した事案において、「著しく低い価額」の対価とは、経済的合理性がないことが明らかな場合をいい、財産の種類、性質、取引の実情等を勘案して、社会通念に従って判定されるべきであり、相続税評価額と同水準の価額かそれ以上の価額を対価とした場合には原則として「著しく低い価額」とはいえないと判示し、本件各売買の代金額はいずれも「著しく低い価額」にあたらないとして、原告らの請求を認容した。

コメント

　この事例では、土地購入者二人に対して、同時に、相続税法7条が適用されたのであるが、一人は、その年に、たまたま、他から贈与を受けて、贈与税の申告をしていたことから、みなし贈与に関して「過少申告加算税」が賦課決定され、他の一人はその年に他からの贈与がなかったため、贈与税の申告をしていなかった故に「無申告加算税」が賦課決定されたのである。この取扱いの違いについて、両人は、本件贈与に関して、同じ状況（無申告）であるにもかかわらず、異なる加算税が課せられるということについて、制度そのものの見直しが必要かと思われる。

	国税を法定納期限までに完納しない場合 （納期限の翌日から納付までの期間） 【延滞税の計算】 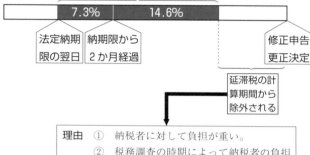 理由 ① 納税者に対して負担が重い。 　　 ② 税務調査の時期によって納税者の負担 　　　が異なり、不公平となる。 　(注)　ただし、「偽りその他不正の行為」に該当す 　　　る場合は、全期間に延滞税が課せられる（通 　　　法61）。したがって、最長7年間に延滞税が課 　　　せられると、その負担は、重加算税を超える 　　　ことになる。
⑤　延滞税	

　最高裁平成26.12.12判決によって、国税通則法61条2項の改正（平成28年度）が行われ、次の期間は延滞税は課されない。

・国税通則法24条の減額更正があった場合

　　その申告により納付すべき税額の納付日（その日がその国税の法定納期限前である場合には、法定納期限）の翌日から修正申告書が提出され、又は当該増額更正に係る更正通知書が発せられた日までの期間

・国税通則法23条の更正の請求に基づいてされた場合

　　その申告により納付すべき税額の納付日（納付日が法定納期限前である場合には、法定納期限）の翌日から増額更正等までの期間。ただし、減額更正がなされた日か

		ら 1 年を経過する日までの期間は除く。
		（注）　なお、上記「申告により納付すべき税額」のうち、未納の税額については、減額更正（減額更正が納税者からの更正の請求に基づきされたものである場合にあっては、その減額更正がされた日から 1 年を経過する日）までの間、延滞税の対象とされる。
⑥	利子税	国税について延納が認められた場合（延納期間）

（注 1 ）　平成11年度税制改正の一環として、現在の超低金利の状況を勘案し、利子税等の軽減を図るため、当分の間の措置として、租税特別措置法において、利子税、延滞税（年7.3％の割合の部分に限る）及び還付加算金の割合の特例制度が創設された。この制度は、平成12年 1 月 1 日から施行されている。

　平成25年12月31日以前の利子税（相続税及び贈与税の利子税を除く）及び延滞税（年7.3％の割合の部分に限る）は、年単位（ 1 月 1 日～12月31日）で適用し、年「7.3％」と「前年の11月30日の日本銀行が定める基準割引率＋ 4 ％」のいずれか低い方の割合であった。

　平成26年 1 月 1 日から令和 2 年12月31日までの延滞税は次のとおりである。
　　①　納期限までの期間及び納期限の翌日から 2 月を経過する日までの期間
　　　→年「7.3％」と「特例基準割合＋ 1 ％」のいずれか低い割合（下表①の割合）
　　②　納期限の翌日から 2 月を経過する日の翌日以後
　　　→年「14.6％」と「特例基準割合＋7.3％」のいずれか低い割合（下表②の割合）

期間	割合	
	①	②
平成26年 1 月 1 日～平成26年12月31日	2.9%	9.2%
平成27年 1 月 1 日～平成27年12月31日	2.8%	9.1%
平成28年 1 月 1 日～平成28年12月31日	2.8%	9.1%
平成29年 1 月 1 日～平成29年12月31日	2.7%	9.0%
平成30年 1 月 1 日～令和 2 年12月31日	2.6%	8.9%

　　なお、「特例基準割合」とは、各年の前々年の10月から前年の 9 月までの各月における銀行の新規の短期貸出約定平均金利の合計を12で除して得た割合として各年の前年の12月15日までに財務大臣が告示する割合に、年 1 ％の割合を加算した割合をいう。
　　令和 3 年 1 月 1 日以降の延滞税は次のとおりである。

期間	割合	
	①	②
令和 3 年 1 月 1 日～令和 3 年12月31日	2.5%	8.8%
令和 4 年 1 月 1 日～令和 4 年12月31日	2.4%	8.7%

利子税及び還付加算金の割合は、次のとおりである。

期間	割合
平成26年1月1日〜平成26年12月31日	1.9%
平成27年1月1日〜平成27年12月31日	1.8%
平成28年1月1日〜平成28年12月31日	1.8%
平成29年1月1日〜平成29年12月31日	1.7%
平成30年1月1日〜令和2年12月31日	1.6%
令和3年1月1日〜令和3年12月31日	1.0%
令和4年1月1日〜令和4年12月31日	0.9%

(注2)　過怠税は、印紙税の課税文書の作成者が、印紙を課税文書に貼付し、消印しなかった場合に課される附帯税である。

　　　印紙税を納付しなかった場合には、納付しなかった印紙税の額とその2倍に相当する金額との合計額になる（印法20①）。

　　　なお、次図に示すように、過怠税のうち、納付しなかった印紙税の額に相当する部分は、本来の税額の追徴であって、附帯税ではない。

(注3)　延滞税については、「延滞税の計算期間の特例規定の取扱いについて」の通達がある（121頁参照）。この通達では、次の2つのケースにおいてのみ特例規定の通用はないとしている。

　　① 重加算税が課される場合

　　② 通告処分若しくは告発がなされた場合

(注4)　平成17年度税制改正において、関税についても重加算税の規定が創設された（関法12の4）。

　　　重加算税制度の導入理由として、水谷年宏関税局調査保税課課長補佐は、次のように述べている（「ファイナンス」2005.4（29頁））。

　　　「……適正な関税を納付しない悪質な輸入者に対しては、過失等により誤った申告を行った者よりも重い経済的措置を確実に課すことにより、適正な納税申告の履行を促すことが効果的であると考えられる。このため、今般事後調査の充実施策のひとつとして、申告納税方式が適用される貨物について、隠ぺい又は仮装により、納税申告をせず、又は誤った納税申告を行った者に対して、重加算税を課すこととしたものである。……」

【地方税】

過少申告加算金,不申告加算金及び重加算金は,納税者の自主的な税務計算及び納付を建前とする申告納税制度の秩序を維持するため,法の適正な執行を妨害する事実又は行為の防止と制裁措置の性質をもつ負担として課される罰科金的な性格を有する追徴金とされている。

加 算 金

過少申告加算金（過少申告加算税に相当）

不申告加算金（無申告加算税に相当）

重加算金（重加算税に相当）

延滞金は,地方税法に定められた本来の納期限までに適正な納税が実現されない場合に,延滞金を負担させて,他の適正な納税者との均衡（負担の公平）を確保しようとするものである。延滞金には,次に示す例のように,「損害賠償金」と「利子」との2つの性格を有している。

地法72の45の「延滞金」 ━━▶ 損害賠償金の性格

地法72の45の2の「延滞金」 ━━▶ 利子相当の性格

延滞金（延滞税と利子税に相当）

■税金を納期限までに納付しないとき
　○納期限の翌日から1か月を経過する日まで→年7.3％（日歩2銭）
　○それ以後納税の日まで→年14.6％（日歩4銭）

(注) 延滞金の計算の基礎となる税額に1,000円未満の端数があるときはこれを切り捨て,また,その税額の全額が2,000円未満であるときは加算されない。算出された延滞金額に100円未満の端数があるときはこれを切り捨て,また,延滞金額の全額が1,000円未満であるときは,延滞金はかからない。

■延滞金の特例措置
　暫定的な特例措置として,納期限までの期間及び納期限の翌日から2月を経過する日までの期間については,年「7.3％」と「特例基準割合＋1％」のいずれか低い割合を適用し,納期限の翌日から2月を経過する日の翌日以降については年「14.6％」と「特例基準割合＋7.3％」のいずれか低い割合が適用される。

地方税の中で、申告納税方式を採用している税目が対象になる。

利子等に係る県民税、法人の事業税、県・市たばこ税、ゴルフ場利用税、自動車取得税、軽油引取税、事業所税、入湯税等

(注) 個人の事業税は賦課課税方式を採用しているので,加算金の規定は設けられていない。なお,地方税法では,賦課課税のことを「普通徴収」という（地法1①七）。

種　類	内　容
①　過少申告加算金	期限内に申告した場合で、申告額が実際より少額のため、後日増額の修正申告をしたり、増額の更正を受けた場合 **増加した税額の10％＋加重対象税額の５％** ㊟　加重対象税額＝増加した税額－期限内申告額又は50万円のいずれか多い方の金額 ■設例 　　期限内申告税額　　　　　100,000円…① 　　更正による税額　　　1,000,000円…② 　　増差額②－①　　　　　　900,000円 　　900,000円×10％＝90,000円…③ 　　100,000円　　＜　　500,000円 　　900,000円－500,000円＝400,000円 　　400,000円× 5 ％＝20,000円…④ 　　③＋④＝110,000円（過少申告加算金）
②　不申告加算金	申告しなかった場合又は期限後に申告した場合 　　→**納める税額の15％又は20％** 　　　※法定申告期限が平成19年１月１日以降に到来するものについては、納める税額が50万円を超える部分については20％になる。 ただし、地方自治体の調査による決定があることを予知しないで期限後に申告した場合は、納める税額の５％であるが、その申告書が法定申告期限から２週間以内に提出され、かつ、その申告書に係る納付すべき税額の全額が法定納期限までに納付されている等の期限内申告書を提出する意思があったと認められる場合には、不申告加算金は課されない。

③　重加算金	二重帳簿などを作成して、隠蔽又は仮装によって税を免れようとした場合には、過少申告加算金、不申告加算金に代えて賦課 　　　期限内申告の場合　　　──→35% 　　　期限後又は無申告の場合──→40%

■法人事業税と重加算金

　法人の都道府県民税、区市町村民税には加算金はない。しかし、法人の事業税については、国税と同じく、過少申告加算金は、10%又は15%、不申告加算金は15%又は20%とされている。ただし、これも法人税の更正の通知の日（又は修正申告書の提出日）から1月以内に法人事業税の修正申告書が提出された場合には、過少申告加算金は徴収されず、不申告加算金（15%又は20%）は5%に軽減される（地法72の46）。

　ところが、重加算金については軽減の規定がない。法人の事業税の重加算金については、「……納税者が課税標準額の計算の基礎となるべき事実の全部又は一部を隠ぺいし、又は仮装し、かつ、その隠蔽し、又は仮装した事実に基づいて申告書を提出し、又は第72条の33第2項若しくは第3項の規定により修正申告書を提出したときは、道府県知事は、政令の定めるところにより、前条第1項に規定する過少申告加算金額の計算の基礎となるべき事業税の更正による不足税額又は修正により増加した税額（これらの税額の一部が、事業税額の計算の基礎となるべき事実で隠蔽され、又は仮装されていないものに基づくことが明らかであるときは、当該隠蔽され、又は仮装されていない事実に基づく税額として政令の定めるところにより計算した金額を控除した税額）に係る過少申告加算金額に代え、当該税額に100分の35の割合を乗じて計算した金額に相当する重加算金額を徴収しなければならない。」となっている（地法72の47）。

　この条文の文言から推測すると「道府県知事」が「隠蔽又は仮装」を判断することになっているはずなのであるが、実際は、知事は「隠蔽又は仮装」の判

断をせずに、税務署長が重加算税を賦課決定した場合に、自動的に「重加算金」を徴収することになっている。条文のどこにもそのようなことは記載されていないのであるが、それに関するところの「取扱通知」があるという。すなわち、「地方税法の施行に関する取扱いについて（道府県税関係）」（平10.4.1、自治府第51号、各都道府県知事あて自治事務次官通知）である。そこには「法第72条の47の規定によって重加算金を徴収する場合において、課税標準の基礎となるべき事実について仮装隠蔽が行われたかどうかについては、原則として法人税において仮装隠蔽の事実があるものとされたかどうかによって判定すべきものであること」と述べられている。しかし、一片の事務次官の通知によって、このような課税を行うことができるのかどうか疑問である。

　「隠蔽又は仮装」という納税者にとって極めて不利な認定をするのであるから、知事独自の判断をせずに、重加算金を課することは許されないと考えられる。さらに、納税者が税務署と重加算税の賦課決定処分を争っている最中であっても、知事は重加算金を徴収しようとする。独自の判断ができないというなら、少なくとも、重加算税の賦課決定処分が確定するまでは、重加算金の徴収は待つべきである。地方自治体は、国から税源移譲を欲するならば、もっと税務調査能力を養う必要がある。

❷ 加算税導入の経緯

　戦後（昭和22年度）、所得税、法人税そして相続税等の直接税において、「申告納税制度」が採用され、それに伴って加算税制度の前身である「追徴税制度」が導入された。したがって、申告納税制度を導入する前は、賦課課税制度を採用していたのであるから、追徴税（加算税）制度のようなものはなかった。

　戦前においては、課税庁が租税について、決定・徴収していたのであるが、このときにおいては、「期限内に納付されない（滞納）」ことと「税金をごまかす（脱税）」ことの2つに対する制度があった。

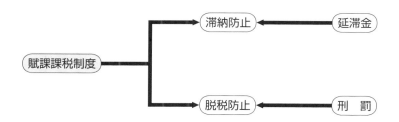

　（注）　明治44年12月7日に今日の延滞金制度（日歩3銭）が設けられたが、加算税のような制裁的な制度はなかった。

昭和25年4月から「追徴税制度」が廃止され、以下の加算税制度が設けられた。

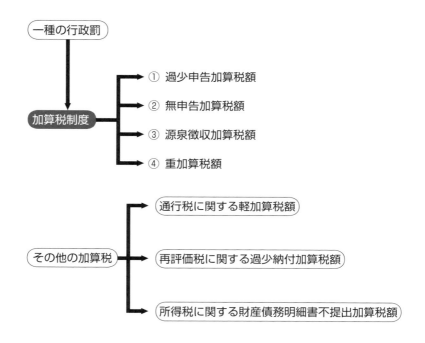

なお、シャウプ使節団の日本税制報告書、いわゆる「シャウプ勧告」の中には、刑事罰と行政罰について次のように述べられており、重加算税の制度を採用すべきであるとしている。それは、刑事罰とはまた別個に、税の一部として徴収すべきであるとしている。

「a　納税申告を怠った場合
　　現在納税申告書が提出されなくとも罰則を受けることはないようである。法律は故意に申告の提出を怠った場合、それが刑事犯であることを明記するよう改正しなければならない。それに加えて民事罰も規定すべきである。かかる民事罰は、事実上税の一部となるから徴収と同様な方法で取り立てるべきである（同報告書38・39頁）。」
「現在詐欺事件に適用される唯一の罰則は、その適用に起訴を必要とする刑罰

である。詐欺行為は処罰されないで黙認するわけにはいかない。各事件ごとに刑罰を科する必要から免れるため民事詐欺罰則を採用することを勧告する。このような罰則では納税額の一部分たりとも欠けていた場合、それが脱税を意図して詐欺によったときはその不足分を支払うように、不足分の60％を支払わなければならない。この罰金はそれが事実上の税の一部となるから税と同様な方法で徴収すべきである（同報告書40頁）。」

　昭和28年には「重加算税額」についての算定基準の改正が行われた。すなわち、改正前では、重加算税額の課税要件である「隠蔽又は仮装の行為」に基づいた場合、それに係る税額のみではなく、すべての不足税額について重加算税額が課されていたのであるが、これに対しては、不合理であるとの批判があり、隠蔽又は仮装された事実に基づく税額のみに重加算税額を課すことになった。

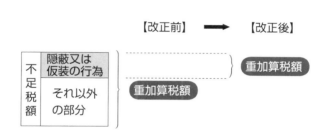

　昭和36年7月の税制調査会では、次のような「国税通則法の制定に関する答申」がなされた。

　　重加算税の性質について、それが税として課されるところから形式的には申告秩序維持のためのいわゆる行政罰であるといえようが、その課税要件や負担の重さからみて、実質的に刑罰的色彩が強く、罰則との関係上二重処罰の疑いがあるのではないかという意見がある。前記一・1にみたように重加算税は、詐欺行為があった場合にその全部について刑事訴追をすることが実際問題として困難であり、また必ずしも適当でないところから課されるものであることは否定できない。
　　しかし、そのことから同一事件に対し懲役又は罰金のような刑事罰とを併科することを許さない趣旨であるということはできないであろう。
　　むしろ、重加算税は、このような場合において、納税義務の違反者に対してこれを課すことにより納税義務違反の発生を防止し、もって納税の実を挙

げようとする行政上の措置にとどまると考えるべきであろう。したがって、
　　重加算税は、制裁的意義を有することは否定できないが、そもそも納税義務
　　違反者の行為を犯罪とし、その不正行為の反社会性ないしは反道徳性に着目
　　して、これに対する制裁として科される刑事罰とは、明白に区別すべきであ
　　ると考えられる。
　　　このように考えれば、重加算税を課すとともに刑事罰に処しても、二重処
　　罰と観念すべきではないと考える。

　昭和37年の改正では、次のように「加算税額」が、それぞれ「加算税」とな
った。

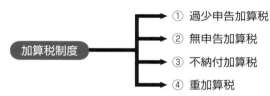

〔改正内容〕

・②無申告加算税と③不納付加算税について、改正前では遅延期間
　に対応してそれぞれの率が定められていたが、改正後は期間に関
　係なく一律10%とした。

・重加算税については、他の加算税との併課を廃止し、税率を改正
　前の50%から30%又は35%に、それぞれ軽減された（下図参照）。

重　加　算　税	率
過少申告加算税に代える場合	30%
無申告・不納付加算税に代える場合	35%

　従前の「利子税額」及び「延滞加算税額」が廃止され、延滞税が新たに設け
られ、制度の簡素化が図られた。

税制調査会の中間答申（昭和58年11月）

　現在の過少申告加算税の5％の割合ないし無申告加算税の10％の割合については、申告秩序維持のための行政制裁としては軽きに過ぎ、これにより納税義務違反の発生を防止し、もって納税の実を挙げようとする行政上の措置としては必ずしも十分ではないと考えられるので、現行の過少申告加算税等の率を二段階制とし、一部を加重して、多額の申告漏れがある者等については、例えば申告漏れの割合、追徴税額等に応じて現在の加算税をより高い率で賦課できるとする規定を設けるべきである。

　昭和59年の改正では、過少申告加算税の二段階制（5％及び10％）が導入された。すなわち、不足税額が、期限内申告税額又は50万円のいずれか多い金額を超えるような場合には、その超える部分については、より高い（10％）割合を課されることになった。

趣　旨
　申告漏れの大きさによって、加算税の負担に差を設け、申告水準の維持向上を図るため。

設　例

　　　期限内申告税額＠　　　　　1,000,000円
　　　更正により納付すべき税額　3,000,000円

（更正により納付すべき税額）

　昭和62年の改正では、過少申告加算税の割合が5％から10％に引き上げられるとともに、加重される部分の割合も10％から15％に引き上げられた。重加算

税も同様に、それぞれ5％ずつ引き上げられ、35％及び40％となった。無申告加算税の割合も10％から15％に引き上げられた。

　昭和63年12月に消費税法が制定され、課税資産の譲渡等に係る消費税については重加算税の制度を適用し、保税地域からの引取りに係る消費税については重加算税の制度を適用せず、その他の消費税等と同様に「通告処分」（間接国税犯則者に対する簡易な処罰手続）で対応することになった。その条文の改正は次のとおりである。

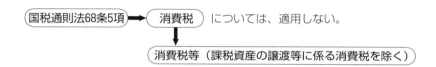

　なお、平成29年度税制改正によって、申告納税方式が適用される酒税等の間接国税については、そのほ脱等について、通告処分の対象から除外するとともに、関税法12条の4の規定にならい、重加算税制度が導入された。すなわち、酒税等の間接国税について重加算税の適用対象外とする国税通則法68条5項を削除することにより、申告納税方式が適用される酒税等の間接国税については、重加算税の適用対象となった（通法68①②④）。

【現在の各種加算税の割合】

各種加算税	要　件	割　合
過少申告加算税	修正・更正の場合	10%
	期限内申告税額と50万円のいずれか多い金額を超える部分の税額	超える部分の税額：5％加算
	更正を予知しない申告の場合	0%
	正当な理由がある場合	0%
無申告加算税 （注2）	期限後申告又は決定があった場合	15%又は20%（注1）
	更正・決定を予知しない申告の場合	5%
	正当な理由がある場合	0%
不納付加算税 （注3）	源泉徴収等が法定納期限まで未納の場合	10%
	納税告知を予知しない納付の場合	5%
	正当な理由がある場合	0%
重加算税	過少申告加算税に代えて課す場合	35%
	無申告加算税に代えて課す場合	40%
	不納付加算税に代えて課す場合	35%

（注1）　納付すべき税額が50万円を超える部分については、5％の割合を加算して適用する（通法66②）。

（注2）　調査があったことにより決定があるべきことを予知して提出されたものでない期限後申告書に係る「無申告加算税」については、その申告書が法定申告期限から1か月以内に提出され、かつ、その申告書に係る納付すべき税額の全額が法定納期限までに納付されている等の期限内申告書を提出する意思があったと認められる場合には、無申告加算税は課されない（通法66⑦、通令27の2）。

（注3）　調査があったことにより納税の告知があるべきことを予知して納付されたものでない法定納期限後に納付された源泉徴収による国税に係る「不納付加算税」については、法定納期限から1月以内に納付され、かつ、その納付前1年間法定納期限後に納付されたことがない等の法定納期限までに納付する意思があったと認められる場合には、不納付加算税は課されない（通法67③）。

■関西電力事件と平成18年度税制改正

　消費税の申告書をうっかり忘れて、12億円の無申告加算税を課された関西電力の事件については、平成18年度の税制改正で手当てされた。すなわち、「調査があったことにより決定があるべきことを予知して提出されたものでない期限後申告書に係る無申告加算税について、その申告書が法定申告期限から２週間以内に提出され、かつ、その申告書に係る納付すべき税額の全部が法定納期限までに納付されている等の期限内申告書を提出する意思があったと認められる一定の場合には、無申告加算税を課さない。」とされたのである（「平成18年度税制改正」）。

　関西電力株式会社は、平成14年４月１日から平成15年３月31日までの課税期間の消費税等の法定申告期限及び法定納期限である同年６月２日に、約247億円の消費税等の納付はしたものの、申告書を提出することを失念していた。平成15年６月12日に、所轄の北税務署の職員からの消費税等に係る申告書の提出の確認を受けて、初めて同申告書の提出がなされていないことに気づいた。

　その後、関西電力は、翌日の平成15年６月13日に消費税等の申告書を提出したのであるが、無申告加算税（期限後申告書の自発的な提出に当たるとして、「５％」が適用された）の賦課決定が行われたのである。

　平成18年度税制改正に記載されている事項（要件）をそのまま関西電力にあてはめると、関西電力は、①納付自体は法定納期限までに納付され、②申告も法定申告期限から２週間以内に提出されていることから、無申告加算税は課されないことになる。

　前年の裁判（大阪地裁・平成17．9．16判決）では、課税庁が勝訴したのであるが、なんとなく後味の悪い判決であった。申告書の提出の失念によって、12億円余りの無申告加算税の支払いが求められるという税法そのものに、世間は、どちらかといえば批判的であった。裁判所が、「申告義務の重要性」をどれほど強調しても、判決の結論に対して一般の納税者は素直に頷くことなく、関西電力に同情的であった。

　このような世間の冷たい視線を国は察知したのか、平成18年度の税制改正で

素早く対応したのである。もっとも同改正については、平成19年1月1日以後に法定申告期限が到来する国税についてから適用された（平成18年4月1日から適用してもよかったのではないかと思うが……）。

　無申告加算税については、同時に「無申告加算税の割合（改正前：15％）について、納付すべき税額が50万円を超える部分に対する割合を20％に引き上げる」という改正が行われた（平成19年1月1日以後に法定申告期限が到来する国税について適用された）。ペナルティーである無申告加算税の強化である。

　この改正の意味するところは、消費税の申告義務の水準が、平成17年度分から「課税売上高1,000万円以上」と改正されたために、零細事業者も消費税の申告義務が生じ、これらの申告割合を高める、すなわち、無申告割合を低くするために、無申告加算税の負担を重くしたのではないかと推測される。

■到達主義と発信主義

　申告等の効力の発生時期を判定する一般的基準については、一般的には、民法上の原則である「到達主義」（民法97①）によって、納税申告書等の提出（到達）の時にその効力が発生すると解されるが、国税通則法では、郵便事情等を考慮するとともに、納税者と納税当局との地理的間隔の差異に基づく不公正を解消するために、郵便又は信書便によって提出される納税申告書については、その郵便物又は信書便物の通信日付によって表示された日又はこれに準ずる日に提出があったものとみなしている（発信主義／通法22）。但し、改正民法（令和2年4月1日施行）では、FAX・電話・電子メールなどの通信手段が発達したため、旧民法526条1項が削除され、契約の承諾についても「到達主義」を採用することになった。

　なお、平成18年度税制改正によって、従来の納税申告書等に加えて、後続の手続に影響を及ぼすおそれのない書類として、別途、国税庁長官が定める書類についても、国税通則法22条の適用を受けることとなり、「国税通則法第22条に規定する国税庁長官が定める書類を定める件」として、国税庁長官告示（平成18年国税庁告示第7号）が平成18年3月31日に公布された。

❸ 申告納税制度と加算税

　申告納税制度の下における加算税制度は、前述したように、納税者に適正な申告納付を行わせる（適正に納付する者とそうでない者との権衡を図る）ための「ムチ」の役割を担っている。これに対して、「アメ」は、青色申告制度の特典である。この２つによって、申告納税制度は成り立っていると考えられる。

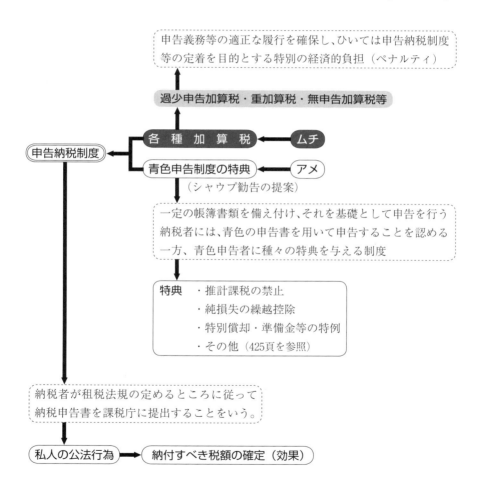

- 申告義務等の適正な履行を確保し、ひいては申告納税制度等の定着を目的とする特別の経済的負担（ペナルティ）

過少申告加算税・重加算税・無申告加算税等

各　種　加　算　税　←　ムチ

申告納税制度

青色申告制度の特典　←　アメ
（シャウプ勧告の提案）

- 一定の帳簿書類を備え付け、それを基礎として申告を行う納税者には、青色の申告書を用いて申告することを認める一方、青色申告者に種々の特典を与える制度

特典　・推計課税の禁止
　　　　・純損失の繰越控除
　　　　・特別償却・準備金等の特例
　　　　・その他（425頁を参照）

- 納税者が租税法規の定めるところに従って納税申告書を課税庁に提出することをいう。

私人の公法行為　→　納付すべき税額の確定（効果）

事例 ◇ **過少申告加算税の争いと重加算税**

重加算税の賦課の要件を充足するとしても、過少申告加算税の争いにおいて重加算税相当額を認定することは許されないとした事例（平成5.6.18裁決）

◎**要旨**

原処分庁は本件賞与が架空の賞与であり、国税通則法第68条第1項に規定する重加算税の課税要件を充足することは明らかであるから、当該規定に基づいて算定される重加算税に相当する額までの範囲内でされた過少申告加算税の賦課決定は正当である旨主張するが、仮装又は隠ぺいに係る事実認定に基づき別途重加算税の賦課決定を行うのはともかく、過少申告加算税の賦課決定の適否が争われている場合において、重加算税の賦課要件の存在することを理由に過少申告加算税に代えて重加算税の額を認定することは許されない。

ポイント

・隠蔽又は仮装に係る事実認定に基づき別途重加算税の賦課決定を行うのはともかく、過少申告加算税の賦課決定処分の適否が争われている場合において、重加算税の賦課要件の存在することを理由に過少申告加算税に代えて重加算税の額を認定することは、実質的に新たな不利益処分を行うに等しく許されない。

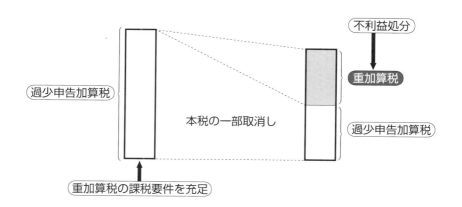

4 正当な理由

(1) 「正当な理由」に該当するケース

各加算税については、その発生した原因について「正当な理由」がある場合には、賦課決定されないと規定している。

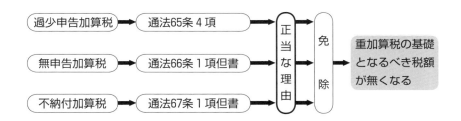

この「正当な理由」について、「申告所得税の過少申告加算税及び無申告加算税の取扱いについて（事務運営指針）」（平成12年7月3日）では、次の事実があるときに認めている。

① 税法の解釈に関し、申告書提出後新たに法令解釈が明確化されたため、その法令解釈と納税者の解釈とが異なることとなった場合において、その納税者の解釈について相当の理由があると認められること。

② 所得税の確定申告書に記載された税額につき、通則法24条の規定による減額更正があった場合において、その後修正申告又は通則法26条の規定による再更正による税額が申告税額に達しないこと。

③ 法定申告期限の経過の時以後に生じた事情により青色申告の承認が取り消されたことで、青色事業専従者給与、青色申告特別控除などが認められないこととなったこと。

④ 確定申告の納税相談等において、納税者から十分な資料の提出等があったにもかかわらず、税務職員等が納税者に対して誤った指導を行い、納税者がその指導に従ったことにより過少申告となった場合で、かつ、納税者

がその指導を信じたことについてやむを得ないと認められる事情があること。

その他、「相続税及び贈与税」、「法人税」、及び「消費税」についても、「正当な理由」について、それぞれ事務運営指針で規定している。

なお、旧所得税通達「696」では、過少申告加算税を課さない「正当な理由」として、次のケースを示している。

① 税法の解釈に関して、申告当時に公表されていた見解がその後改変されたため、修正申告をなし、又は更正を受けるに至った場合

② 災害又は盗難等に関し、申告当時損失とするを相当としたものが、その後予期しなかった保険金、損害賠償金等の支払を受け、又は盗難品の返還を受けた等のため、修正申告をなし又は更正を受けるに至った場合

③ その他真にやむを得ない事由があると認められる場合

次に、期限内申告書の提出がなかったことについて、「災害・交通・通信の途絶その他期限内に申告書を提出しなかったことについて真にやむを得ない事由があると認められるとき」は、正当な理由があると認められる。

なお、旧通達「518」では、無申告加算税を課さない「正当な理由」として、次のケースを示している。

① 交通、通信の途絶により期限内に申告書を提出することができなかった場合

② 通常であれば期限内に到達すべく期間前に発送したと認められるにもかかわらず、通信機関の事故により期限内に到達しなかった場合

③ 納税義務者が、申告時に重患その他の事由により意識又は身体の自由を失っていたため申告書を作成できず、かつ、他人をしてもこれを作成提出せしめることができない特別の事情があった場合

④ その他期限内に申告書を提出しなかったことについて、①から③までに準ずる宥恕（ゆうじょ）すべき特別の事情があった場合

源泉所得税を法定納期限までに納付しなかったことについては、次のケースにおいて、課税庁は「正当な理由」があると認めている。

① 税法の解釈に関し、給与等の支払後取扱いが公表されたため、その公表された取扱いと源泉徴収義務者の解釈とが異なることとなった場合において、その源泉徴収義務者の解釈について相当の理由があると認められるとき。

② 給与所得者の扶養控除等申告書、給与所得者の配偶者特別控除申告書又は給与所得者の保険料控除申告書等に基づいてした控除が過大であった等の場合において、これらの申告書に基づき控除したことにつき源泉徴収義務者の責めに帰すべき事由があると認められないとき。

③ 最寄りの収納機関が遠隔地であるため、源泉徴収義務者が収納機関以外の金融機関に税金の納付を委託した場合において、その委託が通常であれば法定納期間内に納付されるに足る時日の余裕をもってされているにもかかわらず、委託を受けた金融機関の事務処理誤り等により、収納機関への納付が法定納期限後となったことが、当該金融機関の証明書等により証明されたとき。

④ 災害、交通・通信の途絶その他法定納期限内に納付しなかったことについて真にやむを得ない事由があると認められるとき。

事例 ◆ **不納付加算税と正当な理由**（大阪高裁・平成3.9.26判決）

> ◎**要旨**
> 　源泉徴収義務者は、給与所得の受給者の申告内容に特に不審な点がなく、かつ、これに基づいて納付税額が正しく算出されている限り、後日、税務調査によりその非違が発見されたとしても、その不足税額を法定納期限までに納付しなかったことについて正当な理由がある。

なお、旧通達「701」では、不納付加算税を課さない「正当な理由」として、次のケースを示している。

① 税法の解釈に関し、給与等の支払の当時、公表されていた見解がその後改変されたため徴収しなければならなくなった場合

②　扶養親族又は障害者に該当することについて、給与等の支払の当時、徴収義務者の過失なくして控除したものが、その後の税務官庁の監査等により該当しないことが判明したため追徴を要するに至った場合

③　追徴した所得税を法定の納付期限内に納付できなかったことについて、前記通達「518」の①から③までに掲げるような事由がある場合

④　①から③までに掲げる場合のほか、真にやむを得ない事由がある場合

しかし、これらの通達に記載されている事項は例示であり、したがって、これらのケース以外にも、当然「正当な理由」は考えられる。

事例 ◆ 郵便物の投函と正当な理由（東京高裁・平成18.4 . 20判決）

> ◎要旨
>
> 　認定に係る事実関係の下では、被控訴人がA郵便局（無集配局）の業務時間内に郵便窓口で差し出した本件郵便物につき、当日の通信日付印が付き、当日提出のものとして取り扱われるものと信じて何ら疑わず、同郵便局前のポストに投函したり、集配局に提出するなどの措置を試みなかったことは、やむを得ないところがあって、責めることができず、これを期限後申告であるとして、無申告加算税を課するのは酷であるというべきである。したがって、本件には通則法66条1項ただし書きにいう「正当な理由」があると認めることができる。

(2)　「正当な理由」と租税法律主義

　正当な理由の文言が明確ではなく、租税法律主義（課税要件明確主義）に反するのではないかという見解がある。課税要件明確主義は、課税要件に関する規定は漠然としたものであってはならず、明確でなければならないという原則で、租税法律主義を支えている考え方である。すなわち、その規定そのものが漠然としたものであれば、結局、課税庁によってその判断が行われるということで、課税庁に対して白紙委任状を与えたものと同じことになってしまうとい

うのである。これは、租税法律主義の原則からいえば、相容れないことになる。

この点に関する「正当な理由」について、憲法違反ではないとの判例があるので、ここで紹介する。

事例 ◆ **正当な理由と租税法律主義**（横浜地裁・昭和51.11.26判決）

> ◎**要旨**
>
> 租税法律主義の下では、租税法規の課税要件、課税除外の要件が一義的明確に規定されることが望ましいことであるが、租税法規は複雑にして多様な、しかも、活発にして流動的な経済現象をその規制の対象としているところから、あらかじめ予想されるあらゆる場合を具体的に法定することは、立法技術上限界があり、やむを得ず不確定な概念を用いて抽象的概括的規定をすることも許されるといわなければならない。国税通則法65条4項にいう「正当な理由」とは立法技術上やむを得ず用いられた不確定概念と考えるのが相当であるし、また右にいう「正当な理由があると認められるものがある場合」に該当するかどうかは、法の解釈適用の問題として、いわゆる法規裁量事項と解されるから、行政庁の自由裁量を許したものでなく、まして行政庁に恣意的な解釈を許容したものではないことは明白であるから、この規定が憲法31条に違反するということはできない。

(3)　「正当な理由」の解釈基準

　石倉文雄教授が分類している「正当な理由」の解釈基準を示すと、次のような
ものが挙げられている（『日税研論集』日本税務研究センター、vol.13、1990年）（次図参照）。

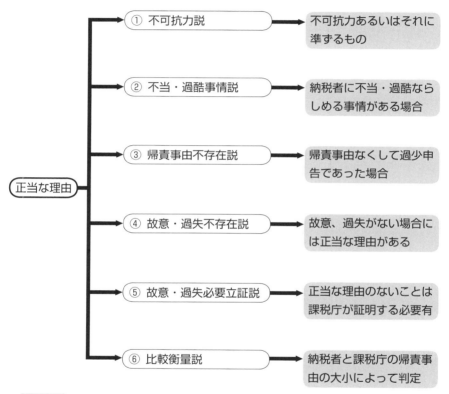

ポイント

・法律の不知は、「正当な理由」に該当しない。

・税務職員の誤指導等は、一般的に「比較衡量説」によって問題が解決される場合が多い。

・正当な理由によって過少申告加算税や無申告加算税が賦課されない場合には、重加算税も賦課されない。

・更正、再更正との関連において、繰越欠損金が絡む場合の「正当な理由」について、仙台地裁（平成8.9.9判決）は問題を提起している。

・源泉徴収による所得税の税額は「自動的に確定するもの」であるから、支払者である源泉徴収義務者が自らにおいて源泉徴収の有無の判断ができることが必要である。不納付加算税の「正当な理由」についてもこれらのことを考慮して判断されなければならない。

(注) 「加算税の賦課については申告納税制度を強調し『正当な理由』を厳格に解することは、現実の税務行政との乖離を生じ、税務行政に対する納税者の信頼を損なうおそれもある。正当な理由の判断に当たっては、帰責事由の範囲のとらえ方を柔軟にするなど現実の税務行政の実態を考慮したうえで『正当な理由』についての法判断がなされることが望ましいと考える。」とする山本守之氏の見解がある（『検証 税法上の不確定概念』中央経済社、2000年）。

(4) 平和事件と「正当な理由」

この「正当な理由」については、平和事件の東京高裁（平成11.5.31判決）で、納税者の主張が認められている。この事件は、原告である甲が、「平和」の株式を原告が支配する有限会社に譲渡するに際し、当該株式の取得資金を無利息かつ無期限で有限会社に貸し付けたところ、課税庁から、当該無利息貸付に対して所得税法157条(同族会社等の行為又は計算の否認等)を適用され、利息相当分の雑所得があるものとして所得税についての更正を受け、その後有限会社を解散したため貸付金が一部回収できなくなったとして更正の請求を行ったが、その理由がない旨の通知処分を受けたことから、更正及び通知処分に対する異議、審査請求を申し立てたが、審査請求についても一部棄却する旨の裁決を受けたために、更正、通知処分及び裁決の取消しを求めて出訴した事件である。

この事件の主要な論点は、同族会社の行為計算の否認規定である所得税法157条の適用の有無にあった。すなわち、甲は自己の支配するB社に株式の取得資金3,455億円を無利息（無担保かつ無期限）で貸し付け、B社はこの資金で甲所有のA社の株式(3,000株)を市場にて取得した。これに対して課税庁は、所得

税法157条を適用し、無利息貸付けに対する利息相当額（平成元年分141億円、2年分177億円、3年分177億円）を雑所得として更正処分を行った。無利息で貸し付けた金額があまりにも大きすぎたことが、同条の適用となった原因であると指摘されている。

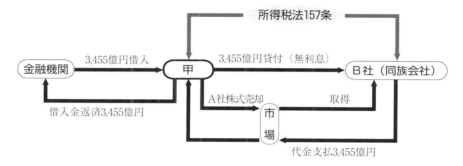

そして、もう1つの論点として、「正当な理由」の適用の有無がある。この事件では、納税者がこのような行為をしたのは、国税庁職員の編集・監修する課税実務解説書に、個人が法人に無利息で金員を貸し付けても、個人には課税問題が生じないと記載されていたからであると主張している。これに対して、東京地裁（平成9.4.25判決）は、「……いずれも通常想定される一般的な税務事例に則した解説書の性質を有する私的な著作物というほかなく、右にいう公的見解の表示と同視することはできないし、右いずれの記述をみても、当該無利息貸付けが経済的にみて不自然、不合理と認められるような場合を含めて常に本件規定の適用がないと述べているものとは解されない」と述べ、本件については信義則の適用によって加算税が取り消される余地はないと判断している。

　ただ、東京高裁は、国税職員の解説書を納税者が信じたことに関連して、東京地裁の判断を斥け、結局のところ「加算税をかけることが酷と思料される事情がある」と認定している。判決では、本件解説書は、地裁と同様に私的な著作物としながらも、「税務関係者がその編者等から判断して……記載内容が税務当局の見解を反映したものと認識し、すなわち、税務当局が個人から法人に対する無利息貸付については課税しないとの見解であると解することは無理から

ぬこと」との見解を述べている。

　ただ、最高裁（平成16.7.20判決）は、①著作物の内容と本件の事案が異なること、また、②当時の裁判例からそのような課税が予測できたとの判断から、上記東京高裁の判断を斥けている（下記判決要旨参照）。

◎要旨
　所得税法157条の規定の趣旨、内容からすれば、株主又は社員から同族会社に対する金銭の無利息貸付けに本件規定の適用があるかどうかについては、当該貸付けの目的、金額、期間等の融資条件、無利息としたことの理由等を踏まえた個別、具体的な事案に即した検討を要するものというべきである。そして、本件事実関係等によれば、本件貸付けは、3,455億円を超える多額の金員を無利息、無期限、無担保で貸し付けるものであり、被上告人がその経営責任を果たすためにこれを実行したなどの事情も認め難いのであるから、不合理、不自然な経済的活動であるというほかはない。当時明らかにされていた解説書の内容とは事案を異にするものであるし、当時の裁判例等に照らせば、Xの顧問税理士等の税務担当者においても、本件貸付けに本件規定が適用される可能性があることを疑ってしかるべきであったということができる。当該貸付けに係る利息相当分の利益が更正前の税額の計算の基礎とされていなかったことについて、国税通則法65条4項にいう正当な理由があったとは認めることができない。

⑸　ストックオプション事件と「正当な理由」

　「ストックオプション事件」で「正当な理由」があるとして、過少申告加算税の取消しが行われた。すなわち、海外親会社から受け取ったストックオプションにより得た利益が一時所得（納税者側主張）にあたるのか、給与所得（課税庁側主張）にあたるのかが争点となった事件で、課税庁側は、過去に行った加算税、延滞税の賦課決定を取り消す処分を行った。

　これは、加算税、延滞税を課した当時、課税庁の職員が執筆した書物の中で

も「一時所得」の見解が示されていたなど、課税庁の見解も固まっていなかったことから、納税者が課税庁の主張する給与所得として申告しなかったことにやむを得ない事情があったとして、取り消されたのである（横浜地裁・平成16.1.21判決）。

◎要旨

　国税通則法65条4項にいう「正当な理由」とは、過少申告加算税が、上記のように申告納税制度の下における適正な課税を担保するために課せられる行政上の制裁であることに照らして、申告納税者に対し、そのような制裁を課すことが相当ではないと認められる具体的な事情が存在する場合をいうものと解するのが相当である。本件において、Xは、従前平成10年分まではストックオプションの権利行使益を一時所得として申告するよう指導を受けていたため、平成11年分以降も、これを一時所得として申告してきたことには相当な理由があるというべきであるから、同年分以降の申告についても、過少申告加算税を課さない正当な理由があるというべきである。

　また、最高裁（平成18.10.24判決）も「正当な理由」に関して、「真に納税者の責めに帰することのできない客観的な事情があり、納税者に過少申告加算税を賦課することが不当または酷になる場合」と示し、「変更が通達に明記されたのは平成14年6月で、少なくともそれまでの間は、一時所得として申告をしても無理からぬ面がある」と判断している。本判決は、ストックオプションの権利行使益を一時所得としたことによる過少申告加算税についての「正当な理由」の有無について、最高裁が初めて判断したもので、税法の解釈に疑義がある場合に「正当な理由」が適用されるか否かを考える上で、参考になるものである。

(6)　延滞税の免除

　延滞税は、国税の納付遅滞に対して制裁的意義を有しているが、次のような納

税者にやむを得ない理由があるときは、その全部又は一部について免除される。

  ① 災害等による納税の猶予をした場合（通法46①②）

  ② 事業の廃止等による納税の猶予をした場合（通法46②③）

  ③ 換価の猶予をした場合（徴法151①）

  ④ 滞納処分の停止をした場合（徴法153①）

  ⑤ 災害による期限の延長をした場合（通法63①②）

 また、次の場合には、税務署長の裁量によって所定の額の延滞税を免除することができる。

  ① 納税の猶予又は換価の猶予をした場合において、その納税者において延滞税の納付を困難とする所定の事由が生じた場合（通法63③）

  ② 税務署長等が滞納国税の全額を徴収するために必要な財産を差押えし、又は納付すべき税額に相当する担保の提供を受けた場合（通法63⑤）

  ③ 納付委託等による国税の納付があったこと、震災・風水害・火災等の災害により国税を納付できなくなったこと等の特定の事由が生じた場合（通法63⑥）

⒩ なお、「物納申請についてされた徴収猶予の効果は、その後の修正申告に係る物納申請に対する徴収猶予には及ばないとして修正申告に係る延滞税の納税義務を認めた事例（平成9.11.27裁決）」がある。

5　更正を予知しないでした申告

　「更正の予知」の規定の趣旨については、申告納税制度の精神を尊重し、納税者に対して、調査前における自発的な申告又は修正を歓迎し、これを慫慂することにあるといわれている。しかしながら、「更正の予知」の判断基準そのものについては明確でない。更に、調査前といわれる「調査」そのものの範囲についても所説がいろいろとある。なお、平成28年度税制改正によって、「更正の予知」前であっても、調査の事前通知以後であれば過少申告加算税（5％又は10％）又は無申告加算税（10％又は15％）が課されることになった（**7**参照）。

　東京高裁(昭和61.6.23判決)では、その趣旨について次のように述べている。

事例　◇　**更正の予知の趣旨**

> ◎**要旨**
> 　過少申告がなされた場合には、修正申告書の提出があったときでも原則として加算税は賦課されるのであるが、「申告に係る国税についての調査があったことにより当該国税について更正があるべきことを予知」することなく自発的に修正申告を決意し、修正申告書を提出した者に対しては例外的に加算税を賦課しないこととし、もって納税者の自発的な修正申告を歓迎し、これを奨励することを目的とするもの……。

　「更正の予知」の解釈については、次の三つの学説がある。

①　**具体額発見説**

　更正があるべきことを予知してなされたものとは、調査により収集した具体的資料に基づき、先の納税申告が適切でないことを把握するに至ったことを要する（和歌山地裁・昭和50.6.23判決）。

②　**調査開始説**

　調査を受けた後に修正申告書を提出した場合には、更正を受けるべきことを予知して提出したことになる（最高裁・昭和51.12.9判決）。

③ 客観的確実性説

更正を予知した修正申告とは、税務職員が調査に着手してその申告が不適正であること等を発見し、更正に至ることが客観的に相当程度の確実性をもって認められる段階に達した後に、納税者がそれを認識して修正申告書を提出することをいう（東京地裁・昭和56.7.16判決）。

「更正を予知しないでした申告」に該当するか否かについては、多くの事件があるので、ここでは代表的な裁決事例（平成3.2.27裁決）を検討する。

事例 ◇ **買換資産取得指定期間内の修正申告と更正の予知**

【事実】

本件の事実の経緯は、次のとおりである。

① 昭和63年3月14日…確定申告書（昭和62年分）提出（買換承認申請書添付・買換資産の取得予定日・昭和63年12月31日）

> 譲渡価額　　　3億5,000万円
> 買換資産の取得価額（見積額）　1億2,662万5,000円

② 昭和63年12月28日…買換資産の取得期限延長承認申請書
（買換資産の取得予定日・平成元年12月31日）

③ 平成元年5月22日… 税務調査の実施

④ 平成元年7月7日…買換資産の取得期限を平成元年7月31日まで延長承認する旨の買換資産の取得期限延長申請に対する承認書を送付

⑤ 平成元年7月15日… 修正申告書の提出

> 譲渡価額　　　　3億9,500万円
> 買換資産の取得価額　　　9,039万4,198円

⑥ 平成元年11月29日… 重加算税の賦課決定

　本件は、この重加算税の賦課決定について争われたもので、具体的には上記修正申告書の提出が、「更正があるべきことを予知してされたものでないとき」に該当するか否かが争点となっている。

【各人の主張】

　①　請求人の主張

　原処分は次の理由により違法であるから、その全部の取消しを求める。

　イ　通法第65条第5項に規定する「その申告に係る国税についての調査があったこと」とは、所得金額に対する調査があったことと解すべきところ、次の理由により、本件調査は、所得金額に対する調査とはいえないから、「その申告に係る国税についての調査があったこと」にはならない。

　　㈠　措法第37条4項を適用して買換資産の取得をした場合において、その取得価額が税務署長の承認を受けた取得価額の見積額に比して過不足額が生じたときは同法第37条の2《特定の事業用資産の買換えの場合の更正の請求、修正申告等》の規定により買換資産の取得価額を精算することとされている。このことは、修正申告書等が提出されるまでは課税標準が未確定であると解釈すべきである。

　　㈡　調査担当職員は、本件調査の事前連絡及び本件調査の際に、請求人及び関与税理士に対して買換資産の取得期限の延長申請に対する調査であって、所得金額に対する調査ではない旨申し述べていたこと。

　ロ　請求人は、本件修正申告書を提出するまでには調査担当職員から請求人に係る本件譲渡物件の譲渡価額が3億9,500万円であり、譲渡価額を4,500万円除外して分離課税の長期譲渡所得の金額を過少に申告した旨の指摘をされたこともなく、また、修正申告の慫慂もされなかった。

　なお、譲渡価額の一部を隠ぺい又は仮装し、その隠ぺい又は仮装したところに基づき確定申告書を提出したことについては、争わない。

　②　原処分庁の主張

　次の理由により、「その申告に係る国税についての調査があったこと」になる。

イ　措法第37条第4項の規定の通用を受けた場合において、同法37条の2に
　　規定する修正申告書等が提出されるまでは、所得税の調査ができない旨を
　　定めた法令の規定はないこと。

ロ　調査担当職員は、関与税理士に対して買換資産の取得期限の延長申請に
　　対する調査と併せて譲渡所得の内容について確認したいので調査に伺う旨
　　を事前連絡していること。

ハ　調査担当職員は、本件調査において、請求人に対して「買換資産の取得
　　期限の延長申請に対する調査を含めて譲渡所得の全体について調査しま
　　す。」と告げたこと。

ニ　調査担当職員は、本件調査において、売買契約書及び預金通帳等の提示を
　　求め、①譲渡物件の取引状況及び売買契約書の作成状況の具体的な聴取、②譲
　　渡代金の受領状況の確認、③○○銀行P支店及び△△銀行T支店の普通預金
　　通帳の写しの作成及び④金融機関届出印の確認等の調査を行っていること。

【国税不服審判所の判断】

当審判所の調査によれば、次の事実が認められる。

イ　請求人及び妻は、本件譲渡物件の譲渡に関して、①売買代金を7億円と
　　した売買契約書と②売買代金を8億円とした売買契約書を作成したこと。

ロ　請求人は、確定申告に当たり、上記①の売買契約書に基づき、請求人に
　　係る本件譲渡物件の譲渡価額を3億5,000万円（妻と共有につき、7億円の
　　2分の1）と計算したこと。

ハ　当初の本件譲渡物件の譲渡価額は、前記②の売買契約書の8億円であっ
　　たが、その後、買主より1,000万円の値引きを求められて値引きをしたた
　　め、最終的な本件譲渡物件の譲渡価額は7億9,000万円となり、請求人に係
　　る本件譲渡物件は3億9,500万円になったこと。

ニ　原処分庁は、本件調査を行う時点において、本件譲渡物件に係る前記②
　　の売買代金を8億円とした売買契約書が存在した事実を把握していたこと。

ホ　調査担当職員は、本件調査において、①本件譲渡物件の取引経過及び売

買契約書の作成経過、②本件譲渡物件の譲渡代金の受領経過及び預金への入金状況等の調査を行っていること。

　ヘ　調査担当職員は、平成元年5月29日から同年6月13日までの間に請求人の預金に係る金融機関の調査を行っていること。

　ト　請求人の調査と並行して、本件譲渡物件の買受人及び仲介人等の調査をP税務署において行っていること。

　チ　請求人は、平成元年7月10日に、関与税理士に対し、請求人に係る本件譲渡物件の譲渡価額を4,500万円除外して確定申告した旨を申し述べていること。

以上の認定事実を基に判断すると、次のとおりである。

　…（略）…措法第37条第7項によれば、同項の適用を受けた場合において、同条第1項中「取得価額」を「税務署長の承認を受けた取得価額の見積額」と読み替えるものとされているから、買換資産の取得価額の見積額によって譲渡所得の金額を計算して確定申告をすることによって課税標準は確定すると解すべきである。また、同法第37条第4項の規定を適用した場合において買換資産の取得価額が取得価額の見積額に対して過不足額があるときに、確定申告によって既に確定した税額を是正する旨を規定したものであって、同法第37条の2に規定する修正申告書等の提出以前において所得金額に対する調査ができない旨を規定したものではない。

　…（略）…①原処分庁は、本件調査を行う時点において、本件譲渡物件について、請求人が確定申告書に添付した売買代金を7億円とする売買契約書のほかに、売買代金を8億円とする売買契約書が存在することを既に把握していたこと、②調査担当職員は、本件調査において、上記①の事実を念頭に置いた上、本件譲渡物件の取引経過及び売買契約書の作成経過並びに本件譲渡物件の譲渡代金の受領経過及び預金への入金状況等の調査を行っていることが認められるから、請求人に係る本件譲渡物件の分離課税の長期譲渡所得の金額についての調査があったと認めるのが相当である。

　…（略）…修正申告書の提出が、通法第65条第5項に規定する「調査があった

ことにより当該国税について更正があるべきことを予知してされたものでない
とき」とは、税務当局の調査があったことにより、納税者において、やがて税
務当局によって更正がなされることを認識しながら修正申告書を提出した場合
でないこと、換言すれば上記の認識をする以前に自ら進んで修正申告を決意し
て修正申告書を提出した場合をいうものと解される。これを本件についてみる
と、なるほど調査担当職員が請求人に対して…過少に申告した旨の指摘及び修
正申告の慫慂をした事実は認められない。しかしながら、…平成元年5月22日
に行われた本件調査において、調査担当職員により本件譲渡物件の譲渡に関す
る売買契約書の作成経過等を調査されたことによって、請求人は、調査担当職
員の調査が進行するに従い、本件譲渡物件の譲渡価額を除外して確定申告した
事実が発覚し、やがて原処分庁によって更正されることを認識したと認めるの
が相当である。

【この事例に関するコメント】

　加算税は、納税義務者の行うべき申告及び納税義務の履行について、申告納
税制度及び徴収納付制度の維持を図るため、これらの義務が適正に履行されな
い場合に課される附帯税である。その性質は、一般にこの義務違反に対する行
政罰と考えられている。そして、これらの加算税を課さない例外ケースとして
は「正当な理由がある場合」と「更正を予知しないでした申告の場合」とがあ
るが、本件については、後者の適用が争点となっている。

　この例外規定を設けた趣旨は、「課税庁の調査以前に、換言すると、課税庁に手
数をかけることなく自ら修正又は申告をした者に対しては、過少申告加算税、無
申告加算税、重加算税のごときはこれを徴収せず、課税庁の調査以前における自
発的申告又は修正を歓迎し、慫慂せんとしてかかる規定を設けたものと解すべき
である」といわれている（大阪地裁・昭和29.12.2判決）。この趣旨を敷衍して、「納
税者に対する、当該国税に関する実地又は呼出し等の具体的調査により、申告不
足額が発見された後にされた修正申告をいうものと解され、いまだ申告不足額
が課税庁に発見せざる場合には、単に調査が開始されたことのみをもって非課
税の取扱いを否定すべきではないと解すべきである」という意見がある（租税法

講座②・329頁・ぎょうせい）。これに対して、「予知してされたもの」とは、納税者に対する当該国税に関する実地又は呼出し等の具体的調査がされた後にされた修正申告をいう、という意見もある（国税通則法精解・579頁・大蔵財務協会）。

　本件については、「自発的な修正申告」か否かが判断の大きなポイントになると思われるが、裁決書を読んで疑問に感じたことは、課税庁が既に８億円の売買契約書を把握していながら、その指摘や修正申告の慫慂を請求人に対して何故しなかったのかということである（これらの理由について、もっと審判所は調査して裁決書で明らかにすべきであったと思われる。この指摘等がなされた場合には、当然「自発的な修正申告」にならないことは明らかである）。更に、この税務調査に基づいて「買換資産の取得期限延長申請に対する承認書」を課税庁は請求人に対して送付している。これらのことから、審判所が認定している「８億円の売買契約書を課税庁が把握していた」という事実をそのまま受け入れることには、若干躊躇せざるを得ない。その意味では、「予知してされたもの」というためには、課税庁が納税者に対して具体的な指摘等をすることが必要になってくると思われる。税務調査という事実のみによって、「請求人は、調査担当職員の調査が進行するに従い、本件譲渡物件の譲渡価額を除外して確定申告した事実が発覚し、やがて原処分庁によって更正されることを認識したと認める」ことは困難なように思われる。そして、本件においては、税務調査は、平成元年７月７日付で「買換資産の所得期限延長申請に対する承認書」を送付したことによって、とりあえず終了しているはずである。

　税務調査を段階的に分解し、それぞれの段階における非課税の取扱い（私見）を示せば、次のようになるであろう。

税務調査の内容	非課税の取扱い
① 税務調査（申告是認）	非課税の適用あり
② 税務調査（課税庁は把握するが納税者にその指摘をしない場合）	非課税の適用あり（私見）
③ 税務調査（指摘される）	非課税の適用なし

本件については、上記②のケースに該当すると思われるが、通常の税務調査ではこのようなことは起こらない（申告不足額等が税務調査で判明すれば、当然課税庁はその指摘をするであろう）のであり、たまたま「買換資産の取得期限の延長申請」に係る税務調査であるがゆえにこのようなことが起こったとも考えられる（もっとも、本件については本当に課税庁がその事実を把握していたのかどうかは疑わしい）。「自発的な修正申告」とは、もともと納税者側の問題であり、課税庁がその事実を把握しているか否かは「自発性」に直ちに関係しないものである。納税者は税務調査後、課税庁から指摘を受けないにもかかわらず（もちろん課税庁が把握していることも知らない）、自ら修正申告書を提出した場合には、「自発的な修正申告」といえないのは、少々酷なように思われる。

　なお、「更正の予知」の前段階である「国税についての調査」の概念については、次の２つの裁決が参考となる。

事例 ◆ 来署依頼と調査の予知

　申告漏れの土地譲渡について具体的に指摘した来署依頼状の送付後になされた修正申告書の提出は、国税通則法第65条第５項に規定する調査があったことにより更正があるべきことを予知してされたというべきであるとした事例（平成８.９.30裁決）

> ### ◎要旨
> 　請求人は、本件修正申告書の提出が国税通則法第65条第５項に規定する調査があったことにより更正があるべきことを予知してされたものではないと主張するが、同法第65条５項の「調査」とは課税庁が行う課税標準又は税額等を認定するに至る一連の判断過程の一切を意味するものであり、課税庁の証拠書類の収集、証拠の評価あるいは経験則を通じての課税要件事実の認定、租税法その他の法令の解釈適用を経て更正処分に至るまでの思考、判断を含む極めて包括的な概念であり、課税庁が確定申告書を検討して納税者の過少

申告を把握し、これを当該納税者に連絡したような場合には「調査があったこと」に該当する。本件では申告漏れの土地譲渡について具体的に指摘した来署依頼状の送付後に修正申告書が提出されているから、修正申告は調査があったことにより更正があるべきことを予知してされたというべきである。

ポイント

・国税通則法65条5項の「調査」とは、かなり広い範囲を意味し、具体的に税務調査を実施しない前段階のとき（来署依頼）なども含む。

事例 ◆ 申告の電話での問い合わせと調査の予知

　原処分庁が法定申告期限内に地価税の申告書が提出されていないことを内部資料によって確認した上、請求人の関与税理士事務所員に対し電話で問い合わせた直後に地価税申告書が提出された場合は、国税通則法第66条第3項にいう「調査があったことにより決定があるべきことを予知してされたものではないとき」に該当せず、同条第1項に規定する「納付すべき税額」とは法定申告期限後に提出された申告書に記載された納付すべき税額を指し、税の納付とは直接関係がなく、無申告加算税の基礎となる税額の計算において法定申告期限内に納付された税額を控除すべきではないとした事例（平成9.9.30裁決）

◎要旨

　国税通則法第66条第3項にいう「調査」とは、実地調査等の納税者に対する直接的かつ具体的な、いわゆる外部調査はもちろんのこと、申告指導のような納税者が課税庁における検討を認識することができる程度の手続も調査の範囲に含まれ、「決定があるべきことを予知してされたものではないとき」に当たるためには、課税庁の調査を納税者が認識できる以前に自発的な意思に基づいて期限後申告書を提出した場合をいうものと解するのが相当である。

　請求人は、請求人関与税理士が法定申告期限前に作成した平成7年分の地価税の申告書について、内容を了解した上で記名押印して本件地価税申告書の作成を了し、提出方を請求人関与税理士に依頼して交付しており、当該申告書に係る地価税額の全額を法定納期限内に納付しているものの、原処分庁

は、請求人の同年分の地価税の課税価格を請求人に係る資料等から算定した結果、申告義務があると見込まれたことから法定申告期限前に地価税の申告書等の用紙を請求人に送付し、法定申告期限内に同年分の地価税の申告書が提出されていないことを内部資料によって確認した上、請求人関与税理士事務所員に対し電話で同年分の地価税について申告書の作成を請求人から委任されているか、また地価税の申告書を提出しているか問い合わせを行っており、本件地価税申告書が提出されたのは、原処分庁から請求人関与税理士が当該問い合わせを受けた直後であることからすると、「調査があったことにより決定があるべきことを予知してされたものではないとき」に該当せず、「予知してされた」と認められる。

　国税通則法第66条第１項によれば、期限内申告書の提出がなかったことについて正当な理由があると認められる場合以外は、無申告加算税が賦課されることとされており、無申告加算税は納税申告書を法定申告期限までに提出しなかった者に対する行政制裁であるから、同条の規定は納付すべき税額が法定申告期限内に納付されていたとしてもその適用が左右されるものではなく、同条の規定する「納付すべき税額」とは、法定申告期限後に提出された申告書に記載された納付すべき税額を指し、税の納付とは直接関係がなく、無申告加算税の基礎となる税額の計算において法定申告期限内に納付された税額を控除すべきではないと解するのが相当である。

ポイント

・税務署からの申告書の提出の確認行為も、自発的な意思に基づいて期限後申告書を提出したとはいえない。

・国税通則法66条３項（現６項）の「調査」には、課税庁の申告指導などの行為も含まれる。

事例 ◆ 申告書の精査と更正の予知（静岡地裁平成16.12.9判決／東京高裁平成17.4.21判決／最高裁平成17.10.25決定）

◎要旨

①　原告が、被告に対し、法人税につき確定申告書を提出したところ、被告所部係官から、右確定申告書において退職給与引当金超過額戻入として所得金額から減算していることは誤りであると指摘されたため、その指摘に従った内容の修正申告書を提出したが、被告が、過少申告加算税の賦課決定処分をし、さらに本件減算処理は誤りでなかったとして原告がした更正の請求に対し、更正をすべき理由がない旨の通知をしたことから、これら各処分の取消しを求めた事案で、本件減算処理は違法な税務処理であり、本件は、国税通則法65条5項の「調査があったことにより当該国税について更正があるべきことを予知してされたものではないとき」に該当するものとは認められないとしていた。

②　国税通則法65条5項にいう「調査」とは、課税標準等又は税額等を認定するに至る一連の判断過程の一切を意味し、課税庁の証拠資料の収集、証拠の評価あるいは経験則を通じての課税要件事実の認定、租税法その他の法令の解釈適用等を含む税務調査全般を指すものと解され、いわゆる机上調査のような租税官庁内部における調査をも含むものと解される。

③　A調査官は、本件確定申告書等の内容を精査して、別表四の減算項目中に本件減算処理の問題があることを発見し、それについて具体的に検討した結果、本件減算処理が法令に照らし誤りであると判断したこと、そこで、A調査官は、B税理士に対し、電話で連絡をとり、本件減算処理が誤りである旨を告げ、その検討を促して、修正申告をしようとしたこと、B税理士は、その翌日、A調査官に対し、修正申告書を提出する旨を伝え、その十日余り後に、被告に対し、本件修正申告書を提出したことが認められる。

　以上によれば、A調査官が上記のように本件確定申告書を精査検討したことは、国税通則法65条5項の「調査」に該当する。そして、上記の事実経過に照らせば、A調査官がその調査の結果に基づき、原告の関与税理士であるB税理士に対して上記連絡をしたことにより、原告の側は、仮に修正申告をしなければ、被告による更正があるであろうことを予知し、その上で本件修正申告書の提出をしたものと認められる。

ポイント

・調査官の租税官庁内部で行う机上調査も、国税通則法65条5項の「調査」に含まれる。

　「更正の予知」そのものが、課税庁側ではなく、申告書を提出する納税者側の状況をベースとして判断することを法律は定めている（その法の趣旨（自発的な行為を促すこと）からもそのように考えることができる）が、その判断基準は、すぐれて、納税者の内心的なものであることから、外的状況（調査等）によって、納税者の内心的なものを判断することが極めて困難である。

事例 ◆ **税務調査中に修正申告書を提出した場合**（東京地裁・平成24.9.25判決）

◎要旨

①　税務職員が申告に係る国税についての調査に着手し、その申告が不適正であることを発見するに足るかあるいはその端緒となる資料を発見し、これによりその後の調査が進行し先の申告が不適正で申告漏れの存することが発覚し更正に至るであろうということが客観的に相当程度の確実性をもって認められる段階（いわゆる「客観的確実時期」）に達した後に、納税者がやがて更正に至るべきことを認識した上で修正申告を決意し修正申告書を提出したものでないことをいうものと解するのが相当である。

②　上記認定事実によれば、本件調査担当者は、本件修正申告書が提出された時点までに、増加償却の特例の適用要件が充足されているか否か、あるいは増加償却計算が適正であるか否かに関する調査を行ってなかったことが認められるだけでなく、本件調査担当者において、増加償却の特例の適用要件が充足されているか否か等について調査する必要があると考えていたことをうかがわせる証拠は存在しない。

③　以上によれば、Ｘは、本件調査担当者において本件確定申告書における申告が不適正であることを発見するに足るかあるいはその端緒となる資料を発見し、これによりその後の調査が進行し先の申告が不適正で申告漏れの存することが発覚し更正に至るであろうということが客観的に相当程度の確実性をもって認められる段階に達する前に、自発的に修正申告を決意し本件修正申告書を提出したものであると認められるから、本件修正申告書の提出は「その申告に係る国税についての調査があったことにより当該

国税について更正があるべきことを予知してされたものでない」というべきである。

ポイント

・税務調査が開始した後でも、税務職員が申告漏れを発見できる客観的な確実性が認められない限り、国税通則法65条5項は適用される。

・客観的確実時期とは、増加償却の特例を適用したことについて、「届出書」が不提出ということが発見されるであろうことが客観的に相当程度の確実性をもって認められる段階に達していたことが必要である。

・税務調査において、先になされた申告が不適法であることを認識する以前に、納税者が自発的に先の申告が不適法であることを認め、新たに適法な修正申告書を提出したときには、国税通則法65条5項は適用される。

コメント

　税務調査が開始されたとしても、税務職員が不適正な申告漏れを発見しうるような客観的に相当程度な確実性がなければ、修正申告書を提出しても加算税は課されないことがある。

■課税庁が示す「調査に該当しない行為」の範囲

　国税庁が発遣した平成24年9月12日付の「国税通則法第7章の2（国税の調査）関係通達の制定について（法令解釈通達）」において、「調査」に該当しない行為（1-2）として、次のように規定している。

　　当該職員が行う行為であって、次に掲げる行為のように、特定の納税義務者の課税標準等又は税額等を認定する目的で行う行為に至らないものは、調査には該当しないことに留意する。また、これらの行為のみに起因して修正申告書若しくは期限後申告書の提出又は源泉徴収に係る所得税の自主納付があった場合には、当該修正申告書等の提出等は更正若しくは決定又は納税の告知があるべきことを予知してなされたものには

当たらないことに留意する。

(1) 提出された納税申告書の自発的な見直しを要請する行為で、次に掲げるもの。

　イ　提出された納税申告書に法令により添付すべきものとされている書類が添付されていない場合において、納税義務者に対して当該書類の自発的な提出を要請する行為。

　ロ　当該職員が保有している情報又は提出された納税申告書の検算その他の形式的な審査の結果に照らして、提出された納税申告書に計算誤り、転記誤り又は記載漏れ等があるのではないかと思料される場合において、納税義務者に対して自発的な見直しを要請した上で、必要に応じて修正申告書又は更正の請求書の自発的な提出を要請する行為。

(2) 提出された納税申告書の記載事項の審査の結果に照らして、当該記載事項につき税法の適用誤りがあるのではないかと思料される場合において、納税義務者に対して、適用誤りの有無を確認するために必要な基礎的情報の自発的な提供を要請した上で、必要に応じて修正申告書又は更正の請求書の自発的な提出を要請する行為。

(3) 納税申告書の提出がないため納税申告書の提出義務の有無を確認する必要がある場合において、当該義務があるのではないかと思料される者に対して、当該義務の有無を確認するために必要な基礎的情報（事業活動の有無等）の自発的な提供を要請した上で、必要に応じて納税申告書の自発的な提出を要請する行為。

(4) 当該職員が保有している情報又は提出された所得税徴収高計算書の記載事項の確認の結果に照らして、源泉徴収税額の納税額に過不足徴収額があるのではないかと思料される場合において、納税義務者に対して源泉徴収税額の自主納付等を要請する行為。

(5) 源泉徴収に係る所得税に関して源泉徴収義務の有無を確認する必要がある場合において、当該義務があるのではないかと思料される者に

対して、当該義務の有無を確認するために必要な基礎的情報（源泉徴収の対象となる所得の支払の有無）の自発的な提供を要請した上で、必要に応じて源泉徴収税額の<u>自主納付</u>を要請する行為。

（下線：筆者）

ポイント

・課税庁から納税申告書の添付洩れを指摘され、提出を求められる行為は、調査に該当しない。

・課税庁の形式的な審査で、計算誤り、転記誤り、記載漏れを指摘され、納税者にその是正を求める行為は、調査に該当しない。

・課税庁の記載事項の試算結果、税法の適用誤りが思料され、納税者にその是正を求める行為は、調査に該当しない。

・無申告納税者に対して、納税義務の有無の確認資料を要請し、申告書の自発的な提出を要請する行為は、調査に該当しない。

・納税義務者に対して源泉徴収税額の自主納付等を要請する行為は、調査に該当しない。

・源泉徴収義務の有無の確認のために、必要な確認資料を要請し、源泉徴収税額の自主納付を要請する行為は、調査に該当しない。

コメント

　要は、計算誤り、転記誤り、記載漏れなど、課税庁が納税者に対して、是正を求める原因が、形式的なもので、かつ、「自発的な提出」又は「自主納付」を要請する行為は、「調査」に該当しない。

⑥ 書面添付制度と意見聴取

　書面添付制度は、税理士法33条の2に規定する計算事項等を記載した書面を税理士が作成した場合、当該書面を申告書に添付して提出した者に対する「調査」において、更正前の意見聴取に加え、納税者に税務調査の日時場所をあらかじめ通知するときには、その通知前に、税務代理を行う税理士又は税理士法人に対して、添付された書面の記載事項について意見を述べる機会を与えなければならない（税理士法35①）。

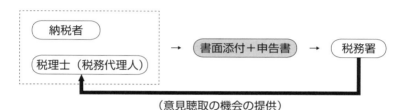

（意見聴取の機会の提供）

　これは、税務の専門家である税理士の立場をより尊重し、税務執行の一層の円滑化・簡素化を図ることを目的としている。また、この制度は、税理士が作成等した申告書について、計算事項等を記載した書面の添付及び事前通知前の意見陳述を通じて、税務の専門家の立場からどのように調整されたかを明らかにすることにより、正確な申告書の作成及び提出に資するという、税務の専門家である税理士に与えられた権利の一つである。

　この「意見聴取」は、調査実施前に行われる確認すべき項目の整理作業であり、意見聴取後に調査が実施される場合には、改めて、事前通知がなされる。したがって、「意見聴取」は、税理士の権利であり、質問検査権の行使に該当しないことから、「調査」ではないのである。そうすると、「意見聴取」の段階で、「修正申告書」を提出したとしても、「…その提出が、その申告に係る国税についての調査があったことにより当該国税について更正があるべきことを予知してされたものでない」（通法65⑤）ので、過少申告加算税は課せられないことになる。

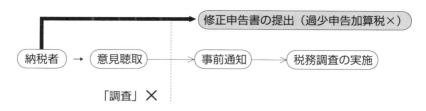

「意見聴取」については、国税庁は、「調査課における書面添付制度の運用に当たっての基本的な考え方及び事務手続等について（事務運営指針）／査調 2 － 24／平成24年12月19日」において、次のように述べている。

「なお、意見聴取における質疑等は、調査を行うかどうかを判断する前に行うものであり、特定の納税義務者の課税標準等又は税額等を認定する目的で行う行為に至らないものであることから、意見聴取における質疑等のみに基因して修正申告書が提出されたとしても、当該修正申告書の提出は更正があるべきことを予知してされたものには当たらないことに留意する」

ポイント

・意見聴取は、「調査」に該当しない。

・意見聴取の段階で、修正申告書を提出しても、加算税は賦課決定されない。

コメント

　提出した申告書に書面添付をしている場合は、原則として、課税庁は、税理士等に対して、意見聴取の機会の提供をしなければならないのであるから、その意見聴収の段階で、税理士等が申告事項の誤りを認識できたときには、速やかに、修正申告書を提出すれば、過少申告加算税の賦課決定処分を回避することができる。

⁊ 平成28年度税制改正の加算税の見直し

　平成28年度税制改正によって、調査の事前通知以後、かつ、その調査があることにより更正又は決定があるべきことを「予知」する前にされた修正申告に基づく過少申告加算税の割合（改正前：0％）については、5％（期限内申告税額と50万円のいずれか多い額を超える場合、その部分は10％）とし、期限後申告又は修正申告に基づく無申告加算税の割合（改正前：5％）については、10％（納付すべき税額が50万円を超える場合、その部分は15％）とされた。もともと、事前通知後に多額の修正申告又は期限後申告を行う納税者を保護する必要はなく、また、当初申告のコンプライアンスを高める観点から、このような新たな加算税が創設された。

　更に、期限後申告等があった場合において、その期限後申告等があった日の前日から起算して5年前の日までの間に、その期限後申告等に係る税目について無申告加算税又は重加算税を課されたことがあるときは、その期限後申告等に基づき課する無申告加算税の割合（15％、20％）又は重加算税の割合（35％、40％）について、それぞれ10％加算する（国通法65、66、68）。過去において、繰り返して、無申告を行ったり、隠ぺい仮装を行う者に対して、罰則を重くするという改正である。なお、期限後申告等とは、①期限後申告書又は修正申告書の提出（更正又は決定を予知してされたものに限る。）、②更正又は決定の処分、③納税の告知又は告知を受けることなくされた納付をいう。

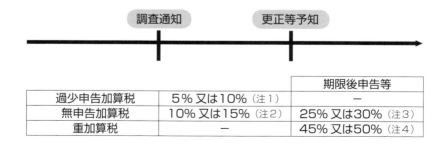

		期限後申告等
過少申告加算税	5％又は10％（注1）	－
無申告加算税	10％又は15％（注2）	25％又は30％（注3）
重加算税	－	45％又は50％（注4）

（注1）期限内申告税額と50万円のいずれか多い額を超える部分については10%になる。

（注2）50万円を超える部分は15%になる。

（注3）50万円を超える部分は30%になる。

（注4）45%は、過少申告加算税、50%は、無申告加算税に代えて課されるものである。

　なお、短期間に無申告加算税・重加算税の賦課決定処分が繰り返されたとして、次の事例が財務省より公表されている。

	業種	直近	1年前	2年前	3年前	4年前
事例1 （無申告）	会社員 （金融取引）	4,900万円	5,000万円	4,700万円	－	－
事例2 （無申告）	建物貸付	1,900万円	1,600万円	2,200万円	4,600万円 （2年分）	－
事例3 （重課）	飲食サービス業	1,450万円 （4年分）	－	－	－	630万円 （3年分）

　この改正は、平成29年1月1日以後に法定申告期限等が到来する国税から適用されることになる。

ポイント

・実地調査に際して、税務署から納税者に対して、調査通知があった場合に、その調査通知後の修正申告書又は期限後申告書の提出に対して、加算税が課される。

　※　「調査通知」とは、①実地の調査を行う旨、②調査の対象となる税目、③調査の対象となる期間の3項目の通知をいう。

・短期間に繰り返して無申告又は仮装・隠蔽が行われた場合には、加算税の割合が加重されることになった。

・調査通知前、かつ、更正等予知前の修正申告書等については、従前と同様に過少申告加算税は課されない。

コメント

　税務調査は、一般的に、「除斥期間」（国通法70）の関係上、5年以内に行われる。そして、平成28年度税制改正では、期限申告等があった日前5年以内に同じ税目に対して無申告加算税又は重加算税が課された場合に、加重措置が導入されたのである。

　この改正がなされた目的（趣旨）は、短期間における無申告又は仮装・隠蔽行為の反復を無くすことであるから、これにそった対応を考えなければならない。例えば、過去において、「仮装・隠蔽」として、消費税に対して、重加算税が課せられた場合、その原因と理由について、社内で検討するとともに、「仮装・隠蔽」に該当するケースについての見直しを事前にしておく必要がある。

　例えば、消費税に対して重加算税が課されるケース（消費税固有の不正事実）として、次のものが具体的に例示されている（事務運営指針第2Ⅳ3）。

```
①　課税売上げを免税売上げに仮装する。
②　架空の免税売上げを計上し、同額の架空の課税仕入れを計上する。
③　不課税又は非課税仕入れを課税仕入れに仮装する。
④　非課税売上げを不課税売上げに仮装し、課税売上割合を引き上げる。
⑤　簡易課税制度の適用を受けている事業者が、資産の譲渡等の相手方、
　　内容等を仮装し、高いみなし仕入率を適用する。
```

　上記の①から⑤は、消費税に対して重加算税に該当する具体的なケースであるが、「仮装」の有無について、訴訟では、課税庁が立証するものの、税務調査のレベルでは、各ケースにおいて、納税者は「仮装」でない主張とその根拠を示さなければならない。その意味では、事前に、「仮装」と課税庁から指摘を受けそうな取引（処理）については、証拠を保存し、その説明が十分できるように準備しておかなければならない。

8 国外財産調書制度と加算税の軽減・加重・罰則（令和2年度税制改正）

(1) 趣旨

　国外財産調書制度は、「内国税の適正な課税の確保を図るための国外送金等に係る調書の提出等に関する法律」（以下「国外送金等調書法」という。）において創設され、平成26年1月1日以後提出する調書から適用されている。この制度は、富裕層に対して、国外財産（相法12）の内容を税務署に提出することを義務づけるもので、国外に保有する資産に対して適切に課税することを目的としている。この制度の対象税目は、「所得税」「法人税」である。

(2) 概要

　居住者（非永住者を除く。）で、その年の12月31日において、5,000万円を超える国外財産を有する者は、その国外財産の種類、数量及び価額その他の必要事項を記載した国外財産調書を、その年の翌年の3月15日（令和5年分以後は6月30日）までに、住所地等の所轄税務署長に提出しなければならない（国外送金等調書法5①）。

財産の種類	所在の判定基準
動産、不動産、借地権等	動産、不動産等の所在地
預貯金	預け入れた金融機関の営業所、事務所等の所在地
保険金	保険会社の本店又は主たる事務所の所在地
貸付金	貸付先の所在地
有価証券（株式、社債等）	有価証券等の発行法人の本店又は主たる事務所の所在地　金融機関に預けている場合は、その所在地
暗号資産（仮想通貨）	保有している人の住所

(3) 過少申告加算税等の特例措置

① 国外財産調書の提出がある場合の過少申告加算税等の軽減措置

国外財産調書を提出期限内に提出した場合には、国外財産調書に記載がある国外財産に係る所得税及び復興特別所得税・相続税の申告漏れが生じたときであっても、その国外財産に係る過少申告加算税又は無申告加算税が5％軽減される（国外送金等調書法6①）。

② 国外財産調書の提出がない場合等の過少申告加算税等の加重措置

国外財産調書の提出が提出期限内にない場合又は提出期限内に提出された国外財産調書に記載すべき国外財産の記載が無い場合（重要なものの記載が不十分なものを含む）に、その国外財産に係る所得税及び復興特別所得税・相続税の申告漏れが生じたときは、その国外財産に係る過少申告加算税等が5％加重される（国外送金等調書法6③）。

③ 国外財産調書に記載すべき国外財産に関する書類の提示又は提出がない場合の過少申告加算税等の軽減措置及び加重措置の特例（令和2年度税制改正）

国外財産に係る所得税・相続税の調査に関し修正申告等があり、過少申告加算税等の適用のある者がその修正申告書等の前までに、国外財産調書に記載すべき国外財産の取得、運用又は処分に係る書類として財務省令に定める書類の提示又は提出を求められた場合に、その日から60日を超えない範囲内で、提示等の準備に通常要する日数を勘案して指定された日までに提示等がなかったときは、次のような特例措置が設けられている（国外送金等調書法6⑦）。

> A 上記①の過少申告加算税等の軽減措置は、適用される。
> B 上記②の過少申告加算税等の加重措置は、5％から10％に変更される。

④　正当な理由のない国外財産調書の不提出等に対する罰則

　国外財産調書に偽りの記載をして提出した場合、又は国外財産調書を正当な理由がなく提出期限内に提出しなかった場合には、1年以下の懲役又は50万円以下の罰金に処せられる。ただし、提出期限内に提出しなかった場合については、情状により、その刑を免除することができる（国外送金等調書法10）。

ポイント

・国外財産調書制度の導入によって、居住者の国外財産について、課税の強化が行われるようになる。

・令和元年に、国外財産調書制度に基づく刑事告発が初めて行われ、国外財産に対する監視が強化される。

・国外財産の価額の日本円換算は、12月31日のTTB（対顧客直物電信買相場）で換算する。

・令和2年分以後の国外財産調書では、相続があったその年の相続財産は記載しなくてもよいことになる。

・令和6年1月1日以後は、税務調査の通知がある前に国外財産調書を提出した場合に限り、期限内に提出したことになる（令和4年度税制改正）。

9 電磁的記録に係る重加算税の規定（令和3年度税制改正）

(1) 趣旨

取引の相手から受領した書類等について、電子的に保存（スキャナ保存・電磁的記録の保存）が行われている場合には、紙によってその書類等を保存する場合と比して、改ざん等が容易であることに鑑みて、それを防止する意味で、電磁的記録に記録された事項に関して、「隠蔽・仮装」が行われた場合に重加算税を加重することとなった。

(2) 根拠法

①	所得税・法人税	電子計算機を使用して作成する国税関係帳簿書類の保存方法等の特例に関する法律（電子帳簿保存法）
②	消費税	消費税法59の2、消費税法施行令71の2、消費税法施行規則27の2，27の3

（注）　電子帳簿保存法では、所得税及び法人税のみ重加算税を10%加算する対象としているため、消費税は、別途、同様の規定を消費税法で規定することになった。

(3) 計算

通常課される重加算税の金額　×　10%

①	通常課される重加算税の割合	35%（無申告40%）
②	過去5年以内無申告・重加算（通法68④）	10%
③	電磁的記録に係る重加算	10%
		55%（無申告60%）

①　所得税・法人税

　保存要件に従ってスキャナ保存が行われている国税関係書類に係る電磁的記録（電子帳簿保存法4③前段）若しくはその保存要件に従ってスキャナ保存が行われていない国税関係書類に係る電磁的記録（電子帳簿保存法4③後段）又は保存義務者により行われた電子取引の取引情報に係る電磁的記録（電子帳簿保存法7）に記録された事項に関し期限後申告若しくは修正申告書の提出、更正若しくは決定又は納税の告知若しくは納税の告知を受けることなく納付があった場合の重加算税の額については、通常課される重加算税の金額に、その重加算税の基礎となるべき税額の10％に相当する金額を加算した金額とする（電子帳簿保存法8⑤）。

　令和4年1月1日以後に備付けを開始する国税関係帳簿又は保存が行われる国税関係書類等について適用し、それ以前のものについては、従前どおりとする（附則82①～④）。

【優良な電子帳簿保存制度／過少申告加算税の軽減措置】

　一定の国税関係帳簿に係る電磁的記録の備付け及び保存又はその電磁的記録の備付け及びCOMの保存が、国税の納税義務の適正な履行に資するものとして一定の要件を満たしている場合におけるその電磁的記録又はCOMに記録された事項に関し修正申告等があった場合の過少申告加算税の額については、通常課される過少申告加算税の金額からその修正申告等に係る過少申告加算税の額の計算の基礎となるべき税額の5％に相当する金額を控除する（電子帳簿保存法8④、施行令2，3、規則5①～⑤）。

②　消費税

　電磁的記録に記録された事項について、消去・改ざん等の隠蔽・仮装が行われたことを基因として、期限後申告書若しくは修正申告書の提出、更正又は決定があった場合の重加算税の額については、通常課される重加算税の金額にその重加算税の基礎となるべき税額でその期限後申告等の基因となるこ

れらの電磁的記録に記録された事項に係るものの10％に相当する金額を加算した金額とする（消法59の2①）。

　なお、電磁的記録につき紙出力した書面等を保存している場合には、本来、電磁的記録の保存は不要であることに鑑み、電磁的記録の保存の有無にかかわらず、この特例は適用されない（消規27の2）。

【重加算税の特例の対象となる電磁的記録の範囲】

① 　輸出物品販売場を経営する事業者が保存すべき一定の物品が非居住者によって一定の方法により購入されたことを証する電磁的記録（消法8②）

② 　国外事業者から電気通信利用役務の提供を受けた者が仕入税額控除を受けるために保存すべき電磁的記録（附則38③）

③ 　承認送信事業者が保存すべき市中輸出物品販売場に提供した購入記録情報（消令18の4②）

④ 　金又は白金の地金の課税仕入れを行った者が保存すべきその相手方の本人確認書類に係る電磁的記録（消令50②）

⑤ 　登録国外事業者が保存すべき電気通信利用役務の提供を受けた者に提供した電磁的記録（附則6①）

【令和5年10月1日以降に本特例の対象となる電磁的記録】

① 　輸出物品販売場を経営する事業者が保存すべき一定の物品が非居住者によって一定の方法により購入されたことを証する電磁的記録（消法8②）

② 　仕入税額控除を受けるために保存すべき適格請求書発行事業者から提供を受けた電子インボイス（消法30⑨二）

③ 　適格請求書発行事業者が取引先に提供した電子インボイス（消法57の4⑤）

④ 　承認送信事業者が保存すべき市中輸出物品販売場に提供した購入記録情報（消令18の4②）

⑤ 　仕入税額控除を受けるために保存すべき仕入明細書等及び農協等の媒介者から提供を受けた書類の記載事項に係る電磁的記録（消令49⑦）

⑥　金又は白金の地金の課税仕入れを行った者が保存すべきその相手方の本人確認書類に係る電磁的記録（消令50②）

⑦　適格請求書を媒介者が交付する特例の適用がある場合における当該媒介者が保存すべき電磁的記録（消令70の12①後段）

ポイント

・所得税・法人税は、電子帳簿保存法に規定され、消費税は、消費税法に規定されている。

・電子的保存（スキャナ保存・電磁的記録の保存）は、紙保存よりも隠蔽・仮装等の不正が行われやすい。

・電磁的記録に係る重加算税を10％加算する規定は「ムチ」であるが、優良な電子帳簿保存制度は、過少申告加算税を５％軽減する「アメ」である。

・重加算税の最高税率は、国税通則法68条４項を加算すると、55％（無申告の場合60％）になる。

・令和５年10月１日以降に本特例の対象となる電磁的記録には、電子インボイスが加わる。

10 隠蔽・仮装と「必要経費の否認」・「損金不算入」（令和4年度税制改正）

(1) 趣旨

> 税務調査の現場において、証拠書類を提示せずに簿外経費を主張される方がおられる場合、税務当局は経費の不存在を立証する必要があり非常に負担であるといったご指摘がございました。このようなご指摘を踏まえて、取引の存在が、帳簿書類等から明らかではなく、かつ反面調査などにおいても明らかにされないような場合は、必要経費不算入・損金不算入といった見直しをおこないます。
>
> 税制調査会（第7回総会）の議事録（寺崎主税局調査課長の答弁）

・適正な記帳や帳簿保存が行われていない納税者については、真実の所得把握に係る税務当局の執行コストが多大であり、行政制裁等を適用する際の立証に困難を伴う場合も存在する。

・記帳義務の不履行や税務調査時の簿外経費の主張等に対する不利益がない中では、悪質な納税者を利するような事例も生じている。

| ① | 所得税法45条3項 |
| ② | 法人税法55条3項 |

(2) 概要

　不動産所得、事業所得若しくは山林所得を生ずべき業務を行う者又は雑所得を生ずべき業務を行う者でその年の前々年分の当該雑所得を生ずべき業務に係る収入金額が300万円を超えるものが、隠蔽仮装行為に基づき確定申告書を提出し、又は提出しなかった場合には、一定の場合を除き、売上原価、費用等は、

これらの所得の金額の計算上、必要経費の額に算入しない（所法45③）。

　法人が、隠蔽仮装行為に基づき確定申告書を提出し、又は提出しなかった場合には、これらの確定申告書に係る事業年度の原価の額（資産の取得に直接要した一定の額を除く。）、費用の額及び損失の額は、一定の場合に該当する当該減価の額、費用の額又は損失の額を除き、その法人の各事業年度の所得の金額の計算上、損金の額に算入しない（法法55③）。

　上記の「一定の場合」とは、次の事項である。

① 　保存する帳簿書類等により当該費用の額が生じたことが明らかである場合
② 　保存する帳簿書類等により当該費用の額に係る取引の相手先が明らかである場合その他当該取引が行われたことが明らかであり、又は推測される場合であって、反面調査等により税務署長がその費用の額が生じたと認める場合

【適用要件】
① 　仮装・隠蔽の申告又は無申告であること。
② 　簿外経費であること。
③ 　経費の支出を書類等で証明できないこと。

（注）　なお、所得税は令和5年分から、法人税は令和5年1月1日以降に開始する事業年度から同規定が適用される。

ポイント

・この規定は、所得税（不動産所得・事業所得・山林所得・雑所得）と法人税に適用される。
・本制度は、税務調査段階において何らかの収入が把握された際に事後的に簿外経費の存在を主張する者への対応を図るものである。
・すなわち、実地調査等の際にいわば後出しジャンケン的に証拠書類を提示等することなく簿外経費の存在を主張する不誠実な納税者への対応として

制度化された技術的なものである。

・書類・反面調査等で確認できる場合には、簿外経費であっても、必要経費・損金算入を認める。

・隠蔽・仮装が要件となっていることから、経費の否認とともに、重加算税が同時に賦課決定される可能性がある。

・同様な規定として、既に、法人税法34条3項がある。

> 内国法人が、事実を隠蔽し、又は仮装して経理をすることによりその役員に対して支給する給与の額は、その内国法人の各事業年度の所得の金額の計算上、損金の額に算入しない。

第 2 章

重加算税の概念

1 制度の趣旨

(1) 重加算税の趣旨

重加算税の趣旨については、大阪高裁（平成 9 . 2 .25判決）で、次のように述べられている。

> **◎要旨**
> 　国税通則法68条に規定する重加算税は、同法65条ないし67条に規定する各種の加算税を課すべき納税義務違反が事実の隠ぺい又は仮装という不正な方法に基づいて行われた場合に、違反者に対して課されるものであり、これによってこのような方法による納税義務違反の発生を防止し、徴税の実を挙げようとする趣旨に出た行政上の措置である

　納付すべき税額の計算の基礎となる事実について隠蔽又は仮装という不正手段があったときには、特別の行政制裁を課し、適正な申告をした納税者との権衡を図る必要性によって、設けられている。

(2) 重加算税の課税要件

① 過少申告加算税を課される要件を具備していること

② 納税者が、その国税の課税標準等又は税額等の計算の基礎となるべき事実の全部又は一部を隠蔽し、又は仮装することによって税額を過少計算し、納税申告書を提出していること

(3) 脱税目的の認識

重加算税の課税要件である隠蔽・仮装に、租税をほ脱する目的ないし過少申告であることの認識が必要であるか否かについては、次のように学説・判例が分かれている。

① 脱税目的の認識を要するとする立場
  ・大阪高裁・平成３．４．24判決
  ・京都地裁・平成４．３．23判決
② 脱税目的の認識を要しないとする立場
  ・最高裁・昭和62.５．８判決

> 国税通則法68条に規定する重加算税は、同法65条ないし67条に規定する各種の加算税を課すべき納税義務違反が事実の隠ぺい又は仮装という不正な方法に基づいて行われた場合に、違反者に対して課される行政上の措置であって、故意に納税義務違反を犯したことに対する制裁ではないから、同法68条１項による重加算税を課し得るためには、納税者が故意に課税標準等又は税額等の計算の基礎となる事実の全部又は一部を隠ぺいし、又は仮装し、その隠ぺい、仮装行為を原因として過少申告の結果が発生したものであれば足り、それ以上に、申告に対し、納税者において過少申告を行うことの認識を有していることまでを必要とするものではないと解するのが相当である。

  ・名古屋高裁・平成３.10.23判決
なお、上告人である納税者は、以下のように上告理由を述べている。

> 即ち過少申告加算税等は、行政制裁として故意過失の有無を問わず過少申告の結果に対し科されることは異論のないところであるが、重加算税が仮装隠蔽行為そのものに対する制裁として科されるものであるか或いは、右行為

を手段とする過少申告等の行為（無申告という不作為も含めて）に科される
ものであるかを考えると課税要件事実についての仮装隠蔽行為はそれ自体で
は意味がなく常に過少申告等の目的を達するための手段として行なわれるも
のであるから、仮装済等の要件事実を使用した計算結果としての過少申告は
行為者が課税要件事実を仮装等するとき当然予期しているところであり仮装
隠蔽行為という手段と過少申告という結果乃至目的は不可分であり、課税要
件事実の仮装隠蔽行為を行なう時点において既に申告期に過少申告が行なわ
れることについての認識がある。

コメント

　「故意性」については、重加算税をどのように考えるかによって結論が異
なる。すなわち、重加算税を「申告納税義務違反の制裁」と考えるならば、
故意性は必要ということになるし、これに対して「国家の侵害された利益
の回復手段」であると考えるならば、租税を免れる認識は必要ないことに
なる。

　この点について、池本征男氏は、次のように述べている。

　重加算税は、申告納税制度を維持するために悪質な申告納税義務の違反者
に重い経済的負担を課するものであり、かつ、侵害された国庫利益の回復手
段たる損害賠償的性格を併せ持つものであることからして、行為の反社会性、
反道徳なるが故に刑罰を科す場合と異なって、租税を免れる認識の有無自体
余り重視する必要はないと考える。
（出典：池本征男「加算税制度に関する若干の考察」『税務大学校論叢』No.14、1981年）

■重加算税と故意性

　重加算税の課税要件である隠蔽・仮装に、租税をほ脱する目的ないし過少申
告であることの認識（以下「故意性」という）が必要であるか否かについて、
学説・判例は2つに分かれている。すなわち、①故意性を必要とする立場と、
②故意性を必要としない立場である。

　重加算税を「申告納税義務違反の制裁」と考えるならば、故意性は必要とい
うことになるし、これに対して「国家の侵害された利益の回復手段」であると

考えるならば、租税を免れる認識である故意性は必要ないことになる。

　ところで、重加算税について、税務署長が、租税行政上の制裁として賦課することのできる要件は、納税者が所得金額等の計算の基礎となるべき事実を隠蔽し、又は仮装し、それに基づいて納税申告書を提出したことであるとされている（通法68①）。ここにいう事実の隠蔽には、例えば、二重帳簿の作成、売上除外、架空仕入もしくは架空経費の計上、及び棚卸資産の一部除外がこれに当たり、また、事実の仮装には、取引上他人名義の使用、売買契約書もしくは取締役会議事録の偽造、及び虚偽答弁がその典型である。そして、この認定に当たっては、行為者（納税者）の故意の立証までは要求されないと解されており、行為が客観的にみて隠蔽又は仮装と判断されれば足りると解されている。

　しかしながら、課税庁が重加算税を認定する際に、「故意の立証」が要求されていないという意味は、専ら課税庁側の立証責任の問題について述べているのであって、必ずしも、納税者の過少申告の直接の原因が、隠蔽又は仮装に基づくものでない場合までをも否定するものではない。

　具体的な例を挙げて検討してみよう。甲は、期首に隠蔽・仮装に基づいて200の売上を除外したとする。しかし、期中で心を変えて、当該除外を是正しようとした。しかし、その是正の計算を誤って（単純ミス）100しか修正できなかったとする。その結果、甲の申告は100だけ過少となったケースを考えてみよう。

　この事実を前提とすれば、甲は過少申告100について、過少であることの認識を有していないことになる。甲は、期中で隠蔽・仮装に基づく200を是正する処理をしたのであるが、その是正の処理自体を（単純ミスに基づいて）誤っただけなのである。

　上記②の故意性を必要としない考え方を採ると、この場合には、甲に対して重加算税を賦課することになる。隠蔽・仮装による200のうち是正されなかった100については、隠蔽・仮装に基づくものと考えるのである（隠蔽・仮装という行為と過少申告があったということで）。

　一方、①の故意性を必要とする立場であれば、過少申告した100については、甲自身、隠蔽・仮装の認識はなく、期中の是正によって適正な申告がなされて

いたと考えているのであるから、重加算税は賦課されないという結論になる。

　重加算税を納税者に対する行政上の制裁と考えるならば、このケースでは、②の立場を採るべきである。

　以上の例を詳細に検討したものが、次の事例である。

【事例】

　納税者甲は、期首に「隠蔽・仮装」を行い、売上200を除外したが、期中でその行為を反省し、それを是正しようとした。しかし、その是正する段階で、単純なミスによって是正が十分できなかった。すなわち、売上100の是正しかできなかった（是正そのものの単純ミス）。したがって、結果として、100の過少申告となってしまった（次図参照）。

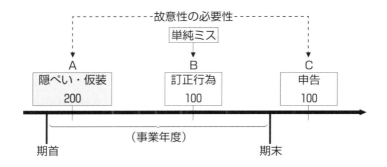

　この場合、納税者甲に対して、重加算税が課されるのであろうか。

　上記の事例では、甲は、当該申告100については、正しい申告額であると認識し、過少申告であるという意識はないという前提である。

【検討】

　重加算税について、国税通則法68条１項では、次のように規定している。

> 　第65条第１項（過少申告加算税）の規定に該当する場合（同条第５項の規定の適用がある場合を除く。）において、納税者がその国税の課税標準等又は税額等の計算の基礎となるべき事実の全部又は一部を隠蔽し、又は仮装し、

その隠蔽し、又は仮装したところに基づき納税申告書を提出していたときは、当該納税者に対し、政令で定めるところにより、過少申告加算税の額の計算の基礎となるべき税額（その税額の計算の基礎となるべき事実で隠蔽し、又は仮装されていないものに基づくことが明らかであるものがあるときは、当該隠蔽し、又は仮装されていない事実に基づく税額として政令で定めるところにより計算した金額を控除した税額）に係る過少申告加算税に代え、当該基礎となるべき税額に100分の35の割合を乗じて計算した金額に相当する重加算税を課する。

この条文を文理解釈すれば、重加算税の課税要件は、次の２つになる。

①　過少申告加算税を課される要件を具備していること。

②　納税者が、その国税の課税標準等又は税額等の計算の基礎となるべき事実の全部又は一部を隠蔽し、又は仮装することによって税額を過少計算し、納税申告書を提出していること。

そうすると、納税者甲は、①と②を満たしているので、重加算税が課されることになる。しかしながら、大阪高裁（平成９.２.25判決）が述べる「重加算税の趣旨」を考えると、必ずしも、このケースにおいて、重加算税を課することが妥当とも思われない。

すなわち、同高裁は、「国税通則法68条に規定する重加算税は、同法65条ないし67条に規定する各種の加算税を課すべき納税義務違反が事実の隠蔽又は仮装という不正な方法に基づいて行われた場合に、違反者に対して課されるものであり、これによってこのような方法による納税義務違反の発生を防止し、徴税の実を挙げようとする趣旨に出た行政上の措置である」と判示している。

重加算税が「納税義務違反の発生を防止し、徴税の実を挙げようとする趣旨」で設けられているのであれば、反省して是正した納税者甲に対して、ことさら重加算税を課さなければならないという必要はないように思える。

これらを整理すると、上記事例については、次の２つの考え方が導かれる。

① 隠蔽・仮装が残っているとする考え方（故意性は必要なし）

途中で是正しようとしたが、是正そのものにミスがあった場合には、その是正されなかった部分については、「隠蔽・仮装」が残っていると考える（次図参照）。

この考え方は、文理解釈と同様の結論になる。

② 隠蔽・仮装が治癒するという考え方（故意性必要）

途中で是正しようとしたが、是正そのものにミスがあった場合には、是正しようとする行為によって、一旦、「隠蔽・仮装」は消滅し、是正による単純ミスに基づく過不足が生じたと考える（次図参照）。

この考え方は、趣旨解釈と同様の結論になる。

最高裁（昭和62.5.8判決）は、「隠ぺい・仮装行為を原因として過少申告の結果が発生したものであれば足り、それ以上に、申告に際し、過少申告を行うことの認識を有していることまでを必要とするものではない。」と判示しているが、この事件は、架空名義によって株式の売買を行い、具体的な所得の発生した認識が納税者になかったという主張に対して、裁判所が判断を下したものである。その意味では、上記の事例内容と異なる。

【結論】

「故意性」については、重加算税をどのように考えるかによって結論が異なる。すなわち、重加算税を「申告納税義務違反の制裁」と考えるならば、故意性は必要（趣旨解釈）ということになるし、これに対して「国家の侵害された

利益の回復手段」であると考える（又は、「隠蔽・仮装」という行為そのものを否定するという考え方）ならば、租税を免れる認識は必要ない（文理解釈）ことになる。

　上記事例においては、「趣旨解釈」を採用して、重加算税は課すべきではないと考えるのが妥当である。

(4)　重加算税(通法68条)の条文の構成

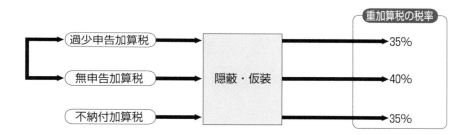

(注)　上図の場合において、その期限後申告等があった日の前日から起算して5年前の日までの間に、その税目について無申告加算税（調書による更正等を予知してされたものに限る。）又は重加算税を課され、又は徴収されたことがあるときは、その期限後等申告等に基づき課する重加算税の割合（35％、40％）について、それぞれの割合に10％が加算される（通法68④）。

【具体的な重加算税の計算】

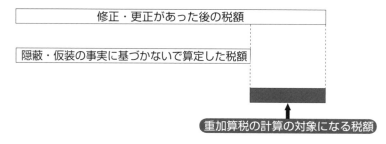

設 例

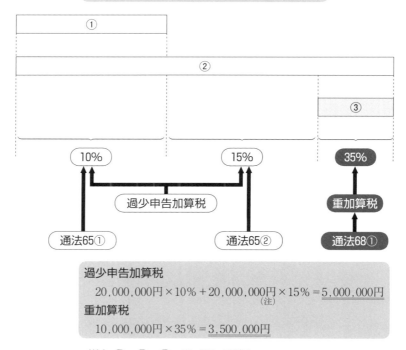

期限内申告税額　　　　20,000,000円……①
増差税額　　　　　　　50,000,000円……②
うち重加算税対象税額　10,000,000円……③

過少申告加算税
　20,000,000円×10%＋20,000,000円×15%＝5,000,000円
　　　　　　　　　　　　　　　　　　　(注)
重加算税
　10,000,000円×35%＝3,500,000円

（注）②−①−③＝20,000,000円

(5)　重加算税と過少申告加算税の関係

　重加算税が裁決によって取り消される場合（過少申告加算税の構成要件＋隠蔽・仮装なしのケース）には、「別処分説」と「内包説」によって、次のような結論になる。

別処分説……賦課決定の全部を取り消し、改めて過少申告加算税の賦課について税務署長に判断させる。

> **根拠**……重加算税も過少申告加算税も別個の条文で規定されている。

内 包 説……その賦課決定のうち過少申告加算税額に相当する額の部分については原処分を維持し、これを超える部分のみを取り消す。

> **根拠**……重加算税は過少申告加算税と異質の加算税を意味しない。
>
> 別処分説は、過少申告加算税の賦課決定処分の除斥期間の利益を納税者に与える。
>
> 国税通則法68条において、「過少申告加算税に代え……重加算税を課する」と規定しているのは、加算税の率が変わることを表現しているのであって、重加算税は同法68条1項、また、過少申告加算税は同法65条1項とそれぞれ条文が異なるのも、結局それぞれの税率が異なるからである。

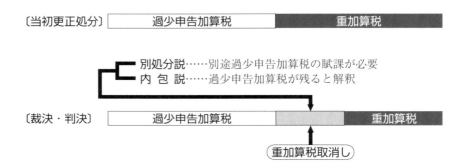

過少申告加算税と重加算税の関係については、東京高裁（平成9.4.23判決）

で次のように述べており、上記の「内包説」を採用している。

事例　内包説

◎**要旨**（東京高裁・平成 9 . 4 .23判決）
　重加算税の額は、判決認定の重加算税の額の範囲内であり、（処分による）過少申告加算税の額は、判決認定の過少申告加算税の額を上回るものであるが、重加算税と過少申告加算税は別個独立のものではなく、重加算税は、過少申告加算税として賦課されるべき額に、一定の過重額に当たる金額を賦課するという法的性質を有し、その基礎となる納付すべき税額が同額である以上、本来、重加算税を課すべきところを過少申告加算税を課したとしても、そのことにより加算税の賦課決定が違法となるものではない。

そのほか、「内包説」を採用している判例としては、次のようなものがある。

◎**要旨**（東京地裁・昭和53. 2 .22判決）
　過少申告加算税と重加算税とは、その名称は異なるが、いずれも申告納税方式による国税について過少な申告を行った納税者に対する行政上の制裁として課せられるもので、ただ重加算税は隠ぺい又は仮装という不正手段を用いた悪質な過少申告に対して特別に重い負担の行政上の制裁を課することとしたのであるから、両者は全くその性質を同じくするものであるし、他方その税額算定の手法を見ても、両者はいずれも修正申告又は更正により新たに納付すべきこととなった税額をその算定の基礎として、これに一定の割合を乗じて算定するのであり、ただ重加算税は課税標準等又は税額等の計算の基礎となるべき事実の隠ぺい又は仮装という要件が加わることにより単なる過少申告に対する場合よりもその割合を高率としているにすぎない。したがって、同一の修正申告又は更正に係る加算税である限り、過少申告加算税を賦課されるにしても、重加算税を賦課されるにしても処分としての同一性を有するというべきで、重加算税として高い割合の加算税が賦課された場合は、その中に単なる過少申告加算税たるべき部分が包含されていると解するのが相当であり、また、国税通則法68条 1 項、同法施行令28条 1 項により、加算税の税額のうち隠ぺい又は仮装されていない事実に基づくことが明らかである税額につき過少申告加算税が課される場合には、過少申告加算税の賦課決定と重加算税の賦課決定の 2 個の処分がされるものとみるべきではなく、 1 個の加算税賦課決定がされるものと解すべきである。

◎**要旨**（最高裁・昭和39.2.18判決）

　過少申告といい無申告といい、共に申告義務違背であることに相違なく、両者に対する加算税は、その本質において変わりないものと解すべきである。原判決は、加算税の処罰としての性質をあまりにも過大視するとともに、両者を全く別個の性質のものとしたものと解され、この点において、原判決は法令の解釈を誤った違法である。

◎**要旨**（最高裁・昭和40.2.5判決）

　過少申告といい無申告といい、共に申告義務違背であって、いずれに対する加算税も、その本質において変わりはないものと認むべきであり、また無申告加算税の方が過少申告加算税よりも多額であるから、無申告の場合に誤って過少申告による更正処分をしたからといって、これにより納税義務者が不利益を受けるものではない。

これに対して、「別処分説」の判例もあるので、ここに示すこととする。

事例　**別処分説**

◎**要旨**（大阪高裁・昭和37.3.27判決）

　申告期限内に確定申告書の提出があったのにかかわらず、無申告加算税を課徴することの許されないことはもちろんであるが、予定申告のみがなされて確定申告書の提出がなかったのにかかわらず、申告期限内に確定申告が行われたものと誤認して過少申告加算税を課徴することも、処罰上の基本的構成要件を欠くものとして違法といわなければならない。本件の場合が仮に無申告加算税を課徴する場合に該当するとしても、いやしくも行政罰としての過少申告加算税を課徴するには、その構成要件を充足するものでなければならないのであって、処罰上の基本的構成要件を欠く過少申告加算税課税処分は重大かつ明白な瑕疵を有する。

◎**要旨**（大阪高裁・昭和50.9.30判決）

　重加算税は過少申告とか無申告とかの単純な申告義務違反に対する税法上の秩序罰負担を内包するものであること、更正等により納付することになった税額に対してはすべて過少申告加算税を課することが基本原則であること、

> 加算税はその額の計算の基礎となる税額の属する税目の国税であることは控
> 訴人の主張どおりであるけれども、そのことのゆえに本件重加算税賦課決定
> 処分に過少申告加算税賦課決定処分が当然含まれているとの前提を採ること
> 自体賛成できない。あくまでも両者は別異の処分として扱うべきである。本
> 件加算税賦課決定処分は重加算税としては税額が確定しておらず、内容不特
> 定であるから、本件重加算税賦課決定処分にこのような内容不特定の過少申
> 告加算税賦課決定処分がなされているとは到底できない。

　なお、私見を述べれば、「別処分説」に比べて「内包説」の方が、現実的な対
応として妥当なように思える。また、重加算税の課税要件の中に、過少(無)申
告加算税が課される要件が含まれている（文理解釈）ことから、重加算税が取
り消されても、過少(無)申告加算税は残ると解するのが相当である。

　また、金子宏名誉教授は、次のように「内包説」を支持している。

　「通常の加算税と重加算税とは、別個独立の処分ではなく、後者の賦課処分
は、前者の税額に一定の金額を加えた額の加算税を賦課する処分であり、通常
の加算税の賦課に相当する部分をその中に包含していると解すべきであろう」
（金子宏『租税法・第23版』弘文堂、2019年、890頁）

❷ 隠蔽又は仮装とは

(1) 隠蔽・仮装の定義

事実の隠蔽又は仮装の典型的なものは、次のとおりである。

> **事実の隠蔽**……二重帳簿の作成、売上除外、架空仕入、架空経費、棚
> 　　　　　　　卸資産の除外、雑収入の除外等
> **事実の仮装**………取引上の架空名義の使用、虚偽答弁等

　　㊟　仮装行為の典型的な例として、民法94条1項の「通謀虚偽表示」が挙げられる。

なお、「隠蔽・仮装」をそれぞれ定義したものとしては、次のようなそれぞれの判決（ほぼ同じ内容）があるので、ここで紹介する。

事例 「隠蔽・仮装」の定義

> **◎要旨**（和歌山地裁・昭和50.6.23判決）
> 　国税通則法68条1項に規定する「……の計算の基礎となるべき事実の全部又は一部を隠ぺいし、又は仮装し」たとは、不正手段による租税徴収権の侵害行為を意味し、「事実を隠ぺい」するとは、事実を隠匿しあるいは脱漏することを、「事実を仮装」するとは、所得・財産あるいは取引上の名義を装う等事実を歪曲することをいい、いずれも行為の意味を認識しながら故意に行うことを要するものと解すべきである。

> **◎要旨**（名古屋地裁・昭和55.10.13判決）
> 　国税通則法68条は、不正手段による租税徴収権の侵害行為に対し、制裁を課することを定めた規定であり、同条にいう「事実を隠ぺいする」とは、課税標準等又は税額の計算の基礎となる事実について、これを隠ぺいしあるいは故意に脱漏することをいい、また「事実を仮装する」とは、所得・財産あるいは取引上の名義等に関し、あたかも、それが事実であるかのように装う等、故意に事実を歪曲することをいうと解するのが相当である。

　そして、その行為が客観的にみて隠蔽又は仮装と判断されるものであればよく、納税者の「故意の立証」まで要求しているものではないと解されている。

重加算税の賦課 ◀━━ 客観的な事実 ◀━━ 税　務　署　長

◎**要旨**（最高裁・昭和62.5.8判決）
　重加算税は、各種の加算税を課すべき納税義務違反が事実の隠ぺい又は仮装という不正な方法に基づいて行われた場合に、違反者に課せられる行政上の制裁措置であって、故意に納税義務違反を犯したことに対する制裁ではないから、重加算税を課し得るためには、納税者が故意に課税標準等又は税額等の計算の基礎となる事実の全部又は一部を隠ぺいし、又は仮装し、その隠ぺい、仮装行為を原因として過少申告の結果が発生したものであれば足り、それ以上に、申告に際し、納税者において過少申告を行うことの認識を有していることまでを必要とするものではないと解すべきである。

(2)　最高裁の「隠蔽・仮装」の判断

事例　「隠蔽・仮装」の判断

◎**要旨**（最高裁・平成6.11.22判決）
　納税者（個人）は、単に真実の所得金額よりも少ない所得金額を記載した確定申告書であることを認識しながらこれを提出したというにとどまらず、確定申告の時点において、白色申告のため当時帳簿の備付け等につきこれを義務付ける税法上の規定がなく、真実の所得の調査解明に困難が伴う状況を利用し、真実の所得金額を隠ぺいしようという確定的な意図の下に、必要に応じ事後的にも隠ぺいのための具体的工作を行うことも予定しつつ、会計帳簿類から明らかに算出し得る所得金額の大部分を脱漏し、所得金額をことさら過少に記載した内容虚偽の確定申告書を提出したことが明らかであるから、本件確定申告は、単なる過少申告行為にとどまるものではなく、国税通則法68条1項にいう税額等の計算の基礎となるべき所得の存在を一部隠ぺいし、その隠ぺいしたところに基づき納税申告書を提出した場合に当たる。

（下線：筆者）

・この判例では、「隠蔽・仮装」として、重加算税の対象になるには、次の
　2つの存在（次図の①②）を前提としている。

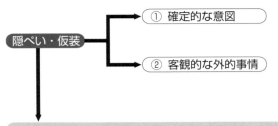

　　　　　　　　　　　　　　　　① 確定的な意図

隠ぺい・仮装

　　　　　　　　　　　　　　　　② 客観的な外的事情

重加算税を賦課するためには、「隠蔽・仮装」行為が、納税者の確定
的な意図の下に、その意図が外部からも客観的に推認できる程度の
事情が認められる必要がある。

・「金額の多寡」については、意見が分かれる。金額が大きければ大きいほ
　ど、②の「客観的な外的事情」の判断に際しては、「隠蔽・仮装」に近く
　なるのであるが、他の事情によっては、必ずしも決定的な条件にはなら
　ない。例えば、納税者によっては、たまたま計算を誤ったり、桁数を間
　違えたりする場合などもあるからである。

(3)　重加算税のいくつかの課税パターン

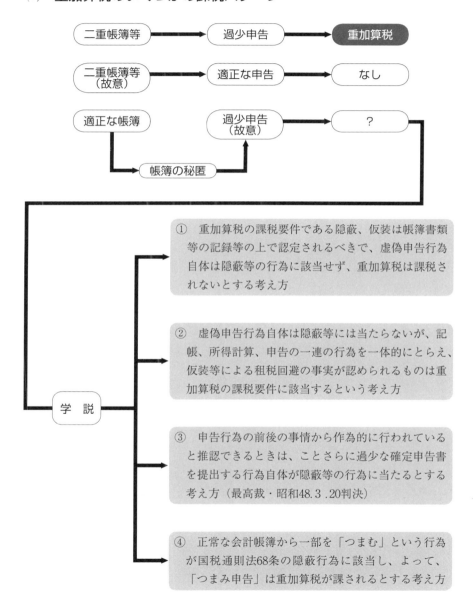

① 　重加算税の課税要件である隠蔽、仮装は帳簿書類等の記録等の上で認定されるべきで、虚偽申告行為自体は隠蔽等の行為に該当せず、重加算税は課されないとする考え方

② 　虚偽申告行為自体は隠蔽等には当たらないが、記帳、所得計算、申告の一連の行為を一体的にとらえ、仮装等による租税回避の事実が認められるものは重加算税の課税要件に該当するという考え方

③ 　申告行為の前後の事情から作為的に行われていると推認できるときは、ことさらに過少な確定申告書を提出する行為自体が隠蔽等の行為に当たるとする考え方（最高裁・昭和48.3 .20判決）

④ 　正常な会計帳簿から一部を「つまむ」という行為が国税通則法68条の隠蔽行為に該当し、よって、「つまみ申告」は重加算税が課されるとする考え方

(4)　日税連の税制審議会の「重加算税」に対する見解

　日本税理士会連合会（日税連）の諮問機関である税制審議会では、「重加算税制度の問題点について―答申―（平成12年2月14日）」において、「重加算税の賦課に当たっては、その要件である納税者に隠ぺい又は仮装行為があったか否かの認定が最も重要な問題となるが、その意義や態様について現行法令は極めて抽象的な規定に止まっている」と批判している。納税者の立場からすれば、当然「課税の予測性」がなければ、不安定な状態となり、ひいては、税務行政も円滑に行われなくなるという可能性が生ずる。もっとも、「隠蔽又は仮装」の意義を具体的に法令で規定すると、それを逆手にとって、重加算税の賦課決定を回避する不正行為が予測されるとも指摘している。

　税制審議会では、①隠蔽・仮装に該当する場合と②隠蔽・仮装に該当しない場合に分けて、それぞれ次のように述べている。

①　隠蔽・仮装に該当する場合

　事実を隠ぺいするとは、課税標準等の計算の基礎となる事実を秘匿しあるいは故意に脱漏することをいい、売上の除外、証拠書類の廃棄や秘匿、取引事実や課税財産の隠匿などがこれに当たる。また、事実を仮装するとは、特定の所得や財産あるいは取引上の名義などについて、あたかもそれが事実であるかのように装うなど、事実を歪曲することをいい、架空仕入や架空経費の計上、架空契約書の作成などがこれに当たる。さらに1つの行為が隠ぺいと仮装の双方に該当することも少なくない。

②　隠蔽・仮装に該当しない場合

　過少申告であっても、事実の隠ぺい又は仮装がなければ重加算税は課されない。例えば、収益計上時期については、税務の取扱いとして検収基準、出荷基準など多くの基準があることから、当期の収益に計上されるべき場合でも翌期の収益として経理されているときは、一般的には隠ぺい又は仮装には当たらない。この点は、経費の計上時期についても同様と考えられる。また、たな卸資産の計上漏れが担当者の単なる誤認に基づく場合は隠ぺい・仮装に該当せず、税法の不知による過少申告も同様である。

　なお、収益・費用の計上時期やたな卸資産の計上額について、帳簿や原始記録等を改ざんしたような場合は、隠ぺい又は仮装とされることはいうまでもない。

　なお、所得税法の旧通達においては、隠蔽・仮装に該当するものとして、次のようなものを例示していた。

イ　いわゆる二重帳簿を作成して所得を隠ぺいしていた場合

ロ　売上除外、架空仕入もしくは架空経費の計上その他故意に虚偽の帳簿を作成して所得を隠ぺいし又は仮装していた場合

ハ　棚卸資産の一部を故意に除外して所得を隠ぺいしていた場合

ニ　他人名義等により所得を隠ぺいし又は仮装していた場合

ホ　虚偽答弁、取引先との通謀、帳簿又は財産の秘匿その他不正手段により故意に所得を隠ぺいし又は仮装していた場合

ヘ　その他明らかに故意に収入の相当部分を除外して確定申告書を提出し、又は給与所得その他についての源泉徴収を行っていた場合

───隠ぺい・仮装行為と故意性の関係───

　税制審議会においては、隠蔽・仮装行為と故意性について、次のような意見が示されている。

①　隠ぺい・仮装はもともと故意を含む概念であるとする意見

②　ある行為が客観的に隠ぺい・仮装と判断できることをもって足り、課税庁は納税者の故意の立証まで要しないとする意見

③　事実について隠ぺい・仮装を行ったとの認識があれば、その後の申告に際し、過少申告等をすることについての認識までは要しないとする意見（最高裁・昭和62.5.8判決）

④　隠ぺい・仮装行為のみならず、過少申告等についても税を免れる認識を要するとする意見

(5) 法人税法34条2項（現行：法人税法34条3項）

平成10年度法人税法改正で、役員報酬の額のうち、法人が、事実を隠蔽し、又は仮装して経理することによりその役員に対して支給する報酬の額は、損金の額に算入しない旨の規定が設けられた。その条文（法人税法34②）の内容は、次のとおりである。

> 内国法人が、事実を隠ぺいし、又は仮装して経理をすることによりその役員に対して支給する報酬の額は、その内国法人の各事業年度の所得の金額の計算上、損金の額に算入しない。

なお、平成18年度法人税法改正で、上記条文のうち「報酬」が「給与」になっている（法法34③）。

ここでいう「隠蔽又は仮装」という表現は、重加算税の要件と同一であり、それは「経理」と結び付いている。例えば、売上げを除外して、役員に対して定時・定額で給与を支払う場合などを想定して、この規定が設けられた。

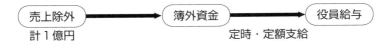

売上除外　　→　簿外資金　　→　役員給与
計1億円　　　　　　　　　定時・定額支給

【税務調査による修正仕訳】

役員給与：1億円　／売上：1億円

損金不算入　←　重加算税

そして、「隠蔽又は仮装」に基づく経理によって、役員給与の損金性が否認され、所得金額が増加し、その増加に係る法人税に対しては、同一の文言から、原則として、この場合、重加算税が賦課決定されることになる。

なお、「法人税の重加算税の取扱いについて（事務運営指針）」（平成12年7月3日）でも、隠蔽・仮装のケースとして、「簿外資金をもって役員賞与その他の費用を支出していること」を明記している。

⑹　第三者の隠蔽・仮装に対する納税者への重加算税の賦課の学説

　第三者の隠蔽・仮装に対する納税者の重加算税賦課については、次のように学説が分かれているが、◯◯については、学説・判例において支持されている。

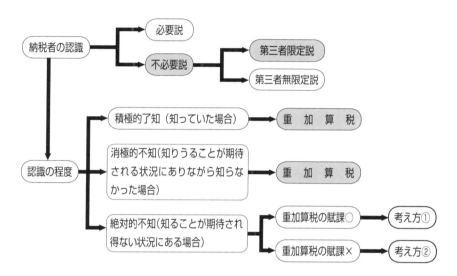

考え方①

　遺産分割の仕方によっては、重加算税が全く賦課されなくなるという結果になる（昭和62.7.6裁決参照）。したがって、知らなかった相続人にも重加算税を賦課し、その相続人は、知っていた相続人に対して「損害賠償請求」をすればよい。

考え方②

　絶対的不知の場合には、その知らなかったことについて納税者の責めを求めることはできないので、重加算税は賦課すべきではない。私見を述べれば、この考え方の方が、常識的に考えて妥当と考える。納税者に責めのない場合には、たとえ重加算税が賦課されない結果となっても、いたし方ないと考えるべきであろう。

(7) 無記帳と隠蔽行為

取引の記録等を最初から残しておかなかったことが、「隠蔽行為」に該当するか否かであるが、これに関しては、「消極説」と「積極説」に学説が分かれている。

すなわち、消極説は、一般的な記帳義務を課していない今日においては、単に記録を残さないことのみでは、「隠蔽」の要件を満たしていないという。これに対して、品川芳宣教授は、「帳簿を備え付けも記帳もしない、取引の原始記録を保存しないばかりか作成もしない、そして申告もしないという、形に何も残さないという行為が、実質的には最も悪質な隠ぺい行為であるということである。」と主張する（「重加算税賦課に求められる課税の明確性」『税理』No. 6、2000年）。同様の主張（池本征男氏）は、「記帳のある者が記帳のない者に比して重加算税の取扱上不利益な結果となるのは、申告納税制度の維持を目的とした重加算税制度の本旨にも反することになるので、「隠ぺい又は仮装の行為」の有無の判断に当たっては、より慎重さが必要であろう」という（「加算税制度に関する若干の考察」『税務大学校論叢』No.14、1981年）。

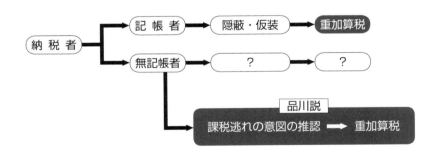

確かに、記帳した者と記帳しなかった者とで、記帳しなかった者に「隠蔽行為」がないとして重加算税を賦課しないとすると、一般論として、記帳した者は不利なようにも思えるかもしれない。

　しかし、記帳した者は、あくまでも「隠蔽・仮装」という積極的な行為をしたのであるから、重加算税を賦課決定されるのは当たり前で、他の正しい記帳をした納税者も含めた、すべての記帳者を前提として、無記帳者と比較するのはややおかしいのではないかと思われる。そして、無記帳者に対して、「課税逃れの意図の推認」をもって、重加算税の賦課決定を行うということであるが、何も記帳していないという事実の中で、このような推認は現実問題として不可能ではないかと思われる。むしろこのような推認を許すと、「無記帳」ということが不自然であるというだけで、課税庁から「課税逃れの意図がある」と断定されるおそれの方が、税務執行上、多くなるのではないかと危惧される。

　また、一方で、所得税における「推計課税」の更正処分などに伴う加算税については、原則として「重加算税」は賦課決定されていない。推計課税は、次の場合に採用することが許されている。

　　①　帳簿書類がない（記帳していないなど）場合

　　②　帳簿書類があっても不正確な場合

　　③　税務調査に際して帳簿書類を提示しない場合

　したがって、納税者が帳簿の記帳をしていない場合には、課税庁は一般的に「推計課税」を行うのであるが、課税実務では、このようなケースにおいて、「課税逃れの意図の推認」ができないことから、ほとんど重加算税は賦課決定されていない。

(8)　隠蔽・仮装の成立時期

　重加算税の賦課要件である「隠蔽・仮装」の行為は、期限内申告の提出がある場合は、その提出時に、期限内申告が行われていない場合には、法定申告期限を経過したとき、そして、申告書の提出がない場合には、法定申告期限が経過したときにそれぞれ成立する。（次頁図を参照）

（注）ただし、期限内申告は、申告期限までいつでも差し替えができる。

　そうすると、法定申告期限内に過少申告をし、その後、「隠蔽・仮装」した場合に、どのように考えるべきであるかという問題が生じる。期限内申告の場合には、「提出時」が「隠蔽・仮装」の成立時期であるから、その時に、隠蔽・仮装行為がなく、その後に行った行為は、対象にならないと考えることができるか否かである。

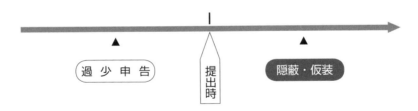

　これについては、「確定申告後の隠ぺい・仮装の所為は、確定申告時に当該納税者が隠ぺい又は仮装の意思を有していたか否かを判定するための資料にすぎず、確定申告後に当該納税者が売買契約書を偽造していたことを課税庁側が確知していたとしても、確定申告時の隠ぺい又は仮装の意思に消長を来すものではない」（大阪地裁・昭和50.5.20判決）があり、重加算税の対象になるとの判断がある。

　しかし、一方では、「重加算税の納税義務の成立時期は、法定申告期限の経過の時である（国税通則法15条2項15号（現行13号））から、隠ぺい、仮装行為は、この時期が到来する前の行為だけが加算税の対象になるのが原則であり、したが

って、隠ぺい、仮装行為の存否は、確定申告書提出時を中心に判断すべきであって、したがって、その期限後の隠ぺい、仮装行為は、法定申告時における隠ぺい、仮装行為の存否を推認させる一間接事実となりうるにすぎない」（大阪高裁・平成5.4.27判決）とする判断もある（ただし、この事件の上告審（最高裁・平成6.11.22判決）では、大阪高裁のような判断をせずに、隠蔽と認定している）。

　なお、当初、適正な申告をし、その後、虚偽の更正の請求を行って減額更正をせしめ、後日、その虚偽が発覚した場合に、重加算税が賦課されるか否かであるが、静岡地裁（昭和57.1.22判決）は、重加算税を賦課した処分を適法としている。

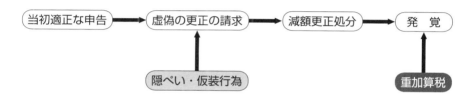

　このように、納税者による更正の請求に基づいて、減額更正処分がなされた場合には、当該更正処分が「隠蔽・仮装」に基づくものであれば、重加算税の賦課決定がなされるが、課税庁の職権による（重加算税対象部分）「減額更正」がなされた場合には、後日、（重加算税相当部分の）更正処分又は修正申告がなされたとしても、当該減額更正相当部分については、重加算税は賦課決定されないと考えられるであろう。

　また、場合によっては、過少申告加算税も賦課決定されないと解すべきであろう。そうでなければ、課税庁の判断に基づいて、一方的に減額され、さらに課税庁の税務調査によって更正処分された、一連の行為に関しては、納税者の意図が介在することがなく、専ら課税庁の行政行為によって、重加算税が発生するという、おかしな結果になるからである。

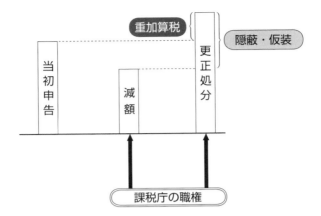

ポイント

① 当初適正な申告をし、その後、虚偽の更正の請求をした場合には、重加算税は賦課決定される。

② 税務調査で、虚偽の答弁や隠蔽などがあれば、当初から課税を回避しようとする意図があったものと推認され、重加算税が賦課決定されることがある（東京地裁・昭和52.7.25判決）。

③ 確定申告後に、納税者が売買契約書などを偽造した場合でも、重加算税が賦課決定される。

④ 職権で重課対象部分が誤って減額更正処分された場合には、後日、再び更正処分等がなされても、重加算税は賦課決定されない。

⑤ 消費税の過大還付申告について更正した場合、当該過大還付金の還付を受けたか否かを問わず、減少する還付金も加算税の計算の基礎となる「納付すべき税額」に含まれる（平成7.11.6裁決）。

❸ 刑事事件との関係

(1)　刑事罰と重加算税

　重加算税と刑事事件との関係については、以下のような説明がなされている（志場喜徳郎ほか編「国税通則法精解（平成25年改訂）」738-739頁）。

> 　　重加算税は、それが税として課されるところから形式的には申告秩序維持のためのいわゆる行政制裁であるといえようが、その課税要件や負担の重さからみて、実質的には刑罰的色彩が強く、罰則との関係上二重処罰の疑いがあるのではないかという意見がみられる。確かに、重加算税は、詐欺行為があった場合にその全部について刑事訴追をすることが実際問題として困難であり、また必ずしも適当でないところから、課されるものであることは否定できないのであるが、しかし、このことから同一事件に対し懲役又は罰金のような刑事罰とを併科することを許さない趣旨であるということはできない。重加算税は、納税義務の違反者に対してこれを課することにより納税義務違反の発生を防止し、もって納税の実を挙げようとする行政上の措置にとどまると考えるべきである。したがって、重加算税は、制裁的意義を有することを否定できないが、元来納税義務違反者の行為を犯罪とし、その不正行為の反社会性ないし反道徳性に着目して、これに対する制裁として科される刑事罰とは、明白に区別すべきである。このように考えれば、これを課すとともに刑事罰に処しても、二重処罰と観念すべきではない。

　最高裁（昭和45.9.11判決）も同様に、重加算税は、刑事罰に処せられても二重処罰にはならないと判断している。

事例　**重加算税と刑事罰の二重処罰**

> ◎要旨
> 　重加算税は、……課税要件事実を隠ぺいし、又は仮装する方法によって行われた場合に、行政機関の手続により違反者に課せられるもので、これによってかかる方法による納税義務違反の発生を防止し、徴税の実を挙げようとする行政上の措置であり、刑罰と異なるから、重加算税のほかに刑罰を科しても、憲法39条に違反しない。

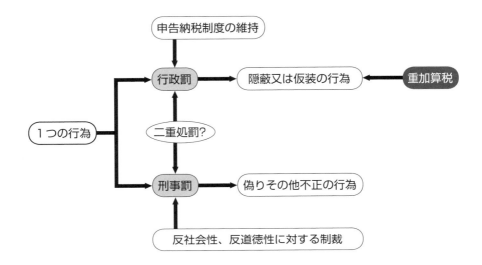

　その他、刑事事件との関係で述べられている判例は多いが、以下に示すように、ほとんどの判例では、「行政罰」と「刑事罰」は別個のものであり、互いの結果については、影響し合わないと判断している。

◎**要旨**（大阪地裁・昭和27.4.26判決）
　ほ脱犯の確定判決によってほ脱と認定されたところを含めて課税標準の更正又は決定がなされ、かつ追徴税が課せられたのに対し、行政訴訟が提起され、その結果、民事裁判所の認定と刑事裁判所の認定がそごを来すようなことが生じたとしても、一は行政処分が違法かどうかを、他の犯罪事実の存否を確定する制度であって、その目的を異にする以上やむを得ないところである。

◎**要旨**（福岡高裁・昭和27.5.30判決）
　脱税犯に関する刑事の判決は、当該犯罪に対する刑罰権の存否範囲を確定するだけで、課税権の存否範囲をも確定する効力はないのであるから、その判決は当該行政庁が課税標準を更正又は決定するについて認定の資料とはなっても、その認定を拘束するものではない。

◎**要旨**（最高裁・昭和33. 8 .28判決）

　我が法制の下においては脱税事犯に対する裁判であった場合、更正又は決定にかかる法人税の課税標準が裁判によって確定された事実によって拘束かつ決定されるという制度は採用されていない。

　我が法制の下においてはほ脱罪に対する刑事判決があった場合、課税手続上確定している課税標準額が刑事判決によって認定された事実によって拘束かつ修正されるという制度は採用されていない。

(2)　「隠蔽・仮装」と「偽りその他不正の行為」

　重加算税の賦課決定要件である「隠蔽・仮装」と、ほ脱犯の構成要件（除斥期間も同じ）である「偽りその他不正の行為」とは、実質的な差異はないともいわれているが、一部判例・学説では、「隠蔽・仮装」の範囲と「偽りその他不正の行為」のそれと、どちらが広義かという議論がある。

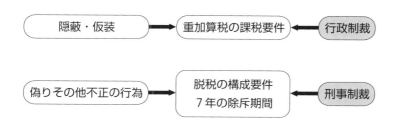

■「隠蔽・仮装」と「偽りその他不正行為」の規定条文

隠蔽・仮装	偽りその他不正
①　重加算税（通法68） ②　青色取消し（所法150、法法127） ③　役員給与の損金不算入（法法34③） ④　必要経費の否認・損金不算入 　　（所法45③、法法55③）	①　更正の期間制限（通法70④） ②　徴収権の時効（通法73③） ③　延滞税の控除期間（通法61）

解釈としては、ほ脱犯の場合、「故意」がその過少申告自体に必要であるのに対し、重加算税の場合には、「隠蔽・仮装」の行為の認識で足りるという考え方をとるならば、重加算税の課税要件の方が、ほ脱犯のそれよりも広いと解することが可能である（もちろん、両者は重複する部分が多い）。そして、そのように解釈する方が、一般的な常識（ほ脱犯に対する罰則が行為の反社会性、反道徳性に着目して科されるものであるとするならば、重加算税の賦課要件よりもほ脱犯の構成要件の方が、適用に当たっては、より厳格であるべき）から考えても妥当なように思える。

```
┌─────────────────────────────────┐
│        隠蔽・仮装の行為          │
│  ┌───────────────────────┐      │
│  │   偽りその他不正の行為  │      │
│  │   ＝故意              │      │
│  └───────────────────────┘      │
│                                 │
└─────────────────────────────────┘
```

　ただ、ほ脱犯の場合であっても、すべての場合において「重加算税」が賦課決定されるとは限らないので、一部については、上記の図に当てはまらないケースも生じる。例えば、遡って、青色申告承認が取り消された場合におけるその事業年度の犯則税額は、青色申告の承認がないものとして適正に計算した場合の法人税額からその申告にかかる法人税額を差し引いた額であるが、重加算税の賦課に際しては、通常、青色申告取消しにあってはその税額等の計算の基礎となる事実について隠蔽、仮装がないので、重加算税は課されない。そうすると、次図のような関係になるのであろう。

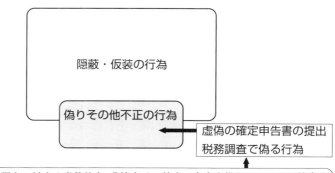

学説によっては、「偽りその他不正の行為」の方が、「隠蔽・仮装」よりも広いと解しているものもある。すなわち、「偽りその他の不正」の概念は、本来の適正な所得金額を担保しようとするものであり、単なる行政上の制裁で作られた重加算税とレベルが違うというのである。もともと、適正な所得金額を求めるのであるから、その適用範囲は、重加算税のそれよりも当然広いということなのである。図で示せば、次のようになる。

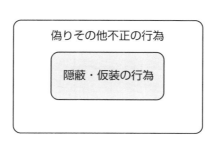

この考え方を支持している大渕博義教授は、次のように述べている。
「更正の除斥期間は法律関係の早期安定という観点から、本来納付すべき税額を

徴収することを制限するという規定であるから、『偽りその他不正の行為』という反社会的行為・反道徳的行為を行ったために、その期間が延長されるとしても、そのことは課税手続上の問題であり、正当税額を納付するという点で納税者に格別の不利益を与えるというものではない。このような観点からすれば、更正の除斥期間における『偽りその他不正の行為』の概念は、責任主義に立つほ脱犯の刑事罰の構成要件である故意を絶対的な要件と考える必要はないということができる」

出典：大渕博義「譲渡利益の発生を認識しながら申告しなかった場合の重加算税の賦課決定」
　　　『税経通信』税務経理協会、No.5、1989年

(3)　除斥期間と「偽りその他不正の行為」

　更正、決定及び賦課決定をなしうる権限いわゆる賦課権については、その性質に応じて、それぞれ権限の期間制限がある。そして、一定期間経過後、その権限が消滅することを「除斥期間」という。なお、賦課権の期間制限は、中断及び当事者の援用になじまないものであるから、「時効」ではなく、「除斥期間」として定めている。

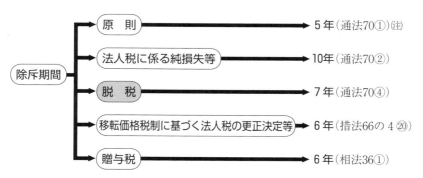

　（注）　平成23年11月30日に成立した税制改正で、更正の請求期間等が延長（5年）
　　　　したことに伴って、課税庁が行う増額更正の期間制限（除斥期間）も原則と
　　　　して5年になった。

　脱税犯の構成要件ないし賦課権の除斥期間について、「偽りその他不正の行為」が用いられ、重加算税の課税要件について、「隠蔽又は仮装」という表現が用いられているのは、脱税犯等については、反社会的、反道徳的な行為一般に対して制裁を加えるということから、その行為の態様のいかんを問わない抽象的な規定にせざるを得ないということであり、重加算税については、税務署等の行政機関の裁量の範囲を限定する（解釈によって拡大しないようにする）ことの必要性から、どちらかといえば、外形的、客観的な基準である「隠蔽又は仮装」という表現を用いたものといわれている。したがって、「偽りその他不正の行為」は、「隠蔽又は仮装」よりも抽象的な表現で、その意味では、範囲が広いとも解することができる。

　なお、賦課権の除斥期間にあっては、重加算税のように行政制裁の基準ではなく、広く一般に不正な行為があれば長期の除斥期間を適用するのであるから、「偽りその他不正の行為」という要件が用いられたのである。

　また、国税の一部について偽りその他不正の行為があったときは、同一国税で単純な計算誤り等による通常の過少申告に係る部分についても、同時に除斥期間が延長される。すなわち、本条第5項は偽りその他不正の行為によりその全部又は一部を免れた「国税についての更正又は決定」を問題にしている規定であり、重加算税のように免れた「税額」を問題にしている規定ではないから、通常の過少申告部分を含む当該国税の全体が7年の除斥期間に服するものである（最高裁・昭和51.11.30判決）。

【諸外国の賦課権に関する期間制限】

国　名	期間制限（除斥期間）
アメリカ	通常の過少申告の場合→申告書提出後 3 年 申告漏れが申告所得の25％を超える場合→ 6 年 無申告・虚偽の申告・脱税の場合→無制限
イギリス	通常の過少申告の場合→課税期間終了後 6 年 脱税の場合→20年
ド イ ツ	通常の過少申告の場合→ 4 年 重過失に基づく場合→ 5 年 脱税の場合→10年
フランス	直接税・売上税→ 4 年

(注)　なお、アメリカでは、過少申告そのものが詐欺（fraud）に該当する場合には、過少申告により不足した税額の75％の加算税が課される（IRC6663）。

　　この場合の"fraud"とは、租税回避を目的として行われた「隠蔽・仮装」などを示すといわれている。

　　しかしながら、川根誠氏（税大ジャーナル18号／2012）では、次のように述べている。「我が国の重加算税賦課の要件である「隠ぺい・仮装」とfraudとは明らかに異なる概念であり、fraudにおいては必ずしも積極的な「隠ぺい・仮装」行為が要求されている訳ではないということである。」

❹ 租税回避と重加算税

　租税回避行為に対して、それが否認された場合、過少申告部分に対して重加算税が課税されるのか否かについては、当該事件の事実関係が大きく左右するのだろうが、基本的には、本来の租税回避行為は、「隠蔽又は仮装」に基づくものではないから、重加算税を賦課決定されることはない。

　しかし、場合によっては、租税回避行為そのものが、「仮装」であると課税庁から指摘される可能性はある。簡単にいえば、本来売買をすれば、土地のキャピタルゲインが発生するため、それを回避するために、当該取引を土地の賃貸と金銭の消費貸借を組み合わせ、実質的に、売買をしたのと同様の経済的な効果を求めるケースがある。この場合、「売買契約」を仮装して「土地の賃貸借契約＋金銭の消費貸借契約」としたのではないかとも考えられる。

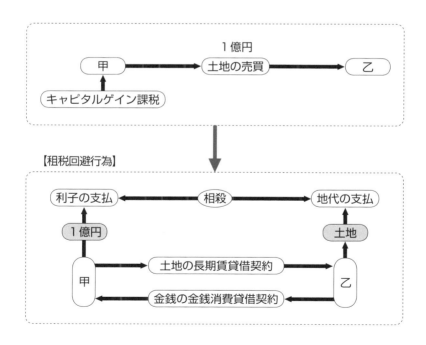

仮に、このような行為をとった場合、通常、当該行為を「仮装行為」という
のであろうか。仮装行為とは、意図的に真の事実や法律関係を隠蔽ないし秘匿
することで、民法上は、当事者間で無効とされる通謀虚偽表示（民法94）がその
典型的なケースとされている。

　上記の場合には、賃貸借契約及び金銭消費貸借契約が法律上有効なものであ
って、その契約どおりに、土地が乙に賃貸され、1億円が甲に金銭消費貸借さ
れているのであれば、課税上の認定はともかく、それを「仮装行為」と断定す
ることは無理であろう。また、「仮装行為」については、裁判において課税庁が
立証責任を負うことになるから、たとえ課税庁が「仮装行為」として更正処分
等を行ったとしても、裁判で当該処分が取り消される可能性は高い。

　租税回避行為が、仮装行為であるか否かが問題になるのは、租税回避行為そ
のものの範囲（又は適否）が明らかでないこともその原因となっている。次図
のように、節税と脱税の中間点に位置することから、事例によっては、脱税と
みなされるものもあるのかもしれない。

種　類	法的判断	重加算税
節　税	適　法	
租税回避	?	?
脱　税	違　法	重加算税

　以下、一般に租税回避行為といわれる5つの事例（事例1〜5）をみて、重加
算税の賦課決定の要件である「隠蔽又は仮装」に該当するものがあるのか否か
を検討してみることとする。

事例 1　実質課税の原則とリース取引（平成6.4.25裁決）
　　　　　　〜実質課税の原則を適用する場合

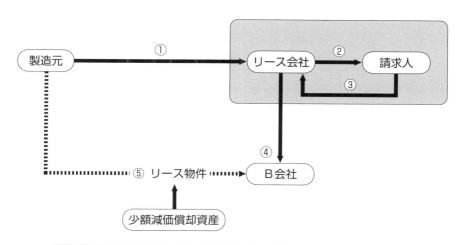

①　リース会社が製造元から本件資産を購入
②　請求人がリース会社からリース物件を購入
③　請求人がリース会社に本件資産を賃貸
④　リース会社がB会社に転リース
⑤　製造元からB会社に本件資産を納入

　このような取引をすることによって、請求人はリース物件を少額減価償却資産として、一括損金算入に計上したのであるが、裁決では、本件リース取引は、資金的にみれば金融取引と認められるから、損金算入は認められず、貸付金とするのが相当であると判断している。

　すなわち、上記②と③の取引は、単に請求人がリース会社に対して資金を提供したにすぎないとみているのである。この②と③の取引は、税務上認められないことになるが、この取引自体、請求人の仮装行為に該当するのであろうか。請求人は、本来、単なる金銭消費貸借契約の取引を税の軽減を目的として、②の取引と③の取引を作り出したことに対して「仮装行為」といえるかというこ

とである。仮装行為であるならば、当然、重加算税の対象にもなるのであるが、この事例では、重加算税は賦課決定されていない。この事例では、リース取引に関する契約もあり、形式的には、法律的な瑕疵はなく、私法上有効な取引を前提に判断していることから、その行為自体も仮装行為とは認められなかったのであろう。

　審判所は、実質課税の原則により、上記のような判断を行っていることからすれば、基本的には、課税庁が実質課税の原則を適用する場合には、重加算税は賦課決定されないと解することができる。もし、その行為が仮装行為であるならば、わざわざ実質課税の原則を適用する必要はなく、仮装という事実認定によって、当該取引を否認することができるからである。そして、その行為が仮装であるならば、当該行為を「租税回避行為」ということはもちろんできない。

事例 2　代表者の個人的支出と寄附金（徳島地裁・平成5．7．16判決、高松高裁・平成8．2．26判決、最高裁・平成12．1．27判決）
〜当初、同族会社の行為計算の否認規定を適用した場合

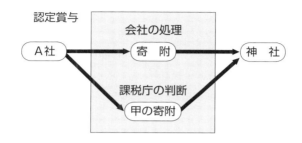

　本来、代表者である甲個人が負担しなければならない支出を、法人が代わりに支出した事件であるが、更正通知書では、法人税法137条を適用して否認し、訴訟の段階では、課税庁は「A社は甲が負担すべき個人的費用をA社において負担し、甲に代わって支出したことになる」として、事実認定によって否認を行った事例である。当初の更正通知書では、同族会社の行為計算否認の規定を適用しているのであるから、重加算税は賦課決定されなかったのであるが、これが、仮に、訴訟の段階で行ったように、事実認定によって否認を行ったとしていたら、重加算税が賦課決定される可能性はある。

　代表者の支出金を会社の費用とするケースは多いと思われる。その場合、その支出金を単に法人において費用として経理したとしても、必ずしも重加算税が賦課決定されるとは限らない。なぜなら、その支出金の帰属について、会社が負担すべきものか、代表者自身が負担すべきものかについて、解釈上の争いが生じるおそれのあるものだからである。もちろん、明らかに個人的支出であるものを領収書などを改ざん（仮装）して、法人の費用とした場合には、重加算税が賦課決定される。同族会社の行為計算の否認の適用は、その採用した行為は不自然ではあるが、法律的には問題がなく、課税上、その行為が否認されるのであるから、「隠蔽・仮装」にはなじまないものである。

(注)　平成18年度の司法試験（租税法・論文試験の第2問）で、本事例が出題されている。

事例 3 土地譲渡に係る迂回取引（横浜地裁・平成1.9.27判決、東京高裁・平成２.９.19判決）
～土地譲渡の取引を迂回させた場合

被控訴人Ａ社に対して課税庁は、次の各物件の譲渡取引について是正し、課税漏れとして更正処分を行った。なお、当該土地譲渡に関しては、第三者を介在させたとして重加算税が賦課決定されている。

●第１物件

課税庁の主張する取引（アミかけ内の取引、以下同じ）

※納税者の主張：Ａ社の代表者甲がＣ社の代理人としてＣ社の取引を行った。

●第２物件

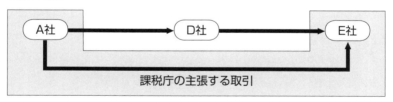

課税庁の主張する取引

※課税庁の主張：Ｄ社を介在させて低額譲渡を行った。

●第３物件

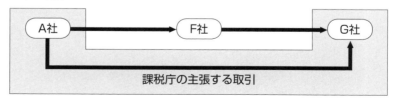

課税庁の主張する取引

※課税庁の主張：Ｆ社を介在させて低額譲渡を行った。

　上記の各取引は、租税回避というよりも取引自体の「隠蔽・仮装」として認定された事件である。したがって、裁判所（横浜地裁・平成1.9.27判決）は、各取引に係る「重加算税」について、次のように述べている。

◎要旨

　前記において認定したとおり、原告は・訴外丙外5名から本件第1物件を買い受け、訴外Bに転売して763万2,500円の譲渡益を取得しながら、右譲渡益が訴外Cに帰属したかのように仮装するため・訴外丙外5名との売買契約書の買主欄に訴外Cの名前を記載した紙片を貼付し、また、原告と訴外B商事との売買契約書を作成しながら、これを回収して訴外Cを売主とする売買契約書に差し替え、更に、これに応じた経理処理を行って、本件第1物件の取引によって取得した譲渡益に対する課税を免れようとした。

　また、前記において認定したとおり、原告は、本件第2物件を訴外Eに売却しながら、訴外Dに右売買価格よりも低額で売却したように装って譲渡益の一部について課税を免れようと企て、仮装の売買契約書を作成した上これに対応する会計処理を行い、譲渡益のうち1,519万円を取得しなかったように工作して、同益に対する課税を免れようとした。

　更に、前記において認定のとおり、原告は、本件第3物件を訴外Gに売却しながら訴外Fに右売買価格よりも低額で売却したように装って譲渡益の一部について課税を免れようと企て、仮装の売買契約書を作成した上これに対応する会計処理を行い、譲渡益のうち900万円を取得しなかったように工作し、同譲渡益に対する課税を免れようとした。

　以上の原告の各行為は、法人税の課税標準等又は税額の計算基礎となるべき事実を隠ぺいし又は仮装したものであるから、国税通則法68条1項により、計上漏れとなった譲渡益全額について重加算税の賦課決定をすべきである。

事例 4 映画フィルム投資と減価償却（大阪地裁・平成10.10.16判決、大阪高裁・平成12.1.18判決、最高裁・平成18.1.24判決）
～映画フィルムの取得が金融取引とみなされた事例

　この事件は、映画フィルムに係る減価償却費の計上の当否について争われたもので、課税庁は、当該取引の実質は「金融取引」であるとして、減価償却費及び借入金の支払利息の否認を行った。この事件は、簡単にいえば、映画フィルムの耐用年数が２年という短い期間に着目した税軽減スキームであり、その基本的な仕組みは比較的単純なものである。さらに、当該映画フィルムが外国映画であり、映画の投資組合形態を採用しているところに特色がある。

　事件の概要図は次のとおりであるが、➡は借入金の流れであり、図から見て、その金員が循環していることが分かる。そして、本件映画の総費用のうち約75％は、この融資金額であり、残りの25％が出資金額となる。

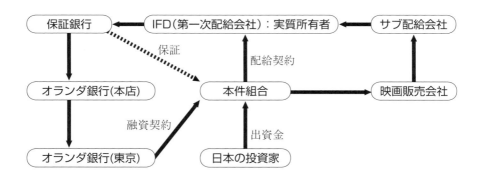

　IFD は、映画フィルム賃貸・配給契約の内容に基づき、本件組合に対し、経費充当分としてある一定の金額を支払い、さらに、①全世界からの映画の総収入の10％（変動レンタル料）及び②映画フィルムの興行収入から興行費用及び①の金額を差し引いた額（調整レンタル料）の合計額を支払い、②に関して、７年間の組合への支払累計金額が別途定めた金額（最低保証額）に満たないときには、この最低保証額と既に支払われた合計調整レンタル料との差額を保証

することになっている。

　なお、本件配給契約（IFDと本件組合）の内容は、次のとおりである。

①　本件組合は、IFDに対し、本件配給契約の期間中、本件映画の題名変更、編集、広告、公開権利の譲渡等の諸権利を単独かつ排他的に与える。

②　IFDは、本件映画に関する著作権等の権利の侵害に対して必要又は適当と認める措置をとることができる。

③　IFDは、本件映画に関するプリント等を破棄することができる。

④　IFDは、第三者（第２次配給者）に対して本件配給契約上の地位権利を譲渡することができる。

⑤　本件組合は、IFDの同意なしに、本件映画に関する広告等をすることができず、本件映画に関する著作権等の侵害についても、IFDに対し、IFDが必要又は適当と認める措置をとるために必要な、撤回不能の代理権を与える。

⑥　本件配給契約により本件組合からIFDに与えられた権利等は、本件映画に関するいかなる契約の不履行、違反、解除、終了後によっても影響を受けることがなく、また、本件組合は、本件配給契約の期間中、いかなる契約の変更、解除等も行うことができない。

⑦　本件組合又はその組合員は、本件映画に関する権利等を、IFDに与えられた権利に悪影響を与えるような、いかなる者にも売却、譲渡などをしない。

⑧　本件配給契約によってIFDに与えられた、又は与えることが合意された本件映画に関する権利、権限等は、本件配給契約又は関連契約の失効又は終了によって影響を受けない。

　以上の取引について、本件では、映画のフィルムの実質的な所有者は、本件組合ではなく、配給会社のIFDであると認定されたのであるが、その根拠は、上記「配給契約」である。本判決では、その契約を前提として、「本件取引は、その実質において、X（組合員）が本件組合を通じ、C社(IFD)による本件映

画の興行に対する融資を行ったものであって、本件組合ないしその組合員であるＸは、本件取引により本件映画に関する所有権その他の権利を真実取得したものではなく、本件各契約書上、単にＸら組合員の租税負担を回避する目的の下に、本件組合が本件映画の所有権を取得するという形式、文言が用いられたにすぎないものと解するのが相当である」（傍点筆者）として、減価償却費の損金算入を否認し、また、借入金の支払利息については、同額の受取利息を益金に算入すべきであるとして、納税者の請求を棄却したのである。これによって、減価償却費について約４億2,800万円、支払利息について約１億1,400万円の所得の減額がなかったものとされ、約２億6,100万円の租税の軽減（出資金額は約１億3,795万円）が否認されたことになる。図で示せば次のようになるが、これは、単なる「金融取引」を「映画フィルムの取得」に仮装したといえるかどうかの問題がある。

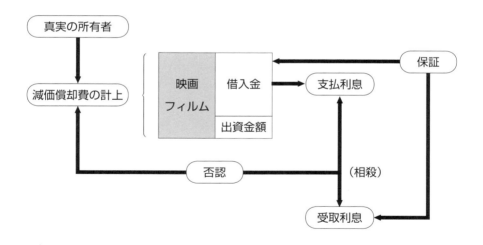

この点に関して、品川芳宣教授は、「…Ｙ税務署長の主張及び本判決は、この一連の取引（本件取引）を実質的には金融取引である旨判断し、それらの損金計上を否認している。その判断によれば、本件取引が仮装行為であるから当事者が意図した法律関係に基づかない課税処分が行われたものとも思料できるが、

本件の事実関係からみて本件取引を仮装行為と断じることは困難であろうし、本件更正も、本件取引を仮装行為であるからとして、真実の事実ないし法律関係に基づいたものと断じているわけではない。」と述べている（「任意組合を利用した映画フィルム・リースに係る減価償却費計上の可否」ＴＫＣ税研情報8巻4号（1999年））。もちろん、課税庁は、この更正処分については、過少申告加算税を賦課決定している。

事例 5　仮装取引と事実認定
～巨額の重加算税の取消し事例

　米国関連会社を経由した基板の取引を仮装し法人税を免れたとして課税庁がパチスロ機メーカー最大手のアルゼに対して更正処分（寄附金）し、重加算税を賦課決定した処分について、東京地裁（平成14.4.25判決）・東京高裁（平成15.1.29判決）は、「仮装取引などの事実は認められない」として約19億9,000万円の課税処分を取り消した。そのうち重加算税は4億2,000万円で、これだけの巨額の重加算税が取り消されるのは初めてのケースといわれている。

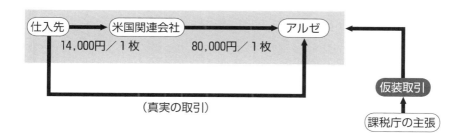

　課税庁は、上記の取引がなかったもの（事実認定）として寄附金課税を行い、更に重加算税を賦課決定したのであるが、このような私人間の法律に基づく契約取引を事実認定で課税庁が一方的に否認するのは、租税法律主義に反する処分という見解もある。

以上、５つの事例の他にも、租税回避の（代表的な）事例として、「逆さ合併（法人税）」、「不動産の管理会社（所得税）」などがある。これらの事例については、同族会社の行為計算否認の規定がしばしば適用されているが、ほとんどの事例では、重加算税は賦課決定されていない。それは、租税回避そのものが、重加算税でいう「隠蔽又は仮装」とは異なる次元のものだからであろう。

　この点については、清永敬次教授は、次のように述べている。

「租税回避の場合、そこで選択される法形式なり取引形式は当事者が真にこれを意図したものであり、そこには真の法律関係が形成されるのであるから、租税回避行為は右のような仮装行為とはこれを区別しなければならない。」

出典：清永敬次『税法（新装版）』ミネルヴァ書房、2013年

第３章

「偽りその他
不正の行為」の意味
──アメリカ大使館事件を素材として

　国税通則法70条４項では、除斥期間の延長を定めている。すなわち、通常、国税の更正・決定等の期間制限は５年であり、無申告又は減額更正も５年となっているが、「偽りその他不正の行為」により税額を免れた場合には７年に延長されている。

　ここでいう「偽りその他不正の行為」とは、「税額を免れる意図のもとに、税の賦課徴収を不能又は著しく困難にするような何らかの偽計その他の工作を伴う不正な行為を行っていること」（福岡高裁・昭和51．6．30判決）であり、偽計その他の工作とは、具体的に、名義の仮装や二重帳簿を作成することなどが該当するといわれている。

　また、偽計そのものの用語については、金融商品取引法158条において、風説の流布・偽計取引の禁止規定として、「何人も、有価証券の募集、売出し若しくは売買その他の取引若しくはデリバティブ取引等のため、又は有価証券等（有価証券若しくはオプション又はデリバティブ取引に係る金融商品（有価証券を除く。）若しくは金融指標をいう。第百六十八条第一項、第百七十三条第一項及び第百九十七条第二項において同じ。）の相場の変動を図る目的をもつて、風説を流布し、偽計を用い、又は暴行若しくは脅迫をしてはならない。」と規定している。

　本章では、この「偽りその他不正の行為」の意味について、アメリカ大使館事件を素材として、その具体的な内容を検討することとする。

1 事件の概要

　在日アメリカ大使館の日本人職員に支給される給与については、その支払者であるアメリカ大使館には、源泉徴収義務がない（各大使館が支給する給与は「国内」において支払われていないという解釈）。したがって、日本人職員は、自分で給与所得について確定申告をすることになる。その各自で行った確定申告の給与所得の金額が過少であるとして、課税庁から更正処分を受けたのである。課税庁は、日本人職員の当該確定申告を「偽りその他不正の行為」であると認識し、その更正処分を7年まで遡っている。

　これに対して、アメリカ大使館の日本人職員は、その確定申告の計算（認識）自体は誤りであったけれども、決して我々の行為は「偽りその他不正の行為」に該当するものではないと主張する。

　もともと「給与所得」について、「偽りその他不正の行為」で争われた裁判・裁決の事例等は、過去にない。給与所得そのものは源泉徴収が前提であるから、基本的に、その受給者である給与所得者には「偽りその他不正の行為」などはありえない。それだけに、当該事件はレアケースなのである。

　また、本件事例では給与所得者に対して、どのレベルまでの税務知識が要求されるべきものであるのか、という課税庁の判断（納税者に対して要求する水準）基準も問われている。

❷ 偽りその他不正の行為とは

　「偽り」とは、広辞苑によれば、「真実でないこと。ありのままでないこと。また、だますこと。」と述べられており、また、「不正」とは、「ただしくないこと。正義でないこと。よこしまなこと。」と示されている。

　ただ、税法上の「偽りその他不正の行為」は、上記判例（福岡高裁・昭和51.6.30判決）で述べられているように、「（旧）同法第70条5項にいう「偽りその他不正の行為」は、税額を免れる意図のもとに、税の賦課徴収を不能又は著しく困難にするような何らかの偽計その他の工作を伴う不正な行為を行っていることをいうのであって、単なる不申告行為はこれに含まれないものである。そして右の偽計その他工作を伴う不正行為を行うとは、名義の仮装、二重帳簿を作成する等して、法定の申告期限内に申告せず、税務署員の調査上の質問に対し虚偽の陳述をしたり、申告期限後に作出した虚偽の事実を呈示したりして、正当に納付すべき税額を過少にして、その差額を免れたことは勿論納税者が真実の所得を秘匿し、それが課税の対象となることを回避するため、所得の金額をことさらに過少にした内容虚偽の所得税確定申告書を提出し、正当な納税義務を過少にしてその不足税額を免れる行為、いわゆる過少申告行為も、それ自体単なる不申告の不作為にとどまるものではなく、偽りの工作的不正作為といえるから、右にいう「偽りその他不正の行為」に該当するものと解すべきである。」と解される。

　国税通則法70条4項では、賦課権の除斥期間について、「偽りその他不正の行為」が用いられている。この文言は、脱税犯の構成要件の文言と同じである。例えば、所得税法238条では、「偽りその他不正の行為」によって所得税を免れた場合には、10年以下の懲役若しくは1,000万円以下の罰金に処すと規定している。

　脱税犯等について、「偽りその他不正の行為」という表現が用いられたのは、反社会的、反道徳的な行為一般に対して制裁を加えるということから、その行為の態様のいかんを問わない抽象的な規定にせざるを得ないということであり、

また、除斥期間については、広く一般に不正な行為があれば長期の除斥期間を適用するという意味で、この表現がとられている。

これに対して、課税庁(異議決定書／平成13.6.29)は、次のように述べている。

> ところで、「偽りその他不正の行為」という文言は、(旧)法第70条第5項のみならず、「ほ脱罪」に関する規定(例えば所得税法第238条第1項)においても用いられているところ、「ほ脱罪」は刑罰を課すべき悪質な反社会的行為に対する制裁を目的とする規定ですから、同罪における「偽りその他不正の行為」の有無については、外形的に表れた行為に視点をおいた判断がなされているものと思料されます。これに対して、(旧)法第70条第5項は、刑罰を課すべき悪質な反社会的行為に対する制裁に関する規定ではなく、国税の更正、決定等の除斥期間に関する規定ですから、同項にいう「偽りその他不正の行為」の解釈、適用に当たっては、「ほ脱罪」における「偽りその他不正の行為」よりも広い概念で捉え、単に外形に表れた行為のみではなく、その実態を加味したところで判断がなされるべきであると解されます。

すなわち、異議決定書では、除斥期間の「偽りその他不正の行為」は、ほ脱罪の規定のそれよりもその適用範囲は広く、外形的な行為のみではなく、その実態を加味したところで判断をすべきであるという。

しかしながら、同一の税法という法領域の中で、同じ「偽りその他不正の行為」という文言について、その範囲(内容)が異なるといわれても、納税者としては一概に納得することはできないであろう。そして、国民の経済生活に法的安定性と予測可能性を与えることを目的とする「租税法律主義」からも、そのように解釈することには疑問が生ずる。仮に、その意味内容が異なるというのであれば、少なくとも同一の文言を条文上、用いるべきではないであろう。

なお、昭和56年5月の「脱税に係る罰則の整備等を図るための国税関係法律の一部を改正する法律」によって、偽りその他不正の行為により免れた国税に係る更正、決定等の制限期間が5年から7年に延長された。

そして、同法に対する附帯決議(参議院大蔵委員会、昭和56年5月15日)では、「今回の改正により延長された更正、決定等の制限期間にかかる調査に当たっては、原則として高額、悪質な脱税者に限り、いたずらに調査対象、範囲を拡

大するなど、中小企業者等に無用の混乱を生ずることのないよう特段の配慮を
すること」と述べられている。また、諸外国での期間制限の制度については、
その国々の立法政策によって区々である。

　除斥期間の「偽りその他不正の行為」について、過去に争われた事例は次の
とおりである。もちろん給与所得については、前述したとおり過去の事例はない。

事例 　**過去における除斥期間の「偽りその他不正の行為」**

〔＊条文はすべて当時の規定〕

事　例	内　容
名古屋地裁 (昭和45.7.28判決)	借地権消滅の代償として取得した土地を資産勘定として故意に計上せず虚偽過少の法人税確定申告書を提出したことは、国税通則法70条2項4号にいう「偽りその他不正の行為」に当たる。
東京地裁 (昭和45.12.25判決)	原告及びその家族は買換取得資産たる建物を全く居住の用に供していなかったにもかかわらず、これを取得居住用財産であると申告したことは、所得税額の計算の基礎となる事実を隠ぺい又は仮装して申告し、偽りその他不正の行為により税額を免れようとしたものであると認められるから、重加算税の賦課決定は違法であり、国税通則法70条2項4号の規定により法定申告期限後5年以内の更正は適法である。
名古屋地裁 (昭和46.3.19判決)	国税通則法70条2項4号所定の「偽りその他不正行為」とは、脱税を可能ならしめる行為であって社会通念上不正と認められる一切の行為を包含するものと解すべきである。 　(一時所得として支給を受けているにもかかわらず、支払者をしてこれをいったん貸付金とし、支給の事実がない毎月の顧問料をもって右貸付金を相殺する経理をなさしめ、一時所得として申告することなく給与所得として申告したこと)
東京地裁 (昭和46.6.29判決)	売上の一部を故意に計上せず、未確定の賠償見返経費を計上したことは、国税通則法70条2項4号にいう「偽りその他不正の行為」に当たる。
東京地裁 (昭和46.9.2判決)	不動産購入資金の貸付けによる利息及び謝礼を、その支払者通謀のうえその支払者において当該不動産の譲渡費用に計

	上しないことによって原告の租税負担を免れたことは、国税通則法70条2項4号にいう「不正の行為」に当たる。
東京地裁 (昭和48.9.11判決)	宅地建物取引業者が不動産売買取引を帳簿に記載せず、他人名義の取引を仲介したかのように仮装して申告している場合、国税通則法70条2項4号にいう「偽りその他不正の行為により一部の法人税額を免れた」場合に当たる。
岡山地裁 (昭和49.2.28判決)	所得税を免れる意思で継続的に偽名による株式の売買取引を行い、配当所得および雑所得の申告をしなかった場合、国税通則法70条2項4号にいう「偽りその他不正の行為」に当たる。
富山地裁 (昭和49.5.31判決)	株式譲渡の方法に仮託して土地を譲渡している場合、国税通則法70条2項4号所定の偽りその他不正の行為により税額を免れたものに当たる。
東京地裁 (昭和49.11.27判決)	土地の転売益を秘匿し又はこれを少なくみせるため虚偽の領収証を作成する等の作為をしたことは、国税通則法70条2項4号の「偽りその他不正の行為」に当たる。
福岡地裁 (昭和50.3.29判決)	解撤船の権利の売買及びその斡旋による所得を全部除外した確定申告書を提出したことは、国税通則法70条2項4号に規定する偽りその他不正の行為により、税額の一部を免れた場合に当たらない。 福岡高裁・51.6.30判決 → 逆転判決（納税者敗訴）
佐賀地裁 (昭和50.3.29判決)	所得の一部を架空名義の別口預金にして不正の行為により所得の一部を隠ぺいし、法人税額の一部を免れていた場合、国税通則法70条2項4号にいう「偽りその他不正の行為」に当たる。
名古屋地裁 (昭和51.1.26判決)	従業員に賞与180万円を支給した如く仮装し、その所得金額を隠ぺいし内容虚偽の確定申告書を提出して法人税を免れたことは、国税通則法70条2項4号にいう「偽りその他不正の行為」により法人税を免れた場合に該当する。
広島地裁 (昭和53.3.31判決)	パチンコ業を営む同族会社の代表者が会社の売上除外額を自己のものとして取得しながらこれを所得税の確定申告の対象としていない場合、その更正の期間は国税通則法70条2項4号により法定申告期限から5年間である。
京都地裁 (昭和54.4.27判決)	不動産賃貸に係る承諾料及び更新料を帳簿に記載せず所得金額から除外していたことは、国税通則法70条2項4号に規

	定する「偽りその他不正の行為」に該当する。
横浜地裁 （昭和54.6.11判決）	住宅開発用地の売買に際して買主会社の役員が不正に領得した金員につき、これが正規の売買代金の一部であったかのように仮装したり偽りの領収証を作成するなどして、その領得の事実を隠ぺいしていた場合には、国税通則法70条2項4号に規定する「偽りその他不正の行為により税額を免れた」ものと認めるべきである。
東京地裁 （昭和55.6.25判決）	昭和45年に提出した法人税修正申告書において、昭和43事業年度の簿外所得に対応する会社の資産として計上したものと取締役個人に属する定期預金に係る昭和44事業年度中の受取利息については、会社に帰属するものと断定し難く、また、これを仮装隠ぺいしていたものともいえないから、右利息収入を対象とする更正については、国税通則法70条2項4号の規定の適用はない。
長崎地裁 （昭和55.7.25判決）	公有水面の埋立てによる土地の譲渡を法人名義をもってなし、その譲渡代金の一部を裏金として架空名義預金に預け入れるなどして、その譲渡による所得を申告していない場合、国税通則法70条2項4号の規定に該当する。
福岡地裁 （昭和57.9.24判決）	仮名預金を設けて事実上の売上、仕入を除外する経理を行い過少申告をしている場合、その更正をなしうる期間は、国税通則法70条2項4号により、法定申告期限から5年間である。
那覇地裁 （昭和60.3.12判決）	納税者が不正な隠匿工作をして課税を免れようとしたことは明らかであるから、この場合の更正処分等は法定申告期限から5年を経過する日まですることができる。
東京地裁 （昭和61.12.17判決）	原告会社は法人税の確定申告に当たり、支払いの事実がない手数料を経費として計上しており、この事実は国税通則法70条2項4号所定の「偽りその他不正の行為」に該当するから、確定申告期限から5年を経過する日々までにされた本件処分は、期間制限に違反した違法はないとされた。
東京地裁 （昭和62.2.16判決）	収入金額及び仕入金額を圧縮計上し、税務調査を受けた後において、債務者らに対して、係争年分内に納税者から債権放棄を受けた旨の「確認書」の作成を求める等の行為をしていた場合、国税通則法70条2項4号にいう「偽りその他不正の行為により、税額を免れ」た場合に当たる。

東京地裁 （平成16.11.24判決）	納税者である原告が過少申告を行った場合にはそれが発覚し難い客観的状況が存在する場合において、納税者がそのような事情の存在を認識しながらあえて過少申告に及んだものであり、「偽りその他不正の行為」に該当するものと認められる。
熊本地裁 （平成19.1.18判決）	期末賞与ないし開発償却費を損金に算入して法人税を申告した原告が、被告から、損金算入が認められないとして、更正処分等を受けたため、その取消を求めた事案で、更正処分で決定された課税標準等のうち、申告に係る課税標準等を超えない部分について訴訟で取消を求める利益はないものと解するのが相当であり、また、納税者が事実の所得を秘匿し、それが課税の対象となることを回避するため、所得金額を殊更過少に記載した内容虚偽の確定申告書を提出し、正当な納税義務を過少にしてその不足税額の納付を免れる行為は、国税通則法70条5項の規定する「偽りその他不正の行為」に含まれるものと解するのが相当である。
東京高裁（差戻控訴審） （平成19.12.4判決）	本件において、控訴人納税者が平成2年分の所得税の申告手続をA税理士に委任し、同税理士が偽りその他不正の行為を行い、これにより控訴人納税者が平成2年分の所得税に係る税額の一部を免れたことについては争いがないから、同条5項2号の期間内にされた本件各賦課決定処分に、同条4項に規定する除斥期間経過後であることの違法は認められない。
名古屋地裁 （平成20.12.11判決）	本件においては、納税者及びその依頼を受けた関与税理士は、本件預貯金等が本件相続財産に当たることを認識していたものと認められるところ、関与税理士において、本件預貯金等の一部のみが本件相続財産であるとして相続税を算定し、納付すべき税額を0円とする虚偽の申告を行ったのであるから、かかる行為が「偽りその他不正の行為」に当たることは明らかである。
和歌山地裁 （平成21.5.12判決）	「偽りその他不正行為」とは、税額を免れる意図のもとに、税の賦課徴収を不能又は著しく困難にするような何らかの偽計その他の工作を伴う不正な行為を行っていることをいい、単なる不申告行為はこれに含まれないというべきである。

東京地裁 （平成23.3.25判決）	国税通則法70条5項1号は、偽りその他不正の行為によりその全部又は一部の税額を免れ、若しくはその全部又は一部の税額の還付を受けた国税についての更正については、その法定申告期限から7年を経過する日まですることができると規定しているところ、「偽りその他不正の行為」とは、税額を免れる意図の下に税の賦課徴収を不能又は著しく困難にするような何らかの偽計その他の工作を伴う不正な行為を行っているものをいうものと解される。
国税不服審判所 （平成24.2.14裁決）	国税通則法70条5項に規定する「偽りその他不正の行為」とは、税額を免れる意図の下に、税の賦課徴収を不能又は著しく困難にするような何らかの偽計その他の工作を伴う行為を行うことをいう。
広島地裁 （平成25.3.27判決）	国税通則法70条5項の規定は「偽りその他不正の行為」の行為主体を限定しているわけではないし、この規定の趣旨が、偽りその他の不正の行為によって国税の全部又は一部を免れた脱税者がある場合に、これに対して適正な課税が行うことができるよう、より長期の除斥期間を定めたことにあることからすると、「偽りその他不正の行為」をした者が、法人税法に両罰規定（同法159条1項、163条1項）で掲げられているような納税者と一定の関係にある者であれば、国税通則法70条5項が適用される。
東京地裁 （平成27.2.24判決）	国税通則法70条5項の文理及び趣旨に鑑みれば、同項にいう「偽りその他不正の行為」とは、税額を免れる意図の下に、税の賦課徴収を不能又は著しく困難にするような何らかの偽計その他の工作を伴う不正な行為を行っているものをいうと解するのが相当であり、「偽りその他不正の行為」は、その行為の態様が課税標準等又は税額等の計算の基礎となるべき事実の隠ぺい又は仮装という態様に限定されないことからすると、「隠ぺい」又は「仮装」（同法68条1項、2項）を包摂し、それよりも外延の広いものであると解される。

広島地裁 （平成27.3.24判決）	原告は、偽りその他不正の行為によりその全部又は一部の税額を免れたものというべきであるから（国税通則法70条5項）、原告の平成16年1月期の法人税についての更正決定は、その法定申告期限から7年を経過する日まですることができることとなるところ、平成16年1月期の法人税の更正処分及び本件重加算税賦課決定処分は、上記期間内にされたものである。
大阪高裁 （平成28.9.30判決）	地方税法17条の5第6項は、「偽りその他不正の行為により、その全部若しくは一部の税額を免れ、若しくはその全部若しくは一部の税額の還付を受けた地方税についての更正、決定若しくは賦課決定又は当該地方税に係る加算金の決定は、前各項の規定にかかわらず、法定納期限の翌日から起算して7年を経過する日まですることができる。」と定めている。 しかし、5のとおり、控訴人が過少申告行為そのものとは別に、隠ぺい、仮装と評価すべき行為を行ったとは認められず、被控訴人による入湯税の賦課徴収を不能ないし著しく困難ならしめるような偽計その他の工作を行ったとはいえない。したがって、本件の最初の更正処分等がされた平成24年10月11日の時点で、法定納期限の翌日から起算して5年を経過していた平成17年10月申告分から平成19年9月申告分までの申告についての更正及び加算金の決定は、地方税法第17条の5第1項の期間の制限に違反したものといわなければならない。
東京地裁 （平成29.10.18判決）	国税通則法66条1項の規定に該当して無申告加算税が課されるべき場合において、同法68条2項所定の隠蔽又は仮装があるものとして、重加算税の課税要件が満たされるときは、国税通則法（平成23年法律第114号による改正前のもの）70条5項の偽りその他不正の行為により当該国税の税額を免れた場合にも該当する（同項は刑罰を定めたものではないから、同項を適用するのに納税者に税額を免れる意図があることまでを必要とするものではない）と解されるところ、前記2のとおり、本件では原告が本件各年分の所得税及び本件各課税期間の消費税等を申告しなかったことにつき、国税通則法68条2項所定の隠蔽又は仮装の行為が存し、重加算税の課税要件が満たされるというべきであるから、国税通則法（平成23年法律第114号による改正前のもの）70条5項所定の偽りその他不正の行為により上記所得税及び消費税等の税額を免れた場合にも該当するというべきである。

東京地裁 （平成31.1.25判決）	本件においては、被告が行った推計は、平成18年分から平成24年分までのいずれの年分においても、売上金額からの一部（約2割）の除外があるという仮定にその全てを依拠している上、原告本人の特段の営業指標等の客観的な資料に基づいて手堅く精度の高い推計が行われているわけではなく、平成22年1月から同年5月までの申告粗金割合が約8割であることから全体を推計するというかなり緩やかな推計方法が採用されている結果、少なくとも平成18年分及び平成19年分の推計は、原告の風俗営業に係る店舗数の増加という経営状態の変動からして不合理に過大な数値となっており、推計の合理性すら認められないから、少なくとも、平成18年分及び平成19年分については、原告が隠蔽又は仮装行為といった偽りその他不正の行為により税額を免れたことの立証がされていないというべきである。したがって、平成18年分及び平成19年分の本件各更正処分等については、国税通則法70条4項の規定を適用することはできず、更正の原則的な除斥期間（同条1項）を徒過した違法なものというべきである。
東京地裁 （令和2.2.19判決）	国税通則法68条1項の「仮装」は、同法70条5項の「偽りその他不正の行為」にも該当すると解されるから、前記1のとおりの本件各取引に係る「仮装」は、原告による同項の「偽りその他不正の行為」にも該当するというべきである。
東京地裁 （令和2.10.9判決）	「偽りその他不正の行為」（通則法70条4項1号）とは、税額を免れる意図の下に、税の賦課徴収を不能又は著しく困難にするような何らかの偽計その他の工作を伴う不正な行為を行っているものをいうと解するのが相当であるが、「偽りその他不正の行為」は、その行為の態様が課税標準等又は税額等の計算の基礎となるべき事実の隠蔽又は仮装という態様に限定されないことからすると、「隠蔽」又は「仮装」（通則法68条2項）を包摂するものであり、当該行為が「隠蔽」又は「仮装」に当たる場合には、「偽りその他不正の行為」にも当たると解するのが相当である。

❸ 延滞税の特例と偽りその他不正の行為

　国税通則法61条は、「延滞税の額の計算の基礎となる期間の特例」を定めている。この特例は、法定納期限の翌日から修正・更正等の日までの期間に基づいて延滞税を計算すると、①納税者に対して負担が重い（最長7年間に延滞税が課せられると、その負担は重加算税を超える）こと、②税務調査の時期によって納税者の負担が異なり、不公平となることなどのため、「偽りその他不正の行為」に該当する場合を除いて、1年間の延滞税を計算するというものである。

　ここで同条は、カッコ書きで「偽りその他不正の行為」を除外しているのである。この文言は、除斥期間のそれと同じである。したがって、国税通則法70条4項が適用される場合、この延滞税の特例（通法61）は適用されないと解される。しかし、課税庁は、除斥期間の7年を適用しているケースにおいても、国税通則法61条を適用しているのである。その文言が同一であるにもかかわらず、その範囲を異にする通達を発遣しているのである（もっとも、納税者に有利であるから殊更文句を言う必要がないのかもしれないが）。すなわち、「延滞税の計算期間の特例規定の取扱いについて」（昭和51年6月10日付）では、①重加算税が課されたものである場合、②国税犯則取締法14条の規定による通告処分若しくは告発又は同法13条若しくは17条の規定による告発がされたものである場合、を特例規定の適用がないものとして取り扱うことにしている（次頁の資料参照）。

　このように、条文上の同一用語について、それと異なった取扱いをすること自体、法律の文言を無視した、租税法律主義に反するものだと解することもできる。合法性の原則（租税法は強行法であるから、課税要件を充足している以上、課税庁には租税の減免の自由はなく、また租税を徴収しない裁量もなく、法律で定められたとおりの税額を徴収しなければならない）からいっても当然のことである。ちなみに、アメリカ大使館の日本人職員については、除斥期間を7年（国税通則法70条4項を適用）としながらも、国税通則法61条が適用されているのである。

【資料】

徴管2-35
直所1-18
直法2-21
直資2-220
間酒3-21
間消5-5
昭和51年6月10日

国税局長
沖縄国税事務所長 殿

国税庁長官

延滞税の計算期間の特例規定の取扱いについて

　国税通則法第61条（延滞税の額の計算の基礎となる期間の特例）の規定（以下「特例規定」という。）の取扱いを下記のとおり定めたから、今後処理するものからこれにより取扱われたい。

　なお、昭和30年6月4日付直所1-45「申告後1年経過日以後に申告額を更正した場合等における利子税額計算の特例の運用について」通達及び昭和30年6月14日徴管2-99ほか4課共同「所得税、法人税、相続税および贈与税の更正決定が遅延した場合における利子税額の一部免除等について」通達は廃止する。

（趣旨）

　従来一部の税目について暫定的に定めていた特例規定の取扱いを、基本的な考え方は踏襲しながら、全税目を対象とした例規として整備を図るものである。

記

1　延滞税の計算の基礎となる国税が次のいずれかに該当するものである場合には、特例規定の適用はないものとして取扱う。
⑴　重加算税が課されたものである場合
⑵　国税犯則取締法第14条の規定による通告処分若しくは告発又は同法第13条若しくは第17条の規定による告発がされたものである場合
㊟　延滞税の計算の基礎となった国税について、当初過少申告加算税又は不納付加算税が課されていたところ、その後これらが取消しされ、重加算税が課された場合には、当所から特例規定の適用がないものとして、延滞税を徴収することになるのであるから留意する。
2　特例規定の適用に当っては、重加算税の計算の基礎となった部分の税額又は通告処分若しくは告発の原因となった部分の税額についてだけ適用がないものとして取扱う。

４ 納税者の主張

本件の争点は、納税者の申告行為が、「偽りその他不正の行為」に該当するか否か、という点にある。納税者であるアメリカ大使館（総領事館）の日本人職員の主張を列挙すれば、次のとおりである。なお、注書きは筆者のコメントである。

(1) 1955年頃に、数回にわたりアメリカ大使館と課税庁の間で協議が持たれ、その結果、アメリカ大使館の職場の特殊性から給与の６割程度を申告する合意がある。

　　(注) このような話し合いがなされたのは、終戦直後のGHQ時代、日本人職員の多くが所得の申告をしていなかったという時代的な背景があった。

(2) 上記の事項について、多くの日本人職員は、先輩から言い伝えられて、それに従って（信じて）申告している。

　　(注) なお、この件に関しては、課税庁も全面的に否認はしていない。すなわち、「既述の「先輩からの言い伝え」については、当該言い伝えに類似する何らかの言い伝えあるいは引継事項が存在していたことが窺える」と異議決定書に書かれている。

　　　　アメリカ大使館で働く職員は、各省・庁・局が個別にそれぞれ採用した者（アメリカ連邦政府の各省庁の出先機関の集合体）で、職員相互間の連絡がなく、職場での先輩の指導が大きなウェイトを占めている。

(3) アメリカ大使館の職場（給与体系）の特殊性があること。この特殊性によって、給与の全額を申告しなくてもよいと考えたこと。

　　① 労働基準法をはじめとする日本の法律が日本人職員に適用されず、賃金体系、職場慣行等が日本の一般的な企業とは大きく異なっていること。

　　② 本来、日本の税法では非課税となるべきものが給与として支給されてい

ること。

③ 交際費や名刺など日本であれば企業が本来負担すべきものを個人で支払わなければならないこと。

㊟ 過去40年以上、アメリカ大使館の日本人職員の申告について、課税庁（又はアメリカ大使館）から一度も申告の是正等の指導がなかったこと。したがって、先輩からの言い伝えについて特に問題がないものと信じていたこと。

(4) 日本人職員の中には、ある税務署で申告の件について相談すると、大使館の勤務と聞いて、申告をする必要がないと言われた者もいること。

㊟ おそらく税務職員は、大使館の職員と聞いて、非課税所得の規定である所得税法9条1項8号（外国政府等に勤務する特定の職員給与）に該当すると勘違いしたのであろう。税務職員が勘違いするということは、逆に言えば、それだけ特殊な状況下での申告行為であるということであろう。

(5) 給与の支給明細であるペイスリップ（Pay Slip）の見方（課税・非課税）が困難で、その具体的な指導がアメリカ大使館等からなかったこと。このペイスリップについて日本人職員は、主として有給休暇（Leave)の箇所をチェックすることだけの利用だった。なお、当該給与明細書等の外部への公開については、禁止規定が設けられていること。したがって、日本人職員の確定申告書には、源泉徴収票に相当するものが添付されていない。

(6) 国税通則法70条の改正（昭和56年）に際して、衆参両議院大蔵委員会は、「今回の改正により延長された更正・決定等の制限期間にかかる調査にあたっては、原則として高額、悪質な脱税者に限り、いたずらに調査対象、範囲を拡大しないこと」との附帯決議を付けているが、本件の処分は、附帯決議の趣旨に反している。

5 課税庁の判断とその反論

　上記の納税者の主張に対して、課税庁は、次の理由から「偽りその他不正の行為」と判断している。

① 　課税庁は、アメリカ大使館に対する質問検査権を有しないため、日本人職員の給与の収入金額を把握し得ない状況にあったこと。そして、長期間にわたり給与の収入金額を過少に申告していること。

② 　非課税所得の給付を受けていない者が、確定申告にあたり、独自の判断により非課税所得相当額を算定し、給与の収入金額からその算定額を控除するなどということが認められないことは、容易に理解できるはずであること。

③ 　確定申告では、国民年金及び国民健康保険の保険料を社会保険料控除額として総所得金額から控除していることからすれば、課税総所得金額の算定方法を理解しているものというべきで、その主張する非課税相当額なるものを給与の収入金額から直接控除することなどできないことを十分承知していたものと認められること。

④ 　申告納税制度の下において、給与所得の金額をそのような概算計算により算出することが認められないことについても、容易に理解できるはずであること。

⑤ 　先輩の指導があったとしても、納税者に正しい申告をする意思があるのであれば、その言い伝えの内容の真偽を税務署長等に照会するなどして確認すべきところ、その確認を行っていないこと。

⑥ 　各年分の確定申告書には、給与の収入金額を示す書類等が添付されていないこと。

⑦ 　「給与」の「収入金額」欄には、大使館からの給与の総額の記載がなく、単に、給与の収入金額からその一部を控除した後の残額が記載されているのみで、申告書に「非課税扱いとなる手当等に代わる給与」に相当するものであることをうかがうことができる形跡が全くみられないこと。

課税庁は、以上の①から⑦までの事実に基づいて、納税者の申告を「偽りその他不正の行為」に基づくものと判断している。そして、既述の「先輩からの言い伝え」については、前述したとおり、その言い伝えに類似する何らかの言い伝え、あるいは引継事項等が存在していたことがうかがえるが、その言い伝えは、納税者らの間において、既述の不正行為が発覚した際に、それを正当化するための口実として各人に周知されていたものにすぎないものと認められると述べている。

さらに、課税庁がアメリカ大使館に対する質問検査権のないことと、納税者が確定申告書に給与所得の源泉徴収票を添付する義務のないことを理由として、「意図的に過少申告を行おうとするときにおいても、帳簿書類の改ざん等、外形的に表れる不正工作を行う必要などもともと存在せず、単に、正しい給与の収入金額を申告せずに、その一部を除外した後の残額を申告することでその目的が達せられる」と主張する。

そして、これらをまとめて、課税庁は、「給与の収入金額が課税庁に容易に把握されない状況に乗じて、税の負担を免れる意図の下に、給与の収入金額を過少に記載した所得税の確定申告書を提出するという不正行為を、長期にわたり行っていたところ、この行為自体が偽りの工作的不正行為といえますから、この行為は、(旧)法第70条第5項にいう「偽りその他不正の行為」に該当します。」と判断しているのである。

以下、課税庁の①から⑦までの判断について、それぞれ検討することとする。

【検討事項】

①について

課税庁がアメリカ大使館に対して質問検査権を有していないこと自体、納税者には何ら関係のないことであり、その結果、長期にわたり過少申告が続いたとしても、その長期間にわたり給与の収入金額を過少に申告したこと自体、「偽りその他不正の行為」とは、直接関係ない。要は、何故に過少申告を行ったかという原因そのものが本件においては重要な事項となるのであって、結果（長

期の過少申告）はあまり意味を有しない。納税者がそれを信じ、課税庁から何らの指導を受けなければ、当然、そのような申告が長期間、継続されるものと思われる。むしろ、40年以上、そのような申告を放置していた課税庁側にも責任の一端があるのかもしれない（アメリカ大使館に対して質問検査権がないとしても、そこに勤務する日本人職員に対しては、当然に、質問検査権を有しているのであるから、税務調査自体は行おうとすれば行えたはずである）。また、これだけの長期間、放置されていたということは、ある意味では、「行政先例法」の準用さえ考えられるということである。

②について

　この判断そのものも、かなり独断的な考えが含まれているものと思われる。課税庁は、「非課税所得の給付を受けていない者が」と断定しているが、ここが争点なのである。納税者は、給与収入金額から一部過少にしている理由として、非課税所得に相当する部分が含まれているという認識の下で、申告をしているのである。支給される給与の中に、本来、日本では課税の対象にならない法定福利費等の性格のものも含まれているという認識がある。このように認識をする者に対して、その控除が認められないことは容易に理解できるとは、どう考えても言えないはずである。また、全体的な文言からみると、課税庁の納税者に対する税知識に対する期待（水準）については、高すぎるものがあると思われる。

③について

　確定申告に際して、国民年金と国民健康保険の保険料を「社会保険料控除額」として総所得金額から控除していることを理由として、非課税相当額なるものを給与の収入金額から直接控除することなどできないことを十分承知していたものと認められる、と課税庁は主張するが、はたしてそのようなことが言えるのであろうか。国民年金と国民健康保険の保険料を社会保険料控除額として総所得金額から控除することは、税務署が作成したパンフレットを読めば、誰でも理解できることである。また、そのパンフレットも税務署は、素人を専ら対象にして作られていることから、その控除すること自体によって、非課税相当

額なるものを給与の収入金額から直接控除できないことを十分承知していたものといえないことは明らかである。この論述に至っては、課税庁の論理の飛躍というよりも、単に、過少申告そのものに八つ当たりしているような感じを受ける。また、ここでの主張には、（給与所得者である）納税者に対して過大な税務知識の水準を要求しているようにも思われる。一般的なサラリーマンに対して、社会保険料控除の計算をしたからといって、非課税所得の正しい区分までは要求できないであろう。

④について

この主張も意味不明である。何を前提に、このようなことが言えるのか、理解に苦しむ。申告納税制度は、納税者が自分の税額を自ら計算し、納付する制度であり、そのことが「給与所得の金額を概算計算によって算出することが認められないことについても容易に理解できるはず」と言えるのであろうか。課税庁は、何か納税者に過大な期待（税知識に対する高い水準の要求）をしていると考えざるを得ない。ちなみに、給与収入から控除されるべき必要経費は給与所得控除額といい、所得税法上、サラリーマンの概算経費なのである。

⑤について

課税庁に確認しないことが「偽りその他不正の行為」に該当するのであろうか。このような理屈であれば、誤った過少申告は、すべて「偽りその他不正の行為」に該当してしまうことになる。これも極端な考え方である。納税者は、先輩の言い伝えを信じて申告したのであるから、何故に課税庁に確認する必要があるのであろうか。また、税務職員でさえも、大使館の勤務と聞いて、確定申告をする必要がないとまで誤指導しているのである。課税庁に確認することが必ずしも責任を免責されるものではない。

⑥について

給与の収入金額を示す書類等が添付されていないことについては、前述したように、アメリカ大使館がその資料を外部に公開することを禁止していたからである。納税者が、故意に、それらの資料を添付しなかったというのではなく、アメリカ大使館の規則に従ったまでである。アメリカ大使館の規則の遵守は、

かなり厳しいもので、この規則を破ると解雇もあるということである。したがって、給与関係の書類等を添付しなかったことは、関係書類を不正に隠したということではない。現に、納税申告時に担当の税務職員に添付できない旨を説明したときには、当該税務職員から了解したとの返事をもらって受理されているし、それらの申告後にも、税務署から給与関係の書類の提出を求められたことは一度もない。よって、給与の収入金額を示す書類等が添付されていないことについて、何ら「偽りその他不正の行為」と関係のないことは明らかである。

⑦について

納税者は、給与の収入金額の中に非課税相当額部分が含まれていると解していたのであるから、それを控除した金額を収入金額欄に記載したのであるから、課税庁のいう「非課税扱いとなる手当等に代わる給与」に相当する部分の記載がないのは当然のことである。確定申告書においても、上記に相当する部分の金額を記載する欄もなく、納税者としては、書くことができない。したがって、課税庁がそれらの金額をうかがうことができないからといって、納税者に対して、「偽りその他不正の行為」と断定するのは酷である。

◆　　◆　　◆

「先輩の言い伝え」については、「既述の不正行為が発覚した際に、それを正当化するための口実として各人に周知されていたものにすぎない」と、課税庁は断定しているが、そのような断定が何を根拠に述べているのか明らかではない。ほとんどの日本人職員が、表現は異なるものの、その主張する状況を察すると、確定申告書の提出に際して、先輩からの指導等を受けていたことは間違いない。また、先輩自身がそのような申告を過去何十年も行って、課税庁から税務上の問題点を指摘されなかったのであるから、自信を持って後輩に指導したのかもしれない。したがって、課税庁の上記のような判断については、疑問を抱かざるを得ない。

また、アメリカ大使館に対する質問検査権のないことや源泉徴収票を添付する必要のないことを理由として、課税庁は、帳簿書類等の改ざん等の不正工作

がなくとも、「偽りその他不正の行為」に該当すると断言している。しかし、そのような解釈をすると、このような前提の納税者が仮に過少申告をした場合、すべて「偽りその他不正の行為」と課税庁から認定されるおそれがある。したがって、このような解釈は、法の適用を不当に歪めたものといわざるを得ない。

　最後に、課税庁の判断の部分を分析・検討してみよう。まず、文章を分解すると、次のように①から⑥に分けることができる。

---

①　給与の収入金額が課税庁に容易に把握されない状況に乗じて、

②　税の負担を免れる意図の下に、

③　給与の収入金額を過少に記載した所得税の確定申告書を提出するという不正行為を、

④　長期にわたり行っていたところ、

⑤　この行為自体が偽りの工作的不正行為といえますから、

⑥　この行為は、(旧)法第70条第5項にいう「偽りその他不正の行為」に該当します。

　まず、①については何度も繰り返すことになるが、課税庁が把握できないこと自体、納税者の責めに帰すものではなく、また、納税者がそのような状況に乗じたという証拠もない。これは単に、課税庁の推測にすぎない。②についても、税の負担を免れるという単なる憶測にすぎない。③では、過少申告が不正行為と断定しているが、その明らかな理由（根拠）が述べられていない。④についても「長期」であることが「偽りその他不正の行為」に直接結びつかないことは明らかである。したがって、結論の⑤及び⑥の結論については納得できないのである。

6 結 論

「偽りその他不正の行為」とは、どのような行為をいうのであろうか。アメリカ大使館の事件をベースにここまで検討してきたが、どうも課税庁の主張するところを分析すると、納税者が過少申告を長期間にわたって行ってきたことについて、(旧)国税通則法70条5項を適用しなければならない、という使命(怒り)を感じているようである。

しかし、長期間過少申告を行ってきたことが、直ちに「偽りその他不正の行為」に結びつくものではないことは明らかである。要は、「先輩の言い伝え」がどこまで納税者の過少申告に影響したものであるかということになる。本当に先輩の言い伝えを信じて、そのような申告をしたのであれば、「偽りその他不正の行為」にはもちろん該当しない。それは、内心の問題であるから、それを明らかにすることは困難である。しかし、さらに一歩進んで、仮に先輩の言い伝えに若干の疑問を持っていたとしても、その言葉を信じることが納税者にとって有利であるならば、殊更、課税庁にその真偽を問わなかったとしても、その不作為は「偽りその他不正の行為」に該当しないであろう。

そして、アメリカ大使館事件の場合、あまりにも特殊なケース(職場の特殊性、給与所得でありながら源泉徴収がなされないなど)であるということも忘れてはならない。このような特殊な状況が引き起こした事件であるというのであれば、その責任をすべて納税者に負わせるというのは酷であると思われる。

さらに、歴史的な背景(文書としての資料は不明であるが、課税庁とアメリカ大使館の間で協議があったという事実)もあることは認識しておく必要がある。

最後に、前述した国税通則法改正に伴う附帯決議の趣旨も判断をする上で十分に考慮すべきであろう。

7 アメリカ大使館事件の裁判

東京地裁(平成16.4.19判決)では、以下のようにアメリカ大使館の職員の申告について「偽りその他不正の行為」に該当しないと判断している。

◎**要旨**

　外国大使館から受けた給与収入について、納税者は、基本給についてのみ申告すれば足り、諸手当は非課税であること、あるいは、年俸の6割程度を申告すれば足りると信じて申告書を提出していたのであり、真実の所得を秘匿し課税を免れる意図の下に過少申告をしたとは認められないから、(旧)国税通則法70条5項に規定する「偽りその他不正の行為」に該当しない。

なお、(旧)国税通則法70条5項にいう「偽りその他不正の行為」の意義については、次のとおり述べている。

　税額を免れる意図のもとに、税の賦課徴収を不能又は著しく困難にするような何らかの偽計その他の工作を伴う不正な行為を行っていることをいうものと解すべきである。そうすると、単なる不申告行為はこれに含まれないものの、何らかの偽計その他の工作行為は、必ずしも申告と別に積極的な所得秘匿工作をすることのみを指すものではなく、過少申告行為自体がその態様によっては偽計その他の工作行為に該当する場合もあるものと解されるほか、税金を免れる目的で、既に存在している誤った状況をあえて放置したり、税務当局が誤信等により誤った申告であることに気づきにくい状態が生じていることを認識しつつ、あえてその誤信状態を除去せず、むしろその状態を利用して税金を免れようとする場合であっても、積極的な所得秘匿工作と同視し得るものというべきである。したがって、納税者が真実の所得を秘匿し、それが課税の対象となることを回避する意思の下に、上記のような作為ないし不作為を行う場合には「偽りその他不正の行為」に該当するものと解するのが相当である。

ちなみに、給与所得の金額のうち、除外した金額及びその割合は次のとおりである。

	給与所得の金額	除外した金額	除外割引
平 成 4 年	9,131,156	3,969,103	43.5%
平 成 5 年	10,282,684	3,702,183	36.0%
平 成 6 年	10,588,824	4,008,323	37.9%
平 成 7 年	11,054,270	4,041,143	36.6%

　これに対して、東京高裁（平成16.11.30判決）は、東京地裁の判断と異なり、「偽りその他不正の行為」に該当すると判断している。

◎要旨
　在日米国大使館に勤務する一審原告が、給与等として実際に支給された金額の37.6ないし44.9パーセントの金額を給与等の収入金額から除外して各確定申告をしたところ、一審被告が各更正処分及び各過少申告加算税賦課決定処分をしたため、一審原告は米国大使館と国税当局との間で行なわれた協議を前提として米国大使館で指導されていた申告方法に従って申告したものであるから、一審原告は、本件各申告にあたり、米国大使館当局と国税当局との間の合意ないし米国大使館に勤務する日本人職員間の慣行があるものと信じて、米国大使館の人事課職員等の説明に従って本件各過少申告をしたものとは認め難いから、一審原告の上記行為は、（旧）国税通則法70条5項にいう「偽りその他不正の行為」に該当するなどとして、一審原告の請求を一部認容した原判決を取り消した。

　すなわち、東京高裁は以下のように判断し、「慣行」の存在を認めなかったのである。

　納税者は、外国大使館から受けた給与収入の6割程度を申告すれば容認されるとの合意ないし慣行に基づき過少申告をした旨主張するが、そのような合意ないし慣行が存在したとは認められず、その過少申告行為は、何ら正当な根拠に基づくものではなく、納税者が真実の所得を秘匿し、それが課税の対象となることを回避する意思の下に、所得額をことさらに過少にした内容虚偽の所得税申告書を提出することにより、納付すべき税額を過少にして、本来納付すべき税額との差額を免れようとする意図を有していたと推認するに難くないから、その過少申告行為は、（旧）国税通則法70条5項に規定する

> 「偽りその他不正の行為」に該当する。

　米国大使館の日本職員が国税当局に知られていないことを奇貨として、過少申告したのであって、東京高裁は、納税者の積極的な給与所得の除外が行われたものと判断している。

　これに対し、東京地裁が同職員らの行為を「真実の所得を秘匿し課税を免れる意図の下に過少申告をしたとは認められない」と異なる判断をしたのは、同地裁において「米国大使館と国税当局との間で、米国大使館の現地職員の課税について一定額を除外して申告することを少なくとも黙認するという程度の合意が成立した可能性が高いこと」及び「6割程度の申告水準」を重視した結果と解せられる。

　すなわち、一定額の除外の慣行と申告水準の高さが「偽りその他不正の行為」の判断に影響を与えたものと思われる。

　なお、東京地裁は、国税通則法65条4項の「正当な理由」が認められると解すべきであるとして、各賦課決定処分を違法であると判示したが、東京高裁は「米国大使館の日本人職員の間には税務申告にあたり給与総額の一部を控除して申告をするという申告方法が広く行われていたとしても、それは国税当局が容認していた慣行と呼べるものではなく、米国大使館の日本人職員が、その給与総額が国税当局に把握されていないことを奇貨として、自らの判断で一定額を控除した申告をしたという事実状態が継続したものとみるのが相当である」として、過少な申告をしたことにつき「正当な理由」は存しないと判断した。

ポイント

・「偽りその他不正の行為」には、単なる不申告行為は含まれない。
・不作為の中にも積極的な所得秘匿工作と評価され得る行為が含まれている場合には、「偽りその他不正の行為」となる。

第4章

課税庁の
重加算税に係る
事務運営指針

　平成12年 8 月10日に、国税庁は、従来から問題の多かった重加算税・過少申告加算税・無申告加算税等の賦課決定処分について、それらの取扱い（考え方）を明らかにするため、次に示す事務運営指針を公表した（平成24年改正）。

① 申告所得税及び復興特別所得税の重加算税の取扱いについて
② 申告所得税及び復興特別所得税の過少申告加算税及び無申告加算税の取扱いについて
③ 個人の青色申告の承認の取消しについて
④ 相続税及び贈与税の重加算税の取扱いについて
⑤ 相続税、贈与税の過少申告加算税及び無申告加算税の取扱いについて
⑥ 法人税の重加算税の取扱いについて
⑦ 法人税の過少申告加算税及び無申告加算税の取扱いについて
⑧ 法人の青色申告の承認の取消しについて
⑨ 源泉所得税及び復興特別所得税の重加算税の取扱いについて
⑩ 源泉所得税及び復興特別所得税の不納付加算税の取扱いについて
⑪ 消費税及び地方消費税の更正等及び加算税の取扱いについて

　なお、平成13年 3 月29日には「たばこ税等及び酒税の加算税の取扱いについて」の事務運営指針が、平成16年 3 月26日には「連結法人税の重加算税の取扱いについて」の事務運営指針が、平成24年 6 月25日には「復興特別法人税に係る加算税の取扱いについて」の事務運営指針がそれぞれ公表された。

国税庁の各税目の重加算税に係る「事務運営指針」の最終改正は、次のとおりである。

① 申告所得税及び復興特別所得税の重加算税の取扱いについて
　　最終改正→平成28年12月12日

② 法人税の重加算税の取扱いについて
　　最終改正→令和 4 年 6 月30日

③ 相続税及び贈与税の重加算税の取扱いについて
　　最終改正→平成28年12月12日

④ 源泉所得税の重加算税の取扱いについて
　　最終改正→平成29年11月28日

⑤ 消費税及び地方消費税の更正等及び加算税の取扱いについて
　　最終改正→平成28年12月12日

> 消費税及び地方消費税の更正等を行う場合並びにこれらの税について過少申告加算税、無申告加算税及び<u>重加算税を課する場合の取扱基準</u>の整備等を図ったものである。

1 申告所得税の取扱い

「申告所得税の重加算税の取扱い」では、「隠蔽又は仮装の行為」については、納税者本人だけではなく、配偶者又はその他親族等が当該行為を行った場合にも、納税者本人が当該行為を行ったものとして取り扱うことになっている。

(1) 重加算税に該当するケース

⑴ いわゆる二重帳簿を作成していること。

⑵ ⑴以外の場合で、次に掲げる事実（以下「帳簿書類の隠匿、虚偽記載等」という。）があること。

　① 帳簿、決算書類、契約書、請求書、領収書その他取引に関する書類（以

下「帳簿書類」という。）を、破棄又は隠匿していること

②　帳簿書類の改ざん、偽造、変造若しくは虚偽記載、相手方との通謀による虚偽若しくは架空の契約書、請求書、領収書その他取引に関する書類の作成又は帳簿書類の意図的な集計違算その他の方法により仮装を行っていること

③　取引先に虚偽の帳簿書類を作成させる等していること

(3)　事業の経営、売買、賃貸借、消費貸借、資産の譲渡又はその他の取引（以下「事業の経営又は取引等」という。）について、本人以外の名義又は架空名義で行っていること。

　　ただし、次の①又は②の場合を除くものとする。

①　配偶者、その他同居親族の名義により事業の経営又は取引等を行っているが、当該名義人が実際の住所地等において申告等をしているなど、税のほ脱を目的としていないことが明らかな場合

②　本人以外の名義（配偶者、その他同居親族の名義を除く。）で事業の経営又は取引等を行っていることについて正当な事由がある場合

(4)　所得の源泉となる資産（株式、不動産等）を本人以外の名義又は架空名義により所有していること。

　　ただし、(3)の①又は②の場合を除くものとする。

(5)　秘匿した売上代金等をもって本人以外の名義又は架空名義の預貯金その他の資産を取得していること。

(6)　居住用財産の買換えその他各種の課税の特例の適用を受けるため、所得控除若しくは税額控除を過大にするため、又は変動・臨時所得の調整課税の利益を受けるため、虚偽の証明書その他の書類を自ら作成し、又は他人をして作成させていること。

(7)　源泉徴収票、支払調書等（以下「源泉徴収票等」という。）の記載事項を改ざんし、若しくは架空の源泉徴収票等を作成し、又は他人をして源泉徴収票等に虚偽の記載をさせ、若しくは源泉徴収票等を提出させていないこと。

(8)　調査等の際の具体的事実についての質問に対し、虚偽の答弁等を行い、又

は相手先をして虚偽の答弁等を行わせていること及びその他の事実関係を総合的に判断して、申告時における隠ぺい又は仮装が合理的に推認できること。

⑵ 重加算税に該当しないケース

⑴ 収入金額を過少に計上している場合において、当該過少に計上した部分の収入金額を、翌年分に繰り越して計上していること。

⑵ 売上げに計上すべき収入金額を、仮受金、前受金等で経理している場合において、当該収入金額を翌年分の収入金額に計上していること。

⑶ 翌年分以後の必要経費に算入すべき費用を当年分の必要経費として経理している場合において、当該費用が翌年分以後の必要経費に算入されていないこと。

② 相続税及び贈与税の取扱い

(1) 重加算税に該当するケース（相続税）

⑴　相続人（受遺者を含む。）又は相続人から資産（債務及び葬式費用を含む。）の調査、申告等を任せられた者（以下「相続人等」という。）が、帳簿、決算書類、契約書、請求書、領収書その他財産に関する書類（以下「帳簿書類」という。）について改ざん、偽造、変造、虚偽の表示、破棄又は隠匿をしていること。

⑵　相続人等が、課税財産を隠匿し、架空の債務をつくり、又は事実をねつ造して課税財産の価額を圧縮していること。

⑶　相続人等が、取引先その他の関係者と通謀してそれらの者の帳簿書類について改ざん、偽造、変造、虚偽の表示、破棄又は隠匿を行わせていること。

⑷　相続人等が、自ら虚偽の答弁を行い又は取引先その他の関係者をして虚偽の答弁を行わせていること及びその他の事実関係を総合的に判断して、相続人等が課税財産の存在を知りながらそれを申告していないことなどが合理的に推認し得ること。

⑸　相続人等が、その取得した課税財産について、例えば、被相続人の名義以外の名義、架空名義、無記名等であったこと若しくは遠隔地にあったこと又は架空の債務がつくられてあったこと等を認識し、その状態を利用して、これを課税財産として申告していないこと又は債務として申告していること。

(2) 重加算税に該当するケース（贈与税）

⑴　受贈者又は受贈者から受贈財産（受贈財産に係る債務を含む。）の調査、申告等を任せられた者（以下「受贈者等」という。）が、帳簿書類について改ざん、偽造、変造、虚偽の表示、破棄又は隠匿をしていること。

⑵　受贈者等が、課税財産を隠匿し、又は事実をねつ造して課税財産の価額を

圧縮していること。

⑶　受贈者等が、課税財産の取得について架空の債務をつくり、又は虚偽若しくは架空の契約書を作成していること。

⑷　受贈者等が、贈与者、取引先その他の関係者と通謀してそれらの者の帳簿書類について改ざん、偽造、変造、虚偽の表示、破棄又は隠匿を行わせていること。

⑸　受贈者等が、自ら虚偽の答弁を行い又は贈与者、取引先その他の関係者をして虚偽の答弁を行わせていること及びその他の事実関係を総合的に判断して、受贈者等が課税財産の存在を知りながらそれを申告していないことなどが合理的に推認し得ること。

⑹　受贈者等が、その取得した課税財産について、例えば、贈与者の名義以外の名義、架空名義、無記名等であったこと又は遠隔地にあったこと等の状態を利用して、これを課税財産として申告していないこと。

❸ 法人税の取扱い

(1) 重加算税に該当するケース

⑴　いわゆる二重帳簿を作成していること。

⑵　次に掲げる事実（以下「帳簿書類の隠匿、虚偽記載等」という。）があること。

　　①　帳簿、原始記録、証ひょう書類、貸借対照表、損益計算書、勘定科目内訳明細書、棚卸表その他決算に関係のある書類（以下「帳簿書類」という。）を、破棄又は隠匿していること

　　②　帳簿書類の改ざん（偽造及び変造を含む。以下同じ。）、帳簿書類への虚偽記載、相手方との通謀による虚偽の証ひょう書類の作成、帳簿書類の意図的な集計違算その他の方法により仮装の経理を行っていること

　　③　帳簿書類の作成又は帳簿書類への記録をせず、売上げその他の収入（営業外の収入を含む。）の脱ろう又は棚卸資産の除外をしていること

⑶　特定の損金算入又は税額控除の要件とされる証明書その他の書類を改ざんし、又は虚偽の申請に基づき当該書類の交付を受けていること。

⑷　簿外資産（確定した決算の基礎となった帳簿の資産勘定に計上されていない資産をいう。）に係る利息収入、賃貸料収入等の果実を計上していないこと。

⑸　簿外資金（確定した決算の基礎となった帳簿に計上していない収入金又は当該帳簿に費用を過大若しくは架空に計上することにより当該帳簿から除外した資金をいう。）をもって役員賞与その他の費用を支出していること。

⑹　同族会社であるにもかかわらず、その判定の基礎となる株主等の所有株式等を架空の者又は単なる名義人に分割する等により非同族会社としていること。

(2) 使途不明金及び使途秘匿金が重加算税に該当するケース

使途不明金及び使途秘匿金については、法人税上では「損金不算入」となるが、次の事実（要件）がある場合には、重加算税が課される。

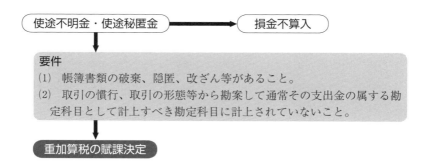

(3) 重加算税に該当しないケース

(1) 売上げ等の収入の計上を繰り延べている場合において、その売上げ等の収入が翌事業年度の収益に計上されていることが確認されたとき。

(2) 経費（原価に算入される費用を含む。）の繰上計上をしている場合において、その経費がその翌事業年度に支出されたことが確認されたとき。

(3) 棚卸資産の評価換えにより過少評価をしている場合。

(4) 確定した決算の基礎となった帳簿に、交際費等又は寄附金のように損金算入について制限のある費用を単に他の費用科目に計上している場合。

(4) 不正に繰戻し還付を受けた場合の取扱いとその計算

法人が法人税法80条又は第144条の13の規定により欠損金額につき繰戻し還付を受けた場合において、当該欠損金額の計算の基礎となった事実のうちに不正事実に該当するものがあるときは、重加算税が課される。そして、当該重加算税の計算の基礎となる税額は、次の算式により計算した金額である。

> 法人税法80条（144条の13）の規定により還付された金額　×　不正事実に基づく欠損金額／繰戻しをした欠損金額

　なお、国税庁は、平成12年7月3日（改正：令和4年6月30日）に「法人税の重加算税に係る留意点について」（法人税課情報12号・調査課情報331号）を公表し、その具体的な課税庁の執務について質疑応答形式で明らかにしている。

4 源泉所得税の取扱い

　所得税の源泉徴収義務は、源泉徴収義務者に対して無償の行為を要求しているのであるから、その義務の懈怠があったからといって、徴収義務違背に対する通常の制裁を超えて重加算税を課するのはいかがなものか、という意見がある。しかし、これに対して、「徴収義務の内容は、受給者に支給される金員の一定割合の金員を、天引して国に納付するものであるから、その義務の懈怠は、国に対する関係にとどまらず、受給者に対する関係についても相当性を欠く結果を招来する。その故に、制裁の態様が、一般の納税者に対するものと同じレベルのものとして、妥当性を持つものといえる。」との意見も多くある。

> **参考判例**（最高裁・昭和37.2.28判決）
> 所得税の源泉徴収義務者の徴税事務に伴う負担をもって憲法18条にいう苦役であり、奴隷的拘束であるということはできない。

(1)　重加算税に該当するケース

(1)　いわゆる二重帳簿を作成していること。

(2)　帳簿書類を破棄又は隠匿していること。

(3)　帳簿書類の改ざん（偽造及び変造を含む。）、帳簿書類への虚偽記載、相手方との通謀による虚偽の証ひょう書類の作成、帳簿書類の意図的な集計違算

その他の方法により仮装の経理を行っていること。

(4) 帳簿書類の作成又は帳簿書類への記録をせず、源泉徴収の対象となる支払事実の全部又は一部を隠蔽していること。

(2) 認定賞与と重加算税

認定賞与について、法人税で重加算税が課せられた場合には、源泉所得税ではどのように取り扱うのかという問題があった。新しい取扱いでは、二重に重加算税を課すのは酷であるとして、法人税で重加算税が課せられている場合には、源泉所得税は不納付加算税（10%）で処理することを明らかにしている。

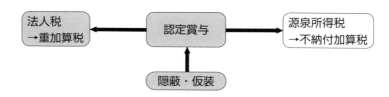

(3) 帳簿書類の範囲

帳簿書類とは、源泉所得税の徴収又は納付に関する一切のものをいい、会計帳簿、原始記録、証ひょう書類その他会計に関する帳簿書類のほかに、次に掲げるような帳簿書類を含むことになる。

(1)	給与所得及び退職所得に対する所得税源泉徴収簿その他源泉所得税の徴収に関する備付帳簿
(2)	株主総会・取締役会等の議事録、報酬・料金等に係る契約書、給与等の支給規則、出動簿、出張・超過勤務・宿日直等の命令簿又は事績簿、社会保険事務所、労働基準監督署又は地方公共団体等の官公署に対する申請又は届出等に関する書類その他の帳簿書類のうち、源泉所得税の税額計算の基礎資料となるもの

(3)	支払調書、源泉徴収票、給与支払事務所等の開設届出書、給与所得又は退職所得の支払明細書その他源泉徴収義務者が法令の規定に基づいて作成し、かつ、交付し又は提出する書類
(4)	給与所得者の扶養控除等申告書、給与所得者の配偶者特別控除申告書、給与所得者の保険料控除申告書、退職所得の受給に関する申告書、非課税貯蓄申告書、非課税貯蓄申込書、配当所得の源泉分離課税の選択申告書、年末調整による過納額還付請求書、租税条約に関する届出書その他源泉所得税を徴収される者が法令の規定に基づいて提出し又は提示する書類

5 消費税の取扱い

　平成12年７月３日付で「消費税及び地方消費税の更正等及び加算税の取扱いについて（事務運営指針）」と題する通達が発遣された。その趣旨については、「消費税及び地方消費税の更正等を行う場合並びにこれらの税について過少申告加算税、無申告加算税及び重加算税を課する場合の取扱基準の整備等を図ったものである。」と述べられている。

　従来、他の税目と同様に、消費税においても「重加算税」の賦課決定については、その基準が明確でないとの批判が多かったが、この通達はこれに答えようとするものである。

　同通達では、消費税と地方消費税が同一の課税対象であることを前提に、消費税に「隠蔽・仮装」として重加算税を賦課決定する場合、当然、地方消費税も「重加算税」を課することを明らかにしている。

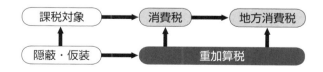

(1)　重加算税に該当するケース

⑴　課税売上げを免税売上げに仮装する。

⑵　架空の免税売上げを計上し、同額の架空の課税仕入れを計上する。

⑶　不課税又は非課税仕入れを課税仕入れに仮装する。

⑷　非課税売上げを不課税売上げに仮装し、課税売上割合を引き上げる。

⑸　簡易課税制度の適用を受けている事業者が、資産の譲渡等の相手方、内容
　　等を仮装し、高いみなし仕入率を適用する。

(2)　重加算税に該当しないケース

⑴　不正事実に基づく課税売上げ又は非課税売上げの除外があったことに伴い、
　　課税売上割合が変動した結果、仕入控除税額が増加又は減少した場合

⑵　簡易課税制度を適用している場合において、不正事実に基づく課税売上げ
　　の除外があったこと等により、みなし仕入率が変動した結果、仕入控除税額
　　が増加又は減少した場合

　　なお、その課税期間の基準期間たる課税期間に係る消費税の増差税額に対し
て重加算税を課されても、それに連動して、次のようなケースにおいては、重
加算税を課さない。

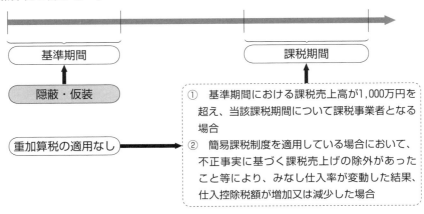

消費税に係る重加算税のＱ＆Ａ

Ｑ１　消費税の経理処理を税抜経理方式で行い、かつ、簡易課税を選択している企業について、課税売上除外1,200万円と、これに附随して発生した雑収入36万円を否認して別表４で加算することになったが、この場合、36万円は不正事実に基づくものとして、重加算税の対象になるのか。
（注）　雑収入36万円は、除外した課税売上げに係る仮受消費税額のうち簡易課税制度の適用により、益税となった分である。

Ａ　当該雑収入36万円は、課税売上除外によって必然的に発生するもので、重加算税の対象になる。

Ｑ２　不正事実があったため、課税売上割合に変動が生じ、これによって控除対象外消費税等も変動した場合において、控除対象外消費税額等の損金算入額が過大となったときの当該過大な損金算入額は、重加算税の対象となるのか。

Ａ　当該過大となった控除対象外消費税額等の損金算入額は、納付すべき消費税額の計算の結果として発生するものであるから、損金算入額の過大計上については、隠ぺい・仮装と直接的な因果関係は薄いと考えられる。したがって、重加算税の対象にはならない。

Ｑ３　交際費を課税仕入の対象となる他の科目に計上していた場合において、当該交際費に係る控除対象外消費税額等で交際費に含めることとなる金額に係る「交際費等の損金不算入」に対する加算税は、どのように計算するのか。

Ａ　更正後の課税売上割合に基づき、重加算税の対象となる交際費に係る控除対象外消費税額等と過少申告加算税の対象となる交際費に係る控除対象外消費税額等に区分して、それぞれ重加算税、又は過少申告加算税を課する。

⑥ 重加算税が2つ以上の税目に影響する場合の取扱い

ポイント

・隠蔽・仮装による認定賞与については、法人税と源泉所得税について二重の重加算税は課されない。
・不正事実に基づいて、所得税又は法人税に重加算税が課せられた場合、それによって影響を受ける消費税についても重加算税は課される。
・法人税の更正処分（隠蔽・仮装）によって、株価が変動し、相続税が増加する場合においても、相続税については、原則として重加算税は課される。

認定賞与について、法人税で重加算税が課せられた場合には、源泉所得税ではどのように取り扱うのかという疑問が生じる。帳簿書類を改ざんするなどして、隠蔽・仮装するケースにおいては、「重加算税の要件」を法人税及び源泉所得税が共に満たしているのであるから、法律上は共に重加算税が賦課決定されることになる。

しかしながら、「源泉所得税及び復興特別所得税の重加算税の取扱いについて（事務運営指針）」では、次のように、二重に重加算税の対象としない旨を定めている。

> ただし、法人税について重加算税が賦課される場合において、法人税の所得金額の計算上損金の額に算入されない役員又は使用人の賞与、報酬、給与若しくは退職給与と認められるもの又は配当等として支出したと認められるもの（以下「認定賞与等」という。）の金額が当該重加算税の計算の基礎とされているときは、原則として、当該基礎とされている認定賞与等の金額のうち、当該重加算税の対象とされる所得の金額に達するまでの認定賞与等の金額については、源泉所得税及び復興特別所得税の重加算税の対象として取り扱わない。

これは、重加算税の対象を二重にすることが納税者に酷と考えて、上記のような取扱いをしているようであるが、「原則として……」となっていることか

ら、場合によっては、法人税と源泉所得税を二重に重加算税の対象とすることもあり得るのであろう。

　これに対して、消費税の取扱いは異なっている。「消費税及び地方消費税の更正等及び加算税の取扱いについて（事務運営指針）」では、下記のようになっている。

> 　所得税又は法人税（以下「所得税等」という。）につき不正事実があり、所得税等について重加算税を賦課する場合には、当該不正事実が影響する消費税の不正事実に係る増差税額については重加算税を課する。

　すなわち、法人税又は所得税で重加算税が課せられた場合には、積極的に消費税においても重加算税を課することを定めている。明らかに重加算税については、源泉所得税と消費税の取扱いが異なっているのである。

　消費税について、源泉所得税と異なる跛行的な、そして厳しい取扱いをしているのは、課税庁において、消費税は「預り金」であるという認識が強く、それに対する「隠蔽・仮装」の行為に対しては、より厳しく罰しなければならないという考えがあるのかもしれない。

　しかしながら、一片の「事務運営指針」によって、次のように異なる取扱いをすること自体、租税法律主義の観点から、やや問題があるのではないかとも思われる。

法人税（重加算税）　◆━━━━不正事実━━━━▶　認定賞与（無）
法人税・所得税（重加算税）◆━不正事実━━▶　消費税（重加算税）

　また、次のような事例においても、法人税及び相続税については、重加算税が課せられる。

> 　被相続人甲（A株式会社（以下「A社」という）の会長）の相続税の申告後、A社に税務調査が入り、その結果、売上除外・簿外資産等（隠ぺい・仮装に基づくもの）が見つかり、法人税の更正処分が行われた。その結果、A社の株価にも影響し、A社の株価は、1株5,000円から8,000円に上昇した。

甲は、Ａ社の株式２万株を所有していたが、株価の変動によって、相続財産が6,000万円増加することになる。なお、被相続人甲の相続税の申告書（相続人乙：Ａ社の社長）は、直ちに、上記株価変動による相続税の修正申告を行った。

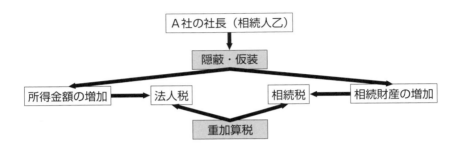

なお、相続人が、上記の相続人乙（Ａ社の社長）と異なり、法人の「隠蔽・仮装」を知り得なかった立場にいたときには、当該相続人に対しては、重加算税は課されないことになるであろう。

第 5 章

重加算税の裁決・判例

本章に掲載の裁決・判例において、◆は納税者の主張が認められなかった裁決・判例、◇は納税者の主張が認められた裁決・判例を表します。

① 所得税の事例と重加算税

(1) 居住用財産の譲渡所得の特別控除の適用
～住民登録の異動等は、隠蔽又は仮装に該当するか

居住用財産を譲渡した場合の3,000万円特別控除の特例の適用が認められる「居住の用に供している家屋」とは、その者が生活の本拠として利用している家屋をいい、譲渡した家屋が生活の本拠とする家屋に該当するかどうかは社会通念に照らして総合的に判断することになる。そこで、納税者は、この特例を受けるために、当該家屋に対して「生活の本拠」としての体裁を整えることがある。そして、3,000万円特別控除の特例の適用を受けるためには、原則として、その申告書に「住民票の写し」を添付することになっているので、その住民票を得るために、住所を移転し、そして当該特例を受けるケースがしばしば見られる。この行為が、「隠蔽又は仮装」に該当するか否か、が問題となる。裁決では、「隠蔽又は仮装」に該当するとした裁決と、該当しないとした裁決とがそれぞれ多数あるので、以下、比較して検討する。

居住の用に供していない土地建物の所在地に住民登録を移し、その住民票の写しを確定申告書に添付する等により居住用財産の譲渡所得の特別控除の適用を受けようとしたことは、事実の隠ぺい又は仮装に該当するとした事例（昭和59.3.28裁決）

◎**要旨**
　請求人は、従来から継続して貸借している現住所の建物を生活の本拠としており、また、不動産業者に本件物件の売却を依頼した後に、住民登録を本件物件の所在地に移していること等から、本件物件の所在地が請求人の生活の本拠たる住所となり得る余地がなく、このような状況下で、当該所在地に住民票上の住所を移転させ、その旨の住民票の写しを確定申告書に添付した請求人の行為は、居住用財産の譲渡所得の特別控除の適用を受ける目的でしたものとみるほかはないので、課税標準の計算の基礎となるべき事実の隠ぺい又は仮装に該当する。

ポイント

・本件物件の売却を事前に依頼し、その後に住民登録を移すなどしている場合には、その住民票を移転させ、それを確定申告書に添付した請求人の行為は、隠蔽又は仮装に該当する。

事例 ◇ 住民登録と仮装行為

居住の用に供していない家屋の所在地に住民登録をし、その住民票の写しを添付したことについて、仮装行為の意図は認められないとした事例（昭和58.4.28裁決）

◎**要旨**
　請求人が本件家屋の所在地に住民登録したのは、住宅公団の地元居住者優先分譲を受けるためであって、本件申告書に添付するために住民登録を異動させたものでないことが認められ、また、譲渡する前に本件家屋に一時的に仮住まいしていたので租税特別措置法第35条の規定に該当すると信じて、住民票の写しを添付したことが窺われることから、請求人に仮装の意図があったとは認められず、したがって、重加算税を賦課することは相当でない。

ポイント

・住民登録を異動させることについて、他に合理的な理由（住宅公団の地元
居住者優先分譲を受けるため）がある場合には、重加算税の対象にはなら
ない。

・居住していない場所に住民登録をしても、他に「隠蔽又は仮装」の事実を
認めるに足る証拠資料がなければ、重加算税を賦課することはできない。

事例 ◇ **住民票の写しと隠蔽・仮装**

　生活の本拠と異なる場所を住所として登録し、当該住民登録に係る住民票
の写しを確定申告書に添付したことのみをもって隠ぺい、仮装には当たらな
いとして、租税特別措置法第35条第1項の規定の適用の否認に伴う重加算税
の賦課を取り消した事例（東京審）

> **◎要旨**
>
> 　住民登録の届出は、行政上の権利義務関係の管理、公証等を目的とするも
> のであるから、その必要に応じ生活の本拠と異なる場所を住所として住民登
> 録を行うことを妨げないものと解される。したがって、生活の本拠と異なる
> 場所を住所として登録したことがあっても、それのみをもって、「事実を仮
> 装、隠ぺいした。」ということはできない。

ポイント

・住民登録をする行為をもって直ちに措法第35条に規定されている適用要件
である事実を隠蔽、仮装したということはできず、これに当たるとするた
めには、当該住民登録と結合すべき特別の事実又は事情についての証拠が
必要である。

事例 ◇ **別居と居住用財産**

　1年余の期間妻子と同居していた家屋とは別に断続的に居住し、通勤に利
用していた家屋を居住用財産であるとしたことは誤っているが、そのことに
事実の隠ぺい又は仮装は認められないとした事例（昭和61.5.22裁決）

◎要旨

　請求人が譲渡前1年1か月にわたり断続的に居住し、そこから通勤もしていた本件家屋は、水道、電気及びガスの消費量が極めて少量であること、従前、妻子と同居し、引き続き妻子が居住している別の家屋の水道等の消費量にさしたる変動がないことなどの事実に照らし、本件家屋は請求人の従たる住居とみるのが相当であり、居住用財産には該当しないから租税特別措置法第35条の適用はないが、本件家屋が請求人の1年余にわたる生活の場の1つであったことは確かであるから、そこに住民登録を移したことを不自然な行為であるとすることはできず、住民登録の移替えをもって事実の隠ぺい又は仮装があったとすることは相当でない。

ポイント

・2か所以上の居住用家屋を所有している場合には、原則としてその家屋間の住民登録の異動は、不自然な行為とはいえず、隠蔽又は仮装に該当しない。

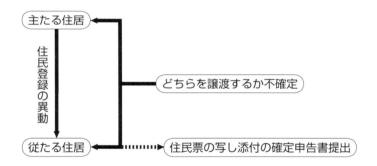

・譲渡の意思を有していても、どちらの物件を譲渡するのかを決めていない場合には、住民登録を移しても、そのことのみで「譲渡をすることが明らかである」とはいえない。

事例 ◆ **住民登録を奇貨として利用**

　6年前から居住の用に供していない土地建物の所在地に引き続き住民登録をしていたことを奇貨として、その住民票の写しを確定申告書に添付するなどにより居住用財産の譲渡所得の特別控除の適用を受けようとしたことは、事実の隠ぺい又は仮装に該当するとした事例（平成2.12.27裁決）

◎**要旨**

　請求人は、本件建物にかつて居住していたとはいえ、6年前から譲渡の時まで、他人に貸し付けていたにもかかわらず、本件土地建物の所在地に引き続き住民登録をしていたことを奇貨として、その住民票の写しを確定申告書に添付し、また、本件建物の2階を請求人が占有使用していた旨を記載した借主の同意書を申告期限前に作成し、借主からその署名押印を拒絶されたにもかかわらず、その後の調査の際に、借主以外の者が署名押印したと認められる借主名の同意書を提出し、居住用財産の譲渡所得の特別控除の適用を受けようとしたことは、事実の隠ぺい又は仮装の行為に該当すると認められるから、重加算税の賦課決定をしたことは相当である。

ポイント

・本件のように、虚偽の「借主の同意書」を作成するなど、積極的な偽りの行為があった場合には、重加算税の対象になる可能性は高い。

・住民票がそのままであったことのみを奇貨として、それを添付して確定申告した場合には、積極的な行為が存しないことから、重加算税の対象にならない可能性がある。

事例 ◇ **長期間の非居住家屋**

　請求人の特殊事情等を考慮すると、長期間居住の用に供していなかった家屋における住民登録をそのままにし、その住民票の写しを確定申告書に添付したこと等が必ずしも隠ぺい又は仮装したとはいえないとした事例（平成5.5.21裁決）

　本件の場合、請求人の親族らが本件家屋に居住し、請求人のみがアパートに居住した経緯及び請求人の住民票が本件家屋の所在地から移転しなかった事情等を考慮すると、当該住民票を添付したことは、必ずしも、租税回避を目的として事実を隠ぺいしたものであると推認することはできず、また、請求人の虚偽答弁等のみをもっては、仮装したものであるとはいえないから、重加算税を賦課することは相当でない。

ポイント

・本件事例に関する特殊な事情は、次のとおりである。

〔特殊な事情〕

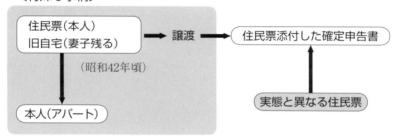

・特殊な事情がある場合には、請求人の虚偽答弁等のみでは、隠蔽又は仮装があったとはいえない。

事例 ◆ **居住期間を偽った住民票の添付**

　譲渡物件は居宅新築のための仮住まいと認められ、譲渡所得について租税特別措置法第35条の規定による特別控除はできず、また、居住期間を偽った住民票の添付は重加算税の対象になるとした事例（平成5.5.21裁決）

◎要旨
1　請求人は、本件資産の譲渡所得の計算に当たり、本件資産は居住の用に

供していたものであり、仮住まい、あるいは特例の適用を受けるためのみの目的で入居したものではないから、租税特別措置法第35条の規定を適用すべきであると主張する。

しかしながら、本件資産は、居宅を新築する資金に充てるため、それまで貸家にしていたものを売ることとしたが、当該譲渡に係る譲渡所得について租税特別措置法第35条の規定の適用を受けんがため、住民票上、居住期間を仮装したものであり、電気の使用量等から居宅が完成するまでの仮住まいであったと認められる。したがって、本件資産は本件特例に規定する居住用財産に該当しないことは明らかであり、居住用財産の売却に係る特別控除の適用はできない。

2　本件資産の賃貸期間を偽って確定申告をするとともに、本件資産について、虚偽の居住のための補修工事をしたこと等の申立てをし、また、実際の居住期間とは異なる住民登録をした住民票を確定申告書に添付し本件特例を適用したことは、国税通則法第68条第1項の規定に該当し、重加算税の賦課決定は適法である。

ポイント

・住民登録の期間を、次図のように故意に操作した場合

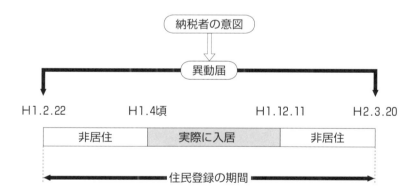

・居住の用に供するための補修工事等をしたという虚偽の申立てをしていること。

・以上の認定事実があれば、「隠蔽又は仮装」による申告書と判定される。

事例 ◆ **税務相談時の虚偽申立て**

　居住の用に供していない譲渡物件の所在地に住民登録をしている者が、納税相談時に、担当職員に虚偽の申立て等をし、申告書を作成させ提出したことは、隠ぺい又は仮装の行為に該当するとした事例（平成５.４.16裁決）

◎**要旨**

　請求人は、購入直後の約１年間を除いて譲渡した本件家屋を居住の用に供していなかったにもかかわらず本件家屋の所在地に住民登録をしていたが、納税相談時に相談担当職員に対して、本件家屋の利用状況について、全所有期間を通じてその４分の３相当部分を居住の用に供していた旨の虚偽の申立てをして関係書類に虚偽の事実を記載させ、かつ、これを基礎として計算した申告書を作成させた上でこれを提出しており、このような請求人の行為は、隠ぺい又は仮装の行為に該当する。

ポイント

・税務職員が納税者の申立てに基づいて申告書を記載したとしても、それが納税者の虚偽の申立てによってなされたものであれば、「隠蔽又は仮装」の行為に該当する。

・納税者自身が申告書を記載しなくても、その偽りの記載が納税者によって作り出された場合には、重加算税の対象になる。

⑵ 「つまみ申告」と重加算税
〜いわゆるつまみ申告は重加算税の対象になるのか

【問題点】　納税者において、正確に記載された会計帳簿に基づく真実の所得金額と異なることを知りつつ、所得金額又は収入の一部をつまみ出し、ことさら過少に記載した納税申告書を提出する、いわゆるつまみ申告行為が、国税通則法68条１項にいう「隠蔽又は仮装」に基づく納税申告として重加算税賦課の対象になるか否か。

---【つまみ申告とは】---
　二重帳簿を作成するなどの典型的な「隠蔽・仮装」工作を行うことなく、ケースによっては正確な所得金額を示す帳簿類を備えていながら、真正な所得金額の一部のみを恣意的に摘出し、過少な所得金額等を記載したところの確定申告書を提出すること。

　つまみ申告については、通法68条１項の文言の解釈の仕方によって、次のように異なる。

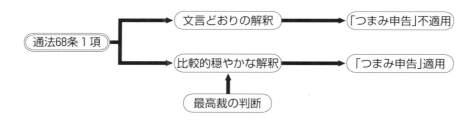

事例 ◆ つまみ申告

　多額の所得の存在を認識していたにもかかわらず、真実の所得の大部分を秘匿して提出した確定申告書又は修正申告書につき、国税通則法68条１項に

定める重加算税の賦課要件に該当するとされた事例（最高裁・平成6.11.22判決）

◎**参考** ◆京都地裁・平成4.3.23判決（請求棄却）の要旨（一審）
　計画的な意図の下に総所得金額を過少に確定申告を行い、最終修正申告との較差は極めて大きく、確定申告後の調査において、会計帳簿の一部を秘匿して提出せず、提出した利息収入明細書は、その一部を隠ぺいし過少に記載されていた事実が認められる。右事実及び弁論の全趣旨を併せ考えると、本件確定申告書の提出前に会計帳簿等に工作を加えるなどして課税標準等又は税額等の計算の基礎となる一部を隠ぺいし、これに基づき過少な確定申告書を提出していた事実が推認できる。

◎**参考** ◇大阪高裁・平成5.4.27判決（請求認容）の要旨（二審）
　重加算税を課すためには、納税者が故意に課税標準等又は税額等の計算の基礎となるべき事実の全部又は一部を隠ぺい・仮装し、右行為に基づいて過少申告の結果が発生することが必要であり、事実としての隠ぺい・仮装行為と過少の納税申告書の提出行為とは別々であることが必要であるとともに、両者の間に因果関係が存在することが必要である。いわゆる「つまみ申告」の場合、正しい所得金額と申告者の申告額との間の較差が極めて大きいことのみによって「ことさらの過少申告」の行為に該当するということはできず、その他に申告者の過少申告に至った経緯等の事情を総合判断して、その該当性を判断すべきである。本件虚偽資料の提出と確定申告あるいは修正申告との間には直接の関連性はないし、Ｘは、正常な会計帳簿類を作成していた上、取引記録等も揃えており、税務調査にもごく普通に協力していたことなどから「ことさらの過少申告」に当たらない。重加算税の納税義務の成立時期は、法定申告期限の経過時である（国税通則法15条2項15号）から、隠ぺい・仮装行為は、この期限が到来する前の行為だけが加算税の対象になるのが原則であり、隠ぺい・仮装行為の存否は、確定申告書提出時を中心に判断すべきであって、右期限後の隠ぺい・仮装行為は、法定申告時における隠ぺい・仮装行為の存否を推認させる一間接事実となり得るにすぎない。

　上記二審では、「その較差の基準が明らかでなく、また、申告書が錯誤等による書き誤りによって較差が大きくなる場合もあり得るから、較差のみによって

「ことさらの過少申告」行為に該当するということはできない」との判断をしている。

理由①……納税者は正常な会計帳簿を作成しており、納税者が会計帳簿を破棄したのは課税庁側において納税者の収入・支出の数額を把握したと推測できる後であること等からすると、納税者が過少な所得金額を申告した行為が「ことさらの過少申告」であるということはできない。

理由②……本件資料に真実に反する記載があるとしても、本件資料と納税者が提出した修正申告書の記載内容とは直接の関連性がなく、納税者が本件資料に基づいて修正申告書を提出したということはできないから、本件資料の提出は重加算税の賦課要件を満たすことにはならない。

このように、一審では重加算税の賦課が相当であると判断したのに、二審では重加算税が取り消され、「つまみ申告」に対する重加算税の賦課の結論について、一審と二審とでは異なっている。これに対して最高裁は、下記のように、つまみ申告は重加算税の賦課決定の対象になると判断している。

◎要旨
　認定事実からすると、Xは、単に真実の所得金額よりも少ない所得金額を記載した確定申告書であることを認識しながらこれを提出したというにとどまらず、本件各確定申告の時点において、白色申告のため当時帳簿の備付け等につきこれを義務付ける税法上の規定がなく、真実の所得の調査解明に困

難が伴う状況を利用し、真実の所得金額を隠ぺいしようという確定的な意図の下に、必要に応じ事後的にも隠ぺいのための具体的工作を行うことも予定しつつ、正確な所得金額を把握し得る会計帳簿類から明らかに算出し得る所得金額の大部分を脱漏し、所得金額をことさら過少に記載した内容虚偽の確定申告書を提出したことが明らかであるから、本件確定申告は、単なる過少申告行為にとどまるものではなく、国税通則法68条1項にいう税額等の計算の基礎となるべき所得の存在を一部隠ぺいし、その隠ぺいしたところに基づき納税申告書を提出した場合に当たる（最高裁・昭和48年3月20日第三小法廷判決・刑集27巻2号138ページ）。

ポイント

・つまみ申告については、故意の過少申告の事実があれば、重加算税の対象になる。

・白色申告で、帳簿の備付け等の義務がない（当時）ことを利用して、確定的な意図の下で、大部分を脱漏したところの過少申告をした場合には、重加算税の対象になる。

事例 ◇ **課税時期の誤認**

　3区画の土地を譲渡したにもかかわらず、1区画のみの申告をした場合でも、課税時期の誤認であれば、重加算税の対象にはならないとした事例（平成10.5.28裁決）

◎**要旨**

　真実の所得金額等の一部のみを記載した納税申告書を提出する行為が、虚偽申告行為として、通則法68条1項に規定する隠ぺい又は仮装行為に当たるかどうかについては、同条の立法趣旨、真に納付すべき税額及び所得金額とのそれぞれの較差、納税申告前の諸事情及び納税申告後の諸事情（税務調査に対する虚偽答弁や虚偽資料の作成・提出、帳簿書類の隠匿・廃棄等）を基に総合的に判断するのが相当である。……請求人の申告前及び申告後の行為には、真実の隠ぺい又は仮装及び本件調査を困難ならしめるような特段の行為は一切認められないことから、原処分庁主張の理由をもって、課税を免れることを意図して作為的に行われた過少申告であるとする推認は認め難い。

【事実関係図】

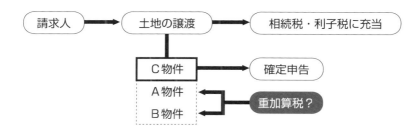

ポイント

・土地の譲渡自体が延納相続税を支払うために行われたもので、実際、譲渡代金は相続税とその利子税に充てられていることが、重加算税が取り消された1つのポイントになっている。

・隠ぺい又は仮装の事実がなければ、単に過少申告であるというだけで、重加算税の賦課決定はできない。

・申告行為に疑問が残っても、それだけでは重加算税は賦課決定できない。

・本裁決において、原処分庁が認定した事実は次のとおりである。

① 　C物件の譲渡に係る所得金額のみを記載した確定申告書を提出したこと

② 　A、B及びC物件の譲渡代金合計額から譲渡費用額を差し引いた金員が普通預金口座に入金されていること、普通預金口座から払い出された金員が延納に係る相続税並びに利子税の納付に充てられていること

③ 　確定申告期限日現在の普通預金口座の預金残高のみでは本件物件の譲渡に係る所得税を納付することは不可能であったと認められること

④ 　「譲渡内容のお尋ねの回答書」には、C物件に係る譲渡についてのみ記載があること

⑤ 　請求人は、A、B物件の譲渡の課税時期の誤認である旨主張するが、譲渡代金の使途に目的があって土地を譲渡し、その譲渡代金のほとんどがその目的に従って使われている事実から、必要な金額の収入を得るということと、その支払のすべてが計画されて行われたものと認められ、

それらが請求人の1つの普通預金口座において行われている事実からすると、譲渡がC物件だけであると誤認若しくは失念するといった要素はないと考えられること

・以上の原処分庁の認定事実にもかかわらず、審判所は、「重加算税」を賦課決定するのは妥当でないと判断している。

(3) 家事関連費と重加算税
～個人的な支出を必要経費に算入した場合に重加算税は賦課されるか

事例 ◆ 家事関連費と給与

家事関連費の支出を事業所得の給与として処理した場合には、重加算税の対象になるとした事例（広島高裁・平成9.7.18判決）

> ◎**要旨**
> 　病院の事務長の母宅の家政婦が、病院の清掃業務に従事したことはほとんどなかったか、あるいは仮にあったとしても、定期的なものではなく、時間・回数ともに稀なものであったにもかかわらず、事務長が、右家政婦に係る出勤簿を偽造し、清掃業務に従事したかのようにして仮装して給料名目の金員を支払い、事業所得の金額の計算上必要経費として所得金額を過少に計算して申告したことは、重加算税の賦課要件に該当するとの判断を示した。

ポイント

・事業に直接関係のない支出金額を給与として支給した場合には、重加算税の賦課になる。

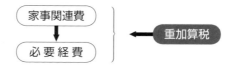

⑷　仮装文書と重加算税
～別の意図で作成した仮装文書についても重加算税の対象になるのか

事例 ◆ **別の意図で作成した仮装文書**

　別の意図で作成した仮装文書を誤って申告の際に使用し、過少申告した場合も重加算税を課し得るとした事例（平成3.12.26裁決）

> ◎**要旨**
> 　請求人は、本件譲渡価額を十分承知しており、また、請求人は、事実を仮装した本件売買契約書を自ら作成し、本件物件譲渡に関し2種類の契約書が作成されていることについても十分承知していた。したがって、たとえ申告相談の際に本件売買契約書を取り違えて持参したという事情があったとしても、これに基づいて申告した本件においては、過少申告の意図をもって本件売買契約書を提示したか否かにかかわらず、国税通則法第68条第1項の要件を充足する。

（真正な売買契約書）

（偽造の売買契約書）　不動産購入資金の借入のため（目的）

　　　契約書を取り違える

（確定申告書）

　本件のように、誤って偽造の契約書を提出したというのは、偽造された売買契約書を確定申告で使用するという目的でなくても、仮装したという事実のみをもって重加算税の賦課を妥当とした審判所の「判断」は、次のように述べている。

　本来、重加算税の賦課については、申告者のほ脱の意思が前提となると解されているが、本件については、納税者の主張をそのまま認めるならば、重加算税を賦課することについてやや疑問が残るが、納税者が本件の真実の譲渡価額を十分に承知し、たとえ確定申告に際して誤って真正の譲渡所得で計算しなかったとしても、請求人はその譲渡価額が誤りであることを知り得た状態にあるという、審判所がしたような事実認定をしてしまえば、納税者のほ脱の意思も推認できることになり、重加算税の賦課が正当化されることになる。

ポイント

・仮装した売買契約書を確定申告でいったん提出すれば、仮装した理由のいかんを問わず、原則として重加算税の賦課決定の対象となる。

事例 ◆ **転貸借契約の仮装**

　貸室の転貸借契約は仮装のものであるとして、重加算税賦課決定処分が適法とされた事例（最高裁・平成26.3.20判決）

件各重加算税賦課決定処分は適法である。

ポイント

・国税通則法70条4項にいう「偽りその他不正の行為」とは、税額を免れる意図をもってその手段として税の賦課を不能又は著しく困難にならしめるような何らかの偽計その他の工作を行うことをいうと解される。

事例 ◆ ゴルフクラブ会員権の買戻し条件付き譲渡

　ゴルフクラブの会員権を買戻し条件付きで譲渡（譲渡価額は取得価額の10分の1）したこととして損失金額を算定し、これを給与所得と損益通算して所得税の確定申告（還付申告）をしたことは、事実の隠ぺい又は仮装に該当するとした事例（平成8.1.31裁決）

◎要旨

　請求人は、本件会員権の譲渡について、結果として取引が成立しなかったことから買戻しによって売却がなかったと同様になったもので、故意に取引を仮装したものでなければ脱税を意図したものでもなく、税務に対する知識不足からこのような行為を行ったといえるから、過少申告加算税はやむを得ないとしても重加算税の賦課決定は、原処分庁の事実を誤認し課税を行うという重大な錯誤に基づく違法な処分である旨主張する。

　しかしながら請求人は、本件会員権の売却により譲渡損失を生じさせれば損益通算ができることを承知の上、本件会員権を売却し売却価額と同額で買戻しした旨の計算書を作成しており、したがって本件会員権に係る実質的な損失は生じていないことを十分承知しているにもかかわらず、当該計算書の作成をもって損失が生じたとして申告しているのであり、このことは、損益通算を行う目的で本件会員権の譲渡取引があったかのごとく仮装をしたところに基づき申告したことにほかならないものである。

　また、重加算税の賦課要件は、課税標準等又は税額等の計算の基礎となる事実の全部又は一部の隠ぺい又は仮装を原因として過少申告の結果が発生したものであれば足り、それ以上に、申告に際し、納税者の行為の意図及び税務の知識の有無までは必要としていないものと解される。

　そうすると、請求人の行為は、国税通則法第68条第1項に規定する「課税標準等又は税額等の計算の基礎となる事実の全部又は一部を隠ぺいし、又は

仮装し、その隠ぺいし、又は仮装したところに基づき納税申告書を提出したとき」に該当し、本件賦課決定は適法というべきである。

ポイント

① 買戻し条件付きのゴルフ会員権の売買契約において、代金の決済もなく、名義変更もない場合には「隠蔽・仮装」に該当すると判断されることがある。

② 専ら税を軽減する目的で、実体のない譲渡をした場合には、重加算税の対象になることがある。

③ 税務知識の有無（税法を知らなかったこと）は、重加算税の賦課決定に影響されない。

事例 ◆ 請求人の簿外売上げの入金

公表の預金口座とは別に請求人名義の預金口座を開設して公表外で管理し、そこに売上金の一部を入金していたことなどから隠ぺい行為を認定した事例

（平成12.12.12裁決）

◎**要旨**

請求人は、売上計上漏れがあったとして修正申告書を提出しているが、重加算税の賦課決定に対して、①売上計上漏れに係る預金口座は本人名義であり、二重帳簿は作成していないこと、②税金をごまかす意思はなく単に小遣い稼ぎをしようとしたものであること、③調査担当職員に公表外預金口座はないと申述したのは、調査時点では当該預金口座は解約済であったこと、④関係書類を全て破棄したとするが、調査担当職員はその事実を確認していないことを理由として、隠ぺい仮装の事実はない旨主張する。しかしながら、請求人は、⑤得意先に対する請求書を自ら作成して売上金の一部を当該預金口座に入金しており、売上金であることを十分認識していながら記帳担当者に報告していなかったこと、⑥その結果として納税額が過少になることを認識していた、⑦公表の預金口座とは別に請求人名義の預金口座を開設して公表外で管理し、そこに売上金の一部を入金していたことが認められることから、請求人は故意に売上金の一部を隠ぺいしていたというべきであり、原処分は相当である。

ポイント

・公表の預金口座とは別に請求人名義の預金口座を開設して公表外で管理
し、そこに売上金の一部を入金していたことは、「隠蔽・仮装」に当たる。

(5)　補助者たる司法書士による隠蔽・仮装と重加算税

事例 ◆ **履行補助者たる司法書士の隠蔽・仮装**

　履行補助者たる司法書士により隠ぺい・仮装が行われた場合でも、重加算
税の賦課要件を満たし、(旧)国税通則法70条5項にいう不正行為の要件を満
たすとされた事例（最高裁・平成6.8.8判決）

> ◎**要旨**
> 　原告らは、いずれも、納税申告手続を第三者に依頼した場合に、その第三
> 者が隠ぺい又は仮装を用いて納税申告をしたからといって、納税者自身がそ
> の不正を知らないときは、重加算税の賦課要件を満たさず、かつ、国税通則
> 法70条5項の適用はないと主張する。しかし、納税申告義務は、公法上の義
> 務であり、第三者に申告手続を委任したことにより納税者自身が申告義務を
> 免れるものとは解されないこと、また、納税申告については代理が認められ
> ているところ（国税通則法124条、税理士法2条1項）、代理人を利用するこ
> とによって利益を享受する者は、それによる不利益も原則として甘受すべき
> であると解されることを考慮すると、納税者から納税手続の依頼を受けた第
> 三者、すなわち履行補助者（履行代行者）により隠ぺい又は仮装が行われた
> 場合にも、原則として、重加算税の賦課要件を満たし、かつ、(旧)国税通則
> 法70条5項にいう不正の行為の要件を満たすと解するのが相当である。

ポイント

・受任者が隠蔽又は仮装を行った場合でも、次図①、②のような特段の事情
がある場合には、重加算税が賦課されないこともある。

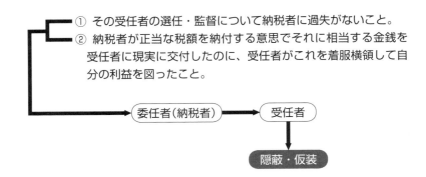

① その受任者の選任・監督について納税者に過失がないこと。
② 納税者が正当な税額を納付する意思でそれに相当する金銭を受任者に現実に交付したのに、受任者がこれを着服横領して自分の利益を図ったこと。

委任者(納税者) → 受任者

隠蔽・仮装

事例 ◇ **納税者から詐取する意図の下での申告**

申告手続を委任した第三者が架空の経費を計上し金員を納税者から詐取する意図の下で行われた申告は、納税者の故意の隠ぺい・仮装行為は認められないとして重加算税が取り消された事例（大阪高裁・平成3.4.24判決）

◎**要旨**

　隠ぺい、又は仮装行為が、申告者本人ないし申告法人の代表者が知らない間に、その家族、従業員等によって行われた場合であっても、特段の事情のない限り、原則として、右重加算税を課することができる。（本件については、委任した第三者が納税者から詐取しようとしていた事実＝特段の事情に該当：筆者コメント）……そうとすれば、Xは本件土地の譲渡所得税として1,800万円を支払う意思で右1,800万円をAに交付したのに、Aが不法に右1,800万円を税務署に納めなかったのであるから、このような場合には、Xとしては、本件土地の譲渡所得について、故意に、その全部又は一部を隠ぺいし、又は仮装をしたものではなく、したがって、国税通則法68条により、重加算税を賦課することはできない。

ポイント

・申告作成等を依頼した第三者が、納税者をだまして納税資金を詐取するために「隠蔽・仮装」した行為（特段の事情に該当）は、重加算税の対象にならない。

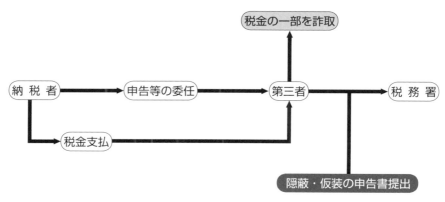

・この一審（京都地裁・平成１.９.22判決）の要旨は、次のとおりである。

◎**要旨**
　本件納税申告書の提出は、期限内申告書が提出された場合にも、無申告を前提とする期限後申告書が提出された場合にも該当しないから、本件納税申告書の提出は重加算税（国税通則法68条１項）の課税要件の１つである期限内申告書の提出があったことに該当しないとして、重加算税の賦課決定が違法とされた。

コメント

　この判決では、所得税基本通達36-12（山林所得又は譲渡所得の総収入金額の収入すべき時期）による土地売買の譲渡所得の収入すべき時期の選択に関し、昭和59年中に売買契約が締結され、昭和60年中に代金の授受等が行われた場合につき、昭和59年分の確定申告において右譲渡所得を収入に算入しないまま納税義務を適法に確定させた後で、改めて収入すべき時期として契約締結時を選択し、これを昭和59年分の所得として修正申告をすることは、不適法か、少なくとも不相当であると判示し、仮に右選択に基づき昭和59年分の修正申告をしたとしても、右土地の譲渡所得の申告期限は依然として昭和61年３月15日と解すべきであるから、同日までに正しい申告をすれば、重加算税ないし過少申告加算税を課せられることはないと判示している。

　すなわち、一審では、重加算税賦課の適否を形式的に判断し、高裁ではそ

れを実質的に判断している。高裁では、修正申告そのものが不適正であり、修正申告として成立していないとみて、所基通36-12の本文のただし書は適用の余地がないと判断している。

したがって、「右土地の譲渡所得の申告期限は依然として、昭和61年3月15日と解すべきである」としているのである。

事例 ◆ **請求人の父が行った納税申告手続**

代理権のない請求人の父に請求人名義の署名・押印をさせ、提出させた本件各修正申告書は無効で重加算税の取消しを求めるとの請求人の主張を認めず、請求人の父の納税申告手続全般にわたる代理権の存在及び同人による隠ぺい仮装行為を認定した事例（平成12.10.23裁決）

◎**要旨**

　請求人は、調査担当職員が、請求人から代理権を授与されていない請求人の父をして、本件修正申告書に請求人名義の署名、押印をさせ、これを提出させたものであるから、本件修正申告書は無効である旨主張する。しかしながら、請求人と請求人の父は、平成6年分以降、農業者年金を受給するため農業所得の申告者の名義を請求人の父から請求人に変えたものの、農作業の従事の状況等確定申告に係る農業所得の金額の計算も、請求人の父が従前と変わらず行っているものというべきであり、さらに、請求人の父は、調査担当職員に対し、請求人名義の貯金通帳を提示し、請求人の各年分の所得税の確定申告書を町役場に赴いて作成、提出し、各年分の確定申告が過少申告となっていたことを自認し、請求人に迷惑を掛けたくないとして、請求人名義の署名、押印をしたこと、本件調査の全過程において請求人の父が対応していたこと、請求人は、農業について父に任せている旨述べたことからすれば請求人の父は、請求人から、農作業及び確定申告に限って任されていたものとは考えられず、むしろ、農業に係る作業、申告に係る計算並びに確定申告及びその修正までを含めた税務上の全般の事務を任されており、請求人に代わってこれらを行っていたと認めるのが相当であるから、請求人の父が本件修正申告書に請求人名義で署名、押印をして、これを原処分庁に提出した行

為の効果は、請求人に帰属するというべきである。重加算税の制度は、納税者が過少申告をするについて、隠ぺい、仮装という不正手段を用いていた場合に、過少申告加算税よりも重い負担を課することによって、悪質な納税義務違反の発生を防止し、もって申告納税制度による適正な徴税の実現を確保しようとする行政上の措置であり、納税義務者本人の刑事責任を追及するものではないことからすれば、その合理的解釈としては、隠ぺい、仮装の行為に出た者が納税義務者本人でなく、その代理人、補助者等の立場にある者でいわば納税義務者本人の身代わりとして同人の課税標準の発生原因たる事実に関与し、同課税標準の計算に変動を生ぜしめた者である場合を含むものであり、かつ、納税義務者が納税申告書を提出するに当たり、その隠ぺい、仮装行為を知っていたか否かに左右されないものと解すべきである。これを認定した各事実に照らし判断すると、請求人の父の行った一連の行為は、国税通則法第68条に規定する隠ぺい、仮装に該当するというべきである。

ポイント

・請求人の父が修正申告書に請求人名義で署名・押印をして提出した行為の効果は、原則として、請求人自身に帰属する。

事例 ◆ **税理士の不正の申告行為**

代理人である税理士の行った不正な申告行為の効果が請求人に及ぶとして、重加算税等を賦課したことが適法と判断した事例（平成12.7 .25裁決）

◎**要旨**

国税通則法第68条第1項は、納税者がその国税の課税標準等又は税額等計算の基礎となるべき事実の全部又は一部を隠ぺいし、又は仮装し、その隠ぺいし、又は仮装したところに基づき納税申告書を提出したときは、過少申告加算税に代え、重加算税を課する旨規定している。そして、重加算税は、納税義務違反の発生を防止し、徴税の実を挙げるため違反者に対して課される行政上の処置（措置）であり、代理人等の第三者を利用することによって利益を享受する者は、それによる不利益をも甘受すべきであるとの原則が適用されるべきであるから、第三者に申告を一任した場合には、その者の申告行

為は納税者自身がしたものと取り扱われ、その者が国税の課税標準等又は税額等の計算の基礎となるべき事実の全部又は一部の隠ぺい又は仮装を行った場合には、納税者本人にもその効果が及ぶと解される。これを本件についてみると、代理人である税理士の行為は、平成7年分の不動産所得について、本件青色決算書に架空の必要経費を多額に計上することにより、不動産所得に多額の損失があったごとくに見せかけ、その結果として不正に所得税を免れていたと認められることから、税理士に申告手続等を一任した請求人が、課税標準等又は税額等の計算の基礎となるべき事実を隠ぺいし、又は仮装し、その隠ぺいし、又は仮装したところに基づき納税申告書を提出したというべきである。

ポイント

・代理人等の第三者を利用することによって、利益を享受する者に対しては、重加算税が課せられる。

(6) 帳簿書類の破棄行為と重加算税
～帳簿書類の破棄行為は、隠蔽・仮装に該当するか

事例 ◆ 帳簿書類の破棄

税務調査に入られることを察して、帳簿書類を破棄した場合には、重加算税の賦課要件に該当するとされた事例（最高裁・平成8.10.14判決）

◎要旨（二審）

納税者は税務調査の初日に帳簿書類の提示を拒否し、税務調査の意図を察するや、事務所にあった係争各年分の帳簿類を翌日までに破棄し、提示したのは3年のうち昭和56年1月から3月までの売上帳、経費帳、及び53年から55年の給与台帳のみであり、そして、納税者は昭和56年6月頃入院したため、担当職員が事業を手伝っていた長男を介して同年4月以降の帳簿類の提示を求めたが、自分で税務申告ができるようになっていたにもかかわらず、納税者は調査に応じられる状態ではないとして拒否し、係争各年分の税額計算の基礎となる事実を故意に仮装隠ぺいしたものと認められるから、重加算税賦課決定処分は適法である。

ポイント

・税務調査に際して、帳簿書類等を破棄したり、合理的な理由もなく調査に
　応じない場合には、その税額計算の基礎となるべき事実を故意に隠蔽・仮
　装したものと認められる。

(7) 推計課税（資産負債増減法）と重加算税
〜推計課税は重加算税の対象になるのか

事例 ◆ 推計課税と重加算税

　売上げの一部を除外して帳簿に記載せず、売上げに関する原始記録を破棄
するなどして、売上除外の事実を隠ぺいしていた場合、資産負債増減法の推
計による増加税額に係る重加算税の賦課決定は適法とされた事例（最高裁・
平成2.9.18判決）

> ◎**要旨**（二審）
> （推計課税について）
> 　これらの事実によれば、X社は売上除外金を記帳せず、その原始記録も破
> 棄又は焼却している上、X1においても事実を隠ぺいする等、査察官の調査
> に非協力的な態度であったため実額による損益計算をなし得なかったのであ
> るから、推計により所得金額を算出して課税する必要があったというべきで
> ある。
> （重加算税について）
> 　X社は、売上げの一部を除外して帳簿に記載せず、その売上げに関する原
> 始記録を破棄するなどして売上除外の事実を隠ぺいした上、本件各事業年度
> の所得を過少に申告したものであり、これは国税通則法68条1項所定の重加
> 算税を課すべき場合に該当する。

ポイント

・推計課税であっても、通法68条の趣旨を没却するような隠蔽・仮装が行わ
　れた場合には、重加算税の賦課決定がなされる。

(8)　法人成りと重加算税

〜退職金を実際に支払わなかったら重加算税の対象になるのか

■事例■ ◆ 未払退職金と架空計上

　未払金に計上した退職金は架空であるとして重加算税の賦課決定を相当であるとした事例（昭和57.5.31裁決）

> ◎**要旨**（二審）
> 　請求人がその事業を法人に組織替えをする際、引き続き法人に勤務する従業員に対し退職金を支給することとして、その額を必要経費に算入するとともに、未払退職金として法人に引き継いだ場合において、法人が当該未払退職金を支払っていないにもかかわらず、これを支払ったかのように仮装経理しているときは、もともと請求人に当該退職金を支払う意思があったとは認められないから、当初の未払退職金の設定行為そのものが事実を隠ぺい又は仮装したことに当たるとしてなした重加算税の賦課決定は相当である。

ポイント

・個人から法人成りした際に、個人・法人とも実際に従業員に対し退職金を支給しなかったにもかかわらず、支給したように見せかけた場合には、重加算税の対象となる。

176

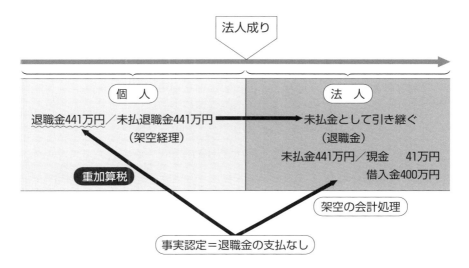

(9)　仮名の株式取引と重加算税

　　～個人が仮名取引によって株式売買をした場合には
　　　重加算税の対象になるのか

事例　◇ **仮名取引による株式売買**

　仮名取引による株式売買が事実の隠ぺい又は仮装に当たらないとした事例

（昭和51. 5 .28裁決）

> **◎要旨**
>
> 　請求人は、多数の証券会社を通じて実名及び仮名をもって株式の売買をしているが、株式売買のうち、仮名取引による部分の所得は欠損であることが認められ、また、請求人の株式売買は実名のみによる取引の売買回数及び株数だけで所得税法施行令第26条第2項に規定する課税対象となる売買回数等の要件に達しており、株式の売買取引を意図的に課税を免れるため、50回以上、200,000株以上に達しないように一部を仮名取引にするなどの方法で隠ぺい又は仮装したとする事実は認められないので、隠ぺい又は仮装したところに基づいて納税申告書を提出していたときに当たらないから、重加算税の賦課決定のうち、過少申告加算税相当額を超える部分の金額はこれを取り消すのが相当である。

・仮名取引による株式売買であっても、本件のような事実認定がなされれば、重加算税の賦課決定の対象にはならない。

〔認定事実〕

① 一部仮名取引によったのは、証券会社の勧誘に従ったもので、自己の本意ではないこと

② 本件雑所得の大部分を構成する株の譲渡は、納税者の実名で公然と行っていたこと

③ 納税者の健康状態から、税のほ脱のための緻密な計画を立て、これを実行することは不可能であったこと

事例 ◆ **名義貸し**

請求人が開設者等として名義貸しした診療所の事業所得が記載された請求人名義の所得税確定申告書の効力及び隠ぺい仮装行為の有無が争われ、請求人の主張を排斥した事例（平成12.10.18裁決）

◎**要旨**

確定申告は、納税者の判断とその責任において、申告手続を第三者に依頼して納税者の代理又は代行者として申告させることもできるが、その場合であっても、納税者が第三者に申告手続を一任した以上、その者がした申告は納税者自身が行ったものとして取り扱うべきである。請求人は、平成5年分については、源泉徴収票を本来の当該診療所事業者（以下、「事業者」という。）らに渡し、平成6年分については、すでに勤務先の病院を退職しているにもかかわらず、確定申告書の用紙及び源泉徴収票を事業者らに渡しているのであって、請求人は、その確定申告手続の代行を事業者らに一任したものといわざるを得ない。請求人は、事業者らに依頼したのは、その給与所得の申告手続のみであり、本件事業所得の申告手続は依頼していない旨の主張もするが、請求人は、本件事業所得の金額も記載された平成6年分所得税の更正の請求書を提出している上、本件事業所得の申告により高額となった住民税を事業者らに負担させていること、さらに、所得税法第232条第1項の規定により財産及び債務の明細書を提出しなければならないのは総所得金額及び山林

所得金額の合計額が2千万円を超える場合に限られるところ、請求人は、平成6年分の所得税について、本件事業所得の金額が加算されたことにより総所得金額が2千万円を超えたとして財産及び債務の明細書を提出していることからすると、やはり請求人は本件事業所得の申告手続についても事業者らに依頼していたというべきである。請求人は、当該診療所の実質的な経営者ではないにもかかわらず、事業者から開設者及び管理者となることを依頼されて、これを承諾し診療所の開設届を提出して、自ら本件事業所得が請求人の所得であるかのように装っただけでなく、請求人から確定申告手続の依頼を受けた事業者においても、本件事業所得が事業者自身の所得であることを承知の上、当該診療所の事業に係る収入及び経費の管理並びにこれらの入出金を請求人名義の銀行口座を使用して行い、請求人名義で発行された支払基金からの支払調書を添付して、本件事業所得が請求人の所得であるように装って、これに基づき還付金に相当する税額を過大に申告しているのであって、これらのことは、本件各年分において国税通則法第68条第1項に規定する場合に該当する。

ポイント

・源泉徴収票を渡し、確定申告書の作成等を第三者に依頼したときは、その確定申告書に係る代行を依頼したというべきで、その責任は、原則として、納税者本人にある。

・名義貸しであっても、その内容について承知している場合には、仮装に当たる。

⑩　不作為と重加算税
　　～単に所得があることを認識しているだけで重加算税の対象になるのか

事例 ◆ 不作為と重加算税

　譲渡益が生じていることを認識しながらこれを申告しないのは、国税通則法68条（重加算税）の課税標準等の基礎となるべき事実を隠ぺいしたことに該当するから、重加算税の賦課決定処分は適法であるとされた事例（最高裁・昭和63.10.18判決）

◎**要旨**（釧路地裁・昭和61.5.6判決）

　認定事実によれば、原告と被告との間に昭和52事業年度の法人所得税額の確定を巡って紛議が生じたのは原告の代表取締役である野田において、同人が個人として所有する土地を売却して得た譲渡所得についてなされる課税を軽減するために、本件建物等を原告から野田が個人として買い受けることによって、買換えの特例の適用を受けようとしたことにあったことが明らかであり、そのこと自体は格別とがめられることではないが、野田はそのために第三者である道東興発と通謀して仮装の契約書を作成しているのであって、これは原告の主張に反して野田が税務知識を相当有していたことを窺わせるものである。のみならず、原告の確定申告書等の作成を依頼した嵯峨井、あるいは増田から、本件建物等の売却代金額と原価の帳簿価額との差額が譲渡益になる旨の指摘を受けていたのであるから、野田が本件建物等について原告に譲渡益が生じることを了知していたことが明らかである。それにもかかわらず、譲渡益を申告しなかったのは、野田において、赤字経営が続いていた原告についてはことさらに右譲渡益を申告する必要がないものと判断したことによるものと推認するのが相当であるが、これは動機にすぎず、譲渡益が生じていることを認識しながらこれを申告しないのは国税通則法68条2項の課税標準等の基礎となるべき事実を隠ぺいしたことに該当するというべきである。

ポイント

・譲渡益を認識しながらこれを申告しなかった場合には、「事実を隠蔽」したと判断される。

⑾　取得時期の操作と重加算税
　〜特別償却の早期適用のために取得時期を操作したら重加算税の対象になるのか

事例 ◆ **帳簿書類の仮装**

　納税者は医療機器を昭和56年1月以降に取得したにもかかわらず、同55年中に取得したかのように帳簿書類を仮装し、同年分の租税特別措置法による特別償却額として必要経費に算入して確定申告していた場合、重加算税の賦課決定が適法とされた事例（徳島地裁・平成1.10.27判決）

◎要旨

　原告は、その備付けの帳簿に虚偽の記載をし、サンエイ薬品及び弘和薬品から事実に基づかない請求書の交付を受け、本件医療用機器を昭和55年中に取得したかのように仮装したのであって、このことは国税通則法68条1項に該当するということができる。この点について、原告は、知り合いの医師等からの助言により、医療用機器の買入れの約定をしたことによって直ちに前記法条の適用を受けることができるものと誤解した旨を主張するが、右法条は「医療用機器を取得し、これを当該個人の営む医療保険業の用に供した場合」において適用のあることを明定しているのであるから、原告に右のような誤解があったとしても、これをもって、原告が国税通則法68条1項に規定する重加算税の賦課決定を免れる事由とすることはできない。また、原告は、修正申告による事業所得の金額の計算において、原告が自ら本件医療用機器についての前記金額を減価償却費として必要経費に算入したのでもなければ、その備付けの帳簿に虚偽の記載をしたり、サンエイ薬品及び弘和薬品から事実に基づかない請求書等の交付を受けたものでもない旨主張するが、前認定のとおり、これらのことは原告の命により修正申告書の作成提出等の事務を担当した原告の従業員又は原告の顧問税理士の指示によってされたのであるから、これを原告が自らしたと同視して差し支えないものというべきである。

ポイント

・特別償却の特例を受けるために、事実と異なった請求書を作成し、それに基づいて特別償却をした場合には、重加算税の対象になる。

・申告等の事務を従業員又は顧問の税理士が行っていたとしても、それらは本人が行ったものと同視される。

⑿　**共同経営と重加算税**
　　～共同経営者の一方が隠蔽・仮装行為を行った場合に、
　　　　知らなかった一方は重加算税の対象になるのか

事例 ◇ **共同経営者の一方の隠蔽・仮装**

　隠ぺい又は仮装の事実を納税者が了知していたとは推認できないとして、重加算税賦課決定処分を取り消した事例（鳥取地裁・昭和47.4.3判決）

◎**要旨**

　認定事実から直ちに原告Aにおいて前記仮装名義預金による事業収入の隠ぺいの事実を承知していたことまでも推認することは困難であり、かつ、他に右事実を認めるに足りる証拠はないから、原告Aに対し重加算税を賦課したことはその限りにおいて理由がなく、違法というべきである。

ポイント

・共同経営者の一方が隠蔽・仮装しても、他の一方がそのことについて知らなければ、その知らなかった納税者は重加算税の対象にはならない。

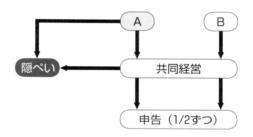

事例 ◆ **キャバクラ事業の仮装**

　キャバクラ事業に係る事業所得を申告しなかったことが、重加算税の賦課要件を満たすとした事例（最高裁・平成26.3.18判決）

◎**要旨**

　Xは、本件キャバクラ事業を経営して収入を得ていることを税務署に気付かれないようにするため、風営法等の許可をA社名義等で取得したり、B社名義で店舗を賃借するなどして、本件キャバクラ事業等の経営主体がA社等であり、Xでないかのように仮装し、本件キャバクラ事業に係る事業所得について法定申告期限までに申告をしなかったと認められるから、当初から所得を法定申告期限までに申告しないことを意図し、その意図を外部からもうかがい得る特段の行動をした上、その意図に基づき法定申告期限までに申告をしなかったというべきであり、したがって、重加算税の賦課要件を満たすものである。

182

ポイント

・重加算税の制度は、納税者が隠蔽、仮装という不正手段を用いていた場合に、過少申告加算税又は無申告加算税よりも重い行政上の制裁を科することによって、悪質な納税義務違反の発生を防止し、もって申告納税制度による適正な徴税の実現を確保しようとするものである。

(13) 不動産賃料収入の帰属と重加算税
～本件貸室から生じる賃料収入が納税者に帰属するか

事例 ◆ **不動産所得の無申告**

架空の契約書を作成して、不動産賃料収入を他の者に帰属しているように見せかけ不動産所得の申告をしなかった事例（東京地裁・平成24.12.7判決）

> ◎**要旨**
>
> 　原告は、実際にはＢらにおいて保証意思がないにもかかわらず、これがあるかのように装って債務弁済契約書を作成し、本件貸室についてＢらの名義を利用して実体のない転貸借契約があるかのような外形を作出して、原告に帰属すべき賃料収入をＢらに帰属すべき転貸料収入であるかのように見せかけ、本件貸室の賃料収入を不動産所得として申告せず、所得税を免れているから、国税通則法68条１項及び２項にいう「事実の仮装」が認められる。また、原告の行為は、国税通則法70条５項にいう「偽りその他不正の行為」に該当するというべきである。

ポイント

・「事実の仮装」→架空契約書の作成、他人名義の利用等、存在しない課税要件事実が存在するように見せかけることをいう。

・「偽りその他不正の行為」→税額を免れる意図をもってその手段として税の賦課を不能又は著しく困難にならしめるような何らかの偽計その他の工作を行うことをいう。

・下記の納税者の行為は、「事実の仮装」及び「偽りその他不正の行為」に該当する。

→納税者は、保証意思がないにもかかわらず、これがあるかのように装って本件債務弁済契約書を作成し、本件貸室について○○の名義を利用して実体のない転貸借契約があるかのような外形を作出して、納税者に帰属すべき賃料収入を他の者に帰属すべき転貸料収入であるかのように見せかけた。

事例 ◆ **不動産所得の除外** ～「隠蔽・仮装」と「偽りその他不正の行為」

　納税者は、当初から過少申告を意図し、その意図を外部からもうかがい得る特段の行動をし、その意図に基づき過少申告をしたものであり、重加算税の賦課要件を満たすとした事例（東京高裁・平成27.8.5判決）

◎**要旨**

　不動産賃貸業を営む原告が、不動産を賃貸し、本件賃料収入を得ていたにもかかわらず、不動産所得の金額を除外して所得税の過少な申告をし、消費税等の申告をしていなかったところ、処分行政庁が、国税通則法68条1項及び2項所定の「隠ぺい」又は「仮装」の行為があり、また、同法70条5項所定の「偽りその他不正の行為」が存するとして、通常の除斥期間より長期の7年間の除斥期間を適用した上で所得税につき各更正処分及びこれに係る重加算税賦課決定処分を行うとともに、消費税等につき各消費税等決定処分及びこれに係る重加算税賦課決定処分を行ったことから、原告が、上記の「隠ぺい」又は「仮装」の行為及び「偽りその他不正の行為」はないなどとして、各更正処分並びに各更正処分に係る重加算税賦課決定処分及び各消費税等決定処分に係る重加算税賦課決定処分の各取消しを求めた事案で、原告は、当初から所得を過少に申告することを意図し、その意図を外部からもうかがい得る特段の行動をした上、その意図に基づく過少申告をしたものといえるから、重加算税の賦課要件を満たすものというべきであるなどとして、原告の請求を棄却した。

ポイント

・重加算税を課するためには、過少申告行為又は無申告行為そのものとは別に、隠蔽、仮装と評価すべき行為が存在することを要するが、重加算税制度の趣旨に鑑みれば、架空名義の利用や資料の隠匿等の積極的な行為が存

在したことまで必要であると解するのは相当でなく、納税者が、当初から所得を過少に申告し、又は法定申告期限までに申告しないことを意図し、その意図を外部からもうかがい得る特段の行動をした上、その意図に基づき、過少申告をし、又は法定申告期限までに申告をしなかったような場合には、重加算税の賦課要件が満たされるものと解すべきである。

・「偽りその他不正の行為」とは，税額を免れる意図の下に，税の賦課徴収を不能又は著しく困難にするような何らかの偽計その他の工作を伴う不正な行為を行っているものをいうと解するのが相当であるが，「偽りその他不正の行為」は，その行為の態様が課税標準等又は税額等の計算の基礎となるべき事実の隠蔽又は仮装という態様に限定されないことからすると，「隠蔽」又は「仮装」（同法68条１項，２項）を包摂し，それよりも外延の広いものであると解されるところである。

> 隠蔽・仮装
>
> 偽りその他の不正

② 法人税の事例と重加算税

(1) 棚卸資産の計上漏れと重加算税
～その判断基準

　棚卸資産の重加算税の賦課決定は、実務上、件数としてかなり多いといわれている。これは、次図に示すように、比較的簡単に利益調整ができることと、そして、翌期にその利益調整の金額が自動的に是正されるといったことから、納税者の多くが安易に「棚卸資産」について操作するのであろう。

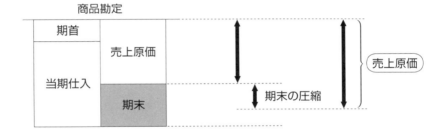

　なお、棚卸資産については、翌期に前期末の圧縮した金額が反映され、期間利益の操作にすぎず「隠蔽」に当たらないので、重加算税はかけるべきではないという意見はあるが、これに対して、鳥取地裁（平成4.3.3判決）は、次のように判示している。

事例 ◆ 棚卸資産の除外と期間利益

> 　棚卸資産を除外しても、翌期の期首棚卸額にそのまま計上されることから、結局、減少させた利益は翌期に所得として加算されることになり、調査の時点において、右のごとく翌期に既に顕現されていれば、もはや「隠ぺい」に当たらない旨の原告会社の主張が、法人税の課税標準は各事業年度の所得の金額とされているから、「隠ぺい」したかどうかもその事業年度ごとに検討すべきことはいうまでもない。

事例 ◇ **棚卸資産の除外**

　棚卸資産の除外は故意でなかったとして重加算税を取り消すことを相当とした事例（昭和47.6.15裁決）

◎要旨
・A営業所の棚卸商品の漏れ額2,823,422円……A営業所のFが本社総務課のEに期末棚卸資産を電話で報告した際、誤って2階分の棚卸しを漏らしたこと。
・本社の棚卸資産の漏れ額……本社の返品分棚卸商品について、品質低下等の事実が存し、本来商品評価損として経理すべきものであるにもかかわらず、経理担当者の経理知識不足のため、誤って返品分棚卸商品193,841円が全額除外される結果となったこと。
・B営業所の棚卸資産の漏れ額244,796円……これは、当該棚卸表の合計表の作成者及びこのような誤りに気付かなかった本社経理担当者の不注意によるものと認めるのが相当であること。

ポイント

・棚卸資産に関する重加算税については、調査担当者の判断基準と審判所や裁判所のそれとが、かなり異なることがある。したがって、税務調査で重加算税が賦課されても、審判所・裁判所で取り消されるケースも多い。
・最終的には事実認定になるのであるが、「疑わしきは罰せず」という考え方が判断をする際には、かなり考慮されると思われる。

事例 ◇ **建売住宅業者の棚卸資産計上漏れ**

　建売住宅業者の棚卸計上漏れ土地についての重加算税の賦課決定を取り消した事例（昭和48.12.13裁決）

◎要旨
　棚卸資産である土地の計上漏れがあった場合でも、請求人は中小企業者で従来から決算時に各現場見取図から売却物件を除外する方法により棚卸しを行っていたものであり、本件計上漏れも決算直前購入者の希望により1区画を

2区画に分割してその一部を売却した面積を確認することなく分割前の1区
画が全部売却されたものと誤認したことに基づくものであり、計上漏れの部
分は翌事業年度の売上げに計上されていることから、その計上漏れを仮装又
は隠ぺいによるものであるとして重加算税を賦課決定することは相当でない。

ポイント

・計上漏れの原因そのものが、「可能性としてありうる」と考えられるもので
あれば、重加算税は賦課されない。すなわち、納税者の過少申告（除外）
について、「やむを得ない事由が認められる場合」には、重加算税は賦課さ
れるべきではない。

事例 ◇ **棚卸資産の桁誤り**

棚卸資産の金額の桁を誤ったことに対して重加算税の賦課決定を取り消し
た事例（福岡高裁・昭和35．9．9判決）

◎要旨

　商品棚卸表中御召の部の金額合計は、金659,200円となり、大神昌之は、こ
れを算用数字をもって「¥65,9200」と記載し、通常千の位取りを表すコンマ
を誤って万のところに記入したこと、それを大神友枝はコンマの位置から見
て65,920円であるのを誤って「0」を1字多く記入したものと簡単に思い込
み、これを訂正するため前記合計数字の末尾に「0」を書き加え、下位2桁の
「0」の下に線を引いて「¥65,92000」と改め結局65,920円と読まれるように
書き改めたこと、その結果貸借対照表に記載された棚卸商品の合計金額は、
実際の金額より金593,280円少ないこととなり、これを基礎として確定申告書
が作成され、そのまま税務署に提出されるに至ったことを認めることができ、
また本件金額の誤記は、当事者に作為があったものとしてはあまりにも見え
すいた幼稚なものであり、かつ、前記棚卸表を更に改ざんし、又は隠匿した
形跡も証拠上全く窺われないのであるから、事実の隠ぺい又は仮装の故意が
あることを前提とした本件重加算税の賦課処分は違法である。

ポイント

・その誤記があまりにも単純で、とても隠蔽又は仮装をしたと思えない場合
には、重加算税は賦課決定されないこともある。

⑵　勘定科目の是正と重加算税
〜勘定科目の誤りは重加算税の対象になるのか

　会社経理上、勘定科目を間違えるケースはしばしば生じる。単純な誤りであるならば、もちろん重加算税の対象にはならないのであるが、その勘定科目のすり替えによって、課税を逃れようとするのであれば、「隠蔽又は仮装」に該当するとして重加算税の対象になる。しかし、税の実務において、故意に勘定科目をすり替えたか否かの判定は難しい。特に、「交際費」などは、法令・通達で細かく規定はされているものの、その判定については、納税者と課税庁の間でトラブルが絶えない。交際費であれば原則損金不算入であるし、例えば、それが福利厚生費に該当するならば損金算入となるので、納税者としては、できるだけ福利厚生費とするであろう。その場合、解釈上、福利厚生費と考えることに一理あるならば、たとえ、解釈の誤りがあったとしても、重加算税の賦課決定の対象にならないであろう。但し、個人的色彩の強い支出をあえて交際費として処理した場合に重加算税が課された事例（東京高裁・令和3.1.28判決）はある。

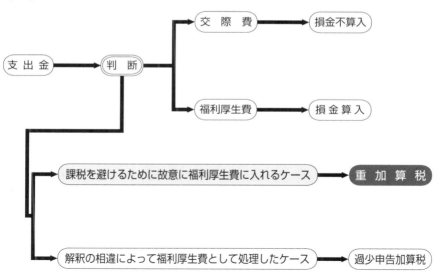

ところで、国税庁の「交際費等（飲食費）に関するＱ＆Ａ」（平成18年５月）のＱ14では、「一定の書類の保存要件としての記載事項として、注意すべき点はどのようなものがありますか」という「Ｑ」に対して、「Ａ」は次のようになっている。

「記載に当たっては、原則として、相手方の名称や氏名のすべてが必要となりますが、相手方の氏名について、その一部が不明の場合や多数参加したような場合には、その参加者が真正である限りにおいて、「○○会社・□□部、△△◇◇（氏名）部長他10名、卸売先」という表示であっても差し支えありません。

また、その保存書類の様式は法定されているものではありませんので、記載事項を欠くものでなければ、適宜の様式で作成して差し支えありません。

なお、<u>一の飲食等の行為を分割して記載すること、相手方を偽って記載すること、参加者の人数を水増しして記載すること等は、事実の隠ぺい又は仮装に当たりますのでご注意ください。</u>」（下線：著者）

従って、課税庁は、交際費等から除外することを目的として、保存書類の記載事項について、水増しや相手方を偽った場合には、「重加算税」を賦課決定することを明らかにしている。

事例 ◇ **権利金の仮受金処理**

権利金を仮受金として処理し申告したのは、経理担当者のミスによるもので故意に所得を隠ぺいし又は仮装したものでないとして重加算税を取り消した事例（昭和45.10.28裁決）

◎**要旨**
　審査請求人が、昭和43年６月19日Ｎ株式会社から受け取った権利金300万円を貸借対照表に預り金として計上し当期の確定申告をしたのは、単に仮受金の一部を雑収入に振り替えることを見落として決算し、確定申告したものであって、故意に所得を隠ぺい又は仮装したものということは適当でなく重加算税を賦課決定した原処分は違法である。

　審判所は、次の事実認定により、故意に所得を隠蔽又は仮装したものという
ことができないと判断している。

◎要旨
⑴　本件賃貸借契約書は、契約成立の時から審査請求人が何ら手を加えるこ
となく保管しており、昭和44年10月16日Ｔ税務署の法人税調査の際にも進
んで提示し、これに基づいて説明していること。
⑵　本件権利金3,000,000円が、雑収入に振替え未済であることを知るや直ち
にその誤りを是正して翌昭和44年4月1日から昭和45年3月31日までの事
業年度分法人税の中間申告をしていること。

ポイント

・その誤りについて、直ちに是正した場合には、納税者の主張が真実のもの
として認められやすい。

事例 ◆ **海外旅行と福利厚生費**

　給与所得に当たる海外旅行の費用を福利厚生費に当たる国内旅行の費用の
ごとく仮装したことが、源泉所得税に関する事実を仮装したものとした事例
（昭和59.3.31裁決）

◎要旨
　従業員の慰安旅行の費用につき、①　海外旅行を実際と異なる国内旅行に変
えた架空の書類を旅行社に作成させたこと、②　①で作成させた架空資料に基
づき、帳簿書類を国内旅行と経理したこと、③　調査担当職員に対し国内旅行
を実行したと虚偽の説明をしたことは、単なる過失や記帳誤り等とは認め難
く、故意に海外旅行を国内旅行として源泉所得税に関する事実を仮装したも
のと認めるのが相当である。

ポイント

・慰安旅行の書類については、海外旅行ではなく国内旅行として作成するよ
うに旅行会社に依頼し作成させたこと、振替伝票には、「バンコク・パタヤ

旅行」を「北海道」と偽りの記帳をしていることなどの積極的な行為がある場合には、「隠蔽又は仮装」と認定されやすい。

事例 ◆ 為替の売買等の運用益の漏れ

海外に送金した事業資金の一部をドル預金に設定し又は為替の売買等に運用し、その収益を会社益金に計上しなかったことは、事実の隠ぺい又は仮装に該当するとした事例（平成 1 .10. 6 裁決）

◎要旨

請求人が仮払金として海外に送金した多額の資金は事業資金等であって、代表者が管理・運用しており、請求人は、仮払金に係る運用収益が発生していることを十分に承知していたにもかかわらず、運用収益の発生事実を帳簿上明らかにせずに、これをあたかも代表者個人に帰属するものであるかのごとく処理して、当期の収益に計上していないのであるから、重加算税を賦課したことは相当である。

ポイント

・送金そのものは隠蔽・仮装ではなく、送金から発生する果実（運用収益）を帳簿上計上しない場合には、重加算税の賦課決定の対象になる。

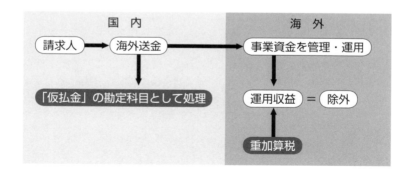

事例 ◆ **交際費等を手数料とした場合**

　法人税法上、交際費等に該当する支払につき、交際費であることを認識しながら支払先を偽り手数料として計上したことは、国税通則法68条1項にいう隠ぺい、仮装に当たるから、重加算税賦課決定処分は適法であるとされた事例（東京高裁・昭和63.5.16判決）

> ◎**要旨**（東京地裁・昭和61.12.17判決）
>
> 　しかるに、原告は、本件事業年度において、右各支払金を手数料として経費に計上して確定申告をするために、X工業に対して右金員を手数料として支払ったかのごとき虚偽の経理帳簿書類を作成した上、AからX工業名義の領収書等の発行を受けるなどして、支払先及び支払費目を偽る不正の行為を行い、これに基づいてX工業に対して手数料3,600万円を支払ったとの確定申告をして本件法人税の一部を免れたものであることは、前記二2記載のとおりである。
>
> 　そうすると、原告の右行為は、正に租税をほ脱する目的をもって故意に収税官吏に対して納税義務の発生原因となる計算の基礎事実を隠匿し、作為を施して虚偽の事実をもって納税義務の一部を免れたものであって、国税通則法68条1項にいう隠ぺい・仮装に当たるというべきである。

ポイント

・交際費に該当する支出を根拠もなく、他の勘定科目に挿入した場合には、重加算税が賦課決定されるおそれがある。したがって、交際費に該当するといわれやすい支出については、事前に交際費に該当しないという説明ができるようにしておくことが必要となる。

事例 ◆ **役員賞与を使用人の給与とした場合**

　役員に対して賞与として支給した金員を、使用人に対する給与手当として申告していた場合、重加算税（国税通則法68条1項）の賦課決定が適法とされた事例（東京地裁・平成1.9.21判決）

> ◎**要旨**
>
> 　前記のとおり、原告は、その代表取締役Aに対し役員賞与として本件金員

を支給していたにもかかわらず、これを使用人の給料手当てとして損金に計上して申告していたものである。そうすると、原告は、その法人税に係る所得の計算の基礎となるべき事実の全部又は一部について隠ぺい又は仮装し、その隠ぺい又は仮装したところに基づいて申告していたことになる。そこで、被告は、国税通則法（昭和59年３月法律五号による改正前のもの）68条１項に基づき、別表７記載のとおり、各重加算税を賦課決定したのであるから、本件重加算税賦課決定は適法である。

ポイント

・役員の賞与を従業員の賞与として損金算入した場合には、重加算税の賦課決定の対象になるので、安易な振替は行わないこと。

事例 ◆ 個人的支出を法人費用とした場合

　代表者が個人的に費消した金員を、会社の費用として交際費、諸会費等に計上した場合、法人税の課税標準等又は税額等の計算の基礎となるべき事実の一部を仮装したというべきであるとして、重加算税(国税通則法68条１項)の賦課決定処分が適法とされた事例（東京地裁・平成１.10.5判決）

◎要旨

　前記二３で判示したところから明らかなように、原告は、訴外Ｘに対して520,460円を支払っていないにもかかわらず、これを支払ったかのごとく仮装して右金額を帳簿書類に計上し、また、前記二４、５及び6(1)で判示したところから明らかなように、Ａ及びＢが個人的に費消した金員について、原告の費用であるかのごとく仮装して交際費、諸会費、福利厚生費あるいは支払手数料に計上し、いずれも損金の額に算入して確定申告していたのであるから、法人税の課税標準又は税額等の計算の基礎となるべき事実の一部を仮装したというべきである。そして、被告は右仮装に係る所得金額に対応する納付すべき税額904,000円を対象として重加算税の賦課決定をしたのであるから、右賦課決定は適法である。

ポイント

・個人的費用を法人に付け替えると、重加算税の賦課決定の対象になることがある。

194

・このようなケースでは、当然「認定賞与」としての課税を受けるから、法人税・源泉所得税・消費税・重加算税と税負担はかなり重くなる。

・利益調整を目的としてなされた「未払決算賞与」の経理が、隠蔽・仮装に該当するとして重加算税が賦課決定された事例（広島地裁・平成４.８.６判決）がある。

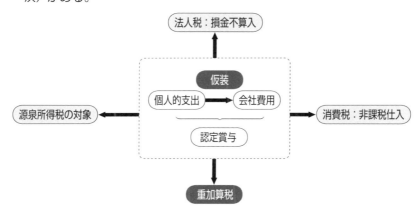

事例 ◇ 業界の取引慣行に適合的な独自の会計処理

　業界の取引慣行に適合的な独自の会計処理を行い、それを確定申告書に添付する決算書類に表示した場合には、隠ぺい・仮装に当たらないとして重加算税の賦課決定が取り消された事例（平成８.３.５裁決）

◎要旨

　請求人が税法上の根拠もなく任意に定めた金型経理基準に基づいて金型売上代金の一部を本件前受利益へ振り替えることにより、当該金額を損金の額に計上したとしても、……請求人は、本件各事業年度の確定申告書の貸借対照表上において金型売上げの繰延べの事実を明らかにしており、更に貸借対照表の内訳書の『前受収益』欄でその内容を明らかにしているのであるから、原処分庁が主張するように、隠ぺい・仮装して売上げを除外したものとは認められず、他に請求人が隠ぺいし、又は仮装したと認めるに足りる証拠もない。

・納税者が、税法上認められていない、独自の会計処理を採用して申告しても、「隠蔽・仮装」には該当しない。

・会計処理の選択そのものは、「隠蔽・仮装」にはなじまない。

・会計処理は、「売上げ」を「前受収益」に振り替えるものであり、それらが帳簿書類等で明らかな場合には、「隠蔽・仮装」に当たらない。

事例 ◇ **簿外取引と調整金**

　請求人が木材の輸入取引において仕入に計上した取引額の一部に、本事業年度以外の事業年度の損金の額に算入すべきものがあるが、当該金額については、架空、金額の水増し又は重複計上などによって過大に計上したものとは認められず、損金算入時期の誤りによるものと認められるから、重加算税の賦課要件たる事実を隠ぺい・仮装したことには当たらないとした事例（平成12.1.31裁決）

> ◎**要旨**
>
> 　原処分庁は、請求人の木材輸入取引について①請求人の輸入先会社に対する送金は、木材の輸入時期、数量、金額のいずれとも密接に関係しておらず、その実質は「貸付金」と認められるが、請求人はこの貸付金を公表帳簿に計上していない。②請求人は輸入先会社から、「貸付金」の一部を「調整金」の名目で返金させこれを簿外預金に預け入れているが、これを公表帳簿に計上していない。これらの取引はいずれも請求人の公表帳簿に計上することなく行われた取引であり、請求人は、これにより真実の所得金額を隠ぺいしたことが認められる旨主張する。しかしながら、本件輸入取引については、①輸入先会社に対する送金は、いずれは請求人の公表帳簿に「仕入」として計上されるものであり仕入代金の前渡金と見るのが相当であること②本件事業年度の仕入計上額は過大となっている事実は認められるが、これは、架空、水増し又は重複計上などによって過大となったものとは認められず、かつ、意図的な計上時期の操作及び原始記録の改ざん等の不正が行われているとは認められないこと③請求人が輸入先会社から、「調整金」の名目で返金させこれを簿外預金に預け入れている事実は認められるが、この簿外預金なるものも

結果において、その資金の出所たる借入金の返済に当てられており、また、当該預金の果実たる受取利息も本件事業年度の収益に計上済であること、などから、請求人が所得金額の計算の基礎となるべき事実を隠ぺいし、又は仮装し、その隠ぺい又は仮装したところに基づいて申告書を提出したとは認め難い。

ポイント

・たとえ、公表帳簿に計上することなく行われた取引であっても、直ちに、「隠蔽・仮装」とは認められない。

事例 ◇ 売上げと過入金

工事代金の一部を本件事業年度の売上げに計上しないで、売掛金の過入金として処理したことが、重加算税を課すべき事実に該当しないと判断した事例（平成12.11.15裁決）

◎要旨

原処分庁は、請求人が、Ａ社から入金した工事代金を、過入金と判断して本件事業年度の売上げに計上しなかったことについて、①本件事業年度末までに適正に処理されていれば、当該過入金は当然発生しないこと及び②翌事業年度に当該過入金を売上げに計上した際に、小口に区分処理しただけでなくその対応する原価として他の工事原価を計上したことは、通則法第68条第1項の隠ぺい、仮装に当たるとした。しかしながら、請求人は、本件過入金を本件事業年度においてＡ社からの売掛金の入金として経理しており、また、翌事業年度には売上げに計上していることから、利益が繰り延べられていることをもって通則法第68条第1項の隠ぺい、仮装に当たるとまでは認められない。また請求人が、工事原価を付け替えた処理については、当該処理が本件事業年度に係るものでなく、この点については理由がない。以上により、重加算税の賦課決定処分は、過少申告加算税相当額を超える部分の金額について取り消すのが相当である。

ポイント

・過入金の処理によって、利益の繰延べが行われていたとしても、直ちに「隠蔽・仮装」には当たらない。

隠ぺい・仮装行為を認定し、重加算税を賦課したことが適法と判断した事例（平成12.8.30裁決）

◎要旨

　請求人は、本件売上金が計上漏れとなったのは、請求人の事務員が本件売上金を請求人会社の代表取締役からの借入金として誤って経理処理をしたことによる旨主張する。しかしながら、（請求人の代表取締役名義の）個人預金口座に振り込まれた顧客からの売上代金をそれぞれ請求人貯金口座に振替入金しているが、平成8年1月18日に個人預金口座に入金された本件売上金は請求人の平成8年1月期の売上げに計上しないで、しかも、平成8年2月2日に請求人貯金口座に振替入金後、平成9年1月期において、これを請求人の代表取締役からの借入金として経理処理している。このことは、請求人が本件売上金が個人預金口座に入金されたことを奇貨として、平成8年1月期においてこれを売上げから除外し、平成9年1月期において借入金に仮装して経理処理したものと解するのが相当である。ところで、原処分は、請求人の平成10年1月期の修正申告により増加した所得金額を対象としているが、これは、請求人が、①平成8年1月期において本件売上金を売上げから除外し、②これに基づき、平成9年1月期以降に欠損金を過大に繰り越す確定申告書を提出し、③また、上記①の行為に基づき、平成10年1月期において、平成8年1月期から繰り越されてきた過大な欠損金を損金の額に算入して過少な所得金額の確定申告書を提出したのであるから、このことは、平成10年1月期において税額等の計算の基礎となるべき事実の一部を隠ぺい又は仮装したところに基づき確定申告書を提出したということができる。したがって、原処分庁が平成10年1月期を対象として重加算税の賦課決定をしたことは相当である。

ポイント

・売上げが、たまたま個人の口座に入金されていることを奇貨として売上除外した場合には、「隠蔽・仮装」に該当する。

(3)　使用人の不正と重加算税
～使用人の隠蔽・仮装は重加算税の対象になるのか

　法人の場合、組織として機能している以上、代表者自身の行為でなくても重加算税の対象になることがある。例えば、使用人（従業員）であっても、その仕事の内容が法人で重要な役割を占めている場合には、法人の行為として重加算税が賦課される。以下の裁決、判例でも、その隠蔽又は仮装した者は、法人では主要な地位を占めていたと認定されている。簡単に一覧表として示せば、次のようになる。

《代表者以外が行った事例の一覧表》　　　　　　　　　　　　　　　※203頁より解説

隠ぺい・仮装の行為者	その者の職務内容	裁決・判例
経理担当者	主要な経理担当者	大阪地裁・平成10.10.28
妻	責任社員・代表者印の保管・経理等の業務	大阪高裁・平成9.7.25
役　員	常務取締役	審判所・平成2.8.23（名古屋地裁・平成4.12.24）
役　員	専務取締役	審判所・平成5.10.12
役　員	専務取締役	長野地裁・昭和58.12.22
従業員	スナックの経理	審判所・平成1.3.16
従業員	経理担当者	大阪高裁・昭和50.9.30

　なお、従業員の行為についても納税者の行為と同一視すべきであるとすることを明確に述べた判決（大阪地裁・昭和36.8.10判決）があるので、その要旨をここで紹介する。

事例 ◆ **使用人の行為と重加算税**

> ◎要旨
> 　重加算税の制度の主眼は隠ぺい又は仮装したところに基づく過少申告又は無申告による納税義務違反の発生を防止し、もって申告納税制度の信用を維持し、その基礎を擁護するところにあり、納税義務者本人の刑事責任を追求するものではないと考えられるから、納税義務者本人の行為に問題を限定す

べき合理的理由はなく、広くその関係者の行為を問題としても違法ではない。かえって、納税義務者本人の行為に問題を限定しなければならないとすると、家族使用人等の従業者が経済活動又は所得申告等に関与することの決してまれではない実状に鑑みて、重加算税の制度はその機能を十分に発揮しえない結果に陥ることは明らかである（従業者の行為によるときは納税義務者の故意を立証することは容易でなく、発覚したときも従業者自身は重加算税の賦課を受けることはないから、納税義務者が従業者の行為に隠れて不当な利得を図るおそれがある）。したがって、従業者の行為は納税者本人の行為と同視すべきである。　　　　　　　　　　　　　　　　　　　　（傍点筆者）

　また、従業員らが行った隠蔽・仮装行為について、納税者が知っているか否かにかかわらず、重加算税の賦課決定が妥当であるという、次のような判決（静岡地裁・昭和44.11.28判決）もある。

事例 ◆ **従業員らの隠蔽・仮装行為**

◎**要旨**
　重加算税の制度の趣旨が隠ぺい又は仮装したところに基づく過少申告もしくは無申告による納税義務違反の発生を防止し、それにより申告納税制度の信用を維持するところからして、仮装もしくは隠ぺいの行為を納税者個人の行為に限定すべきではなく、その従業員や家族等が右行為をした場合にも納税義務者がそれを知っているかどうかにかかわりなく重加算税が賦課せられるものと解するのが相当である。本件において、取締役および監査役が所得を故意に本社に報告せず、これを隠ぺいしたことが推認され、会社代表者の知不知に関係なく重加算税の賦課は適法である。　　　　（傍点筆者）

　法人の場合、代表者以外の者が「隠蔽・仮装行為」をしたことに対して、会社代表者のした行為と同視するのが相当であれば、重加算税が賦課決定される。

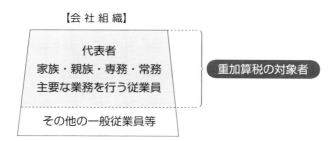

　ただ、重加算税の制度が納税者に対する制裁措置であることからすれば、むやみにその範囲を広げるべきではない。法人全体としての責めを求めることが妥当でないような隠蔽・仮装の場合には、重加算税の賦課は相当ではないといえるであろう。

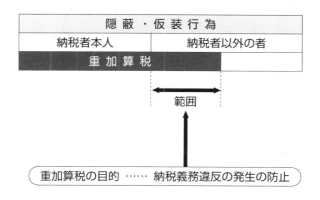

　令和元年5月16日裁決においても本件元従業員の地位から、その行為（窃取＝横領）が請求人（法人）の行為と同視されるとは認められないとして重加算税の賦課決定処分が取り消され、また、平成23年2月8日裁決では常務取締役の行為（売上除外＝横領）は請求人（法人）の行為と同視でき、重加算税を課すると判断している。

なお、佐藤英明慶応義塾大学教授は、重加算税の具体的なメルクマールとして、次の３つを挙げている（「納税者以外の者による隠ぺい・仮装工作と重加算税」『総合税制研究』No.4、1996年）。

① 工作者の隠蔽、仮装行為が納税者本人の租税負担の軽減を第一義的な目的としているかどうか。

> コメント
>
> 　武田昌輔教授のいう「利害関係同一集団」に属する者の隠蔽、仮装行為であるか否かが、「第一義的な目的」の判定になる。

② 納税申告に関する委任・代理権授受が問題となる場面では、工作者が税理士、公認会計士及び弁護士であるか否か。

> コメント
>
> 　佐藤教授によれば、受任者が税理士、公認会計士、弁護士である場合には、納税者自身、それらの者を監視・監督する能力はないと述べている。すなわち、高度な義務を納税者に求めるのは、酷であるというのであろう。

③ 法人に特有の問題として、「経営に参画している者」による、法人の租税負担の減少を第一義的な目的としない隠蔽、仮装行為がある。

> コメント
>
> 　法人の場合には、どこまでの範囲の者の行為に対して、重加算税を課するのが妥当であるかという問題であるが、その範囲（基準）を「経営に参画している者」に限定するのが妥当と述べている。

事例 ◆ **経理担当者の横領**

　代表者が知らない間の、経理担当者のみによる横領（売上除外等）であっても、その者が主要な経理担当者である場合には重加算税の対象になるという事例（大阪地裁・平成10.10.28判決）

◎**要旨**

　従業員を自己の手足として活動している法人においては、隠ぺい・仮装行為が代表者の知らない間に従業員によって行われた場合であっても、原則として、法人自身がその行為を行ったものとして重加算税を賦課することができるというべきところ、本件においては、隠ぺい・仮装行為を行った従業員は主要な経理職員であり、かつ、その隠ぺい・仮装行為は長期間にわたって行われ、それによる売上除外等の額も多額に上り、容易に発見できるものであったにもかかわらず、法人は、何らの管理・監督もしないまま放置してきたものであるから、法人に対して重加算税を賦課することは適法である。

ポイント

・従業員の横領であっても、法人が十分な管理・監督をしない場合には、重加算税の対象になる。従業員の売上除外による横領（損失）については、下記のような仕訳がなされるが、同時に、「損害賠償請求権（資産）」が発生するとして、結果として、所得金額については、「売上除外」相当分だけが重加算税の対象となる。

| 従業員の横領 | ＊＊＊ | ／売上除外 | ＊＊＊ |
| 損害賠償請求権 ＊＊＊ | | ／従業員の横領 | ＊＊＊ |

・なお、控訴審（大阪高裁・平成13.7.26判決）においても「控訴人の内部的な問題から、結果的に控訴人が仮装・隠蔽を手段とした過少申告を犯して適正な徴税を妨げている以上、これに重加算税を課すことにも合理性があり、このような立法政策を採ることが、憲法に違反するとはいえない。」として、控訴を棄却している。

事例 ◆ **代表者の妻の隠蔽・仮装行為**

　代表者の妻（責任社員）が隠ぺい又は仮装の行為をした場合には、重加算税の賦課の対象になるとした事例（大阪高裁・平成９.７.25判決）

◎**要旨**

　取引にかかる隠ぺいないし仮装行為は、控訴人法人の代表者が関与していない取引であるから重加算税の賦課決定は違法であるとの控訴人法人の主張に対して、国税通則法68条の重加算税は刑罰ではなく税の一種であることからすれば、納税者と同一視し得るような関係者の行為も納税者本人の行為として重加算税賦課の対象になるというべきところ、本件取引の行為者は控訴人法人の代表者の妻かつ控訴人法人の責任社員であり、代表者印を保有管理し、控訴人法人の経理や業務活動のほとんどを取り仕切っていたものであるとして控訴人法人の主張を排斥した。

ポイント

・代表者の妻の隠蔽・仮装の行為は、法人の行為とみなされ、重加算税の賦課の対象になる。

事例 ◆ **代表者の知らない常務取締役の隠蔽・仮装行為**

　代表者が知らなくても、隠ぺい又は仮装をした者が常務取締役であれば、重加算税の賦課の対象になるとした事例（平成２.８.23裁決）

◎**要旨**

　請求人は仕入金額の架空計上は、請求人の常務取締役であるＡ男に全面的に任せている部門に係るものであり、しかもそれはＡ男が私欲に基づき行ったもので、請求人の代表者はその不正経理を知らなかったから、その架空計上は請求人の行為には当たらず、これに重加算税を賦課するのは違法であると主張するが、重加算税の賦課の目的は、隠ぺい又は仮装に基づく過少申告による納税義務違反の発生を防止し、申告納税制度の信用を維持するところにあることから、隠ぺい又は仮装の行為者が法人の代表者に限定されるものではなく、その役員及び家族等で経営に参画していると認められる者の行為は、法人の代表者がそれを知らなかった場合であっても当該法人の行為と同視されるべきものであり、Ａ男は請求人の常務取締役として経営に参画し、

担当部門に係る取引全般を総括的に委任されている者であることから、A男の行った仕入金額の架空計上は請求人の行為と同視すべきものであると認められ、これに重加算税を賦課したのは適法である。

ポイント

・隠蔽又は仮装の行為者が法人の代表者に限定されるものではなく、その役員及び家族等で経営に参画している者の行為は、法人の代表者が知らなくても、法人の行為と同視されるべきである。

事例 ◆ **実質的に経営の主宰者と認められる者の売上除外**

請求人の代表取締役として実質的に経営の主宰者と認められる者の行った売上金額の除外、個人名義預金等への保留は、請求人の隠ぺい又は仮装の行為と同視すべきであるとした事例（平成5.10.12裁決）

◎**要旨**

請求人は、売上金の一部除外、個人名義預金等への留保は、専ら専務取締役個人の背任行為であって、請求人の代表者は、関知さえしていなかったから、請求人に隠ぺい又は仮装の意思及び事実はなく、重加算税の賦課決定は違法であると主張するが、行為者は請求人の専務取締役であり、かつ、実質的に経営の主宰者と認められることから、本件事実は、代表者がそれを知っていたかどうかにかかわらず、請求人の行為と同視するのが相当であるから、重加算税の賦課決定処分は適法である。

ポイント

・専務取締役で、実質的に経営の主宰者と認められる場合には、たとえ代表者がそのこと（専務取締役の隠蔽又は仮装）を知らなくても、重加算税の対象になる。

事例 ◆ **専務取締役の隠蔽行為**

　専務取締役が、取引に係る収入金額を故意に隠ぺいした場合には、重加算税を賦課することは違法ではないとした事例（長野地裁・昭和58.12.22判決）

◎**要旨**

　原告会社の専務取締役が同社の所得の計算の基礎となる事実を隠ぺいしたのであるから原告会社の業務執行機関である原告会社代表者が右の隠ぺいを知らずして当該所得の申告をしないものであっても、原告会社自体が正当なる所得を申告すべき義務を怠ったものとして重加算税を賦課することは何ら違法ではない。……国税通則法第68条の合理的解釈としては、隠ぺい・仮装の行為に出た者が、納税義務者本人ではなく、その代理人、補助者等の立場にある者で、いわば納税義務者本人の身代わりとして同人の課税標準の発生原因たる事実に関与し、右課税標準の計算に変動を生ぜしめた者である場合を含むものであり、かつ納税義務者が納税申告書を提出するに当たりその隠ぺい・仮装行為を知っていたか否かに左右されないものと解すべきである。

ポイント

・隠蔽行為に出た者は、納税義務者本人ではなく、その代理人、補助者等の立場である者であっても、納税義務者本人の身代わりとして課税所得の計算等をした場合には、重加算税の対象になる。

事例 ◆ **常務取締役の仮装行為**

　常務取締役の仮装行為を会社の行為と同視することができ、会社に重加算税を課する要件はすべて満たされているとした事例（最高裁・平成26.12.4判決）

◎**要旨**

　Ｘ会社（原告）の常務取締役Ｐ２は、Ｘ会社の売上げの約２割を占めるＰ１支店の業務全般を統括管理するとともに支店の営業活動を掌握し、自らも営業活動をするなどして営業活動の中心を担うなどＸ会社の業務において重要な地位を占めていたこと、職制上の地位と業務執行権が明確に認められて

いる常務取締役として、遠隔地で開かれる取締役会に年に 6 回程度は出席し、出席しない場合にも議事録の交付を受けるなどしていたのであるから、取締役として X 会社の経営にも携わっていたといえること、P 2 は、他の役員に比較しても高額といえる役員報酬及び賞与を受け取っていたことからも、P 2 が業務及び経営において果たしている役割が重要であることは十分裏付けられているといえること、P 2 は、X 会社の株主としては、社長（P 3 ）の同族グループ内では P 3 に次ぐ11.5％の株式を保有していた点からも、P 2 が X 会社にとって重要な地位を占めていたことがうかがえることからすると、X 会社における業務及び経営において、重要な地位を占めていた P 2 が、その担当業務として、P 4 、P 5 及び P 6 との架空外注取引により仮装行為をしたというのであるから、その仮装行為はすべて X 会社の行為と同視するのが相当であり、したがって、重加算税を課する要件はすべて満たされているものということができる。

ポイント

・業務及び経営に重要な地位を占めている常務取締役の仮装行為は、会社の行為と同視することができ、会社に重加算税を課す要件は満たされている。

・常務取締役の仮装行為が横領目的であったとしても、その事情は常務取締役の行為を会社の行為と同視することができるとの判断を左右しない。

事例 ◆ 税務調査時に従業員の不正行為を知った場合

売上除外等の不正行為は従業員が行ったものであり、請求人がその不正行為を知ったのは原処分調査時であるから、国税通則法第68条第 1 項に規定する「隠ぺい又は仮装」に該当しないとの主張を排斥した事例（平成 1 . 3 .16裁決）

◎要旨

　請求人は、売上除外等の不正行為は従業員が請求人に無断で行ったものであり、請求人の代表者等は関与していなかったから、重加算税を賦課するこ

とは不当である旨主張するが、当該売上除外に係る簿外銀行預金の払戻しの状況、同預金の預金通帳や印鑑の保管状況、真正な売上げを記載した売上メモの保管状況等から、請求人の代表者等も売上除外行為を知っていたものと認められるから、重加算税を賦課したことは相当である。

ポイント

・代表者が従業員の不正を知っている場合に、そのまま申告書を提出すると、重加算税の対象になる。

・本件での審判所の判断では、次のように述べられている。

◎**要旨**

　請求人が、本件売上除外等の不正行為を知ったのは、原処分庁の税務調査が行われる前からであり、かつ、これらの不正行為を是正することなく納税申告書を提出したのであるから、国税通則法第68条第１項に規定する隠ぺい又は仮装の行為があったというべきであり、請求人の主張には理由がない。

・審判所の事実認定による判断は、次のようである。

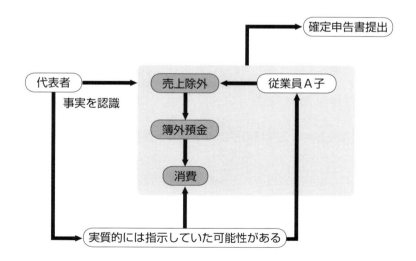

事例 ◇ **帳簿の不記載・原始記録の紛失**

　帳簿の記載がなく、売上げの秘匿が容易な取引の原始記録の一部がないとしても、経理担当者の入院等による散逸、紛失等と認められ、売上げの脱漏につき故意に隠ぺいしたとまでは断定できないとした事例（大阪高裁・昭和50．9．30判決）

> ◎**要旨**（大阪地裁・昭和45.10.27判決）
> 　原告が昭和37年分所得についてした確定申告には売上げについて相当額の脱漏があったことは前記のとおりであるが、原告において右脱漏分を故意に隠ぺいし、その隠ぺいしたところに基づいて確定申告書を作成提出したとまで断定するに足る証拠のない本件においては本件重加算税の賦課決定処分は旧通則法第68条所定の要件を欠いてなされた違法なものといわざるを得ないからこれが取消しを求める請求は理由がある。

ポイント

・隠蔽・仮装と断定する証拠がない場合には、重加算税は賦課決定されない。

事例 ◇ **従業員らが関係業者から受領したリベート**

　平成12年5月1日から平成18年4月30日までの6年間にわたる各事業年度の間に、原告の従業員らが、関係業者からリベートとして受領していた手数料合計9,786万3,000円のうち、609万9,000円を総勘定元帳の雑収入科目に計上しなかったとして、青色申告承認の取消処分を行うとともに、本件手数料に係る収益を益金の額に算入せず、原告に属する手数料を費消して横領した従業員に対する損害賠償請求権の額を課税資産の譲渡等に算入せずに隠ぺい又は仮装したとして更正処分を行ったのに対し、これらの収益は従業員ら個人に帰属するものであるから、原処分の全部が取り消された事例（仙台地裁・平成24．2．29判決）

　◎**要旨**
　本件手数料は、旅館業及び飲食業等を目的として昭和35年に設立され、旅

館を経営してきた原告会社における食材の仕入れに関して授受されていたものであるところ、原告における食材の仕入れに関しては入札制度が設けられていることや、仕入課仕入係に発注権限が存在しており、調理課に所属するＡらには食材の発注権限がないことからすれば、Ａらが食材の仕入れに属する権限を原告から与えられていたとは認められない。そうすると、訴外Ａらは、個人としての法的地位に基づき、訴外Ｃから手数料を自ら受け取ったものと認められるところ、自己の判断により、受領した本件手数料を費消したというのであるから、訴外Ａらが単なる名義人として手数料を受領していたとは認め難い。したがって、本件手数料に係る収益は原告に帰属するものとは認められない。

　以上によって、本件手数料に係る収益が原告に帰属するとは認められず、原告が訴外Ａらに対して損害賠償請求権を有しない結果、原告については、本件手数料相当額の益金が存在しないことになるから、各処分は取消事由となる違法があるというべきである。

ポイント

・本件手数料に係る収益が原告に帰属するか否かの判断に当たっては、手数料を受領した従業員に法律上の地位、権限があるか否かである。

・従業員らに発注等の法律上の地位・権限があれば、その手数料は、原告の会社に帰属するといえる。

・従業員らに発注等の法律上の地位・権限がなければ、その手数料は、従業員に帰属するものといえる。

■使用人の不正事例

① 事実認定で否認される場合

　代表者は、しばしば「その不正の行為を行ったのは従業員又は税理士等である」との主張をするが、これに対して国税不服審判所は、事実認定に基づいて、代表者自身もその行為に関与していたと判断することは多い。

　例えば、「本件工事売上の計上洩れは、本件事業年度の決算の利益調整のために代表者と関与税理士が相談の上、本件工事売上の一部を除外し、その除外したところで総勘定元帳を作成したものと認められ……請求人の代表者は、本件

賃貸料が法人の収入に計上洩れとなっていることを十分に認識していたにもかかわらず、法人税の申告書に自書押印をし、あえてそのまま当該申告書を提出したものと認めるのが相当」(平成12.6.27裁決・札幌) などは、関与税理士の勘違いによるものであるという請求人の主張を事実認定によって斥けている。

また、従業員が独断で行った取引であるという請求人の主張に対して「請求人は、従業員の請求書、領収書の作成行為に基づいて、法人税の所得金額の計算上、本来、損金に算入できない本件支出金額を仕入金額として損金に算入する経理処理をしたことは明らかであるから、請求人が、課税標準等及び税額等の計算の基礎となるべき事実を隠ぺいし又は仮装したところに基づき過少申告したものと認められ」(平成14.3.11裁決・大阪) として、請求人の主張を斥けている。

さらに「記帳担当者は、確定申告書の作成に際し、請求人から「収入が増えたので経費でなんとかならないか」との指示、依頼を受け、経費の架空計上を行ったと認められる」(平成15.11.25裁決・名古屋) などがある。

このようなケースは、当然代表者が不正に関与しているという事実があるということ (「事実認定」) なのであるから、重加算税の賦課決定については特に問題はない。

②　代表者又は事業主の不正の認知

代表者がその不正について知らなくても、その不正を行った者が会社において重要な役割を有しているのであるならば、重加算税の対象になるというのが一般的な判断である。

「隠ぺい又は仮装の行為者が法人の代表者に限定されるものではなく、その役員及び家族等で経営に参画していると認められる者の行為は、法人の代表者がこれを知らなかった場合であっても、当該法人の行為と同一視されるべき」(平成11.7.1裁決・仙台) とし、具体的には「請求人の売上金等の管理を担当……経理責任者等として請求人の経営に参画していた従業員と認められる」場合には、当該従業員の行為は、請求人の行為と同一視すべきであるとしている。

ただし、「経営に参画」とはどの程度のものをいうのか、明らかではない。確かに、中小企業における「経理責任者」の位置づけは概して高いのであるが、その役割については一概に「経営に参画」しているとはいえないケースも多くある。そのあたりは、最終的に「事実認定」の問題として処理されることになると思われる。

　「請求人の従業員は、会社印及び代表者印等を預けられるなどその信任は厚く、請求人の経理業務全般について代表者から任された上、決算や確定申告に関わる経理帳簿等の作成に従事するとともに、確定申告書の「経理責任者」欄に署名・押印をしている」（平成15.12.16裁決・名古屋）などが事実認定によって、「相当な権限を有している者」とみなされた。すなわち、国税不服審判所は、確定申告書の「経理責任者」欄に署名・押印する者を一定の地位を有している者と判断しているようであるが、現実の各企業においては、必ずしもそのような地位の者が署名・押印しているとは限らない。

　ただ、課税庁サイドから見て、１つの判断基準とされる可能性があるということを納税者は理解しておくべきであろう。法人については、「従業員を自己の手足として経済活動を行っている法人においては、隠ぺい・仮装行為は代表者の知らない間に従業員によって行われた場合であっても、原則として、法人自身が行為を行ったものとして重加算税を賦課することができる」（平成14.3.7裁決・広島）と考えられている。

③　従業員が自己の利益のみで不正を行う場合

　従業員（実質的に経営に参画していない者）の不正行為が、従業員のみの利得を目的としている場合には、一般的に、重加算税の対象にはならない。

　「隠ぺい・仮装の行為者に関しては、従業員の自らの利益のために行われた仮装、隠ぺいによる過少申告のような場合」（平成10.12.2裁決・東京）や「その従業員が、家族使用人等として経営に参画し、あるいは、記帳する業務に従事するなど相当な権限を有する地位に就いていたとは認められず、さらに、従業員が自己の利得（横領）のために請求人に秘匿のうえ売上除外による隠ぺい行

為を行っていたこと及びその目的も請求人の簿外財産等を蓄積するためではないことは、詫び状・金銭貸借契約書から明らかであるから、従業員の不正行為を、請求人の行為と同視することはできない」（平成14.5 .27裁決・東京）として、当該裁決（平成14.5 .27裁決・東京）については、重加算税の賦課決定を取り消している。

　また、一方、所得税の争いであるが、従業員の(仕入)行為について、「請求人は、従業員がＡから仕入れを行っている事実を十分認識していたと認められるから、この従業員の行為は、納税義務者である請求人の行為と認めるのが相当である」（平成14.6 .27裁決・福岡）との判断もある。

　すなわち、従業員の行為を十分に請求人が認識できる場合には、「従業員の行為＝請求人の行為」とみられ、従業員の隠蔽又は仮装は、請求人が行ったものと認められることになる。

　この点について、金子宏名誉教授は、次のように述べている。

「従業員が売上除外を行って会社の金を横領する行為は、その私的利益を目的とするものであって、会社の納税義務を過少に見せかけることを目的としておらず、会社は被害者であるから、この場合に会社に重加算税を課しうるか否かについては、慎重な検討が必要である」（金子宏『租税法・第23版』弘文堂（2019年）892-893頁）

　次に、外部の者（取引先の従業員）の不正行為によって過少申告となった場合には、「請求人の売上げのうち取引先の従業員が着服した部分の金額については、請求人が当該着服を知っていたとはいえず、また、納税者の申告行為に重要な関係のある相当な権限を有する地位についている従業員の行為には該当しない」（平成15.10.24裁決・広島）として、重加算税の賦課決定が取り消されている。

(4) 通達の取扱いを利用するために仮装した場合
～短期前払費用の損金算入の取扱いの利用

事例 ◆ **短期前払費用**

　契約上の貸付期間より短い期間で返済し、短期前払費用の損金算入の取扱いを利用して利益圧縮を図った行為が過少申告の故意の有無にかかわりなく重加算税の賦課要件に該当するとされた事例（最高裁・平成7.7.4判決）

> **◎要旨**（一審・二審）
>
> 　Xは、真実は、期末の翌日ないし1週間後に返済するとの約定の下に借入れをしたにもかかわらず、これと異なり、借入期間を1年とする外形を作出した上で、期末に1年分の利息を前払いしてこれを損金に計上したというべきであるから、通法68条1項にいう課税標準の計算の基礎となるべき事実の一部を仮装した場合に当たる。Xは、本件において隠ぺい・仮装の行為は存在しないと主張するが、本件借入れは、外形は貸付期間を1年としながらも、実際には翌期早々には利息の払戻しを受ける意図を有し、金融機関の貸付担当者からもそれについて了解を得ていたものであり、利息の前払いとその払戻しの事実等が帳簿等に記載されているからといって、事実の仮装行為がなかったものということはできない。期中における借入行為等の際に、課税要件の事実についてこれを隠ぺい又は仮装することについての認識がある場合には、納税者が故意に課税標準等又は税額等の計算の基礎となる事実の全部又は一部を隠ぺいし、又は仮装したものというべきであり、右のような隠ぺい・仮装行為に該当する以上、納税者において租税負担を回避する意図を有していたか否かは関係がないものというべきである。

ポイント

・通達の取扱いを適用するために、事実と反する仮装の取引事実を創作した場合には、重加算税の対象になる。

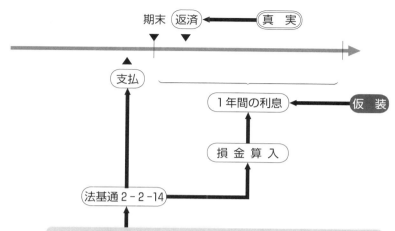

前払費用の額で、その支払った日から1年以内に提供を受ける役務に係るものを支払った場合において、その支払った額に相当する金額を継続して、その支払った日の属する事業年度の損金の額に算入しているときは、これを認める。

(5)　架空仕入計上による繰越欠損金又は仕入れの二重計上と重加算税

事例 ◆ 架空仕入と繰越欠損金

　架空仕入によって繰越欠損金が発生し、その繰越欠損金を翌期以降に損金算入した場合には、当該損金算入した事業年度においても「隠ぺい・仮装に基づいて提出された申告書」と認定された事例（東京高裁・昭和63.4.28判決）

> ◎要旨
> 　以上の事実によれば、X1は架空の仕入れを工事原価台帳に記載し、これに基づき前2期の納税申告書を提出したものと認めることができ、また、この架空の仕入れを工事原価台帳に記載した行為に基づき計算上発生した本件繰越欠損金を本件事業年度の損金に算入したものであるから、本件事業年度についても、仮装したところに基づき納税申告書を提出したということができる。

・過去の事業年度において架空仕入等による繰越欠損金を当該事業年度において損金算入した場合には、当該事業年度においても重加算税の賦課決定の対象になる。

・すなわち、次の図のように、「隠蔽・仮装」が前期であっても、それによって生じた「欠損金額」を次の期において損金算入すれば、その損金算入した事業年度において隠蔽・仮装に基づいて提出された申告書ということになる。

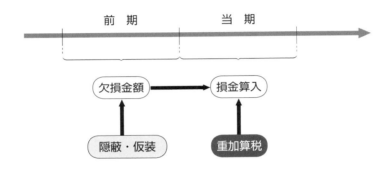

・例えば、前期に隠蔽・仮装によって100の欠損金を生じさせ、当期利益から当該前期繰越欠損金100を控除した課税所得を申告すれば、当該100は、当期において重加算税が賦課決定されるということである。

・同様な判決として、名古屋地裁・昭和63.11.30判決がある。すなわち、「前期における収入除外に係る繰越欠損金を、本件事業年度の損金に算入して申告した場合、本件事業年度についても、仮装したところに基づき納税申告書を提出したということができる」

事例 ◆ **仕入れの二重計上**

　仕入れの二重計上について、単なるミスとして発生したものではないので、

重加算税の賦課決定が妥当とされた事例（東京地裁・平成 2 . 4 .13判決）

◎要旨

　　原告会社の取引の状況、本件仕入金額からすれば、本件仕入れは唯一の金額が極めて大きいものであること、過大に計上された借入金についても翌期である昭和58年 6 月期以降において利息の支払、元本の返済が行われていること、原告会社の経営者は、原告会社が月額150万円程度の粗利益を得ると認識していたといえるところ、昭和57年 6 月期の真実の所得金額は19,452,953円であるのに、本件仕入れを二重計上したため確定申告では9,760,266円の欠損となり、そのことは顧問税理士から右経営者に報告されていたにもかかわらず、右経営者がそのことについて質問し、あるいは疑問をもったことを窺うに足る証拠がないこと、顧問税理士の事務員が経験豊かな事務員であったこと等の事実に照らすと、本件仕入れ等の二重計上等が右事務員の単なるミスによって行われたものということはできず、したがって、本件仕入れの二重計上及び借入金の過大計上は、国税通則法68条 1 項にいう隠ぺい又は仮装に当たるというべきである。

ポイント

・ミスの状況が故意に行われたものか、単なるミスなのかの判定は、金額の大きさや担当者の経験などから判断される。

(6)　仮装の契約書と重加算税
　　～売買契約書を仮装した場合には重加算税の対象になるのか

事例◆ **売買契約書の仮装**

　　売買契約の内容を仮装して土地重課税の額を過少に申告した行為は隠ぺい・仮装に該当するとした事例（昭和55. 6 .12裁決）

◎要旨

　　建売業者に土地を譲渡するに当たり、当該業者と建物の工事請負契約書及び新築建物と土地を一括譲渡する売買契約書を取り交わし、これに基づいて租税特別措置法関係通達63(2)-4《新築した建物を土地等とともに一括譲渡した場合の対価の区分の特例》に定める142パーセント基準を適用して土地重課税の申告をした場合において、請求人が契約に係る建物を新築した事実は

認められず、実際は土地だけの取引であること、請求人の代表取締役は土地重課制度の知識を有することから、本件建物に関する各契約書は、同通達に定める特例の適用を受けることによって土地重課税の一部を免れるため故意に作成されたものであると認めざるを得ず、本件建物に関する取引及び請求人の経理は、いずれも国税通則法第68条第1項に規定する事実の隠ぺい又は仮装に該当するものであり、重加算税を賦課決定したことは相当である。

ポイント

・土地重課税を回避するために、売買契約書を仮装した場合には、重加算税の対象になる。

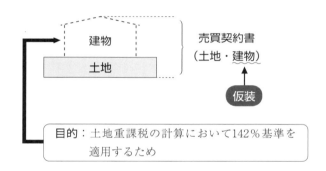

事例 ◆ 買換資産の高価取得

第三者を介在させて買換資産を高価で取得し、その取得価額を基に圧縮損を計上したことは、国税通則法第68条の隠ぺい又は仮装に当たるとした事例（昭和58.3.9裁決）

◎要旨

請求人が買換資産である車両を請求人の代表者が事業の主宰者となっている甲社及び乙社から取得する際に、実際の取引当事者でないディーラーに協力を求めて、ディーラーから高価で買い入れたごとく架空の売買契約書を作成して、当該売買価額があたかも通常取引される価額であるかのように仮装し、これに基づいて圧縮限度額を過大に計算して損金の額に算入した上、過少に確定申告をした行為は、国税通則法第68条第1項に規定する事実の隠ぺい又は仮装に該当する。

ポイント

・一連の取引の中で、第三者を介入させ、その取引価額を公正な価額と見せかける行為は仮装又は架空の行為ということができ、重加算税の賦課決定の対象になる。

〔認定事実〕

① 本体車両は、請求人が取得する時まで、甲社及び乙社が使用していたこと

② ディーラーにおいては、本件車両の現物確認、価額査定及び引渡しは行っていないこと

③ 本件取引に係る売買代金227,160,506円については、その全額を甲社及び乙社が受領していること

④ ディーラーは、請求人が形式的に作成した自動車売買契約書に営業所長が記名押印したものであること

・これらの認定事実により、審判所は、次のような判断を行っている。

◎**要旨**

　以上のとおり請求人は、本件車両を甲社及び乙社から異常に高額で取得し、この取得価額が、あたかも通常取引される価額であるかのように仮装するため、実際の取引当事者でないディーラーに協力を求め、架空の自動車売買契約書を作成して、当該取得価額に基づき圧縮限度額を過大に計算して損金の額に算入した上、過少な確定申告をしたものであり、請求人の行為は、国税通則法第68条第1項に規定する重加算税の課税要件である事実の隠ぺい又は仮装に当たると認められるから、当該事実に係る部分の税額に対して課される過少申告加算税に代えて、重加算税を課した原処分は相当である。

```
          特殊関係者
    ┌─────────────────────────┐
    ↓                          ↓
┌───────┐   車両   ┌───────┐   車両   ┌─────────┐
│ 請 求 人 │←────────│ ディーラー │←────────│ 甲社・乙社 │
└───────┘         └───────┘         └─────────┘
                      ↑
      ┌───────────────┴─────────┐
      │         ┌──────┐         │
      │         │ 第三者 │         │      ┌──────┐
      │         └──────┘         │←─────│ 仮 装 │
      │ ┌──────────┐ ↑          │      └──────┘
      │ │ 公正な価格 │─┘          │
      │ └──────────┘            │
      └───────────────────────┘
```

(7) 実体のない役員退職金等と重加算税
～役員退職金等を支給した旨の帳簿書類の記載が
取引を仮装してされたものか

事例 ◆ 役員退職金等の支給と仮装取引と青色取消事由

　役員報酬等の支給の事実がないにもかかわらず、帳簿書類に取引の一部を仮装して記載し又は記録したと認められる等として、青色取消処分及び各更正処分等を受けた事例（東京地裁・平成24.9.21判決）

> ◎**要旨**
> 　本件役員報酬等の振込みに係る事情を踏まえてそれが役員に対する給与の支給に当たらないとすることは、代表者父母が原告の法令上の取締役であるか否かと直接関わるものではないし、代表者父母が本件各事業年度当時において原告の経営に従事していたことや代表者父母名義の各普通預金口座の預金者が代表者父母であることを根拠付けるものとして原告が主張するような事実を的確に裏付ける証拠ないし事情があるとはいえない（なお、集金の手伝い等は、法人の役員としての経営への従事に当然に当たるものとまでは考え難い。）。
> 　原告のその余の主張を考慮しても、代表者父に本件役員退職金を支給した旨の帳簿書類の記載は、取引を仮装してされたものと認められる。
> 　原告が、平成15年7月期において、その帳簿書類に代表者父に対して3,000

万円の本件役員退職金を支給した旨の取引を仮装して記載したことは、青色
取消事由に該当する事実があるものと認められる。

ポイント

・役員に対する給与の支給の判断について、取締役か否かは直接関係ない。

・集金の手伝いは、役員としての経営への従事に当然に当たるとはいえない。

・実体のない役員退職金を支給した旨の帳簿書類の記載は、取引の仮装にあ
たる。

・役員退職金を支給した旨の取引を仮装して記載したことは、青色取消事由
に該当する。

(8)　交際費と重加算税
　　～個人的色彩の強い支出を交際費として法人で申告した場合、
　　　重加算税が課されるか

事例 ◆ 個人的な交際費を総勘定元帳に記載したことが隠蔽・仮装に該当するか

　原告ら（3社：X1、X2、X3）の代表者であるAが複数の接待飲食店（ク
ラブ）を利用した際の代金を原告らの業務のための交際費として支出したと
して、損金の額に算入して申告したところ、税務調査で個人的な支出が含ま
れていると指摘され、原告らは、当該交際費をAへの貸付金とする修正申
告を行った。これに対して、原処分庁は、当該交際費について、原告らが取
引先等を接待した事実がないにもかかわらず、これを交際費として総勘定元
帳に記載したことなどが国税通則法68条1項の「事実の全部又は一部を隠蔽
し、又は仮装し」たことに当たるとして、当該修正申告に重加算税を賦課決
定した事例（東京地裁・令和2.3.26判決・東京高裁令和3.1.28判決）

◎要旨

　東京地裁では、Aが、本件各クラブを1人で利用したことが認められるこ
とから、本件各支出額は、Aが本件各クラブを個人的な目的で利用した代金
であることが推認されるとし、納税者らは、本件各当初申告において、本件
各支出額が交際費であるかのように仮装することにより、上記貸付金を貸借

対照表の資産の部に計上せず、その結果、貸付金に係る利息額を隠ぺいしたのだから、本件各当初申告において、法人税等の課税標準の計算の基礎となるべき事実を隠蔽、仮装し、その隠蔽し仮装したところに基づき納税申告書を提出したというべきであると判断し、納税者らの請求を棄却した。

東京高裁でも原審の判決を引用し、納税者らの請求は棄却すべきであると判断され、また、質問応答記録書の任意性について、納税者らは、税務署職員がAに対し、青色申告の承認を取り消す旨の圧力をかけて自白を迫った等と主張したが、高裁では、税務署職員は手続の説明の一環として説明したもので、これを超えて強迫的な言動があったと認めるに足りる証拠はない等として、いずれも理由がないと判断している。

【参考（Aのクラブにおける飲食代金等）】

X1（10月決算）		X2（6月決算）		X3（5月決算）	
平成23	4,543,370円	平成23	4,763,300円	平成23	1,540,800円
24	4,570,750	24	6,176,750	24	1,496,100
25	4,053,030	25	4,230,670	25	179,220
26	7,975,400	26	3,928,740	26	4,240,700
27	11,710,010	27	2,892,730	27	3,770,480

ポイント

・「1人飲み」交際費は、会社の業務との関係で、税務調査においては、その内容を詳細に調べられる。

・明らかに個人が負担すべき（飲食等の）支出を法人の交際費として処理（総勘定元帳等に記載）した場合、当該記載そのものが隠蔽・仮装に該当するとして、重加算税が課される可能性がある。

・税務調査で、重加算税が課される要素として、当該支出金額の多寡・回数やその支出内容（クラブでの飲食等）についても考慮されることになる。

・交際費の800万円の定額控除限度額は、中小企業の社長の小遣いのようなものといわれ、しばしば個人的な支出が交際費に含まれているが、このような処理は、本件事件では否定されている。

・「人脈を広げる」という抽象的な理由では、法人の交際費として認められない。

❸ 相続税・贈与税の事例と重加算税

　相続税については、比較的重加算税が賦課決定される比率が高いといわれている。過去の新聞等においても相続税事案では、多くの重加算税が生じていると報道されている。

　このように、相続税について、重加算税が賦課決定される比率が高い理由として、次のようなことが一般に考えられる。

・相続人である納税者は、相続税というものに接する機会が少ないため、納税に対する意識・認識が低いこと
・相続税の金額が比較的高額であるために、隠蔽・仮装の誘惑に負けること
・相続財産を網羅的に把握することが困難であること
・納税者が相続税の知識をあまり有していないこと、また、税務調査そのものも受けた経験が少ないことから、課税庁の強引な調査によって、本来ならば、重加算税の対象にならないものまで、賦課決定されている可能性があること

⑴　１人の相続人（又は被相続人）の不正行為と重加算税
～隠蔽・仮装を行わなかった相続人も重加算税の対象になるのか

事例 ◇ **隠蔽されていた相続財産**

　隠ぺいされていた相続財産の存在を了知していなかった相続人に重加算税を賦課するのは相当でないとした事例（昭和62. 7 . 6 裁決）

◎**要旨**
　隠ぺいされて相続財産として申告されていなかった無記名定期預金の原資は、被相続人及び相続人ら一族の不動産の賃貸料収入等であるから、その預

金のうちに被相続人に帰属すべき金額があるにもかかわらず、本件無記名定期預金が無記名であったことを奇貨として被相続人の遺産から除外して相続税の申告書を提出した場合には、本件無記名定期預金を管理していた相続人は重加算税の課税要件を満たすが、本件無記名定期預金の存在を了知していなかった他の相続人は、重加算税の課税要件を備えていないので、重加算税を賦課した原処分は相当でないとして、当該他の相続人に対して賦課された重加算税を取り消した。

ポイント

・相続人の１人が相続財産について隠蔽又は仮装をしても、そのことを知らない相続人については、重加算税は賦課されない。

・相続税の計算体系は次のように行われるので、それぞれの相続税の計算は、仮に漏れていた相続財産を取得しなくても、相続税額には影響してくる。その場合の重加算税の賦課決定については、「隠蔽又は仮装」という要件が必要となることから、それに該当しない相続人は除かれる。

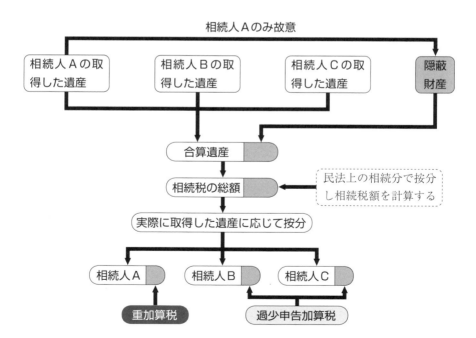

・前頁の図から見て、隠蔽・仮装をした相続人Aが、仮に相続財産を取得しなかった場合には、「重加算税」の対象となる税額が生じないことになる。例えば、未分割の状態で申告した場合には、分割に際して、そのような配慮ができることになる。

・重加算税は、申告義務の違背に対する行政上の制裁であるから、隠蔽又は仮装を要件としており、それとともに行為者が税を免れる認識があることが必要である。

・相続税では、しばしば「名義預金」が議論される。被相続人が、生前に、例えば子供（成人）に対して「名義預金」を作っていたとする。相続税財産には、「名義預金」が算入されなかった場合に、課税庁は、当該名義預金を相続財産として処理することが多い。この場合、「重加算税」が賦課決定されていない。最終的には事実認定の問題であるが、納税者としては十分に注意する必要がある。

コメント

　この裁決については、批判がある。その1つの理由として、全く事情を知らない相続人は、事情を知っていて、なおかつ、これを明らかにしなかった相続人に対して損害賠償請求をすればよいという。そして、全相続人が被相続人の財産の隠蔽・仮装を知らなければ、その財産は相続財産から逸脱してしまうことになり、適切な申告納税の履行の担保がなくなると主張する。

　しかし、たとえそうであったとしても、相続人が被相続人の財産の隠蔽・仮装を知らない限り、相続人に対して重加算税を賦課決定することは常識的に考えても妥当ではないであろう。

（事例研究） 相続財産の隠蔽と重加算税

問題点

　被相続人甲は、生前に自己の財産の一部を隠蔽していたが、その事実について、相続人である乙（長男）及び丙（次男）のうち、乙のみが知っていた。そして、丙は、長年海外（オランダ）に勤務していたため、相続税の申告に関する手続をすべて長男である乙に任せていた。乙は、甲によって隠蔽された財産を除いたところで、相続税の申告をした。ただ、申告時期までに、相続財産の分割がなされていなかったので、「未分割」の相続税の申告を行った。その後、相続税の税務調査によって、隠蔽された財産が発見されたが、重加算税は、隠蔽の事実を知らなかった丙に対しても賦課決定されるのか。また、仮に、丙に重加算税が賦課決定されないとするならば、その後、未分割相続財産をすべて丙が取得する「分割協議書」を作成した場合には、重加算税は回避することが可能か。

結　論

　相続財産の一部が隠蔽されていた事実を知らなかった丙に対しては、重加算税は賦課決定されない。また、相続財産のすべてを丙が取得するような遺産分割を行えば、重加算税の対象になる乙には相続税が発生しない（相続税はすべて丙が負担する）ことになり、重加算税は賦課決定できないことになる。

検　討

　重加算税は、もともと申告義務の違背に対する行政上の制裁であるから、「隠蔽又は仮装」を要件としており、それとともに、その隠蔽又は仮装に対して、何らかの認識を前提とすることが必要と解することが妥当と思われる。しかし、このような考え方には、批判的な意見がある。すなわち、本件のような遺産分割がなされた場合には、重加算税が賦課決定されない（できない）ということに対する批判である。そして、このような論者は、丙に対して重加算税が賦課決定されたとしても、丙はそのことに対して、乙に「損害賠償請求」を行えばよいではないか、と主張する。しかし、隠蔽された事実を知らなかった丙に対

して、そこまで税法が要求することが相当なのか、常識的に考えると、やや首を傾げたくなる意見である。丙は海外勤務のため、隠蔽された事実を知らなかったのであり、また、結果として、乙は、相続財産を取得しなかったのであるから、重加算税が賦課決定されなかったとしても、やむを得ないことと解される。重加算税の存在を課税庁の立場から考えると、「やむを得ない」と解することに抵抗があるかもしれないが、納税者の立場から考えると、隠蔽又は仮装についての事実を知らなかった者に、重加算税を賦課決定するということはとうてい理解し得ないであろう。このことは、たとえ、それを逆手にとって、重加算税の賦課決定を回避する不正行為が予測されるとしてもである。ただ、このようなケースにおいては、多くの場合、事実認定によって納税者が「知らなかった」という主張は、否認される可能性が高いと思われる。それよりも、本当に善意の（隠蔽又は仮装を知らない）納税者に対して、重加算税が賦課決定されるという事態を重視すべきである。税務行政の執行と納税者の保護を比較衡量すると、税の持つ性格（租税は、国等によって法令に基づく一方的義務として課される、無償の金銭給付である）から、納税者の保護を優先すべきであろう。

　なお、乙が重加算税の対象となる「隠蔽された相続財産」を取得しなくても、他の相続財産の一部でも取得した場合には、乙に対して、一部重加算税が賦課決定されることに注意しなければならない。

事例 ◆ **被相続人の隠蔽行為**

　被相続人の隠ぺいによる行為が、それを知っていた相続人には「重加算税」
を、それを知らなかった相続人には「過少申告加算税」を賦課決定された事
例（大阪高裁・昭和57．9．3判決）

◎要旨

　通則法68条1項にいう「納税者がその国税の課税標準等又は税額等の計算
の基礎となるべき事実の全部又は一部を隠ぺいし又は仮装し、その隠ぺいし、
又は仮装したところに基づき納税申告書を提出し」た場合とは、相続税につ
いてみると、相続人又は受遺者が積極的に隠ぺい、仮装の行為に及ぶ場合に
限らず、被相続人又はその他の者の行為により、相続財産の一部等が隠ぺい、
仮装された状態にあり、相続人又は受遺者がその状態を利用して、脱税の意
図の下に、隠ぺい、仮装された相続財産の一部等を除外する等した内容虚偽
の相続税の申告書を提出した場合をも含むと解するのが相当である。

　したがって、相続人に対して重加算税を課すべきである。

　相続人は、「自らは本件申告外預金について隠ぺい、仮装等の積極的行為を
行っていないから、本件重加算税賦課決定処分は違法である」旨主張するが、
通則法68条1項をその主張のごとき趣旨に解すべき根拠に乏しく、むしろ、
相続人は、被相続人の生前の行為によりその遺産が仮装、隠ぺいされた状態
にあるのを利用し、相続税を免れる意図をもって、ことさらに申告外預金を
相続財産から除外した内容虚偽の相続税申告書を作成し、これを提出したも
のであり、相続人の所為は通則法の同条項の「納税者が……事実の全部又は
一部を隠ぺいし、又は仮装し、その隠ぺいし又は仮装したところに基づき納
税申告書を提出していたとき」に該当するというべきである。

ポイント

・相続税の場合、相続人が隠蔽・仮装の行為をしなくても、そのことを知っ
　ていながら、その隠蔽・仮装の状態で申告する行為は、重加算税の賦課要
　件に該当する。

・また、相続財産が隠蔽・仮装されていたことを知らなかった相続人につい
　ては、その増加相続財産に伴って過少申告加算税が賦課決定されるが、こ
　れについては通法65条2項の「正当な理由」には該当しない。

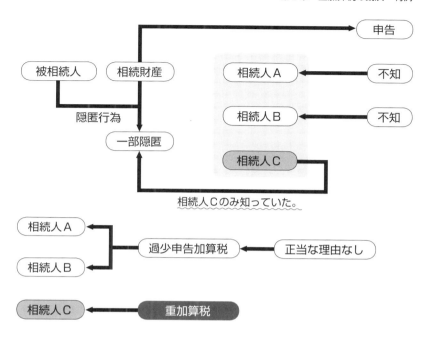

事例研究　無記名預金等と重加算税

事　例

　被相続人Ｘは平成15年１月５日に死亡し、その子であるＡ（養子）、Ｂ、Ｃ、Ｄが相続人となった。ところが、Ｄも平成16年５月15日に死亡した。ＡはＤの夫として、ＥはＤの子として、それぞれ遺産相続に係るＤの相続税納税義務を承継した（通法５）。

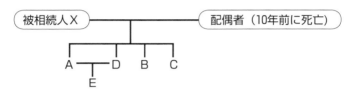

　　　（注）　Ａは養子である。

　被相続人Ｘは、死亡まで株式会社Ｘ製作所の代表取締役であり、多額の資産を形成したものであり、本件預金を蓄積するに十分な資力があった。また、Ｘは、生前に不動産を何度か売却し、多額の現金を保有していた。そして、被相続人Ｘは、これらの現金をＡ、Ｂ、Ｃ、Ｄ、Ｅに名義の書き換えを行っていた。

　Ｄは、Ｘの死亡まで１年余りＸと同居しており、Ｘが取引先銀行の預金担当者に本件預金の設定あるいは書き換えの手続きを依頼した際、これにたびたび同席していた。そして、Ｘ、Ｄ及びＡはそれぞれＸ製作所の代表取締役、従業員及び取締役として同社の業務に関わりを持ち、さらに、ＡがＸの本件預金の解約や書き換え等の手続きに関与し始めたのは、本件相続の開始後であり、その以前は、もっぱらＸ又はその意思を受けたＤが当たっていた。Ｄ及びＡは、本件預金が無記名又は架空名義である認識を持っている。

　なお、Ｅは大学院生で、東京に住み別居していたので、「無記名ないし架空名義」が存在していたという認識はなかった。

　この場合、重加算税は、どのように課されるのか。

　すなわち、Ｘの一部の財産が無記名預金等として除外された場合、第一次相続分であるＸの相続人Ｄ（Ｄの死後、その地位はＡ及びＥが納税義務を承継す

る）及びAについて重加算税がかかるのか、また、第二次相続分の相続人であるA及びEは、その第二次相続取得分について重加算税が課されるのか。

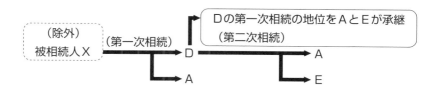

検討

Dは、本件申告時には、Xの相続財産として本件預金が存在することを知っていたにもかかわらず、本件預金が無記名ないし架空名義であることを奇貨として、右預金及びその既経過利子を本件申告からあえて除外したものである。当該行為は、相続税の課税価格の計算の基礎となるべき事実を隠蔽し又は仮装したことに該当する。

重加算税の要件は、①過少申告加算税を課される要件を具備していること、②納税者が、その国税の課税標準又は税額等の計算の基礎となるべき事実の全部又は一部を隠蔽し、又は仮装することによって税額を過少計算し、納税申告書を提出していること、である（通法68）。

したがって、隠蔽又は仮装に関わっていたAについては、第一次相続分及び第二次相続分については重加算税の対象になるが、Eは、無記名又は架空名義の認識がなかったので、第二次相続分については重加算税の対象にはならない（ただし、Dの地位を承継した第一次相続分については重加算税の対象になる）。

結論

D及びAに帰属するXの財産（第一次相続）について、無記名預金等として除外されている（A及びDが当該預金の作成に関与していた）ので、D（その地位を承継したA及びE）及びAについては、重加算税の対象になる。また、第二次相続分については、Aは重加算税の対象になるが、Eは重加算税の対象にはならない。

　納税者が架空名義の割引債券の存在を秘して相続税の納税申告書を提出したことは、国税通則法68条１項所定の事実の隠ぺいに該当するとされた事例

（最高裁・平成３.10.17判決）

◎**要旨**（一審・二審）

1　証拠によれば、以下の事実を認定することができる。

(1)　A（被相続人）は、昭和52年ころ、D証券の店頭において数千万円の割引債券を購入し、以後毎年のように債券の償還期が到来する度に同店の店頭において割引債券を購入するようになり、昭和56年12月にはH名義で358回割引農林債券額面総額6,887万円を購入した。D証券の担当従業員は、Hが架空名義であって真実の購入者がAであることを承知していたが、Aが架空名義による取引を強く希望していたためにこれに応じていた。

(2)　昭和57年12月には、前記358回割引農林債券が償還期を迎えたが、Aが病気で入院中であったため、D証券店頭課長は、X2（子供：相続人）と交渉して同月20日に前記債券の乗り換え分として370回割引農林債券額面総額7,283万円すなわち本件債券をAがH名義で購入する旨の契約を成立させた。H名義で購入することになったのは、X2から仮名取引にするよう指示があったためであり、これを受けて店頭課長は、以前にAが使用していたH名義で保護預かり口座を設定した。

(3)　X2は、本件債券の償還期である昭和58年12月に店頭課長と交渉し、本件債券の乗り換え分としてM名義で382回割引農林債券及び403回割引商工債券額面7,674万円を購入し、本件債券の償還金を受け取った。更に、X2は、右各債券の償還期の昭和59年12月には、一部乗り換え分としてH名義で394回割引農林債券額面総額3,321万円を、昭和60年12月には同名義で406回割引農林債券額面総額3,500万円を購入した。

2　前記各事実によれば、Aは昭和57年12月にX2を使者又は代理人として本件債券を購入したものと認められ、本件債券は相続財産に含まれるというべきである。

3　X2は、Aが入院中であった昭和57年12月に、同人の使者又は代理人として本件債券の購入の交渉に従事していたものであり、更に、A死亡後である昭和58年12月には、本件債券の乗り換え分の債券の購入契約を締結していたのであるから、本件債券の存在及びこれが相続財産に含まれることを知悉し

ていたというべきである。にもかかわらず、本件債券の存在を秘して相続税申告書を提出したのであるから、これは国税通則法68条1項所定の「国税の課税標準等の計算の基礎となるべき事実の一部を隠ぺいし、その隠ぺいしたところに基づき納税申告書を提出していた」場合に相当すると認めるべきである。

4　X1（配偶者：相続人）については、AやX2と同居していたものであり、しかも、Aが自宅においてD証券の担当従業員と交渉していた際に茶を出したことなどが認められ、また、AやX2が本件債券の存在をX1に対して秘匿していたような特段の事情を認めるに足る証拠がない以上、当然家族として本件債券の存在及び相続財産に含まれることを認識していたと推認すべきである。したがって、X1についても、X2と同様、本件債券の存在を秘して相続税申告書を提出したのであるから、国税通則法68条1項所定の事実の隠ぺいの場合に相当すると認められる。

ポイント

・被相続人らが秘匿相続財産の存在を相続人に対して隠していたような特段の事情を認めるに足る証拠がなければ、当然、家族として、これらの財産の存在を認識していたと推認される。

・なお、相続税の納税義務者は、その申告義務の前提として、自ら遺産を調査する義務をも負担する。（仙台地裁・昭和63. 6 .29判決）

事例 ◆ 相続税の納税義務者

◎要旨

　相続税の納税義務は法律の規定する課税要件事実の存在によって当然に生ずるものであるところ、相続税法における納税申告は、納税義務が生じた状態を前提として、納税者自らが進んで自己の納税義務の具体的内容を確認したうえ、課税標準及び税額を計算し、右計算に基づく申告書を提出することによって、その申告に係る納税義務の実現を企図するものである。そして、納税者は申告義務を負うとともに、その前提として申告のために自ら遺産を調査する義務をも負担することになる。

(2) 存在しない債務と重加算税
～債務控除のためにはどの程度の証拠資料が必要か

事例 ◆ **架空の借入金計上**

存在しない借入金を相続税の課税価格の計算上債務控除して申告したこと
は、事実の隠ぺい又は仮装に当たるとした事例（平成2.2.20裁決）

> **◎要旨**
> 　請求人が債務控除の対象となる債務に該当するとして申告した借入金は、
> ①被相続人が借り入れたとする金員についての異動の形跡が認められないこ
> と、②被相続人は、生前無職で、高齢かつ病弱であったものであり、一方、
> 請求人は、貸金を業とする者であること、③請求人が主張する貸金返還請求
> 訴訟は、相続税対策上提起されたことは疑いを入れる余地がないこと等の事
> 実から、被相続人の借入金として存在したとは認められず、あたかもその借
> 入金が存在するがごとく仮装して、相続税の課税価格の計算をして相続税の
> 申告を行ったのであるから、重加算税の賦課決定をしたことは適法である。

ポイント

・金銭消費貸借の公正証書作成、利息に係る領収書、不動産の抵当権設定、
　債務の訴訟等が行われていても、その借り入れた金員の異動の形跡が認め
　られなければ、存在しない債務として重加算税の対象になる。
・審判所の重加算税に対する具体的な判断は、次のように述べられている。

> **◎要旨**
> 　以上のとおり、請求人は、本件債務が存在しないにもかかわらず、A男が
> F国に居住し、日本国内に居住していないことを奇貨として、あたかもそれが
> 存在するがごとく仮装し、その仮装したところに基づき相続税の申告書を提
> 出したものと認めるのが相当であり、その行為は、国税通則法第68条第1項
> に規定する事実の仮装に当たるから、同条の規定に基づき重加算税を賦課決
> 定した処分は適法である。

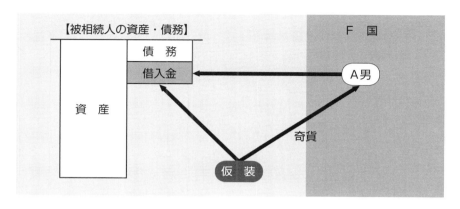

事例 ◇ **退職金の支給の有無**

　退職金の支給が仮装行為でないとして重加算税の賦課を取り消した事例
（昭和48.11.28裁決）

> ◎**要旨**
> 　被相続人の事業を引き継いだ後において、被相続人が経営していた当時の退職金として相続人及び従業員に支給することとした金員は、被相続人当時には退職給与規定もなく、かつ、従業員が退職した事実も認められないので、相続開始時における被相続人の債務として確定していたものではないから、当該金員は相続財産から控除できる債務ではないが、相続税の申告書及び同添付明細書にその詳細が記載されており、かつ、その支払もされているから、当該退職金債務を仮装して申告したものとはいえない。

ポイント

・相続税の債務そのものに該当しない退職金であっても、その退職金自体が架空ではなく、後日、実際に支給されていれば、仮装行為とはいえない。

(3) 原処分庁の主張と重加算税
　〜原処分庁が隠蔽・仮装であることに対して主張・立証しなければ、
　　重加算税は賦課決定できないのか

事例 ◇ 原処分庁の主張・立証の有無

　重加算税の賦課要件を充足するためには、過少申告行為とは別に隠ぺい又は仮装と評価すべき行為の存在を必要としているものであると解されるところ、原処分庁は隠ぺい又は仮装であると評価すべき行為の存在について何らの主張・立証をしておらず、隠ぺい又は仮装の事実を認めることはできないとした事例（平成 9 .12. 9 裁決）

> ◎要旨
> 　国税通則法第68条第 1 項の規定によれば、重加算税の賦課決定処分については、納税者が国税の課税標準又は税額等の計算の基礎となるべき事実の全部又は一部を隠ぺい又は仮装し、その隠ぺい又は仮装したところに基づき納税申告書を提出したことが要件となっている。これは、重加算税の賦課要件を充足するためには、過少申告行為とは別に隠ぺい又は仮装と評価すべき行為の存在を必要としているものであると解される。原処分庁の主張は、請求人が意識的な過少申告を行ったものであるというにすぎず、隠ぺい又は仮装であると評価すべき行為の存在について何らの主張・立証をしておらず、また、当審判所の調査その他本件に関する全資料をもってしても、本件貸付金について隠ぺい又は仮装の事実を認めることはできない。したがって、重加算税の賦課決定処分のうち、争いのある部分については重加算税を賦課することは相当ではない。

ポイント

・原処分庁は、重加算税を賦課決定する際には、納税者の隠蔽又は仮装の行為について、何らかの主張・立証をしなければならない。

・本件における原処分庁の重加算税についての主張（裁決書）は、次のようなものである。

◎重加算税の賦課決定について

　請求人は、G 社及び H 社の代表取締役であるから、本件貸付金の存在を十分知り得たにもかかわらず、これを本件相続財産から除外して相続税の申告をしたものであり、このことは、国税通則法第68条《重加算税》第 1 項に規定する「国税の課税標準等又は税額等の計算の基礎となるべき事実の全部又は一部を隠ぺいし、又は仮装し、その隠ぺいし、又は仮装したところに基づき納税申告書を提出したとき」に該当するので、同項の規定に基づき行った重加算税の賦課決定処分は適法である。

・納税者が「意識的な過少申告」をした場合だけでは、重加算税の対象にはならない。

(4)　贈与契約書と重加算税
　～真実の贈与意思を伴わない贈与契約書は重加算税の対象になるのか

事例 ◆ **真実の贈与意思を伴わない贈与契約書**

　本件贈与証書及び和解調書が真実の贈与意思を伴うものでなく租税回避の目的で作成されたことを知りながら、課税庁の申告指導において、右贈与証書及び和解調書を提示して本件贈与税が既に時効完成している旨を答弁して法定申告期限までに申告しなかったことは、贈与の時期に関する事実を隠ぺいし又は仮装し、これに基づいて納税申告書を提出しなかった行為に該当するから、重加算税の賦課決定処分は相当であるとされた事例（大阪地裁・昭和62. 2 .24判決）

◎要旨
　前掲乙第一、第八号証および原告本人尋問の結果によれば、被告が原告に対し、本件課税物件に対する贈与税について、「贈与税の申告についての御案内」と題する書面を送付したところ、原告は、昭和58年 2 月 9 日、S 税務署を訪れ、被告の部下職員に対し、本件贈与証書及び本件和解調書を提示した

上、本件課税物件の贈与を受けたのは昭和38年5月5日であるから、贈与税については、既に時効が成立している旨主張し、結局、法定申告期限までに贈与税の申告書を提出しなかったことが認められる。そして、前記二の2の(1)及び(3)に判示したところからすれば、本件贈与証書作成当時、原告が、同証書の作成により、本件課税物件（ただし、別紙物件目録5記載の土地を除く。）等の同証書記載の不動産、動産等を、現実に贈与により取得したと認識していたとは認め難く、むしろ、原告としては、いずれ時期をみて、Fと話合いの上、正式に贈与を受けるという気持であったと認められ、また、その後の起訴前の和解の申立ての経緯、動機、和解後の状況等も、前記二の1の(8)認定のとおりであって、その申立理由となったような紛争が、原告とFとの間に現実に存したわけではない上、成立した和解条項も直ちに履行することを予定したものではなく（Fの原告に対する登記義務の履行を目的とするなら直接登記申請手続を行えばよく、わざわざ紛争もない当事者間で和解調書を作成する必要はないと考えられる。）、右和解は、Fにおいて、将来の本件課税物件の贈与に伴い、原告に贈与税が課されることを懸念し、これに備えるため、申立てたふしが窺われ、かつそのような事情は、当時、原告もこれを察知していたとみられるのであり、これらの諸事情に照らせば、原告の被告下職員らに対する前記のような言動は、結局、本件課税物件についての贈与税賦課の計算の基礎となるべき、贈与の時期に関する事実を隠ぺい又は仮装し、その隠ぺいし又は仮装したところに基づいて納税申告書を提出しなかった行為に該当するものと認められるから、本件の重加算税賦課決定処分には何ら違法な点は存しない。

ポイント

・納税者が税務職員に対して偽りの答弁をするなどの言動をした場合には、重加算税の賦課決定の対象になる。

(5) 受領能力のない相続人たる未成年者と重加算税の送達
～受領能力のない相続人に送付された重加算税賦課決定通知書は有効か

事例 ◆ 未成年者と重加算税賦課決定通知書

法定代理人が同居して了知し得る状態に置かれていれば、未成年者にあて

た通知書の送達も適法であるとされた事例（昭和49. 3 .29裁決）

◎**要旨**

　相続税にかかる重加算税賦課決定通知書が受領能力のない相続人たる未成
年者にあてて送達されたとしても、国税通則法が通知書を納税者に送達する
とした目的は納税者に処分の内容を知らしめ、不服申立ての機会を与えるこ
とにあるから、その法定代理人である親権者が未成年者と同居して通知書を
受領し、内容を了知し得る状態に置かれていればその送達は有効であると解
すべきである。

ポイント

・未成年者に対して重加算税の賦課決定をしても不当ではない。

・未成年者が法定代理人と同居している場合には、通知書の宛名人が未成年
　者になっていても、結局法定代理人が了知し得る状態に置かれているので
　あるから、通知書の送達は有効である。

(6)　法定申告期限後の隠蔽・仮装行為と重加算税

事例 ◆ **法定申告期限後の隠蔽・仮装行為**

　相続税の修正申告において相続財産である割引興業債券を申告しなかった
ことが隠ぺい・仮装行為に基づくものであるとして、重加算税の賦課決定が
適法とされた事例（東京地裁・平成16. 1 .30判決／東京高裁・平成16. 7 .21判決）

◎**要旨**

　国税通則法68条 1 項の文理上は修正申告書も「納税申告書」に含まれるこ
と、修正申告は期限内申告と同様に納税義務を確定させる行為であり、修正
申告には申告の義務がないとしても、申告納税制度維持の観点から修正申告
においても悪質な納税義務違反を抑止する必要があること、国税通則法15条
2 項13号が重加算税の納税義務成立時を法定申告期限経過の時と定めたのは、
実質的には、国税通則法38条 3 項の繰上保全差押との関係で納税義務の成立
時期を明確にする趣旨にすぎず、この規定からＸ主張のような重加算税の賦

課要件を読み取ることはできない。したがって、国税通則法68条1項の「納税申告書」には修正申告書も含まれるものと解すべきである。

　納税者の「修正申告書は通則法68条1項にいう「納税申告書」に該当しない」との主張に対しては、東京高裁は次のように判示している。

　　しかしながら、通則法68条1項の文理上は修正申告書も「納税申告書」に含まれること、修正申告は期限内申告と同様に納税義務を確定させる行為であり、修正申告には申告の義務がないとしても、申告納税制度維持の観点から修正申告においても悪質な納税義務違反を抑止する必要があること、通則法15条2項13号が重加算税の納税義務成立時を法定申告期限経過の時と定めたのは、実質的には、通則法38条3項の繰上保全差押との関係で納税義務の成立時期を明確にする趣旨にすぎず、この規定から控訴人主張のような重加算税の賦課要件を読み取ることはできないことなどは、前記に説示するとおりである。したがって、通則法68条1項の「納税申告書」には修正申告書も含まれるものと解すべきである。控訴人は、本件のように当初申告後に隠ぺい、仮装行為があった場合について、その後修正申告書を提出しなければ重加算税を課することができないのに、その後申告義務のない修正申告書を提出したときには重加算税が課税されるのは、不公平であるから、修正申告書は通則法68条1項の納税申告書には該当しないと主張する。しかしながら、そのような解釈は前記のとおり文理に反する上、実質的にも修正申告においても悪質な納税義務違反を抑止する必要があることは多言を要しないところであって、到底採用の限りではない。
　　控訴人の立論のように、当初申告前には隠ぺい、仮装行為がなく、申告後に初めてこれが行われたが、その後は過少申告がされなかったという場合、本件のように後に隠ぺい、仮装行為が発覚して追加課税がされたケースにおいては、隠ぺい、仮装行為を行った者は、税務当局に対しては何ら不正な働きかけをしていないのであるから、納税義務違反の悪質性は過少申告行為を行った者と比較して低いと評価することも可能であろう。そうであれば、控訴人の主張するような不公平はないともいえるが、いずれにしても、上記のような事態はまれであって、そのような例との比較において文理上も実体上も十分な根拠のある重加算税の課税を否定するのは本末転倒というほかない。

ポイント

・修正申告に際して、隠蔽・仮装を行った場合でも重加算税の対象になる。

・国税通則法68条1項にいう「納税申告書」には修正申告書も含まれる。

・国税通則法15条2項14号に重加算税の納税義務が法定申告期限の経過する
　ときと定められているのは、同法38条3項の繰上保全差押えとの関係で定
　められたもので、重加算税の賦課要件ではない。

　なお、上記東京高裁の判断について、品川芳宣教授は、「本件各判決の判断に
ついては、……通則法が制定された際の立法趣旨等に照らしても、首肯し難い
所がある。また、このことは、前述した関係条項の文理解釈においても、依然
として問題を残している」と指摘し、「結局、関係条項の整備を図ることが最善
であるように考えられる」と述べている（TKC税研情報2004.12）。

4 地方税の事例と重加算金

重加算金の取扱いについて、まず、過少申告加算金額のうちに100分の15で計算された加重分がある場合には、加重分に係る過少申告加算金額に代えて重加算金が徴収されることとなる。

次に、不申告加算金が徴収される場合において、特別徴収義務者が分離課税に係る所得割の課税標準額の計算の基礎となるべき事実の全部又は一部を隠蔽し、又は仮装し、そして、その隠蔽し、又は仮装した事実に基づいて提出期限までに納税申告書を提出せず、又は提出期限後に納税申告書を提出したときは、不申告加算金に代えて、不申告加算金の計算の基礎となるべき税額の100分の40の重加算金が徴収される。

ただし、不申告加算金が徴収される場合でも、納税申告書がその提出期限後に提出された場合において、その提出が予知された決定を原因とするものでないことにより、軽減された不申告加算金が徴収される場合は除かれることになる。市町村長は、これらの重加算金の額が決定されたときは、遅滞なく特別徴収義務者に通知しなければならないものとされている。

事例 ◆ 重加算金と更正の予知

重加算金が賦課されるには、知事が更正の要件を予知していることは必要ではなく、また、国税官署による具体的調査によって、納税者の申告不足額が発見された後になされた法人事業税の修正申告は、知事の更正がなされるべきことを予知してなされた修正申告であるとされた事例（東京高裁・昭和56.9.28判決）

> ◎要旨
> 　税務署の調査を受け、その指導の下に法人税についての修正申告を行うと共に法人事業税についても修正申告を行った場合において、いまだ法人事業税に関する調査を受けていないとしても、右法人事業税の修正申告は、地方税法第72条の47第3項において引用する同法第72条の46第1項ただし書所定

の「更正があるべきことを予知してされたものでないとき」には当たらず、本件重加算金決定処分に違法はない。

ポイント

・法人税に関する国税官署による具体的調査が行われた後に、その調査の事実によって法人税の更正があるべきことを認識して法人事業税の修正申告を提出したものも、「道府県知事の更正又は決定があるべきことを予知してなされたもの」に含まれる。（次図参照）

・法人事業税について更正又は決定があるべきことを予知することなく自主的な申告又は修正申告がなされた場合には、次の優遇措置が講じられる。

 ① 過少申告加算金が徴収される場合であっても徴収されない。

 ② 10%の不申告加算金が徴収される場合であっても、5%に減額される。

 ③ 重加算金を徴収される場合であっても徴収されない。

◎優遇措置の理由

 更正又は決定があるべきことを予知することなくなされた申告書又は修正申告書に係る過少申告加算金、不申告加算金又は重加算金について軽減ないし免除しているのは、課税庁の調査以前に、すなわち、課税庁に手数をかけることなく自ら申告又は修正申告をした者に対しては、これら各種加算金を軽減又は不徴収とすることにより、課税庁の調査以前における自発的申告又は修正申告を歓迎し、慫慂しようとするものである。

5 消費税の事例と重加算税

　消費税の課税対象は、国内取引と輸入取引に分かれるが、国内取引とは、「国内において事業者が行った資産の譲渡等」である。そして、重加算税は次図に示すように、国内取引に係る消費税について適用される。

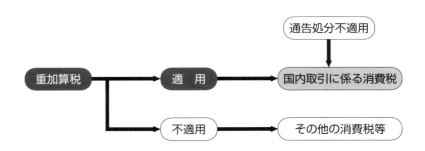

　従来は、間接税について賦課課税方式が採られ、申告納税制度が採用されていなかったので、申告納税義務違反の制裁としての各種加算税の制度を適用しないという考え方であった。ところが、間接税についても「消費税（国内取引）」のように申告納税制度が導入されることとなったので、上図のように、一部加算税が適用されることになった。なお、輸入取引は、賦課課税方式が採られているために、重加算税の適用はない。

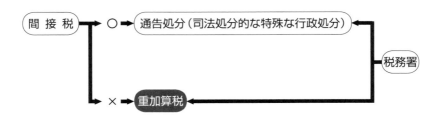

事例 ◆ **販売した商品の返品**

　消費税施行前に販売した商品につき返品があったかのように仮装して、消費税額の還付を受けたことに対し、重加算税を賦課したことは適法であるとした事例（平成 6 . 2 .18裁決）

> ◎**要旨**
> 　請求人は、原処分庁が、本件返品は課税仕入れとして計上が認められるとの相談担当者の回答を無視して更正を行ったもので、信義誠実の原則に反するものであるから重加算税の賦課決定は違法である旨主張する。請求人は、架空の取引である本件返品が課税仕入れに該当しないことを十分知りながら、架空の取引に係る対価の額30,000,000円を課税仕入れに係る支払対価の額に加算したところで、課税仕入れに係る消費税額を過大に計上して本件課税期間の消費税の確定申告書を提出し、過大に消費税の還付を受けたものと認められる。相談担当者は、請求人に対して、消費税の適用が開始される以前に販売した商品が返品された場合には、控除できない旨回答しており、請求人が主張するような事実も認められないから、国税通則法第68条第 1 項の規定に基づいてされた重加算税の賦課決定処分は適法である。

ポイント

・事前に課税庁に相談したと主張しても、「信義則の適用」はほとんどの場合認められない。

・本件取引（返品等）は、架空の取引であると事実認定されている以上、重加算税の賦課決定は相当となる。

コメント

① 信義誠実の原則の適用は難しい

　本件については、まず「信義誠実の原則」の適用について争われている。請求人の主張は、「税務署に電話で相談したところ、相談担当者から、本件返品取引は、課税仕入れとしての計上が認められる旨の解答があった」と主張しているが、これに対して、原処分庁は、その電話問い合わせの事実そのものを否定している。審判所の調査では、請求人の電話照会と推認されるもの

があるとしているが、その内容は、控除できない旨の解答となっている。したがって、本件については請求人の主張が認められなかったのであるが、一般的に言えば、「電話照会」のみで信義誠実の原則を適用させることは困難であろう。本件のように、事実認定で否認される可能性はかなり高い。仮に、後日、課税庁とのトラブルを回避するためには、基本的には何らかの具体的な証拠資料を残せるようにしておくべきである。

過去の判決等（最高裁・昭和62.10.30判決）では、税法において信義誠実の原則が適用される要件として、次の3つを挙げている。

① 課税庁が誤った言動をするに至った課程において、納税者に責めるべき事情のないこと

② 課税庁の誤った言動を納税者が信頼するについて合理的事情があること

③ 課税庁の過去の言動に反する行為によって、納税者が信頼を裏切られ、著しく不利益を受けること

② 税法改正に伴う取扱いについては十分に注意すること

消費税の適用が開始される以前の商品が、消費税が適用された以後の事業年度で返品を受けたケースである。消費税が導入されたは際には、実務上のいろいろな問題が多く提起された。特に消費税は、はじめての新しい税目であったことから、取扱いの不明な部分がかなりあったと聞いている。もちろん、税務署の職員のレベルも区々であったから、その回答についても誤りが多かったらしい。納税者としては、このような新しい税目、又は税法改正などについては、セミナーや研修会などに積極的に参加して、十分に理解しておく必要がある。

③ 次のような事実があれば、架空取引と認定されること

本件については、次のような事実認定がなされ、「実体のない架空の取引」と認定されている。

① 売上げに関する記録が、総勘定元帳や試算表に記録されていないこと。

② 本件取引に関する証拠資料の提示がないこと。

③ 本件取引及び返品取引の3,000万円の商品を具体的に特定できないこと。

④ 取引の相手先は、親族（請求人の代表取締役の長女）であること。長女は、本件の取引について、すべて代表取締役に任せていたこと。

⑤ 税理士事務所の担当者は、請求人の代表取締役から、返品についての処理を強く指示されたこと。

⑥ 代表取締役自身、本件取引は、消費税の還付を受けるための「ペーパー取引」であると申述していること。

このような事実認定に基づいて、本件については、「架空の取引」であると審判所は判断したのである。審判所が認定した事実に相違がないということであれば、本件の「棄却」という審判所のなした結論は相当といえる。ただ、上記⑤や⑥などの事実関係を見る限り、請求人の代表取締役自身、消費税そのものの内容（取扱い）について本当に理解していなかった部分があるようにも推測できる。その意味では、納税者は、税法についての基礎的な認識が必要であるということがいえるであろう。

事例　◆　脅迫等による修正申告と重加算税

過少に計上された売上げには隠ぺい仮装が認められ、他方で、推計の方法により否認した経費には隠ぺい仮装は認められないとした事例（平成25. 2 .25裁決）

> ◎要旨
> 　請求人は、本件調査担当職員から強迫行為ないし欺罔行為を受けたとし、その結果、修正申告の意思欠缺ないし修正申告の意思表示の瑕疵により、本件各修正申告は無効である旨主張するが、当審判所の認定によれば、本件調査担当職員が請求人に対し強迫行為又は欺罔行為を行った事実は認められない。また、本件調査担当職員は、修正申告の意義、本件各修正申告の内容等について一応の説明をしており、更に、修正申告の勧奨ないし重加算税の賦

課に当たり、税務署職員に通則法第70条及び税務運営方針の内容について説明する義務もないことから、請求人の主張は理由がない。

重加算税を課するためには、納税者のした過少申告行為そのものが隠ぺい、仮装に当たるというだけでは足りず、過少申告行為そのものとは別に、隠ぺい、仮装と評価すべき行為が存在し、これに合わせた過少申告がされたことを要するものである。しかし、上記の重加算税制度の趣旨に鑑みれば、架空名義の利用や資料の隠匿等の積極的な行為が存在したことまで必要であると解するのは相当でなく、納税者が、当初から所得を過少に申告することを意図し、その意図を外部からもうかがい得る特段の行動をした上、その意図に基づく過少申告をしたような場合には、重加算税の賦課要件が満たされるものと解すべきである。

請求人は、自己の収入金額を正しく認識していながら、平成17年分を除き、平成16年分から平成22年分までほぼ連続して作為的に収入金額を過少に記載した各確定申告書及び各収支内訳書を提出して総額約2,500万円もの収入を意図的に申告せず、更には本件調査当初において曖昧な説明に終始して、本件各過少申告行為における過少申告の意図を隠そうとしていたものと認められる。とすると、本件各過少申告行為は、当初から所得を過少に申告することを意図し、その意図を外部からもうかがい得る特段の行動をした上で行われたものといえるから、重加算税の賦課要件を満たすと認めるのが相当である。

平成16年分及び平成18年分から平成22年分までにおける本件各過少申告行為は、重加算税の賦課要件を満たし、また、「偽りその他不正の行為」にも該当するから、平成16年分及び平成18年分から平成22年分までの所得税に係る重加算税の各賦課決定処分は、通則法第70条の規定する期間制限内に行われたものと認められる。

また、確定申告における必要経費の額と修正申告における必要経費の額の開差に係る部分及び平成19年分におけるＮ社からの収入金額に係る部分については、重加算税の対象として計算することはできない。

ポイント

・重加算税を課するためには、納税者のした過少申告行為そのものが隠蔽、仮装に当たるというだけでは足りず、過少申告行為そのものとは別に、隠蔽、仮装と評価すべき行為が存在し、これに合わせた過少申告がされたことを要する。

・納税者が、当初から所得を過少に申告することを意図し、その意図を外部
　からもうかがい得る特段の行動をした上、その意図に基づく過少申告をし
　たような場合には、重加算税の賦課要件が満たされている。

　ところで、消費税は、平成9年4月1日から地方税としての「地方消費税」
が導入された。地方消費税の課税標準は「消費税額」で、その法定税率は25％
となり、平成26年4月1日から「$\frac{17}{63}$」となっている。このように、地方消費
税の課税標準を国税の消費税額(6.3％)の$\frac{17}{63}$であるということは、結局、地方消
費税の税率は、課税標準を課税資産の譲渡等の対価の額又は課税貨物の価格等
の額とすると、1.7％ということになる。なお、令和元年10月1日から消費税
の税率が7.8％になり、また、地方消費税の税率は「$\frac{22}{78}$」となった。

　そうすると、これらに係る「隠蔽・仮装」があった場合には、基本的な考え
からすれば、消費税額に対しては、「重加算税」、地方消費税額に対しては、「重
加算金」がそれぞれ賦課決定されることになる。

　しかし、現行の地方消費税の賦課徴収は、国がとりあえず行うことになって
おり、その徴収取扱費を道府県が国に支払うことになっていることから、地方
消費税に係る部分について、「重加算金」を別個に賦課決定するのではなく、国
税・地方税をまとめて「重加算税」一本で処理されている(地法附則9の9)。結
局、国が「重加算金」の賦課徴収の代行を行っているのであるが、その場合、「重
加算金」としてではなく、「重加算税」という形式で賦課決定している。

　現行の「消費税及び地方税の更正通知書並びに加算税の賦課決定通知書」は、

次のようになっている。

区　　分	申告又は更正前の金額	更正又は決定の金額
消費税（略）	（略）	（略）
差引納付すべき税額		①
地方消費税（略）	（略）	（略）
差引納付すべき税額		②

納付すべき合計税額	①＋②

本税の額

無申告加算税	
過少申告加算税	
重加算税	

(注)　地方消費税に係る本税についても、「重加算税」が賦課決定される。

　平成12年7月3日付（改正：平成28年12月12日）で発遣された「消費税及び地方消費税の更正等及び加算税の取扱いについて（事務運営指針）」でも、第2の1では「地方消費税に係る加算税を課する場合は、地方税法附則第9条の4第1項及び第2項《譲渡割の賦課徴収の特例等》の規定に基づき、消費税の例により通則法第65条《過少申告加算税》に規定する過少申告加算税、同法第66条《無申告加算税》に規定する無申告加算税又は同法第68条《重加算税》に規定する重加算税を課することになるのであるから留意する。」と規定している。

事例 ◇ 事業者でなかった者がした消費税還付申告と重加算税

（京都地裁・平成15.7.10判決／大阪高裁・平成16.9.29判決）

　本件には、次の2つの争点がある。

　①　消費税の事業者でなく納税義務者でなかった者がした還付申告につき税

務署長がその者に対して還付税額をゼロとする更正処分の適否

②　①の更正処分に伴って、重加算税の賦課決定処分をすることの適否

京都地裁（平成15.7.10判決）は、①については、「適法」であるとし、②については、「違法」との判断をしている。以下、②について検討する。

(1)　事実の概要

本件は、原告（X）が、平成7年7月1日から同年9月30日までのアメリカ合衆国に所在する2社への電子機器等の輸出取引（以下「本件輸出取引」という）に係る消費税の控除不足還付税額があるとして、平成8年7月1日付でした消費税の確定申告（以下「本件還付申告」という）について、被告（Y）が、本件輸出取引は原告によるものではなく、有限会社A（平成9年3月5日付でA株式会社に組織変更、以下「A社」という）によるものであり、原告に対する控除不足還付税額はないとして、平成11年6月24日付でした更正処分（以下「本件更正処分」という）及び重加算税の賦課決定処分（以下「本件賦課決定処分」といい、本件更正処分と併せて「本件各処分」という）は、本件還付申告や還付金の受領がA社の代表者のBの指示によるものであり、原告は単にA社に対し名義を貸しただけである点、及び、原告には仮装・隠ぺいの意図がなかった点において、いずれも違法な処分であるなどと主張して、被告Yに対し、本件各処分の取消しを求めた事件である。

(2)　当事者の主張

①　Y（被告）の主張

Xは、Bからの依頼により、Bと通謀して、真実は、原告は申告書に記載しているような事業を何ら行っておらず本件輸出取引を行っていないにもかかわらず、個人事業の開業等の届出書、消費税課税事業者選択届出書及び消費税課税期間特例選択届出書を提出するなどして、A社に帰属する本件輸出取引をXが行ったかのように仮装し、仮装したところに基づき、本件還付申告書を提出したのである。

仮に、原告が直接仮装行為をしなかったとしても、原告は、本件還付申告書等の作成の基礎となる資料の提示などについてＢに一任していたのであり、Ｂは、本件輸出取引をＸがしたものと仮装したことは明らかであり、Ｂの行為はＸの行為と同視すべきものである。

　国税通則法24条、28条２項、35条２項、65条１項及び68条１項によれば、Ｘは、本件更正処分により「還付金の額に相当する税額の減少部分」の納税義務（通法28②三ロ、35②二）を負うから、通法２条５号及び通法65条１項に規定する納税者に当たる。

　したがって、原告のように、消費税法に定められた本件課税期間の消費税の納税義務のない者が、控除不足の還付請求をした場合であっても、その者は通法65条所定の当該「納税者」に当たり、さらに、通法68条１項により、その者に重加算税を賦課することができると解される。

② 　Ｘ（原告）の主張

　Ｘは、本件還付申告により納税者として利益を享受するという認識はなく、単にＢの従業員として本件還付申告をしたにすぎない。Ｘは、隠ぺい・仮装行為の意図を有していなかった。通法68条１項には、通法65条１項のように「期限内申告書（還付請求申告書を含む……）が提出された場合」のような記載が存在しない以上、還付請求申告の場合には、重加算税の規定を適用することはできない。

(3) 　裁判所の判断（一部認容）

　通法は２条５号において、納税者についての定義規定を置いており、「納税者」とは、国税に関する法律の規定により国税を納める義務がある者及び源泉徴収による国税を徴収して国に納付しなければならない者をいうと明確に規定している。そして、通法56条１項所定の還付金の還付の法的性質は、実体法上、国が保有すべき正当な理由がないため還付を要する利得の返還であって、国庫からの一種の不当利得の返還の性質を有することは明らかであって（金子宏『租税法・第23版』弘文堂（2019年））、その還付金が更正によって減少した場合に、その

部分について、申告者との関係で、常にその納税義務の増加があるわけではない。この点は、納付申告があった後に増額更正があった場合とは決定的に異なるものというべきである。

　このような観点から、通法の前記各規定をみると、申告者の納税義務が増加することが判明したことを理由として還付金の減額がされるときには、通法28条 2 項 3 号ロの「その更正前の還付金の額に相当する税額がその更正により減少するときは、その減少する部分の税額」という文言も、通法35条 2 項の「に相当する国税の納税者は、その国税を」との文言も、通法65条 1 項の「当該納税者に対し」との文言も、いずれも、そのまま妥当することは明らかであるけれども、それとは異なり、申告者の納税義務には無関係に不当利得関係を調整しなければならないときにおいては、還付金の減額部分に対応する申告者側の納税義務は、そもそもいかなる意味でもあり得ないことになるから、このようなときまで通法28条 2 項 3 号ロ、通法35条 2 項、通法65条 1 項の場合に含まれるものと解釈したのでは、これらの規定の前記各文言の意味は、全く不可解というほかなくなってしまうといわなければならない。

　このようにみてくると、少なくとも、通法65条 1 項の「当該納税者」には、このようなときの還付申告者は、そもそも予定されていないと解釈せざるを得ないし、それこそが通法 2 条 5 号の定義規定の内容にも沿うものというべきである。被告の前記の主張は採用できない。

　これを本件についてみると、前記認定事実及び前記判断のとおり、本件還付申告の後に本件更正処分がされたことによって、還付金全額が減少することになるけれども、この減少は、還付申告をしたＸについて消費税の納税義務が発生したり、増加したことが判明したことによるものではないことは明らかであり、Ｘは、通法65条 1 項の当該納税者ではないことは明らかであり、そもそも、Ｘに対し、過少申告加算税を課することはできないといわざるを得ない。

　なお、ちなみに、仮にＹの主張のように通法65条 1 項の「当該納税者」とは、更正処分により発生した特殊の納税義務を負う者、すなわち、国税通則法によりこのような納税義務のみを負うに至った者も含むと解するとしても、さらに、

重加算税を定めた通法68条は、通法65条の前記のような過少申告加算税の要件に加えて、「納税者が」その国税の課税標準等又は税額等の計算の基礎となるべき事実の全部又は一部を隠ぺいし、又は仮装し、その隠ぺいし、又は仮装したところに基づき、納税申告書を提出したときを要件とするもので、この要件からすると、ここでいう仮装行為や隠ぺい行為は、納税申告の前に存在しなければならず（最二小判昭和62年5月8日・最高裁裁判集民事151号35頁も、明確に、隠ぺい、仮装行為を「原因として」過少申告の結果が発生したことを要するとの趣旨を説示する）、この「納税者」も、納税申告の前に既に納税者であった者を意味するもので、そのような納税者が既に抽象的には負っている納税義務について、その課税標準等又は税額等の計算の基礎となる事実の全部又は一部を隠ぺい又は仮装したことが要件とされているものと解さざるを得ない関係で、Xにこれを課することはできないと解さざるを得ないことになる。

問題点

　消費税の事業者でなく消費税の納税義務者でない者がした還付申告につき、還付税額をゼロとする更正処分に伴って、重加算税の賦課決定処分を行うことができるか否かが争点となっている。すなわち、通法68条1項の重加算税は、通法65条1項の規定を前提とし、「隠蔽・仮装」という要件をさらに満たしているときに、適用されるのであるから、本件の原告Xが、通法65条1項の「納税者」に該当するか否かを検討しなければならない。

検討

(1)　**納税者の定義**

　納税者については、通法2条5号において、「国税に関する法律の規定により国税を納める義務がある者」と定めている。そして、被告Yによれば、通法28条2項3号ロ及び通法35条2項2号の「還付金の額に相当する税額の減少部分」については、納税義務を負うことから、通法2条5号の納税義務者に該当すると主張する。

　ところで、通法56条１項（還付）は、裁判所の判断でも述べられているように、「国庫からの一種の不当利得の返還の性質」を有していることから、その還付金が更正によって減少した場合には、「その部分について、申告者との関係で、常にその納税義務の増加があるわけではない」のである。すなわち、「申告者の納税義務とは無関係に不当利得関係を調整しなければならないとき」については、そもそも「納税義務」はあり得ないのである。

　納税義務の増加が生じるのは、もともと納税者であることが前提で、その納税者の還付金が更正によって減少した場合をいうのであり、納税者でない者が、還付金を受け、それが更正によって減少したとしても、納税義務の増加があったとは解することができない。もともと「国税を納める義務のない者」がある行為（還付請求）を採り、それが課税庁から否認（更正）され、それによって「納税義務の増加」があったとして、元来納税者でない者が、納税者に「変身」するというものではない。それは、たとえ、「督促」以下の徴収処分を行い得ないとしても、何ら結論に影響するものではないのである。

　繰り返すが、もともと「納税者」でない者が、欺罔行為によって還付金名下に金員を国庫から詐取し、それを課税庁から還付金ゼロの更正処分を受けたからといって、「納税義務の増加」があったとして、その者を納税者とみることはできない。法は、納税者をそのようなプロセスで創り出すことは予定していないのである。仮に、そのような者を「納税者」とするならば、判決が述べているように「法律の明確な根拠が必要」であり、それがない以上、納税者とみることはできないと解するのが妥当である。

⑵　通法68条１項と通法65条１項の「納税者」

　通法68条１項は、「第65条第１項の規定に該当する場合において、納税者がその国税の課税標準等又は税額等の計算の基礎となるべき事実の全部又は一部を隠蔽し、又は仮装し、その隠蔽し、又は仮装したところに基づき納税申告書を提出していたときは、当該納税者に対し、政令で定めるところにより、過少申告加算税の額の計算の基礎となるべき税額に係る過少申告加算税に代え、当該

基礎となるべき税額に100分の35の割合を乗じて計算した金額に相当する重加算税を課する。」と規定しており、重加算税を課する前提としては、「通法65条１項」の規定に該当することが求められている。

　そして、通法65条１項は、「期限内申告書（還付請求申告書を含む）が提出された場合において、修正申告書の提出又は更正があったときは、当該納税者に対し、その修正申告又は更正に基づき第35条第２項の規定により納付すべき税額に100分の10の割合を乗じて計算した金額に相当する過少申告加算税を課する。」と規定している。そして、同条２項において、過少申告加算税の加重について定めている。

　すなわち、修正申告又は更正により納付すべき税額が、「期限内申告税額」又は50万円のいずれか多い金額を超えるときは、その超える部分の税額に係る過少申告加算税は、通常の過少申告加算税の額にさらにその超える部分の税額に５％を乗じて得た金額を加算した金額とされる。この加重して計算する理由は、「過少申告の場合に、その申告漏れの割合により加算税の実質負担に差をつけ、申告漏れ割合が大きくなるに従って、過少申告加算税の実効割合が無申告加算税に近づくようにすることにより、その申告水準を向上させようとするものである。（『国税通則法精解』（平成12年改訂）大蔵財務協会）であることから、同条の対象としている「納税者」とは、過少申告加算税を賦課される前の「納税者」が支払った「期限内申告税額」と50万円の多い方を超える場合に、その超える部分に加重（５％）計算するということから、当初から納税者（申告の時点で納税義務を負う者）であることを前提としていることになる。

　それゆえに、もともと納税者でない者については、通法65条１項は、適用されないと解するのが妥当である。そうでなければ、同条２項が定めている当初の「期限内申告税額」について、納税者でない者が納付しているといった、想定不可解な条文になってしまうのである。

結　論

　本件判決は、上記「検討」で述べたとおり妥当である。「納税者」は、通法２

条 5 号で定める「国税に関する法律の規定により国税を納める義務がある者」をいい、国税通則法は、納税者でない者に「国庫からの一種の不当利得の返還の性質」を有する還付金の減額更正をしたからといって、その者が直ちに「納税者」になることは考えていない。

　もともと納税者でない者が、たとえ「欺罔行為によって還付金名下に金員を国庫から詐取した」としても、納税者でない以上、過少申告加算税又は重加算税の賦課対象にならないのである。

　なお、「本件のような不正還付申告に対しては、本件更正と本件賦課決定をリンクさせた行政手続こそ法の予定したものと考えられる」との指摘（品川芳宣教授・TKC 税研情報2004. 4 ）もあるが、もともと納税者でない者に対しては、賦課決定そのものはなじまないと解すべきであろう。

　しかしながら、大阪高裁平成16.9.29判決では、次のように「納税義務者」を判断している。

　「申告納税方式の場合、一旦私人が自ら納税義務を負担するとして納税申告をしたならば、実体上の課税要件の充足を必要的な要件とすることなく、同申告行為に租税債権関係に関する形成的効力が与えられ、税額の確定された具体的納税義務が成立すると解すべきであるから、納税申告行為が無効ではなく、有効に成立している以上、結果的に実体上の課税要件事実が発生しなかったというだけで、形成された納税義務者としての地位が否定されるものではないと解される。本件において、還付申告書の提出の主体はＸであり、Ｘの意思に基づいて行われたのであるから、還付申告は無効ではなく有効である。税務調査の結果、本件輸出取引がＸに帰属するものではないことが判明し、更正処分により控除対象仕入税額及び控除不足還付税額が０円とされて、Ｘは、減少した還付金の返還義務を負うこととされたのである。Ｘは、還付申告の時点では、還付金の額を確定する前提としての観念的・抽象的な納税義務はあり、更正処分により還付金の額が減少されたことにより納税義務が具体化したものというべきであるから、Ｘは、国税通則法２条５号及び65条１項の「納税者」に該当するものと認めるのが相当である。」（下線：筆者）

上記の下線で示されている「課税要件の充足を必要な要件としない」とか「観念的・抽象的な納税義務はあり」などの判断は、「納税義務者」そのものが「課税要件」であることからすれば、租税法律主義に大きく外れている判断といわざるを得ない。課税要件とは、それが充足されると納税義務の成立（国等と納税者の間で債権債務関係が発生）という効果が生ずる要件であるから、下線のような曖昧な解釈によって判断すべきではない。

　そして、納税者であることを前提として、重加算税の賦課決定について、次のように判断している。

　「本件において、消費税の還付申告書は、本件輸出取引がXに帰属するとの虚偽の内容のものであること、還付申告書の提出に先立ち、個人事業の開業等の届出書、消費税課税事業者選択届出書及び消費税課税期間特例選択届出書を提出して、内容虚偽の還付申告書があたかも正当なものであるかのように体裁を整えたのであるから、「課税標準等又は税額等の計算の基礎となる事実の全部又は一部を隠ぺいし、又は仮装した」ものというべきである。したがって、Xに対し、更正による還付金の減少額につき重加算税を課すことができる」

６ 裁決事例の分析（平成26年から平成29年まで）

　国税不服審判所が平成26年から平成29年に公表した重加算税に係る裁決事例は、以下のとおり19件ある。その内訳は、「所得税」５件、「法人税」４件、「相続税」８件及び「消費税」７件である。このように重加算税については、相続税及び消費税の事例が多い。しかも公表している事例の多くは、重加算税を取り消している。

　以下、19件の裁決事例を検討する。19件の裁決事例を一覧表にすると、次のようになる（◆印は重加算税を認めた事例）。

裁決年月日	税目	裁決内容
①平26.1 .17	相続税	請求人が、法定申告期限までに相続税の申告書を提出しなかったことについて、国税通則法第68条第２項の重加算税の賦課要件を満たしているとはいえないとした事例
②平26.2 .21	法人税	従業員からの預り金及び当該預り金を返還しないこととした事実が帳簿書類に記載されていないことにつき仮装隠ぺいの事実は認められないとした事例
③平26.10.9	消費税	輸入貨物に係る消費税及び地方消費税の申告につき、意図的に過少申告することを認識した上で、正規の価格を示す書類を隠匿したものとは認められないと認定した事例
④平26.10.28 ◆	法人税 消費税	役務の提供等の完了前に請求書の発行を受ける等、通常と異なる処理を行った行為は、事実を仮装したものと認めた事例
⑤平27.6 .9	法人税	仕入先との間の契約の解除に伴う解約料として支払った金員の額を損金の額に算入したことについて、隠ぺい又は仮装の行為があったとは認められないとした事例
⑥平27.7 .1	所得税 消費税	収支内訳書に虚偽記載をしただけでは、隠ぺい仮装があったとは認められないと判断した事例

⑦平27.10. 1	相続税	原処分庁は、被相続人が各同族会社に対する債権を放棄していないのに、各同族会社の（実質的）経営者である請求人が債権放棄があったとする経理処理をした上で相続財産からこれら債権を除外して相続税の申告をしたとして重加算税を賦課したが、上記債権の一部は被相続人が実際に債権放棄をした可能性が認められるとして、原処分庁の事実認定を否定した事例
⑧平27.10. 2 ◆	相続税	相続財産である家族名義預金を申告せず、税務調査においても根拠のない答弁を行った納税者について、国税通則法第68条に規定する重加算税の賦課要件を満たすとした事例
⑨平27.10.30 ◆	所得税 消費税	請求人の法定申告期限経過前の行為及び調査に対する虚偽答弁、虚偽証拠の提出を総合判断すると、本件では、隠ぺい仮装があったと認めることができ、無申告加算税に代わる重加算税の賦課要件を充足すると認定した事例
⑩平28. 2. 4	法人税	重加算税の額の基礎となる税額は,過少申告加算税の基礎となるべき税額から,その税額の基礎となるべき税額で隠ぺいし,又は仮装されていない事実に基づく税額を控除した税額となるところ,控除後の税額は零となることから,過少申告加算税の額を超える部分の金額は違法であるとした事例
⑪平28. 3 .30	相続税	無申告加算税に代えてなされた重加算税の賦課決定処分につき、事実を隠ぺいし、その隠ぺいされたところに基づき法定申告期限までに申告書を提出しなかったものとは認められないとした事例
⑫平28. 4 .19 ◆	相続税	相続財産である現金の申告漏れについては、過少申告の意図を外部からもうかがい得る請求人の行為の結果としてなされたものと認定した事例
⑬平28. 4 .19	消費税	太陽光発電設備の引渡しを受けた日を仮装したと認めることはできないとした事例
⑭平28. 4 .25	相続税	相続財産である各預金口座を隠ぺいし、秘匿しようという確定的な意図、態勢の下に、計画的に相続税の申告書を提出しなかったとまではいえないとした事例

⑮平28.5.13	相続税	生命保険金及び生命保険契約に関する権利の一部を故意に相続税の申告の対象から除外したものとは認め難いとした事例
⑯平28.5.20	相続税	死亡保険金の一部を故意に相続税の申告の対象から除外したものとまでは認め難いとした事例
⑰平28.7.4	所得税 消費税	当初から所得を過少に申告する意図を有していたと認められるものの、その意図を外部からもうかがい得る特段の行動を認めることはできないとした事例
⑱平28.9.30 ◆	所得税 消費税	当初から過少申告及び無申告を意図し、その意図を外部からもうかがい得る特段の行動をした上で、その意図に基づき、所得税等については過少申告をし、消費税等については期限内に確定申告書を提出しなかったと認定した事例
⑲平29.5.29	所得税	収入金額の一部が計上されていない試算表を作成した行為は、隠ぺい、仮装と評価すべき行為に該当するとは認められないとした事例

　以上の裁決では、裁決書の「判断」欄において、次のように結論を導き出している。

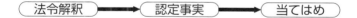

　上記の「法令解釈」の記載は、一部異なる表現もあるが、おおむね同一の文言（表現）となっている。したがって、ここに示されている解釈に基づいて判断している（下線：筆者）。

■国税通則法68条１項（過少申告＋隠蔽・仮装）について

　「通則法第68条第１項に規定する重加算税の制度は、納税者が過少申告をするにつき隠ぺい又は仮装という不正手段を用いていた場合に、過少申告加算税よりも重い行政上の制裁を課すことによって、悪質な納税義務違反の発生を防止し、もって申告納税制度による適正な徴税の実現を確保しようとするもので

ある。

　したがって、重加算税を課すためには、納税者のした過少申告行為そのものが隠ぺい、仮装に当たるというだけでは足りず、過少申告行為そのものとは別に、隠ぺい、仮装と評価すべき行為が存在し、これに合わせた過少申告がされたことを要するものである（最高裁平成7年4月28日第二小法廷判決・民集49巻4号1193頁参照）。」（⑬の裁決書から）

　「したがって、重加算税を課するためには、納税者のした過少申告行為そのものが隠ぺい、仮装に当たるというだけでは足りず、過少申告行為そのものとは別に、隠ぺい、仮装と評価すべき行為が存在し、これに合わせた過少申告がされたことを要するものである。しかし、上記の重加算税制度の趣旨にかんがみれば、架空名義の利用や資料の隠匿等の積極的な行為が存在したことまで必要であると解するのは相当でなく、納税者が、当初から過少に申告することを意図し、その意図を外部からもうかがい得る特段の行動をした上、その意図に基づく過少申告をしたような場合には、課税要件事実の隠ぺい、仮装に基づく過少申告と認めることができるものと解される。」（⑮の裁決書から）

　「過少申告をした納税者が、その国税の課税標準等又は税額等の計算の基礎となるべき事実の全部又は一部を隠ぺいし、又は仮装し、その隠ぺいし、又は仮装したところに基づき納税申告書を提出していたときは、その納税者に対して重加算税を課することとされている（通則法第68条第1項）。この重加算税の制度は、納税者が過少申告をするについて隠ぺい、仮装という不正手段を用いていた場合に、過少申告加算税よりも重い行政上の制裁を課することによって、悪質な納税義務違反の発生を防止し、もって申告納税制度による適正な徴税の実現を確保しようとするものである。そして、上記の重加算税制度の趣旨に鑑みれば、架空名義の利用や資料の隠匿等の積極的な行為が存在したことまで必要であると解するのは相当でなく、納税者が、当初から財産を過少に申告することを意図し、その意図を外部からもうかがい得る特段の行動をした上、その意図に基づく過少申告をしたような場合には、重加算税の賦課要件が満た

されるものと解すべきである。」（⑫の裁決書から）

（注）国税通則法68条１項を適用するためには、「積極的な行為の存在」は不
　　　要であるが、「過少に申告する意図」と「その意図を外部からうかがいう
　　　る特段の行為」が必要である。

　「通則法第68条に規定する重加算税は、同法第65条ないし第67条に規定する
各種の加算税を課すべき納税義務違反が事実の「隠ぺい又は仮装」という不正
な方法に基づいて行われた場合に、違反者に対して課される行政上の措置であ
って、故意に納税義務違反を犯したことに対する制裁ではないから、同法第68
条第１項による重加算税を課し得るためには、納税者が故意に課税標準等又は
税額等の計算の基礎となる事実の全部又は一部を隠ぺいし、又は仮装し、その
「隠ぺい又は仮装」の行為を原因として過少申告の結果が発生したものであれ
ば足り、それ以上に、申告に対し、納税者において過少申告を行うことの認識
を有していることまでを必要とするものではないと解するのが相当である。ま
た、「事実を隠ぺいした」とは、課税標準等又は税額等の計算の基礎となる事
実を隠ぺいし、あるいは故意に脱漏したことをさすものと解される。」（②の裁
決書から）

　「通則法第68条に規定する重加算税は、納税者がその国税の課税標準等又は
税額等の計算の基礎となる事実の全部又は一部を隠ぺいし、又は仮装し、その
隠ぺい、又は仮装したところに基づき納税申告書を提出しているときに課され
るものであるところ、ここでいう「事実を隠ぺいする」とは、課税標準等又は
税額等の計算の基礎となる事実について、これを隠ぺいし又は故意に脱漏する
ことをいい、また、「事実を仮装する」とは、所得、財産あるいは取引上の名
義等に関し、あたかも、それが真実であるかのように装う等、故意に事実をわ
い曲することをいうものと解するのが相当である。」（③の裁決書から）

■国税通則法68条2項について

「通則法第68条第2項に規定する重加算税の制度は、納税者が期限内申告書を提出しないことについて隠ぺい、仮装という不正手段を用いていた場合に、無申告加算税よりも重い行政上の制裁を科することによって、悪質な納税義務違反の発生を防止し、もって申告納税制度による適正な徴税の実現を確保しようとするものである。

したがって、重加算税を課するためには、納税者による期限内申告書の提出がされなかったこと（無申告行為）そのものが隠ぺい、仮装に当たるというだけでは足りず、無申告行為とは別に、隠ぺい、仮装と評価すべき行為が存在し、これに合わせた無申告行為がされたことを要するものである。

しかし、上記の重加算税制度の趣旨に鑑みれば、架空名義の利用や資料の隠ぺい等の積極的な行為が存在したことまで必要であると解するのは相当でなく、納税者が、当初から課税標準等及び税額等を申告しないことを意図し、その意図を外部からもうかがい得る特段の行動をした上、その意図に基づき期限内申告書を提出しなかった場合には、重加算税の賦課要件が満たされるものと解するのが相当である。」（①の裁決書から）

「通則法第68条第2項に規定する重加算税の制度は、納税者が法定申告期限までに申告書を提出しないことについて隠ぺい、仮装という不正手段を用いていた場合に、無申告加算税よりも重い行政上の制裁を科することによって、悪質な納税義務違反の発生を防止し、もって申告納税制度による適正な徴税の実現を確保しようとするものである。

したがって、重加算税を課するためには、納税者が法定申告期限までに申告書を提出しなかったこと自体が隠ぺい、仮装に当たるというだけでは足りず、これとは別に、隠ぺい、仮装と評価すべき行為が存在し、これに合わせて法定申告期限までに申告書を提出しなかったことを要するものである。しかし、上記の重加算税制度の趣旨に鑑みれば、架空名義の利用や資料の隠匿等の積極的な行為が存在したことまで必要であると解するのは相当でなく、納税者が、当

初から相続税を申告しないことを意図し、その意図を外部からもうかがい得る特段の行動をした上、その意図に基づき法定申告期限までに申告書を提出しなかった場合には、課税要件事実の隠ぺい、仮装に基づき法定申告期限までに申告書を提出しなかったものと認めることができるものと解される。」（⑪の裁決書から）

（注）　上記の表現から、国税通則法 68 条 2 項の規定が適用されるためには、「積極的な行為の存在」は、不要であるが「申告をしないことを意図」しているとともに、「その意図が外部からもうかがい得る特段の行動」が求められている（①と⑪はほぼ同じ内容である。）。

「通則法第 68 条第 2 項に規定する重加算税の制度は、納税者が法定申告期限までに申告書を提出しないことについて隠ぺい、仮装という不正手段を用いていた場合に、無申告加算税よりも重い行政上の制裁を科することによって、悪質な納税義務違反の発生を防止し、もって申告納税制度による適正な徴税の実現を確保しようとするものである。

したがって、重加算税を課するためには、納税者が法定申告期限までに申告書を提出しなかったこと自体が隠ぺい、仮装に当たるというだけでは足りず、これとは別に、隠ぺい、仮装と評価すべき行為が存在し、これに合わせて法定申告期限までに申告書を提出しなかったことを要するものである。」（⑲の裁決書から）

上記の国税不服審判所の「法令解釈」を前提として、各事例において具体的な「事実認定」が行われ、それを「当てはめ」る作業が行われている。その主要な判断について、以下、事例ごとに検討する。

◇①の裁決事例の検討

「請求人は、原処分庁調査時において、基礎控除額を上回る遺産の存在を知りながら、これについて申告しないことを意図し、本件お尋ね回答書の「申告は不要と思っています。」との印字の下に署名して、第1法定申告期限当日に、これをK税務署長に対して提出した旨記載された質問てん末書に署名、押印している（当初から無申告の意図があった）。… しかし、本件預貯金10を請求人名義の預金に預け替え、本件有価証券44について金融機関に相続手続をして請求人名義に変更したことは、それ自体として、請求人の、本件被相続人名義財産を「申告しない意図を外部からもうかがい得る行動」であるとは評価し得ない。」

コメント

　この事例は、「無申告の意図」は認められるが、金融機関に相続手続をして請求人名義に変更したことは、「申告しない意図を外部からもうかがい得る行動」に評価し得ないと判断している。

◇②の裁決事例の検討

「請求人には雑収入計上漏れの事実が認められるところ、請求人は、当該事実を帳簿書類に記録していない。しかしながら、請求人は、そもそも本件預け

金を返還しないこととなった結果、収益が実現したとの認識を有していなかったと認められることに加え、請求人が、故意に当該事実を帳簿書類に記録しなかったとか、雑収入発生の事実を隠ぺいしたとかの証拠も見受けられないことからすると、平成19年10月期において、請求人には、「隠ぺい又は仮装」の行為があったとは認められない。この点、原処分庁は、請求人が雑収入発生の事実を故意に隠ぺいした根拠として、本件覚書が関与税理士に提示されることはなくＧ代表の机の引出しにおいて管理されていた点をあげる。しかしながら、そもそも請求人には収益が実現したとの認識がなかったと認められることから、単にＧ代表が本件覚書を机の引出しで管理していたとの事実のみにより、雑収入発生の事実を隠ぺいしたものであるとは認定できず、したがって、原処分庁の主張は採用できない。」

コメント

　本件覚書が関与税理士に提示されることはなくＧ代表の机の引出しにおいて管理されていた点のみでは、雑収入計上漏れについて「事実を隠蔽」していたとは認められないと判断されている。

◇③の裁決事例の検討

> **争点** →　本件の争点は、本件申告に際して、本件貨物の適正な課税価格を明らかにする書類の一部を本件通関業者に送付しなかったことが、事実の隠蔽に該当するか否か。

「請求人が、本件取引総額を示す書類として、本件通関業者に本件インボイスのみを送付し、本件価格明細表等を送付しなかったことをもって、事実の隠ぺいがあったということはできない。」

　請求人が、本件貨物の課税価格となるべき現実支払価格が本件価格明細表等によって示されていることを認識し、また、本件インボイスに記載された代金額が現実支払価格に比べて著しく過少であり、本件インボイスが課税価格決定の資料として不十分であることを認識していたにもかかわらず、本件通関業者に対して、本件インボイスを送付し、あえて本件価格明細表等を送付しなかったことは書類の隠匿に該当し、さらに、請求人には事実を隠蔽する行為であるとの認識があったとの主張に対して、国税不服審判所は、本件通関業者によって作成される本件申告に係る申告書の内容を意識した上で本件インボイスのみを送付したとまでは認定できないと判断した。

◆④の裁決事例の検討

> **争点** → 　請求人の行為は、通則法第68条第１項に規定する事実を「仮装した」ものと認められるか否か。

「請求人は、本件役務提供未了費用について、本件事業年度の損金の額及び本件課税期間の課税仕入れに係る支払対価の額を算出するに当たり、その計算の基礎となるべき事実を、故意にわい曲したものと認めることができるから、請求人の行為は、通則法第68条第１項に規定する事実を「仮装した」ものと認められる。」

コメント

　国税通則法第68条第１項の解釈に照らせば、意図的にした経費の繰上計上は、実際には当期の経費ではないものを当期の経費として計上するのであるから、同項に規定する隠蔽又は仮装の行為に当たると判断している。そして、重加算税取扱事務運営指針の第１の３は、相手方との通謀や証ひょう書類の改ざんなど、経費の繰上計上が意図的であることを示す事情を例示し、こう

した事情のない経費の繰上計上を重加算税の賦課決定の対象としない旨を明らかにしたものと解するのが相当であり、例示された事情によらない経費の繰上計上を無条件に重加算税の賦課決定の対象としない取扱いを定めたものと解することはできず、経費の繰上計上が意図的であることが内部資料その他のものによって明らかであると認められるような本件の場合には、事実を仮装したものとして重加算税を賦課するのが相当であると述べている。

◇⑤の裁決事例の検討

> **争点** → 本件事業年度末における期末棚卸高の算定に当たり、本件金員の額を本件未履行残高に相当する数量のf商品に係る取得価額に含めなかったことについて、隠蔽又は仮装の行為があったか否か。

「本件各当初契約は、請求人とU社との間においてその解除の合意は有効に成立しており、本件金員は当該解除の合意に基づいて請求人によりU社に対して支払われたものである。そして、本件解除契約書は、当該解除の合意に係る契約書として作成されたものと認められることからすると、これらの点において、請求人に事実を隠ぺい又は仮装したと評価される行為があったとは認められない。……、本件各当初契約の解除に合意した時点においては、U社から要求されたf商品の新規購入に関して条件等の合意には至らず、結果として、本件未履行残高に相当する数量のf商品はその後に順次締結された本件各新規契約に基づき取引が行われたのであるから、本件解約関係書類において、合意に至らなかったU社の要求内容に係る交渉経緯が記載されていないとしても、そのことをもって、本件各新規契約に基づく取引について本件金員の支払との関係を示す事実を隠ぺいし又は故意に脱漏したとまでいうことはできない。」

　当該解除の合意は、請求人とU社との間の本件各新規契約の締結よりも前に合意していたこととなるのであるから、実際に、解除の合意の時期と異なるように体裁を取っていたとしても、そのことをもって、本件各新規契約に基づく取引について本件金員の支払との関係を示す事実をわい曲したものと評価することもできない。

◇⑥の裁決事例の検討

> **争点** → 原処分のうち重加算税の各賦課決定処分は、請求人が、本件各年分の所得税又は本件各課税期間の消費税等の「課税標準等又は税額等の計算の基礎となるべき事実の全部又は一部を隠ぺいし、又は仮装し」たものである（所得税につき通則法第68条第1項、消費税等につき同条第2項）か否か。

「（過少申告の意図について）請求人は、本件各年分の所得税について、FX取引の損失の穴埋めという自己の資金需要の必要性に基因した過少申告の意図を継続して有していたことは認められる。（特段の行為について）請求人が本件売上金額メモと同様のメモ書を廃棄していたことをもって、当初から所得等を過少に申告する意図をうかがい得る特段の行動をしたとは評価できない。」

コメント

　請求人が何ら根拠のない収入金額及び必要経費の額を本件収支内訳書に記載していたことは、過少申告行為そのものであって、「過少申告の意図を外部からもうかがい得る特段の行動」に当たるとは評価できない。本事例は、「過少申告の意図」については、あると認め、「特段の行為」については、メモ等を破棄する行為は当たらないとし、また、根拠のない収支計算書の添付については、「過少申告行為」であって、「特段の行為」には該当しないと判断

している。

◇⑦の裁決事例の検討

> **争点**　→　請求人の行為が、通則法第68条第1項に規定する課税標準
> 等又は税額等の計算の基礎となるべき事実の一部を隠蔽し、
> 又は仮装したことに該当するか否か。

「請求人と本件被相続人との間で請求人が答述するような協議があった可能性を十分に認めることができることを前提にすると、本件仕訳2等は、a社が有する本件被相続人からの借入金の額を減少させるという本件被相続人の意思に基づき行われた可能性が十分に認められることになり、そうすると、本件仕訳2等を入力させた請求人の行為は、本件相続税の課税標準等又は税額等の計算の基礎となるべき事実（本件被相続人のa社に対する貸付金の額）を隠ぺいし、故意に脱漏し、あるいは故意にわい曲したものであるとまでは認めることができない。」

コメント

　原処分庁が、請求人は、根拠となる私法上の行為が存在しない仕訳を故意に行うことにより、貸付金の額を減少させたのであるから、相続税の課税標準等又は税額等の計算の基礎となる事実を仮装したとして、重加算税の賦課決定処分をしたことに対し、国税不服審判所は、被相続人が実際に債権放棄をした可能性が認められるとして、全部取消しをした。同様な事件として、相続税法64条の同族会社の行為又は計算の否認規定を適用した浦和地裁昭和56.2.25判決がある。なお、本件事件では、「質疑応答記録書」の記載内容についても言及され、「相続税を過少に申告することを意図していたとまで認めることはできない」と判断している。

◆⑧の裁決事例の検討

> **争点** → 仮に、本件各定期預金が本件相続に係る相続財産に当たる場合において、本件各定期預金は、本件条項に基づき妻Gが本件相続により取得することになるのか否か。

「妻Gは本件各定期預金が本件被相続人に帰属する相続財産であることを認識していながら、あえてこれを本件関与税理士には告げず、その上で、本件各定期預金が本件子供らの名義であって名義上本件被相続人に帰属しないかのような外形を備えていたことから、これが記載されていない本件分割協議書を本件申告書に添付して相続税の過少申告に及んだものである。そして、本件調査の際にも、本件各定期預金が既に贈与されたものであるという根拠のない答弁を行うなど、真実の相続財産の価額を隠ぺいする態度をできる限り貫こうとしているのである。妻Gのこのような行為は、当初から相続財産を過少に申告することを意図し、その意図を外部からもうかがい得る特段の行動をした上、その意図に基づく過少申告を行ったものと認められる。そうすると、妻Gは、相続税の課税価格の計算の基礎となるべき事実を隠ぺいしたものと認められる。本件子供らは本件各定期預金のうち自己の名義の定期預金が本件被相続人に帰属する相続財産として存在していることを認識しながらこれを本件関与税理士に告げず、また、本件各定期預金が記載されていない本件分割協議書を本件申告書に添付して相続税の過少申告に及んだものである。したがって、本件子供らは、本件各定期預金の総額のうち、少なくとも自己の相続分に相当する部分については隠ぺい行為があったと認められる。」

コメント

　本件事例は、妻Gが隠蔽行為を行ったのであるが、本件子供らが、相続税の申告手続を妻Gに委任したことについて、その選任及び監督につき過失がないと認められる特段の事情はないから、本件子供ら各人には、本件各定期

預金の全部の隠蔽があったと認められると判断されている。

◆⑨の裁決事例の検討

> **争点** → 本件業務等に係る所得税及び消費税等の課税標準等又は税額等の計算の基礎となるべき事実について、隠蔽又は仮装があったか否か。

「請求人は、単に、申告義務があることを認識しながら法定申告期限までに申告しなかったというにとどまらず、本件業務等に係る実習等事業が日本とV国とにまたがる事業であり、本件業務等の実態や所得額の調査解明に困難が伴う状況を利用し、請求人が事業所得を得ていることを隠ぺいしようという確定的な意図の下に、必要に応じて事後においても工作を行い、請求人が所得を得ていることを隠しきれない場合には、事業所得であることについては隠した上で、真実の所得金額の一部について給与所得として申告して本来の納税額の大半を免れることを想定しつつ、あえて法定申告期限までに確定申告書を提出しなかったものと認められる。したがって、本件は、請求人が当初から課税標準等又は税額等を申告しないことを意図し、その意図が外部からうかがい得る特段の行動をした上、その意図に基づき期限内申告書を提出しなかった場合に当たり、本件所得の金額等の計算の基礎となるべき事実について、隠ぺい又は仮装があったと認められる。」

コメント

　本件事例は、「過少申告の意図」があり、また「外部からうかがいうる特段の行動」もあったと認定され、重加算税が課された。また、請求人は、悪質な隠蔽工作を行ったと国税不服審判所が認定している。この事例では、国税通則法70条4項の「偽りその他不正の行為」についても言及され、「請求人は、請求人自らが事実と異なる文書を作成し、当該文書に基づいた本件証

明書及び本件説明書をＫ社に作成及び証明させた上で、当該証明書等に基づき事実と異なる過少な金額等によって平成18年分及び平成19年分の所得税の確定申告書を提出しており、このような請求人の行為は、税額を免れる意図の下に、税の賦課徴収を不能又は著しく困難にするような何らかの偽計その他の工作を伴う不正な行為に該当する。」と判断している。

◇⑩の裁決事例の検討

> 争点 → 重加算税の計算の基礎となるべき税額の計算に誤りがあるか否かについて。

「通則法第68条第１項括弧書は、重加算税の課税標準となる「過少申告加算税の計算の基礎となるべき税額」は、更正に基づく増差税額全体から、その税額の計算の基礎となるべき事実で隠ぺいし、又は仮装されていないものに基づくことが明らかであるものがあるときは、当該隠ぺいし、又は仮装されていない事実に基づく税額として政令で定めるところにより計算した金額を控除して算出する旨規定し、同項の委任を受けた施行令第28条第１項は、通則法第68条第１項に規定する隠ぺいし、又は仮装されていない事実に基づく税額として政令で定めるところにより計算した金額は、増差税額全体のうち当該事実のみに基づいて更正があったものとした場合におけるその更正に基づき納付すべき税額とする旨規定している。上記各規定を本件に当てはめると、本件平成23年６月期更正処分の基礎となった事実のうち、本件分配割合に誤りがあったことについては、隠ぺい又は仮装は認められないから、当該事実は、上記各規定にいう隠ぺいし、又は仮装されていない事実に当たる。そうすると、上記各規定によれば、請求人に係る重加算税基礎税額は、①「更正処分により納付すべき法人税額」欄記載の本件平成23年６月期更正処分に基づく増差税額全体から、②「平成23年６月期」の「隠ぺい・仮装されていない事実に基づく税額」欄記載の本件分配割合に誤りがあったことのみに基づいて更正があったものとした場

合におけるその更正に基づき納付すべき税額を控除して計算するのが相当であ
るが、①と②は同額であることから、上記計算の結果、重加算税基礎税額は零
円となる。」

コメント

　重加算税基礎税額の算式は、「増差税額」－「隠蔽・仮装されていない事
実に基づく税額」であるから、この計算によって、零になる場合には、重加
算税は課されない。

◇⑪の裁決事例の検討

> **争点** → 　請求人J及び請求人Mが、課税要件事実を隠ぺい、仮装し、
> その隠蔽、仮装したところに基づき法定申告期限までに申
> 告書を提出しなかったと認められるか否か。

「請求人Jと請求人Mの間では、事前通知を受けてから本件実地調査までの
間に、調査に対し積極的には協力しない旨の漠然とした合意が形成されたこと
が認められる。また、請求人Jは、本件実地調査の際、本件被相続人がP証
券との取引があった事実を秘匿するため、虚偽の答弁や、本件香典メモ破棄行
為という明らかな証拠隠滅行為に及んだことなど、請求人J及び請求人Mの、
相続財産を隠ぺいし、本件相続に係る相続税を無申告で済ませようとする意図
をうかがわせる一定の事情が認められる。しかし、上記各事情は、いずれも、
法定申告期限経過時から約1年8か月が経過した後の調査時点における言動等
であって、その内容をみても、事前準備を要するような計画的なものではなく、
とっさにとった行動とも評価し得るものである。また、請求人Jは、本件実地
調査の中で直ちに上記証拠隠滅行為等を看破され、調査担当職員に対し、本件
被相続人がP証券との取引があったことを隠すため当該行為に及んだ旨を自
供しており、請求人J及び請求人Mがその後遅滞なく期限後申告に応じてい

ることも併せ考慮すると、相続財産を隠ぺいし、本件相続に係る相続税を無申告で済ませようとする態度、行動をできる限り貫こうとしたとまではいい難い。これらによれば、本件相続に係る相続税については、相続財産総額が○○○○円余りと多額であり、その大部分を占める本件金融資産について調査時に上記のような証拠隠滅行為がされたことを考慮しても、請求人J及び請求人Mが、本件相続に係る相続税を申告しない意図を外部からもうかがい得る特段の行動をした上、その意図に基づき法定申告期限までに申告書を提出しなかったとまでは認めることができない。」

コメント

　本件事例は、「過少に申告する意図」はあるものの「その意図を外部からうかがいうる特段の行為」については存していなかったと判断している。

◆⑫の裁決事例の検討

> 争点　→　本件現金の申告漏れについて、重加算税の賦課要件である
> 「隠蔽」が認められるか否か。

　「請求人は、本件申告書の作成を委任した本件税理士に対して、当初から現金を過少に申告することを意図し、その意図に基づき本件現金の存在について、あえて秘匿し、本件収支の表など現金の存在を否定する書類を作成し、それらの結果として、本件税理士に現金を過少に記載した本件申告書を作成させて原処分庁に提出したものであり、請求人が当初から過少に申告することを意図し、その意図を外部からうかがい得る特段の行動をした上で、その意図に基づく過少申告をしたものと認められるから、本件現金の申告漏れについては、重加算税の賦課要件である「隠ぺい」によるものと認められる。」

コメント

　本件事例は、「過少に申告する意図」があると認定し、更に、「その意図を外部からうかがいうる特段の行為」（収支表等の作成）も存していたと判断し、重加算税の要件である「隠蔽」を認定している。

◇⑬の裁決事例の検討

> **争点　→**　請求人は、本件太陽光発電設備の引渡しを受けた日を仮装したか否か。

　「①請求人は、本件課税期間の消費税等の確定申告書において、課税仕入れに係る支払対価の額に本件太陽光発電設備の取得費を含めたこと、②当該確定申告書の添付書面には本件請求書が添付されていたが、本件請求書は、請求人が作成したものであり、その欄外に補足として「工事完了は 3 月31日までとする。」と記載されていたこと、③請求人が、G 社から本件工事の目的物である本件太陽光発電設備の引渡しを受けたのは、本件課税期間の翌課税期間に属する平成26年 7 月15日であったことが認められる。しかしながら、本件請求書は、飽くまで本件工事の代金を請求する書面であって、本件太陽光発電設備の引渡しに係る書面ではない上、本件請求書が平成26年 1 月31日付で作成されていることからすれば、「工事完了は 3 月31日までとする。」との記載は、工事完了の予定日が記載されたものとみるほかない（なお、本件の全証拠資料を精査しても、本件請求書が本件課税期間終了後に日付を遡って作成されたなどの事情は見いだせない。）。そうすると、請求人が本件請求書を作成したことをもって、請求人が本件太陽光発電設備の引渡しを受けた日を仮装したとは到底認めることができない。」

コメント

　請求人の作成した「本件請求書」には、工事完了は 3 月31日と記載されて

いるが、この請求書は、あくまで、工事代金を請求する書面であって、引渡しに係る書面ではないことから、請求書を作成したことを持って、直ちに、引渡日を仮装したとはいえないと判断している。

◇⑭の裁決事例の検討

> **争点** → 請求人が法定申告期限までに申告書を提出しなかったことについて、通則法第68条第2項に規定する重加算税の賦課要件を満たすか否か。

「本件被相続人の相続人は請求人のみであり、自らが全部相続したことを前提に、本件各口座の預金を相続手続により自己名義の預金口座に預け替えたりしたというだけでは、請求人が本件各口座の預金を隠ぺいし、又は仮装したと評価することはできず、ほかに、請求人が本件相続税の法定申告期限前において本件各口座の預金を隠ぺいし、又は仮装した事実はない。請求人は、本件調査担当者から本件各口座の相続手続について指摘されるとその存在を認めており、本件各口座の預金を隠す態度を一貫していたとはいえない。また、請求人は、本件各口座が発見されることを防止したり、本件各口座の預金が相続財産に含まれないように装ったりする等の積極的な措置を行っていないことからすれば、（口座預金漏れの）本件お尋ね回答書を提出したことや、調査の当初は本件各口座の存在を隠していたことをもって、隠ぺい又は仮装の行為と評価することは困難である。そして、請求人は、法定申告期限の前後において、積極的な隠ぺい又は仮装の行為を行っていないことからすれば、請求人が、本件相続税の法定申告期限経過時点において、本件相続税の調査が行われた場合には、積極的な隠ぺい又は仮装の行為を行うことを予定していたと推認することはできない。」

コメント
======

　お尋ね回答書に「口座預金」が漏れていたとしても、そのこと自体で「隠蔽」又は「仮装」ということはできない。

◇⑮の裁決事例の検討

> **争点**　→　請求人Ａが、課税要件事実を隠蔽、仮装し、その隠蔽、仮装したところに基づき過少申告をしたと認められるか否か。

　「請求人Ａは、本件被相続人による本件各保険の契約締結に関与していないこと、請求人Ａは、相続開始の約４か月後にＬ社職員から教示を受けるまでは、本件保険①及び本件保険②について、本件相続に起因する保険金の支払請求手続ないし契約者等の変更手続の必要性を認識しておらず、Ｌ社職員から促されて受動的にこれらの手続を行ったものとみられること、請求人Ａは、本件当初申告当時、本件保険③、本件保険④及び本件保険⑤の存在を認識していなかったことがうかがわれることに加え、請求人Ａは、本件当初申告書の作成過程で本件関与税理士に対し相続財産の計上漏れを指摘して訂正を求めるなど、正確な申告を行う姿勢を示していたこと、請求人Ａは、調査担当職員から本件各保険の申告漏れを指摘された後、遅滞なく修正申告に応じていることに照らせば、請求人Ａが、本件各保険を故意に本件当初申告の対象から除外したものとは認め難く、請求人Ａが、本件相続に係る相続税を当初から過少に申告することを意図し、その意図を外部からもうかがい得る特段の行動をした上、その意図に基づく過少申告をしたものとは認めることができない。」

コメント
======

　本件事例は、その事実認定（契約締結に無関与、契約変更手続の無認識、調査での請求人の素直な対応等）から、生命保険金及び生命保険契約に関する権利の一部について、「過少に申告する意図」及び「意図を外部からうか

がいうる特段の行為」も存していなかったと判断している。

◇⑯の裁決事例の検討

> **争点** → 請求人が本件各無申告保険金を本件当初申告の対象に含め
> なかったことは、課税要件事実を隠蔽、仮装したところに
> 基づく過少申告であるか否か。

「請求人は、本件各無申告保険金をいずれも請求人名義の本件預金口座への
振込送金により受領した上、調査の際には、調査担当職員からの求めに応じて、
本件預金口座に係る預金通帳等を逡巡なく提示しているのであって、本件各無
申告保険金の発見を困難ならしめるような意図や行動はうかがわれない。また、
請求人は、調査担当職員から本件各無申告保険金の申告漏れを指摘されると、
特段の抗弁をすることなく当該事実を認めており、修正申告の勧奨に応じて遅
滞なく本件修正申告をしていることにも照らせば、請求人が、本件各無申告保
険金を故意に本件当初申告の対象から除外したものとまでは認め難い。これら
によれば、請求人が、当初から相続財産を過少に申告することを意図し、その
意図を外部からもうかがい得る特段の行動をした上、その意図に基づく過少申
告をしたものとは認めることができない。」

コメント

　本件事例は、請求人の税務調査に対する素直な対応等から、申告漏れの生
命保険金について、「過少に申告する意図」及び「意図を外部からうかがい
うる特段の行為」も存していなかったと判断し、重加算税を取消している。
その意味では、税務調査に対する納税者の素直な対応等が、納税者に有利な
判断を導いたものと思われる。

◇⑰の裁決事例の検討

> **争点** → 　請求人は、本件各年分の所得税等及び本件各課税期間の消
> 　　　　　費税等について、課税標準等又は税額等の計算の基礎とな
> 　　　　　るべき事実の全部又は一部を隠蔽したか否か。

「請求人が、本件各年分の所得税等の確定申告に際し、本件事業に係る所得を全て秘匿して、給与所得及び株式等に係る譲渡所得等のみを記載した内容虚偽の確定申告書を提出し、これを申告しなかったこと、また、本件各課税期間において本件事業に係る収入等につき消費税等の申告をしなかったことは、単なる所得計算の違算や亡失というものではなく、請求人が当初から所得を過少に申告する意図の下になした過少申告行為、又は法定申告期限までに申告しないことを意図して行われたものと認めるのが相当である。

請求人は本件各年分において本件事業に係る帳簿を作成していないものの、①本件業務委託料に係る請求書及び本件スタッフごとの報酬明細書については請求人自らパソコンで作成していること、②本件業務委託料は、全て請求人が管理するF口座に入金されていること、③本件支払報酬に関する振込手続は、請求人自らパソコンを使用して行っていること、並びに④請求人は、本件各契約書、上記1の請求書及び報酬明細書などの書類等についてもこれらを破棄することなく、パソコン等に保存していたことからすると、請求人が本件事業に係る帳簿を作成していないのは、これらの書類等により、本件事業に関する収入金額、必要経費及び請求人自ら処分可能なおおよその利益を把握することができたためである可能性が残り、原処分庁提出の証拠や当審判所の調査で収集した証拠を総合しても、請求人が本件事業に関する正当な収入金額、必要経費及び所得金額を秘匿するためにあえて帳簿を作成しなかったとまでは断定し難い。したがって、本件において、請求人が本件事業に係る帳簿を作成していなかったことをもって、過少申告等の意図を外部からもうかがい得る特段の行動とまでは評価することができない。」

請求人が、帳簿を作成していなかったことは、所得金額等を秘匿するために行われたものとは認められず、「過少申告等の意図を外部からもうかがいうる特段の行動」にはならないと判断した。

◆⑱の裁決事例の検討

> **争点** → 請求人の行為は、通則法第68条第1項及び第2項に規定する重加算税の賦課要件を満たすか否か。

「請求人は、b市が開催する平成19年分ないし平成25年分の確定申告に係る申告相談において、本件下書用収支内訳書をb市職員に提示し、その際、b市職員から本件実績表及び本件各口座の通帳の提示を求められず、本件下書用収支内訳書の記載内容に疑問を抱かれなかったことを奇貨として、これらの資料を一切提示せず、その結果、各農産物等の販売金額の合計額がいずれも10,000,000円以下となる各収支内訳書及び各確定申告書を作成させたものである。このように、請求人が、少なくとも平成19年分ないし平成25年分の7年間という長期間にわたり、各農産物の販売金額を過少に記載するなどした本件下書用収支内訳書を作成し、これをb市職員に提示することによって、P国税局長の許可の下で臨時の税務書類の作成等が認められていたb市職員をして各農産物の販売金額を過少に記載させ、その合計額がいずれも10,000,000円以下となる各収支内訳書及び各確定申告書を作成させ続けていたことに鑑みると、請求人のこれらの行為は、請求人の過少申告の意図又は無申告の意図を外部からもうかがい得る特段の行動に該当するものと認められる。」

コメント

本件事例は、「過少に申告する意図」があると認定し、更に、「その意図を外部からうかがいうる特段の行為」(7年間にわたる各収支内訳書及確定申

告書の作成等）も存していたと判断し、重加算税の要件である「隠ぺい」を認定している。長期間の隠蔽・仮装については、国税不服審判所の判断にマイナスの影響を与えている。

◇⑲の裁決事例

> **争点**　→　本件試算表の作成が、請求人による隠蔽、仮装と評価すべき行為に該当するか否か。

「本件試算表受領後の事情をみるに、請求人は、本件試算表の余白部分のほぼ全面にわたって、デリヘル嬢の派遣に関する事項（源氏名、顧客の連絡先、派遣先等）などを手書きしていたこと、本件調査の際、請求人がデリヘル業の用に供していた本件パソコンのキーボードの下から発見されたことからすると、請求人は、本件試算表の余白部分を、顧客からデリヘル嬢の派遣を依頼されたときにその内容を記載するなど備忘メモとして利用していたと認められ、そのことからすると、本件試算表を重要な書類であるとは思っていなかった可能性も否定できない。また、仮に、請求人が本件試算表をもって申告することを考えていたとすると、本件調査の際、自ら進んで本件試算表を示して確定申告義務がないことを説明するはずであるが、請求人は、本件調査の際、本件試算表が発見されるまでその存在について説明していない。これらのことからすると、請求人が本件試算表に基づき申告するつもりがあったと考えることについても疑問が残る。以上によれば、請求人が、確定申告義務の生じないことの説明資料として本件試算表をP社に作成させたとは認められない。したがって、本件試算表の作成が、請求人による隠ぺい、仮装と評価すべき行為に該当するとは認められない。」

コメント

　上記の事実認定により、「本件試算表の作成」が隠蔽・仮装と評価すべき

行為に該当しない、すなわち、本件試算表は、申告上、重要な役割を果たす
資料ではないと判断されている。

７ 裁決事例の分析（平成30年から令和3年まで）

　国税不服審判所が平成30年から令和 3 年に公表した重加算税に係る裁決事例
は、33件ある。その中で、国税不服審判所は、28件の事例（約85%）について、
重加算税の賦課決定処分を取り消している。面白いことに、国税不服審判所が
重加算税の賦課決定処分を認めている（◆）のは、税目として、法人税又は所
得税と消費税に重加算税が課されているケース（⑪⑬⑮⑯㉔）である。重加算
税の判断をする際に、国税不服審判所は、「消費税」に対して厳しい目を向け
ているのかもしれない。

　上記期間において、11件の相続税の公表裁決（②③⑤⑩⑳㉑㉗㉘㉙㉛㉝）が
あるが、国税不服審判所によって、重加算税の賦課決定処分が全て取り消され
ている。これは、ある意味で、相続税事案について、課税庁は積極的に重加算
税を賦課決定する傾向があるようにも見える。

　33件の裁決事例を一覧表にすると、次のようになる（◆印は重加算税を認め
た事例）。

裁決年月日	税目	裁決内容
①平30.1 .11	所得税	当初から申告しないことを意図し、その意図を外部からもうかがい得る特段の行動をした上、その意図に基づき期限内申告書を提出しなかったものと認めることはできないとして、重加算税の賦課決定処分を取り消した事例
②平30.1 .30	相続税	税理士交付用として相続財産の一覧表を作成した行為は隠ぺい又は仮装の行為に当たらないとして、重加算税の賦課決定処分を取り消した事例
③平30.2 .6	相続税	当初から過少に申告することを意図し、その意図を外部からもうかがい得る特段の行動があったことをうかがわせる事情は見当たらないとして、重加算税の賦課決定処分を取り消した事例

④平30.2.7	所得税	支払った金員に係る領収証の名目を書き直させた行為は、当該金員が譲渡費用に該当しないことを認識していたと認めるに足りる証拠はないから隠ぺい又は仮装をしたものとはいえないとして、重加算税の賦課決定処分を取り消した事例
⑤平30.3.29	相続税	当初から相続税を過少に申告する意図を有していたと認めることはできないとして、重加算税の賦課決定処分を取り消した事例
⑥平30.5.31	法人税	課税負担を軽減する目的で兄弟会社に対する債務引受による債権放棄を行ったとしても、直ちにその経済的利益の額は寄附金の額とはならないことから、確定申告が事実を隠ぺい又は仮装をしたものとはいえないとして、重加算税の賦課決定処分を取り消した事例
⑦平30.9.3	所得税	第三者が作成した内容虚偽の確定申告書の作成行為について、請求人の行為と同視することはできないとした事例
⑧平30.9.21	法人税 消費税	個人名義のクレジットカードにより支払われた飲食店等に対する支出について、請求人代表者の個人的な飲食等にかかる金額であるとは言い切れないから、請求人に仮装をした事実は認められないとして、重加算税の賦課決定処分を取り消した事例
⑨平30.9.27	所得税	当初から所得を過少に申告することを意図していたと認めることはできないとして、重加算税の賦課要件を満たさないとした事例
⑩平30.10.2	相続税	当初から相続財産を過少に申告することを意図し、その意図を外部からもうかがい得る特段の行動があったものと認めることはできないとして、重加算税の賦課決定処分を取り消した事例
⑪平30.12.4 ◆	所得税 消費税	消費税の課税を免れるため売上金額を調整した行為が事実の隠ぺい又は仮装に当たるとした事例

⑫平31.2.7	法人税 消費税	売上金額を脱漏する目的で、取引先に依頼し、決済方法を変更したなどの事実があったとは認められないとして重加算税の賦課決定処分を取り消した事例
⑬平31.3.1 ◆	法人税 消費税	過去の事業年度における仮装経理について、修正の経理を行わず、当事業年度の実際の材料仕入高を水増しした材料仕入高により帳簿書類を作成したことは、仮装に該当するとした事例
⑭平31.4.9	所得税 消費税	当初から過少に申告することを意図し、その意図を外部からもうかがい得る特段の行動をしたとは認められないとして、重加算税の賦課決定処分を取り消した事例
⑮平31.4.23 ◆	所得税 消費税	当初から過少申告及び無申告を意図し、その意図を外部からもうかがい得る特段の行動をした上で、その意図に基づき、所得税等については過少申告をし、消費税等については期限内に確定申告書を提出しなかったと認定した事例
⑯令1.6.20 ◆	法人税 消費税	請求人の取締役が、外注先に対して架空の請求書を発行するよう依頼した行為は、請求人による行為と同視できるとした事例
⑰令1.6.24	所得税 消費税	収支内訳書に虚偽記載があったものの、隠ぺい仮装があったとは認められないと判断した事例
⑱令1.7.2	法人税 消費税	取引先と通謀して検収書に虚偽の検収日を記載した事実は認められないと判断した事例
⑲令1.10.4	法人税 消費税	請求人の従業員が、架空の請求書を作成して請求人に交付した一連の行為は、請求人による行為と同視できないとした事例
⑳令1.11.19	相続税	相続財産の一部について、相続人がその存在を認識しながら申告しなかったとしても、重加算税の賦課要件は満たさないとした事例
㉑令1.11.20	法人税	当初から法定申告期限までに申告しないことを意図し、その意図を外部からもうかがい得る特段の行動をしたとは認められないとして重加算税の賦課決定処分を取り消した事例

㉒令1.12.18	相続税	請求人が法定申告期限までに相続税の申告をしなかったことについて、国税通則法第68条第2項の重加算税の賦課要件を満たしているとはいえないとした事例
㉓令2.1.3	法人税 消費税	請求人が法定申告期限までに法人税及び消費税等の申告をしなかったことについて、国税通則法第68条第2項の重加算税の賦課要件を満たしているとはいえないとした事例
㉔令2.2.19 ◆	所得税 消費税	当初から過少申告及び無申告を意図し、その意図を外部からもうかがい得る特段の行動をした上で、その意図に基づき、所得税等については過少申告をし、消費税等については期限内に確定申告書を提出しなかったと認定した事例
㉕令2.3.10	法人税	翌事業年度に計上すべき本件修繕費の完了日を仮装したとまではいえないとした事例
㉖令2.9.4	法人税	役務提供のない支払手数料を計上したことに事実の仮装は認められないとした事例
㉗令3.2.5	相続税	みなし相続財産に該当する生命保険金が申告漏れとなったことにつき、請求人が殊更過少な相続税申告書を提出したとは認められないとした事例
㉘令3.3.1	相続税	当初から相続財産を過少に申告することを意図し、その意図を外部からもうかがい得る特段の行動があったものと認めることはできないとして、重加算税の賦課決定処分を取り消した事例
㉙令3.3.23	相続税	当初から相続財産を過少に申告することを意図し、その意図を外部からもうかがい得る特段の行動があったものと認めることはできないとして、重加算税の賦課決定処分を取り消した事例
㉚令3.3.24	所得税	第三者が何ら根拠のない金額を必要経費として記載した試算表を作成した行為は、過少申告行為とは別の隠ぺい又は仮装行為に該当しないとした事例

㉛令3.6.3	相続税	請求人が、被相続人の借入金が存在しないのに存在するかのように仮装していたとは認められないとして、重加算税の賦課決定処分を取り消した事例
㉜令3.6.22	所得税 消費税	隠蔽仮装行為の始期に関する請求人の申述は信用できず、そのほかに隠蔽仮装行為の始期を示す証拠や請求人によって隠蔽仮装行為がなされたことを示す証拠もないから、請求人に隠蔽仮装の行為があったとは認められないとして、重加算税の賦課決定処分等を取り消した事例
㉝令3.6.25	相続税	当初から過少に申告することを意図し、その意図を外部からもうかがい得る特段の行動をしたと認めることはできないとして、重加算税の賦課決定処分を取り消した事例

■最高裁平成7.4.28判決

　最高裁平成7.4.28判決（以下「最高裁7年判決」という。）は、「隠蔽・仮装」の解釈の範囲を広げた代表例として、その後の判例・裁決で多く引用されている。その内容は、顧問税理士に対する虚偽説明・秘匿（査察）事案での特段の行動を提示した判例で、キーワードは、「その意図を外部からうかがい得る特段の行為」である。この判断基準は、上記の裁決でも多く用いられていることから、ここで最高裁7年判決を検討する。

(1)　事件の概要

　上告人（会社役員）は、昭和60年分、同61年分及び同62年分の給与所得については、確定申告をしたが、株式等の売買による所得を雑所得として申告すべきであるにもかかわらず、これを申告書に全く記載しなかった。ただ、上告人は、当該売買について、取引の名義を架空にしたり、その資金の出納のために隠れた預金口座を設けたりするようなことはしなかった。上告人は、顧問税理士や証券会社の担当者から注意を受けていたので、株式等の売買による所得があった場合の課税要件を十分に知っており、また、当該売買による所得の額に

ついて、昭和60年が2000万円ないし3000万円、同61年が1億円くらい、同62年が1億円余りと認識していた。しかし、上告人は、右売買による所得を雑所得として申告し、納税するつもりがなく、その計算すらしていなかった。そして、上告人は、右各年分の確定申告書の作成を顧問税理士に依頼した際に、その都度、上告人が株式等の売買をしていることを知っていた同税理士から、株式の取引による所得についても課税要件を満たしていれば申告が必要であると何度も念を押され、右所得の有無について質問を受け、資料の提示を求められたにもかかわらず、確定的な脱税の意思に基づいて、同税理士に対し、課税要件を満たす所得はない旨を答え、他の所得に関する資料を交付しながら、株式等の取引に関する資料を全く示さなかった。

(2) 最高裁の判断

重加算税を課するためには、納税者のした過少申告行為そのものが隠ぺい、仮装に当たるというだけでは足りず、過少申告行為そのものとは別に、隠ぺい、仮装と評価すべき行為が存在し、これに合わせた過少申告がされたことを要するものである。しかし、右の重加算税制度の趣旨にかんがみれば、架空名義の利用や資料の隠匿等の積極的な行為が存在したことまで必要であると解するのは相当でなく、納税者が、当初から所得を過少に申告することを意図し、その意図を外部からもうかがい得る特段の行動をした上、その意図に基づく過少申告をしたような場合には、重加算税の右賦課要件が満たされるものと解すべきである。

(3) 小括

最高裁7年判決は、重加算税の趣旨に鑑みて、隠蔽・仮装という積極的な行為が存在することまで必要でないという。しかし、国税通則法68条は、「…事実の全部又は一部を隠蔽し、又は仮装し、その隠蔽し、又は仮装したところに基づき納税申告書を提出したとき…」と規定し、隠蔽・仮装の行為に基づき過少の申告をすることを重加算税の課税要件と明言していることから、最高裁7

年判決は、文理解釈から離れたところで、拡大した解釈をしている。すなわち、趣旨解釈を行うことによって、結果として、隠蔽・仮装と認定すべき範囲を広げたものとなっている。

最高裁7年判決は、「その意図を外部からうかがい得る特段の行為」＝「顧問税理士への虚偽答弁」としているが、その意図を外部からうかがい得る特段の行為の範囲の認定について、どのように行われるべきか、明らかではない。

ポイント

① 「納税者の故意」については、「隠蔽・仮装の行為の故意」と「過少申告の行為の故意」の二つがあり、最高裁昭和62.5.8判決は、過少申告の行為については認識（故意）を要しないと解している。

② 納税者が、所得を過少に申告することを意図し、その意図を外部からもうかがい得る特段の行動をして、過少申告した場合、重加算税の対象になる。

③ 「つまみ申告」は、正しい会計帳簿の存在に基づいて、正しい所得金額を納税者が把握できることを前提としている。

④ ③の中からあえて一部の所得を抽出して、他を隠蔽し、過少申告する行為は、重加算税の対象となる。

■「その意図を外部からうかがい得る特段の行為」と裁決事例

なお、上記の33件の裁決事例から10件（①③⑩⑭⑮㉑㉔㉘㉙㉝）を抽出して「その意図を外部からうかがい得る特段の行為」の内容を検討することとする。

① 平30.1.11裁決

　原処分庁は、請求人が、土地区画整理組合から受領した換地不交付に対する清算金（本件清算金）について、確定申告をしなければならないことを十分認識していたにもかかわらず、原処分に係る調査において、本件清算金を受領した事実を秘匿するためにあえて本件清算金に係る書類を確定申告会場へ持参しなかった旨申述していることなどからすれば、当初から課税標準等及び税額等を申告しないことを意図し、その意図を外部からもうかがい得る特段の行動をした上、その意図に基づき期限内申告書を提出しなかったものと認められる旨主張する。しかしながら、請求人の当該申述の内容は、合理性、具体性に乏しく、審判所の調査及び審理の結果によってもこれを裏付ける客観的な証拠は認められず、請求人が本件清算金を受領した事実を秘匿するためにあえて本件清算金に係る書類を確定申告会場へ持参しなかったとの事実を認めることはできないなど、請求人が、当初から申告しないことを意図し、その意図を外部からもうかがい得る特段の行動をした上、その意図に基づき期限内申告書を提出しなかったものと認めることはできない。

> → 国税不服審判所は、清算金を受領した事実を秘匿するためにあえて本件清算金に係る書類を確定申告会場へ持参しなかった等の原処分庁の主張する事実を認めることはできないとして、原処分を取り消した。

③ 平30.2.6裁決

　原処分庁は、請求人らは、有価証券及び現金預貯金等を相続財産として申告しなければならないことを十分認識していたにもかかわらず、相続手続等を依頼した弁護士（本件弁護士）に対し、相続税を安くする目的で相続財産の内容等が記録されているUSBメモリ（本件USBメモリ）を交付せず、また、請求人らが相続開始直前に被相続人の預金口座から出金した現金（本件現金）の存在も伝えなかったのであり、当初から過少に申告することを意図し、その意図

を外部からもうかがい得る特段の行動をした上で、その意図に基づき過少申告をしたものと認められるから、国税通則法第68条《重加算税》第 1 項に規定する重加算税の賦課要件を満たす旨主張する。しかしながら、請求人らは、本件弁護士に対して法定申告期限前に本件 USB メモリを交付していたものと認められ、また、本件現金の存在を本件弁護士に秘匿するためにその事実を伝えなかったと評価することはできず、その他、当審判所の調査及び審理の結果によっても、請求人らに、当初から過少に申告することを意図し、その意図を外部からもうかがい得る特段の行動があったことをうかがわせる事情は見当たらないから、同項に規定する重加算税の賦課要件は満たさない。

> → 　国税不服審判所は、相続手続等を依頼した弁護士（本件弁護士）に対し、相続税を安くする目的で相続財産の内容等が記録されている USB メモリ（本件 USB メモリ）を交付しなかったという原処分庁の主張を否認し、原処分を取り消した。

⑩　平30.10.2裁決

　原処分庁は、請求人が各共済契約について、①関与税理士（本件税理士）からの指示に基づき解約返戻金相当額等証明書を取得したこと、②被共済者等の名義を請求人に変更したこと、また、出資金については、③払戻請求を行ったことなどの各手続等（本件手続等）を行ったにもかかわらず、本件税理士に各共済契約及び出資金の存在を一切伝えなかったことは、国税通則法第68条《重加算税》第 1 項に規定する隠ぺい又は仮装の行為に該当する旨主張する。しかしながら、請求人が行った本件手続等は相続により財産を取得した相続人が通常行う手続と外形上何ら異なるものではないこと、さらに、上記各共済契約のうち満期共済契約の返戻金及び上記出資金の払戻金が相続財産として申告されている貯金の解約金の入金口座と同一の口座に入金されていることからすれば、請求人が本件税理士に各共済契約及び出資金の存在を一切伝えなかったとしても請求人が当初から相続財産を過少に申告することを意図し、その意図を外部

からもうかがい得る特段の行動をした上で、その意図に基づく過少申告をしたとは認められない。したがって、請求人に通則法第68条第１項に規定する隠ぺい又は仮装の行為があったとは認められない。

> → 国税不服審判所は、請求人が特に異常な行為を取っていないことからすれば、税理士に対して、共済契約及び出資金の存在を一切伝えなかったとしても、「その意図を外部からうかがい得る特段の行為」には該当しないと判断した。

⑭ 平31.4.9裁決

　原処分庁は、個人で事業を営む請求人が、調査年分に係る所得税等及び消費税等の各確定申告書を各法定期限までに提出していなかったことについて、請求人が、確定申告の必要性を認識した上で、①自らの収入金額及び所得金額を零円とした虚偽の住民税申告書を提出したこと（本件各住民税申告）、及び②原処分庁の調査担当職員からの電話に対し、会社員である旨の虚偽の答弁をしたこと（本件電話答弁）は、請求人が、当初から所得税等の申告をしないことを意図し、その意図を外部からもうかがい得る特段の行動をしたと評価できると主張する。しかしながら、本件各住民税申告のうち請求人の意思によって提出されたと認められるのは１年分にとどまるものであり、かつ、それが直接原処分庁に対してなされたものではないことから、仮に請求人が所得税等の確定申告の必要性を認識していたとしても、当該１年分の住民税の申告のみをもって、請求人が、当初から所得税等の申告をしないことを意図し、その意図を外部からもうかがい得る特段の行動をしたと評価することはできない。また、本件電話答弁については、本件電話答弁時の状況からすれば、社会通念に照らして不合理ではなく、当時の請求人が給与を得ていた事実を併せ考えれば、請求人が、当初から所得税等の申告をしないことを意図し、その意図を外部からもうかがい得る特段の行動をしたと評価することはできない。さらに、原処分庁が作成した質問応答記録書の内容は、請求人の本件各住民税申告書の提出の動

機に係る申述が不自然かつ不合理であり、重要な部分に関する解明が不足しているため信用できない。

> → この裁決の内容からすれば、原処分庁によるかなり無理な課税処分が行われたように推測される。1年間の住民税申告、電話答弁、そして不自然・不合理な質問応答記録についての国税不服審判所の判断を読む限り、原処分が取り消されるのは、当然と思われる。

⑮　平31.4.23裁決

　請求人は、外注費に相当する金額は請求人の収入金額を構成しないとの誤解により収入金額を過少に申告したものであるから、「隠蔽し、又は仮装し」た事実はない旨主張するが、請求人は3年間にわたり、多額の所得を継続的に過少に申告しており、作成したメモの状況とあいまって、当初から所得を過少に申告する意図があったと認められる。そして、請求人の事業における関係書類の作成及び外注先への支払の状況を踏まえれば、請求人は収入及び外注費のおおよその金額を認識していたと認められるところ、平成26年分においては、当該認識に沿う主要な売上先に係る売上金額及び外注費等の実額が記載されたメモを作成し、また、その後の平成27年分及び平成28年分においては、申告準備段階において事実とは異なる申告すべき金額を記載したメモを作成し、これらを相談会場に持参し、真実の所得を大幅に下回る金額を記載するなど所得金額を少なく偽った収支内訳書を作成し、所得税等の申告をしていたものである。これら一連の行為は、請求人が外部からうかがい得る特段の行動をしたものと評価することができ、重加算税の賦課要件を満たすものである。もっとも、平成25年分はメモの作成は認められず、収支内訳書の記載状況からするとその過少申告の形態がこれ以外の各年分と異なることが認められるから、重加算税の賦課要件を満たすとはいえない。

> → 国税不服審判所は、請求人の収支内訳書の真実と異なる大幅に下回る金額の記載等の行為については、請求人が外部からうかがい得る特段の行動をしたものと評価することができると判断している。また、平成25年分については、過少申告の形態がこれ以外の各年分と異なるとして、重加算税の賦課要件を満たしていないとしている。

㉑ **令1.11.20裁決**

　原処分庁は、請求人が、所得金額を容易に把握できたにもかかわらず、申告をせず、調査において書類提示を拒否したなどの行為は、申告すべき所得金額及び納付すべき税額が生ずることを明確に認識していながら確定的な意思に基づいて無申告を貫いたものであって、当該行為は、当初から課税標準等及び税額等を法定申告期限までに申告しないことを意図し、その意図を外部からもうかがい得る特段の行動をしたものと認められる旨主張する。しかしながら、請求人は、法定申告期限までに法人税等の確定申告書の提出が必要であったことを認識しながら、これをしなかったことは認められるものの、調査の開始当初においては質問調査や書類の提示要請に応じるとともに、調査の開始当初から事業に関連する支出の存在を主張し所得が生じていないと認識していた可能性を否定できないことから、無申告行為そのものとは別に、請求人が当初から法定申告期限までに申告しないことを意図し、その意図を外部からもうかがい得る特段の行動をとったとはいい難い。

> → 請求人は、調査の開始当初、質問調査や書類の提示要請に応じ、支出の存在を主張し所得が生じていないと認識していた可能性があることから、請求人が法定申告期限までに申告しないことを意図し、その意図を外部からもうかがい得る特段の行動をしたと評価することはできないと国税不服審判所は判断した。

㉔　令2.2.19裁決

　請求人は、確定申告書に誤りがあったのは勘違いや集計誤りを原因とするものにすぎず、故意に多額の所得を脱漏したのではなく、また、請求人に対する調査（本件調査）の際に請求人の行う事業（本件事業）に係る帳簿書類を隠したこともない旨主張する。しかしながら、請求人は、本件事業において収入に係る帳簿書類の作成・保存、経費に係る支払、収入が入金される口座の管理等を自ら行うなどしていることからすれば、事業所得の金額を正確に把握していたといえ、それにもかかわらず、請求人は、7年もの長期間にわたって収入金額を1,000万円を下回るように調整して極めて過少な所得金額を記載した確定申告を継続的に提出し続けていたものと認められる。そして、請求人は、調査に際しても真実の総収入金額が容易に判明する帳簿類の存在を秘しただけではなく、事後的に虚偽の帳簿書類を複数回作成し、本件調査の担当者に提示するなどしており、このことは真実の所得の調査解明に困難を伴う状況を作出し真実の所得金額を隠蔽しようという確定的な意図の下に、隠蔽のための具体的な工作を行い、真実の所得金額を隠蔽する態度、行動をできる限り貫こうとしたと評価せざるを得ない。以上のような請求人の一連の行為によれば、請求人が、当初から所得を過少に申告する確定的な意図を有し、その意図を外部からもうかがい得る特段の行動をした上、その意図に基づき過少申告をしたような場合などに該当する。

> →　請求人は、長期間にわたり、収入金額について1,000万円を下回るよう調整し、また、税務調査においても帳簿書類等の秘匿、虚偽の帳簿書類等を作成、提示をしていることから、「その意図を外部からうかがい得る特段の行為」に該当すると国税不服審判所は判断した。

㉘　令3.3.1裁決

　原処分庁は、申告漏れとなっていた死亡保険金について、請求人が、自身で

その支払請求手続を行ったこと、原処分庁の調査担当職員に本件死亡保険金の存在を伝えなかったことなどから、本件死亡保険金の存在を認識しつつ、それをあえて申告していないから、過少に申告する意図を有していたといえ、また、本件死亡保険金の存在を関与税理士等に説明せず、関係資料の提示もしなかった行為は、本件死亡保険金を相続税の申告財産から除外するという過少申告の意図を外部からもうかがい得る特段の行動に該当するものと主張する。しかしながら、請求人が当初は生命保険契約に係る申告すべき保険金は同じ保険会社の別件の申告済の保険金（本件申告済保険金）のみであると誤認していたことに加えて、本件申告済保険金及び本件死亡保険金の請求手続は、請求人が仕事で多忙な中でその合間に行われたものであることなどからすると、請求人が、本件死亡保険金について、その存在及び申告が必要な相続財産であることを一旦認識したものの、相続税の申告までの間に、本件死亡保険金の存在とこれについても申告が必要であることを失念ないし誤認した可能性を直ちに否定することはできない。さらに、関与税理士等とのやりとりの経過等を見ても、請求人が当初から本件死亡保険金をあえて申告しないことを意図し、その意図を外部からもうかがい得る特段の行動をしたともいえない。

> → 請求人が、みなし相続財産である死亡保険金の申告漏れに関し、その存在を一旦は認識していたものの、申告までの間に失念等した可能性を直ちには否定できず、また、請求人が、当初から当該死亡保険金をあえて申告から除外することを意図し、その意図を外部からもうかがい得る特段の行動をしたともいえないと国税不服審判所は判断した。

㉙ 令3.3.23裁決

原処分庁は、請求人が、自身が支払を受けた2口の死亡保険金のいずれもが相続税の課税対象であることを理解しながら、そのうちの1口の死亡保険金（本件保険金）に関する資料を税理士に交付せず、本件保険金を含めない申告書を

当該税理士に作成・提出させたことは、当初から財産を過少に申告することを意図し、その意図を外部からもうかがい得る特段の行動をした上、その意図に基づく過少申告をしたといえる旨主張する。しかしながら、請求人及び被相続人が受けた本件保険金を扱う銀行の担当者の説明によると、請求人は、本件保険金が相続税の課税の対象とならないものと誤解した可能性が否定できず、この誤解に基づいて、本件保険金の存在を税理士に伝えなかった可能性も否定できない。また、請求人は、調査の初日に本件保険金の入金事績が記録された請求人名義の銀行口座に係る通帳を原処分庁の調査担当職員に提示するなど、本件保険金の入金の事実を調査担当職員に対して隠そうとはしていなかったことが認められ、この事実は、上記誤解があった可能性を高める事実といえる。

> → 請求人が、みなし相続財産である死亡保険金の申告漏れに関し、当該死亡保険金の存在を税理士に伝えなかったことをもって、当初から過少に申告することを意図し、その意図を外部からもうかがい得る特段の行動をしたとまではいえないと判断しているが、請求人の税務調査の対応についても「本件保険金の入金の事実を調査担当職員に対して隠そうとはしていなかったこと」などの事実認定なども国税不服審判所の判断に影響していると思われる。

㉝　令3.6.25裁決

　原処分庁は、請求人が、被相続人が締結していた各建物更生共済契約（本件各共済契約）に関する権利（本件各権利）を相続税の課税財産として申告する必要があると認識していながら、税理士に対して本件各共済契約は掛け捨て型のものであると故意に虚偽の説明をし、税理士に相続税の課税財産として申告すべき損害保険契約に関する権利はないとの誤解を生じさせた上、税理士に本件各権利の存在を一切告げなかったことは、当初から相続財産を過少に申告することを意図し、その意図を外部からもうかがい得る特段の行動に当たる旨主張する。しかしながら、税理士の請求人に対する質問の文言からすれば、請求

人の「共済は掛け捨てに移行している」旨の回答は、税理士の質問の趣旨を誤解してなされた可能性があり、実際に建物更生共済契約から掛け捨ての損害保険へと移行されたものもあることからすれば、必ずしも虚偽であるとまではいえない。また、請求人が税理士に預けた各普通貯金通帳の中には本件各共済契約に係る共済掛金の支払が確認できるものもあることからすれば請求人が本件税理士に対して本件各権利を秘匿しようという意図があったとまで認めることはできない。

> → 国税不服審判所は、税理士からの質問に対して請求人がした回答が、同税理士の質問を誤解して回答した可能性を否定できず、故意に虚偽の事実を説明したものとは認められないとして、請求人が、当初から過少に申告することを意図し、その意図を外部からもうかがい得る特段の行動をしたと認めることはできないと判断している。

ポイント

① 国税不服審判所は、納税者が税務調査に協力しているという事実認定をしているケースでは、何故か、重加算税の賦課決定処分を取り消していることが多い。

② 相続税の場合、みなし相続財産である死亡保険金の計上漏れが、重加算税の対象になりやすい。

③ 消費税については、他の税目と比較すると、重加算税の対象になりやすい税目である。

④ 申告依頼している税理士に虚偽答弁、書類の秘匿等をすると、「その意図を外部からうかがい得る特段の行為」として重加算税の対象になりやすい。

第 6 章

税務調査と重加算税

1 税務調査における重加算税の課税状況

　国税庁の公表する資料(国税庁のホームページから引用)によれば、各税目の重加算税の課税状況は、以下のとおりである。

　令和2年及び令和3年の税務調査は、コロナ感染の状況下であったことから、実地調査の件数が大幅に減少しており、結果として、過少申告加算税、無申告加算税そして重加算税の賦課決定の件数が過去と比較すると少なくなっている。例えば、法人税と相続税の「令和元事務年度」と「令和2事務年度」を比較すると、次のように実地調査件数等は、半分以下となっている。

■法人税の実地調査の状況

事務年度等 / 項目	令和元年	令和2年	対前年比
実地調査件数	76千件	25千件	32.7%
申告漏れ所得金額	7,802億円	5,286億円	67.7%
追徴税額	2,367億円	1,936億円	81.8%
1件当たりの追徴税額	3,135千円	7,806千円	249.0%

　＊「令和2事務年度 法人税等の調査事績の概要」国税庁（令和3年11月）より

1件当たりの追徴税額が、令和2年は、前年比249.0%と高い数値になっているのは、前年と比較して、件数が少なくなったことによって、より悪質な納税者を集中的に調査した結果と思われる。

■相続税の実地調査の状況

項目 / 事務年度等		令和元年	令和2年	対前年比
①	実地調査件数	10,635件	5,106件	48.0%
②	申告漏れ等の非違件数	9,072件	4,475件	49.3%
③	非違割合（②／①）	85.3%	87.6%	2.3ポイント
④	重加算税賦課件数	1,541件	719件	46.7%
⑤	上記の割合（④／②）	17.0%	16.1%	▲0.9ポイント
⑥	申告漏れ課税価格	3,048億円	1,785億円	58.6%
⑦	重加算税（⑥のうち）	572億円	319億円	55.9%
⑧	追徴税額 本税	587億円	416億円	70.9%
⑨	追徴税額 加算税	95億円	66億円	69.2%
⑩	追徴税額 合計	681億円	482億円	70.7%
	1件当たりの実地調査			
⑪	申告漏れ課税価格（⑥／①）	2,866万円	3,496万円	122.0%
⑫	追徴税額（⑩／①）	641万円	943万円	147.3%

＊「令和2事務年度における相続税の調査等の状況」国税庁（令和3年12月）

コメント

相続税の実地調査件数は、前年比50%未満であるが、法人税と同様に、1件当たりの実地調査については、申告漏れ課税価格は、122.0%、追徴税額は、147.3%と前年度を上回っているのは、法人税と同様の理由であろう。

国税庁の公表する統計情報（国税庁ホームページから引用）によれば、各税目の重加算税等の状況は、次のとおりである。

　なお、それぞれの税目の課税事績の期間は、所得税は、令和2年4月1日から令和3年3月31日であり、法人税、相続税及び贈与税は、令和2年7月1日から令和3年6月30日である。

【申告所得税】

調査対象等：令和元年分以前の申告所得税の納税者について、令和2年4月1日から令和3年3月31日までの間に申告又は処理（更正、決定等）による課税事績を示したものである。

区　分		令和元年分		
		人　員	総所得金額等	申告納税額等
申告又は処理による増減差額		内4,105,939 人 4,342,013	百万円 16,649,503	百万円 426,398
加算税の増減差額	過少申告加算税	内　9,654 9,777	－	822
	無申告加算税	内　14,767 15,083	－	652
	重加算税	内　1,596 1,608	－	599
	計	内　26,017 26,468	－	2,073
合　計		－	－	428,471

㊟　「人員」欄にそれぞれ延人員を掲げ、内書は本税又は加算税の全額について異動を生じたものを掲げた。

区　分		平成30年以前分		
		人　員	総所得金額等	申告納税額等
申告又は処理による増減差額		内　523,357 人 707,066	百万円 1,859,729	百万円 9,749
加算税の増減差額	過少申告加算税	内　21,538 22,362	－	2,434
	無申告加算税	内　24,033 25,856	－	1,538
	重加算税	内　8,487 8,690	－	3,118
	計	内　54,058 56,908	－	7,090
合　計		－	－	16,839

㊟　「人員」欄にそれぞれ延人員を掲げ、内書は本税又は加算税の全額について異動を生じたものを掲げた。

【法人税】

　この表は、令和2年7月1日から令和3年6月30日までの間に処理した法人税の「本年分」の事績を示した。

	申告法人		うち内国普通法人	
	件数	金額（百万円）	件数	金額（百万円）
過少申告加算税	3,473	601	3,463	598
無申告加算税	1,147	53	1,036	51
重加算税	1,382	913	1,379	911
総計	6,002	1,567	5,878	1,561

【相続税】

調査対象等：「本年分」は令和2年中に相続が開始した被相続人から、相続、遺贈又は相続時精算課税の適用を受ける贈与により財産を取得した者について、令和3年10月31日までの申告又は処理（更正、決定等）による課税事績を、「申告書、決議書」等に基づいて作成している。

　「過年分」は平成31年（令和元年）中に相続又は遺贈により財産を取得した者について、令和2年11月1日から令和3年6月30日までの間の申告又は処理（更正、決定等）による課税事績を、平成30年以前に相続又は遺贈により財産を取得した者について、令和2年7月1日から令和3年6月30日までの間の申告又は処理（更正、決定等）による課税事績を、「申告書、決議書」等に基づいて作成している。

区　　　分		課　税　価　格		納　付　税　額		被相続人の数
		相続人の数	金　　　額	相続人の数	金　　　額	
		人	百万円	人	百万円	人
本年分	申　　告　　額	307,425	16,393,707	264,455	2,091,460	120,372
	修正申告による増差額	3,335	28,946	5,304	5,441	2,653
	更正による増差額	1	7	3	2	1
	更正等による減差額	1,357	△ 12,085	2,054	△ 4,085	1,059
	決　　定　　額	—	—	—	—	—
	計	実307,333	16,410,575	実264,211	2,092,818	実120,372
過年分	申　　告　　額	13,769	744,179	12,287	111,464	5,938
	修正申告による増差額	15,496	194,997	21,047	45,467	9,691
	更正による増差額	45	11,504	67	5,840	35
	更正等による減差額	8,226	△113,060	10,901	△ 32,912	5,222
	決　　定　　額	28	2,309	28	436	18
	計	実 37,085	839,928	実 43,560	130,296	実 18,408
合計	申　　告　　額	321,194	17,137,904	276,742	2,202,924	126,310
	修正申告による増差額	18,831	223,925	26,351	50,908	12,344
	更正による増差額	46	11,511	70	5,843	36
	更正等による減差額	9,583	△125,145	12,955	△ 36,996	6,281
	決　　定　　額	28	2,309	28	436	18
	計	実344,418	17,250,503	実307,771	2,223,114	実138,780

㊟「人員」欄の「実」は実人員を示している。

区　　分	過 少 申 告 加 算 税		無 申 告 加 算 税		重　加　算　税	
	相続人の数	金　　額	相続人の数	金　　額	相続人の数	金　　額
	人	百万円	人	百万円	人	百万円
本　年　分	45	4	978	101	1	3
過　年　分	10,563	3,343	3,889	1,198	919	2,227
合　　計	10,608	3,347	4,867	1,299	920	2,230

【贈与税】

調査対象等：「本年分」は令和２年中に財産の贈与を受けた者について、令和３年６月
30日までの申告又は処理（更正、決定等）による課税事績を、「申告書、決議書」
等に基づいて作成している。

「過年分」は平成26年以前に贈与を受けた者について、令和２年７月１日から令
和３年６月30日までの間の申告又は処理による課税事績を、「申告書、決議書」等
に基づいて作成している。

区　　分		取得財産価額		納　付　税　額	
		人　　員	金　　額	人　　員	金　　額
		人	百万円	人	百万円
本年分	申　　　　告　　　　額	402,469	2,103,363	358,522	203,823
	修 正 申 告 に よ る 増 差 額	612	2,091	725	444
	更 正 に よ る 増 差 額	2	26	—	—
	更 正 等 に よ る 減 差 額	201	△　2,949	210	△　1,119
	決　　　　定　　　　額	—	—	—	—
	計	実 402,536	2,102,532	実 358,631	203,148
過年分	申　　　　告　　　　額	22,061	94,247	20,232	11,638
	修 正 申 告 に よ る 増 差 額	2,302	7,214	2,596	1,898
	更 正 に よ る 増 差 額	4	82	3	41
	更 正 等 に よ る 減 差 額	1,294	△　5,403	1,328	△　1,713
	決　　　　定　　　　額	12	42	12	5
	計	実 24,161	96,184	実 22,604	11,868
合計	申　　　　告　　　　額	424,530	2,197,611	378,754	215,464
	修 正 申 告 に よ る 増 差 額	2,914	9,305	3,321	2,342
	更 正 に よ る 増 差 額	6	108	3	41
	更 正 等 に よ る 減 差 額	1,495	△　8,351	1,538	△　2,832
	決　　　　定　　　　額	12	42	12	5
	計	実 426,679	2,198,715	実 381,235	215,016

㊟「人員」欄の「実」は実人員を示している。

区　　分	過 少 申 告 加 算 税		無 申 告 加 算 税		重　加　算　税	
	相続人の数	金　　額	相続人の数	金　　額	相続人の数	金　　額
	人	百万円	人	百万円	人	百万円
本　年　分	3	0	1,837	49	－	－
過　年　分	342	60	9,597	753	21	77
合　　計	345	60	11,434	802	21	77

❷ 重加算税と課税庁の裁量

　重加算税の賦課については、課税庁から見て「悪質な納税者」に対してなされ、逆に、「協力的で従順な納税者」は過少申告加算税で済ます、といった傾向があると指摘されている。このような判定が、あくまで課税庁の判断（裁量）に基づくことに対して厳しい批判がある。税の実務においても、重加算税の賦課基準そのものが不明確であるため、微妙なケースにおいては、課税庁の裁量によってなされる余地が多いのである。

　しかし、一方では、課税庁の裁量が許されるケースもあるという意見がある。すなわち、たとえ、重加算税の賦課が法律上の形式基準の要件を満たしていたとしても、課税庁は、諸般の事情から重加算税を賦課しなくてもよいケースがあるという。その理由として、重加算税は悪質な課税逃れの行為に対する制裁であり、そのような行為をした納税者に対して不利益を加えることによって、そのような行為を抑止することを最終目的とする制度であるから、たとえ重加算税の賦課要件を満たしていたとしても、その趣旨を重加算税を賦課しなくても達成できると課税庁が判断した場合には、賦課しないことができると解するのである。

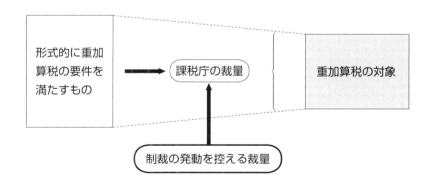

　税務職員が修正申告書の慫慂に当たり、一般論として、「本件事業年度に対して重加算税はかからないことが望ましい」旨の発言をしていたとしても、右一事をもって、原告会社に本件事業年度につき重加算税の賦課を受けない利益が発生したということはできないとして、本件重加算税賦課決定処分は信義則に反し違法である、との原告会社の主張が排斥された事例

> ◎**要旨**（長野地裁・昭和62．7．16判決）
> 　証人Aの証言及び弁論の全趣旨によれば、被告統括国税調査官が本件修正申告を慫慂するに際し、原告代表者に対し、本件事業年度に対して、重加算税はかからないことが望ましい旨一般論として発言していることが認められ、この認定を左右するに足りる証拠はないが、納税者の公平及び課税の公正の観点から、この一事をもって、原告に本件処分を受けない利益が発生したということはできない。したがって、原告の再抗弁2（信義則違反）の主張も採用できない。

ポイント

・税務調査で調査官が「重加算税の対象にならない」と言っても、そのまま信じることはできないし、また、信じてそれによって修正申告を提出したとしても、税務署に対して信義則の原則の適用は受けられない。

　重加算税に対する課税庁の裁量を制約する方法として、碓井光明教授は、「（重加算税を課する場合は）本税を課す行政庁と別の機関において、納税義務者に対する聴聞を実施し、第三者的立場から、隠ぺい又は仮装をなされたことを宣告する方式が考察されるべきである」といい、具体的な機関としては国税不服審判所が考えられるとしている（「重加算税の構造」『税理』No.14、1979年）。このような見解は確かに納税者の立場から考えれば好ましいことかもしれないが、重加算税という賦課決定の判断を的確に行える立場の者を考えると、実際に納税者に接し、五官で税務調査を実施する調査官が一番ふさわしいようにも思われる。ただ、そこには、できるだけ恣意性が介入できないようなシステムを設ける必要はある。

❸ 過去の課税庁における重加算税の取扱い

⑴　法人税における重加算税の取扱い

　過去において、課税庁の重加算税の取扱いを鑑みると、次のようなケースは、原則として「重加算税」の対象にしていないようである。

> ①　交際費とか寄附金のように一定の損金算入制限のある費用については、他の費用としたことについて、「相当の理由」があると認められるとき

コメント

　　交際費を交通費や雑費としていたとしても、そうすることに理由がある場合には、「帳簿記録の虚偽表示等」には該当せず、重加算税の対象にはならない。例えば、得意先を接待した後に、得意先の人にタクシーチケットを渡した当該タクシー代は交際費になるのであるが、その費用を交通費として処理していたとしても、原則として重加算税は課税されないということである。

> ②　売上等の収入の繰延べをしている場合において、その売上等の収入がその翌事業年度の収入として税務調査が実施される前に計上されているとき（次図参照）

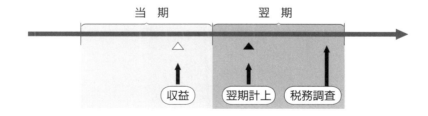

コメント

　　収入の繰延べの取扱いについては、近年、課税庁の取扱いに変

化があるといわれている。すなわち、このようなケースにおいて、重加算税がしばしば課されているのである。その理由は不明であるが、課税庁の取扱いの変更があったのであろう。

しかし、これらの計上の違いが解釈上の相違に基づくものであれば、当然、重加算税の対象にはならない。

なお、収益の計上基準として定められた通達等の規定、一般的な疎明資料のほか、売上計上基準に係る採用方法の合理性、慣習等については十分に説明できるようにしておくことが必要である。

③　翌事業年度において支出されることが予測される経費を繰上計上している場合において、その経費がその翌事業年度に支出されているとき

コメント

この処理も、基本的には②の処理と同じである。近い将来（翌期という）において支出される費用については、特に「重加算税」の対象にしなくてもよいという課税庁の考え方があるのであろう。

なお、債務確定の要件としては、次の3つがある（法基通2-2-12）。

① 債務が成立していること

② 具体的な給付をすべき原因となる事実が発生していること

③ 金額を合理的に算定することができるものであること

④　棚卸資産の評価換えにより過少評価をしているとき

コメント

「評価」という（「帳簿記録の虚偽表示等」になじみにくい）点を考慮して、重加算税の対象から除外しているのかもしれない。

ただし、棚卸資産に著しい破損等の事実がないのに、故意に不実の評価損を算出して過少申告したときは、事実を隠ぺいしたものというべきであると判断した事例（大阪地裁・昭和42.6.24判決）がある。

⑤　架空の資産（架空の収益を計上したことに基づくもの）について、減価償却費又は除却損を計上したとき

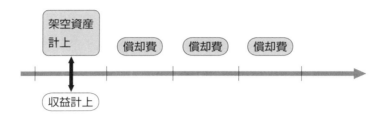

コメント

　先行して、架空の利益を計上し、課税されていることに鑑みて、その後の架空の減価償却費については、重加算税を賦課決定しないというのであろう。

⑥　前事業年度において棚卸資産を過大計上したことに基づき、当期の売上原価が過大計上となったとき

コメント

　上記⑤と同様の理由によって、重加算税が賦課決定されないと思われる。

(2)　少額の場合の重加算税の賦課決定免除

　過少申告で、隠ぺい又は仮装行為に基づく場合であれば、重加算税は賦課決定されるのであるが、その金額が少額である場合には、重加算税の賦課決定の趣旨から考えて、免除されることがある。例えば、所得金額における重加算税の対象所得の割合とか絶対金額などである。

　　①　重加算税の対象所得が更正後の所得金額に対し○％以下で、かつ、○

万円以下である場合

②　算出した重加算税の額が○万円以下である場合

ただし、①又は②に該当する場合であっても、過去に不正の事実による更正等があった場合には、上記の取扱規定が適用されないこともある。

このような課税庁の「少額な場合の重加算税の賦課決定免除」の取扱いを考えると、理論上の是非はともかく、重加算税の賦課決定については、ある程度、課税庁の裁量が介入することになる。「隠ぺい・仮装」の行為に対して、課税庁は、どのような場合においても重加算税を賦課決定する義務を負うということではないのである。あくまでも、重加算税が「脱税行為に対する制裁であり、それを防止する」ということを前提として賦課決定されるものであるならば、極めて限定はされているものの、課税庁の判断（裁量）が入ることは間違いない。

(3)　重加算税を課さない「相当な事情」とは

隠ぺい又は仮装が主として法人税のほ脱以外の企業経営上の必要性（業界の取引慣行など）からのものと認められ、今後の指導から適正な申告が期待できる等の場合には、重加算税を課さない相当な事情があると認定されることもある。

(4)　設例：重加算税の計算

X期　　虚偽表示による使途不明金の支出　1,000万円
　　　　（1,000万円のうち500万円は商品に計上）

使途不明金　　1,000万円
商　品　　△　500万円
差　引　　　　500万円　◄━━ 重加算税

X＋1期（翌期）　前期認定損とした商品について所得加算

商　品　　　　500万円　◄━━ 重加算税

312

◎　**参考**　「未分割遺産を協議分割した場合の附帯税の処理」

　標題のことについて、大阪国税局長から別紙2のとおり上申があり、別紙1のとおり回答したから了知されたい。（昭44直資2-9）

（別紙1）

　相続税を課した未分割遺産が、その後協議分割された場合、減額更正した相続税の附帯税の処理について標題については下記により取り扱われたい。

記

　未分割遺産が共同相続人等の協議により分割されたことに基づく相続税額の減額更正の効果は、その相続税が確定した当初にそ及するものと解すべきである。

　したがって、納付すべき相続税額を計算の基礎として課する相続税の附帯税（加算税、利子税及び延滞税）についても当然に減額を要することになる。

　なお、上記により相続税の附帯税について減額を行った場合において、その減額部分の附帯税を他の相続人等にいわゆる賦課換えを行うことについては、遺産取得者課税方式を採用している現行相続税法の下ではできないものと解するのが妥当であるから申し添える。

（別紙2）

　相続税を課した未分割遺産が、その後協議分割された場合、減額更正した相続税の附帯税の処理について（上申）標題のことについて、下記のとおり甲、乙の両説があり取扱いに疑義があるので、なにぶんの指示を願いたい。なお、当局の見解としては、乙説が妥当であると考えている。

記

1　甲説

　減額更正により減少した部分の納税義務は、通常の更正の効力と同様当初にさかのぼり消滅するので、既に課した附帯説（加算税、利子税及び延滞税をいう。以下同じ。）は改算し減額する。

2　乙説

　更正により減少した部分の納税義務は、その更正事由の特質等から更正までは存続していると認め、既に課した附帯税は減額しない。

(5)　重加算税と理由の附記

　経済社会の構造の変化に対応した税制の構築を図るための所得税法等の一部を改正する法律案、すなわち「税制構築法」の一部が平成23年11月28日に成立した。この中に、平成25年1月1日以後に行われる処分については、納税者の権利利益の保護を図る観点から、原則として、税務署長が行う、すべての処分について理由が附記されるということになった。従来は、青色申告者に対する更正処分等の場合に限って、処分時に理由を附記しなければならなかったのであるが、この改正で、国税に関する申請却下（納税の猶予の不許可、延納・物納の不許可等）及び不利益処分（税額等の更正・決定、加算税の賦課決定、青色申告の承認の取消し、督促、納税の告知等）のすべての処分について、書面による理由附記が要求されることになった。その根拠条文である国税通則法74条の14は「行政手続法の適用除外」を規定しているが、適用しないとする行政手続法第2章及び第3章から、第8条（理由の提示）及び第14条（不利益処分の理由の提示）を、この改正で除いたことから、結局、それを適用するという条文の読み方になったのである。

（国税通則法74条の14）

　行政手続法（平成5年法律第88号）第3条第1項（適用除外）に定めるもののほか、国税に関する法律に基づき行われる処分その他公権力の行使に当たる行為（酒税法第2章（酒類の製造免許及び酒類の販売業免許等）の規定に基づくものを除く。）については、行政手続法第2章（申請に対する処分）（第8条（理由の提示）を除く。）及び第3章（不利益処分）（第14条（不利益処分の理由の提示）を除く。）の規定は、適用しない。（下線：筆者）

　すなわち、行政手続法14条（不利益処分の理由の提示）は、次のように規定している。

　　行政庁は、<u>不利益処分</u>をする場合には、その名あて人に対し、同時に、当該不利益処分の理由を示さなければならない。ただし、当該理由を示さないで処分をすべき差し迫った必要がある場合は、この限りでない。

そして、「不利益処分」とは、次のものをいう。

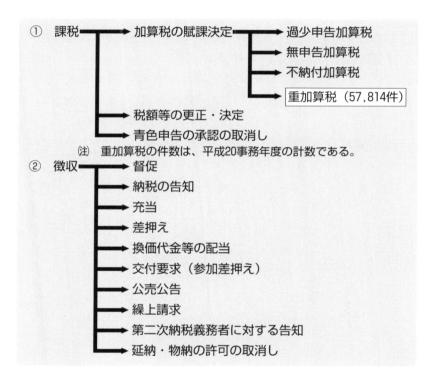

ところで、この「理由附記」の改正は、今後の税務調査に大きな影響を与えるものと思われる。例えば、従来、消費税の申告については、青色・白色という制度がなかったため、消費税の申告の更正処分等をした場合「理由の附記」は必要なかった。仮りに、「みなし仕入率」(消令57)について、納税者の採用していた第3種事業が認められないとして、第4種事業の更正処分等をしたとし

ても、納税者に対して、課税庁は、その更正の「理由」を明らかにする必要は
なかった。また、所得税において、青色申告制度が適用されるのは、「不動産所
得」「事業所得」及び「山林所得」の３つの所得のみである。従って、それ以外
の所得（一時所得、雑所得等）に対して、課税庁が更正処分等を行ったとして
も、殊更「更正の理由」を示す必要はなかった。これは納税者の権利利益を保
護する観点からも大きな問題であった。

　更に、賦課決定処分である重加算税（通法68）についても、理由の附記は、な
されなかった。今回の改正で、重加算税は、納税者に対する「不利益処分」で
あるところから、重加算税を賦課決定する場合に理由の附記が必要となった。
重加算税が適用される要件の一つとして「隠ぺい仮装」がある。今まで、重加
算税の賦課決定処分について、理由の附記が要求されていなかったことから、
何が隠ぺい仮装に該当するのか、課税庁の重加算税に係る判断基準が納税者に
知らされないこともあった。ときには、調査官から「重加算税をかける」など
と高圧的に言われれば、何が隠ぺい仮装なのかを確認する前に、真面目な納税
者は怯えてしまって、調査官の言いなりになることもあった。また、調査官の
重加算税に対する判断基準も区々である。更に、重加算税は、調査官の調査能
力を判定する一つの基準になっている。税務調査の結果、重加算税を賦課決定
するということは、調査の過程で、納税者の「隠ぺい仮装」を発見したという
ことであるから、課税庁内で、当該職員は、調査能力が優れていると判定され
るのであろう。これらの背景があることから、調査官は、重加算税に異常に執
着するのである。

　平成23年度の税制改正で、重加算税について、「理由の附記」が要求されるこ
とによって、これからは「隠ぺい仮装」の理由を明らかにしなければならなく
なったことから、税務調査がどのように変化するか興味深いところである。恐
らく、今までのように、税務調査官と納税者の間で、重加算税の賦課と更正処
分の金額の多寡について安易に取引をすることは難しくなりそうである。平成
25年以降の重加算税比率（調査件数に対する）については、かなり減少すると
予測される。

316

⑹　重加算税と客観的な隠蔽・仮装

　課税庁は、重加算税の賦課決定処分をする際、納税者側に「客観的な隠ぺい・仮装の事実」があれば、「故意の立証」は要求されないとしている。この「客観的な隠ぺい・仮装の事実」について、過去の判例では、どのようなものをいうのか、以下、各判例における「隠ぺい・仮装」の認定事実を列挙し、その内容を検討する。

　　　　　（項目）　　　　　　　　　　　（認定事実）
　①　架空外注費　→　・外注先名義の印章を所持していて、外注先の名義で
　　　　　　　　　　　　納税者ら宛ての外注加工費の請求書及び領収書を作
　　　　　　　　　　　　成していたこと
　　　　　　　　　　　・外注先名義の預金通帳と銀行印を所持していたこと
　　　　　　　　　　　　（東京高裁・平成17.8.31判決）
　②　経済的利益　→　・他人名義の預金口座を利用して受領したこと
　　　　（雑所得）　　　・名刺の裏に領収した旨記載した書面を作成・交付し
　　　　　　　　　　　　ていること
　　　　　　　　　　　・３億円の受領した領収書等を作成・交付していない
　　　　　　　　　　　　こと
　　　　　　　　　　　　（大阪地裁・平成17.9.14判決）
　③　簡易課税　　→　・実体のない別会社を次々に設立したこと
　　　　（消費税）　　　・請負業務をこれらの別会社に外注委託する形を採っ
　　　　　　　　　　　　たこと
　　　　　　　　　　　・別会社に従業員を転籍させたように装ったこと
　　　　　　　　　　　・架空の業務委託契約書を作成したこと
　　　　　　　　　　　　（名古屋地裁・平成21.11.5判決）
　④　利益供与　　→　・本件支出金（利益供与）を株式再評価差額であると
　　　　　　　　　　　　偽った稟議書を作成したこと

⑤　特例の適用　→　・農業生産法人がしたその飼育した肉用牛の売却が措置法67条の3第1項1号に規定する「市場において行う売却」の方法によるものではないにもかかわらずそのようなものであるかのように装ったこと

（東京地裁・平成22.8.26判決）

⑥　従業員賞与　→　・納税者は、従業員の定期預金の通帳及び届出印を従業員に交付せず、簿外預金として秘匿して、自ら管理していたこと

・従業員に対し、期末賞与を支給することや定期預金の存在を正式に周知していなかったこと

（熊本地裁・平成19.1.18判決）

⑦　配当金除外　→　・株式を1500万円で取得したにもかかわらず、あたかも未払金の決済をしたかのような会計処理をしていること

・上記により、取得した株式を簿外資産として、それに係る配当金を収入から除外していること

（名古屋地裁・平成20.10.30判決）

⑧　売上除外　→　・本件集計表による売上金額と公表帳簿による売上金との差額が10万円又は20万円の単位で、多数回にわたって規則的に生じていること

（岡山地裁・平成22.6.22判決）

このように「客観的な隠ぺい・仮装の事実」とは、典型的には、架空の書類を作成した直接の物的証拠、すなわち、取引先の領収書とか印章（①⑥のケース）を税務調査で、発見される場合であろう。しかしながら、事前通知を前提とする税務調査においては、通常、このような発見をすることは期待し得ない。⑥のケースは、過去において、しばしば見受けられる隠ぺい・仮装の形態であ

る。この場合も、専ら税金対策のために、従業員全員の了解の下で、このような行為が行われている場合に、直ちに「隠ぺい・仮装」といえるのか疑義が生じる。まして、従業員が賞与について、周知しているということは、将来、従業員が納税者に対して当該金員を請求する権利を有しているとも云え、一時的に納税者が保管しているという反論を可能にする。②のケースは、他人名義の預金口座を使用したり、高額の金員の受取りの証に、名刺の裏を利用したりしたという不自然さが、隠ぺい・仮装と認定されたものと思われる。③は、典型的な消費税の租税回避のケースであるが、その実態（この判断には争いが生じるかもしれない）がなければ、「隠ぺい・仮装」となるのであろう。④は、「偽りの稟議書」であるが、この偽りについても、何を持って偽りとするか争いが生じる。⑤は、免除所得の特例を受けるために、あたかも「市場において行う売却」のように装ったということであるが、その装いが「隠ぺい・仮装」であるという判断についても争いが生じるかもしれない。⑦の配当金除外は、その前提として、株式の簿外資産がある。この簿外資産が結果として、配当金の収入を除外することになるから、隠ぺい仮装と認定されている。⑧のケースは、一定の金員が、多数回そして規則的に生じていることから、隠ぺい仮装と認定されている。

　このように、上記の各判例を検討しても、「客観的な隠ぺい仮装の事実」というものは少ないように思われる。従って、例え、課税庁が、「隠ぺい仮装」であると認定し、重加算税の賦課決定処分をしたとしても、まだ、争える余地は残されているようである。

4 過去に報道された重加算税の事件

　新聞紙上で、重加算税が課されたと公表された法人又は個人の納税者は、実に多い。しかも上場しているような有名な企業（トヨタ自動車、武田薬品、丸紅、資生堂、近鉄、関西電力、三井物産など）が税務調査において、所得隠しなどの「隠蔽・仮装」をしていたと報道されている。著名な個人もしかりである。

　日本を代表するような大企業が、税務調査においてこれほどまでに重加算税を課されていること自体が驚きである。社会的な責任のある上場会社であれば、隠蔽・仮装という悪質な所得隠しをそれほど行う必要はないのではないかと思われるが、以下の記事に示されているように、規模・業種に関係なく巨額の所得隠しが報道されている。

　さらに、驚くことは、それぞれの企業のコメントである。多くの場合、「見解の相違はあったが、国税局の指導に従った」などと述べている。隠蔽・仮装と認定されることに、見解の相違等ということがありえるのだろうか。見解の相違ということであれば、修正申告などせずに、国税局と争うべきである。それとも、大企業は、国税当局と争うことを嫌うのであろうか。各新聞記事をみると、重加算税を課されている（隠蔽・仮装）事実とそれに対する企業等のコメント（意識）の不一致がよくわかる。上場している企業は、もっと社会的な存在としての役割を認識し、社会に対して積極的に開示（説明）責任（accountability）を果たすべきである。

---

① 朝日新聞社が11億円申告漏れ／国税局指摘【日本経済新聞2005.5.31】

....

　朝日新聞社が東京国税局の税務調査を受け、2004年3月期までの7年間にシステム開発などをめぐり、約11億8千万円の申告漏れを指摘されたことが31日、分かった。追徴税額は重加算税や過少申告加算税などを含め約3億8千万円に上った。同社などによると、02-03年度の編集・製作・経営情報の統合システム開発をめぐり、全体の管理など開発に間接的に携わった社員らの人件費も、無

形固定資産の「ソフトウェア」に計上する必要があるのに、経費として処理していた。また、名古屋本社が03年３月期までの６年間に「販売経費」として処理していた３千９百万円が、販売所長らとの懇親会費などに流用されており、経費に算入できない「交際費」と認定された。

《納税者の主張》
　国税局と見解の相違はあるが、申告漏れを指摘されたことは遺憾で真摯に受け止める。今後も適切な経理、税務処理に努める。

---

②　丸紅／連結納税で所得隠し／子会社、取引時期偽る
　　【日本経済新聞2005.7.2】

- - -

　大手総合商社の丸紅が2003年３月期までの３年間に、親会社と100％子・孫会社の損益を合算して申告する連結納税制度の導入などに絡み、約６億円の所得隠しを東京国税局から指摘されていたことが２日、分かった。同国税局は、丸紅が子会社と孫会社の取引時期を偽り、連結所得を圧縮したと判断した。単純な経理ミスを含め申告漏れは全体で約20億円に上るが、約６億円のうち約３億円が連結納税制度に関係するもの。赤字の決算期があったため、追徴税額は重加算税などを含めて約１億円だった。関係者によると、税務上の問題を指摘された取引は、子会社の石油卸会社と、ガソリンスタンドを経営する孫会社５社との間のもの。石油卸が孫会社にガソリンを販売した際に、販売報奨金として約３億円を03年２月に支払った。しかし、孫会社（いずれも12月期決算）が、報奨金を02年12月に前倒しで受け取った形にして利益を計上、利益の大半は孫会社の赤字の穴埋めに充てられ、課税対象にならなかった。このため５社の課税所得が圧縮され、グループ全体の連結所得が減ったという。

《納税者の主張》
　報奨金を前倒しして計上することは毎期行っていたことで問題はないと考えていた。ただ今回は、連結納税制度に移行して間もなくだったことが影響したのかもしれない。国税当局と見解の相違があったが、最終的に受け入れた。

---

③　住金、41億円所得隠し／18億円を追徴課税【日本経済新聞2005.8.4】

- - -

大手鉄鋼メーカーの住友金属工業（大阪市）が大阪国税局の税務調査を受け、2004年3月期までの6年間で約41億円の所得隠しを指摘されていたことが4日、分かった。九州地方でのごみ処理プラント建設をめぐり、下請け会社に工事を発注したように装って地元対策費を捻出（ねんしゅつ）していたという。同国税局はこの経費処理について仮装・隠ぺいを伴う悪質な所得隠しと判断。うち34億円を支払先などを明らかにしない使途秘匿金と認定し、重加算税などを含めて約18億円を追徴課税（更正処分）した。同社は既に納付したという。関係者によると、同社は九州地方でプラントを建設する際、大分市の下請け企業に工事を発注。その際に迷惑料や地元対策費を含めて下請け会社に支払っていた。

《納税者の主張》

　税務調査を受け、指摘に従い納付した。今後は内部統制機能を強化し、防止と適正な経理処理に努めたい。

---

④　JA共済連、64億円申告漏れ／国税指摘【日本経済新聞2005.9.2】

　全国の農協組合員向けに共済事業を行う「全国共済農業協同組合会（JA共済連）」が東京国税局の税務調査を受け、2004年3月期までの5年間に約64億円の申告漏れを指摘されていたことが2日、分かった。同国税局はうち約10億円を仮装・隠ぺいを伴う所得隠しと認定。重加算税を含め、約16億円を追徴課税した。関係者によると、子会社が運営する神奈川県湯河原町の保護施設などを、組合員が利用する場合、同共済連が発行する割引券を使うことができる。この割引分について、同共済連は年度当初に概算で前払いしていた。しかし実際は割引券が使用されなかった差額分を精算せず、施設の運用費などに充てていたという。

《納税者の主張》

　国税当局と見解の相違が解消できず最終的に受け入れて納付した。

---

⑤　西村議員／3,000万円申告漏れ／名義貸し巡り【日本経済新聞2006.3.15】

　衆院議員、西村眞悟被告（57）＝公判中＝の弁護士法違反事件に絡み、西村被告が大阪国税局の税務調査を受け、2004年までの7年間に違法な「名義貸し」

の見返りに得たとされる約3千万円について、申告漏れを指摘されたことが14
日、分かった。重加算税を含めた追徴税額は約9百40万円になるとみられる。
弁護士名義を借りた鈴木浩治被告(52)＝起訴＝も、7年間に無資格の法律活動
で得た所得のうち約2億8千万円の申告漏れを指摘された。追徴税額は約1億
2千万円になるもよう。両被告は修正申告したという。

《納税者の主張》

　税理士を通じて納税申告してきたが、国税局に修正を指導されたので、それ
に従って修正申告した。

⑥　コジマ／5億円所得隠し／リベート仮装し仕入れ総額下げる
　　【毎日新聞2006.6.2】

　家電量販大手の「コジマ」（宇都宮市）が関東信越国税局の税務調査を受け、
05年3月期までの3年間で、約5億円の申告漏れを指摘されていたことが分
かった。在庫の評価が不当に低くなるよう経理操作したとみられ、大半が仮装・
隠ぺいを伴う所得隠しと認定された。国税局は重加算税を含めて約2億円を追
徴課税（更正処分）し、同社はすでに納付している。

　関係者によると、コジマは、家電メーカーや系列の販売会社から、仕入れか
ら控除できないリベートを受け取っていた。しかしリベート分を家電を仕入れ
る際の値引き分として、本来の仕入れ価格から差し引いていた。このため、仕
入れ額全体が少なくなり、決算期末の在庫評価も下がるため、課税対象となる
法人所得が圧縮されていた。

　国税局は、本来は営業外収益に計上すべきリベートを、メーカーの値引き分
と仮装して仕入れ総額を下げていたと判断したとみられる。

《納税者の主張》

　見解の相違もあったが国税局の指摘に従った。

⑦　セイコーエプソン／28億円申告漏れ【産経新聞2006.6.2】

　情報関連機器大手「セイコーエプソン」（長野県諏訪市）が東京国税局の税務
調査を受け、海外子会社との取引などをめぐり、約28億円の申告漏れを指摘さ

れたことが2日、分かった。税務調査の過程で約1億円に上る元社員の不正取引も発覚。追徴税額（更正処分）は重加算税を含め約9億円に上った。

　同社によると、欧州の販売拠点であるオランダの子会社から本社が受け取るべき利益が少なくなっており、不足分について課税対象の寄附金と認定された。

《納税者の主張》

　見解の相違はあったが、国税当局の指摘に従う。

---

⑧　高島屋が申告漏れ／16億円、大阪国税局が指摘【日本経済新聞2007.2.28】

- -

　大手百貨店の高島屋（大阪市中央区）が大阪国税局の税務調査を受け、2006年2月期までの2年間に約16億円の申告漏れを指摘されていたことが28日、分かった。同国税局は、海外子会社の清算が終わっていないのに経費に計上したとして、うち約2億2千万円を悪質な所得隠しと認定。重加算税を含め、約5億5千万円を追徴課税（更正処分）した。

　関係者によると、同社は台湾に出店するため、現地の流通大手と合弁で子会社を設立。しかし05年に出店を断念、子会社の清算に伴い約2億2千万円を損金に計上した。

　ところが、現地に預金が残されていることなどから清算は完了していないことが判明し、国税局は意図的に所得を隠したと判断した。このほか東京店など三店舗の建物の減価償却の算出や、別の子会社に対する貸倒引当金の計上に誤りが見つかり、13億数千万円は申告洩れに当たるとした。

《納税者の主張》

　国税当局と見解の相違はあったが、指摘に従い、近く納付する。

---

⑨　読売が所得隠し／追徴1億7,500万円／申告漏れ4億7,900万円
　【日本経済新聞2007.4.30】

- -

　読売新聞東京本社とグループ本社が東京国税局の税務調査を受け、2006年3月期までの5年間で、重加算税の対象と認定された約1億8,600万円を含め、計約4億7,900万円の申告漏れを指摘されていたことが29日、分かった。更正処分に伴う追徴税額は総額約1億7,500万円にのぼる。

読売新聞によると、重加算税の対象の大半が、東京本社が所有する輪転機を一部更新した際の税務処理。廃棄予定で実際にはまだ保管中だった輪転機を、既に廃棄したものとして除却損を計上していたという。同社は「社内連絡のミス」としているが、同国税局は損金の水増しによる意図的な課税所得の圧縮に当たると判断したもようだ。

《納税者の主張》
　国税当局からの指摘に従い、全額納付する。今後とも適正な税務申告に努める。

⑩　JFEグループ11億円所得隠し／東京国税局指摘・架空委託など
　　【日本経済新聞2007.5.30】

　鋼管大手のJFEエンジニアリング（東京・千代田）や鉄鋼大手のJFEスチール（同）などJFEグループ数社が東京国税局の税務調査を受け、2006年3月期までの7年で、計約11億円の所得隠しを指摘されていたことが30日、分かった。
　持ち株会社のJFEホールディングスも含めたグループ数社に対する追徴税額（更正処分）は重加算税を含め、総額約9億円に上るもよう。
　関係者によると、JFEエンジニアリングを巡っては、同国税局が架空の業務委託や外注費の水増しなどの方法で計約9億円を経費計上したとして、全額を重加算税の対象となる所得隠しと認定したという。
　JFEスチールは、06年3月末時点では実施していなかった設備投資に関し、経費約2億円を前倒しで計上。所得を意図的に圧縮していたとして、同様に重加算税の対象となったもよう。

《納税者の主張》
　更正通知の内容を精査の上、適正・誠実に対応する。

⑪　日本郵船、6億円所得隠し【日本経済新聞2007.5.30】

　海運最大手、日本郵船が、東京国税局の税務調査を受け、2006年3月期までの7年間で、総額約6億円の所得隠しを指摘されたことが30日、分かった。マレーシア・サラワク州からの丸太輸送に絡み、州政府と関係の深い香港の業者

に対する仲介料名目の支出が「リベート」と認定されたもようだ。

　経理ミスなども含めた申告漏れは総額約45億円で、重加算税を含めた追徴税額（更正処分）は約15億円とみられる。

　関係者によると、同社は丸太輸送の国際海運カルテル「南洋材輸送協定（NFA）」（事務局・東京）の加盟社としてサラワク州から丸太を運ぶ際、香港の業者に、マレーシアの現地代理店との仲介業務料などとして代金を支払っていた。

　香港の業者への支払い分は、経費に計上できる「輸送原価」として処理していたが、同国税局は香港の業者に経費計上できる業務の実態はなかったと判断したもようだ。

《納税者の主張》

　<u>解釈の違いはあった</u>が、国税当局の指摘に従う。

---

⑫　テレビ大阪が9,000万円所得隠し／国税局指摘【日本経済新聞2007.6.1】

- -

　テレビ大阪が大阪国税局の税務調査を受け、2006年3月期までの5年間で、約9千万円の所得隠しを指摘されたことが31日わかった。局次長級の元社員（48）＝懲戒解雇＝が外注費を不正流用していた問題で、国税局は流用分について損金に算入できない「交際費」と認定したとみられる。追徴税額（更正処分）は重加算税を含め約3,600万円。同社は元社員を背任容疑で大阪地検に告訴している。

《納税者の主張》

　<u>当局とは異なる見解がある</u>が、今回の事態を真摯に受け止め、再発防止に取り組む。

---

⑬　京急に85億円申告漏れ／国税局【日本経済新聞2007.6.5】

- -

　私鉄大手の京浜急行電鉄が東京国税局の税務調査を受け、2006年3月期までの3年間で、総額約85億円の申告漏れを指摘されていたことが4日、分かった。約80億円分は子会社株の評価損が税法上の損金とは認められなかった。7千数百万円分は工事の完成時期の前倒しによる意図的な経費の水増しに当たるとし

て、重加算税の対象となったもよう。

　過少申告加算税と重加算税を含めた追徴税額（更正処分）は総額約40億円にのぼる。

　関係者によると、京急は100％出資のホテル運営会社の債務超過に伴い、保有するホテル運営会社株の取得価格を約101億円としたうえで、全額を評価損に計上。約80億円を税法上の損金として申告したが、同国税局は、取得価格の計算に誤りがあると判断した。

⑭　フジテレビ前報道局長900万円流用／懲戒解雇・国税局調査で発覚
　　【日本経済新聞2007.6 .30】

　フジテレビは29日、同社の鈴木哲夫前報道局長（54）が3年間にわたり会合費を不正請求し、計約913万円を私的に流用したとして、同日付で鈴木前局長を懲戒解雇、報道担当の小櫃真佐已常務を減俸3カ月とする処分を発表した。

　鈴木前局長の不正は東京国税局の税務調査で発覚した。同社は2006年3月期までの3年間で、仮装・隠ぺい行為を伴う所得隠し約2億円を含め、総額約7億1,000万円の申告漏れを指摘された。追徴課税（更正処分）は重加算税を含め、計約2億3,000万円で、同社は全額納付している。同社や関係者によると、所得隠しと認定された大半が、取引先や出演者、スタッフらの飲食代。税務上は損金にならない部分を、会合費などの名目にして経費を水増ししていたという。鈴木前局長が不正に処理した飲食代も含まれていた。

⑮　千代田化工8億7,000万円所得隠し／国税局7億円、交際費と認定
　　【日本経済新聞2007.7 .12】

　エネルギープラント大手、千代田化工建設（横浜市）が東京国税局の税務調査を受け、2006年3月期までの4年間で計約8億7,000万円の所得隠しを指摘されたことが12日、分かった。

　中東カタールや岡山県での液化天然ガス（LNG）プラント工事の際に支出した計約7億円について、受注工作などに絡む交際費と認定され、新たに課税対象となったもよう。

　単純な経理ミスなども含めた申告漏れは総額約30億円にのぼり、追徴税額（更正処分）は重加算税を含め8億円超。

同社や関係者によると、同社は2001年4月から02年9月にかけて、カタールで計約1,250億円のLNGプラント工事を海外企業と共同で受注、海外の建設会社に設計業務費用などとして約4億円を支払った。同国税局はこの会社の業務に実態が乏しく、代金は受注工作に充てられた「リベート」と判断したとみられる。

さらに01年12月、中国電力などが出資する企業から約300億円で受注した岡山県倉敷市のLNGプラント工事に際し、コンサルタント会社に支払った約3億円についても、営業活動に絡む交際費と判断されたという。

《納税者の主張》

税務調査を受けたのは事実で、当局とは一部見解の相違はあった。当社としてはいずれも正当な業務の対価と考えている。

---

⑯　消費税100億円／不正還付申告／東京のIT会社【日本経済新聞2008.2.4】

インターネット関連会社「URL.TV」（東京都調布市）が、動画配信システム開発のノウハウを関連会社から購入した際に支払ったとする約100億円の消費税の還付申告について、東京国税局から不正申告を指摘されていたことが3日、分かった。

国税局は、ノウハウに経済的価値がないことなどから還付を認めず、逆に重加算税を含め約124億円を追徴課税（更正処分）したという。そのうち100億円は還付されず、同社が実際に納める必要があるのは加算税分の約34億円だが、滞納しているもよう。

---

⑰　再選の前橋市長／親族企業150億円所得隠し／債務免除申告せず
　　【日本経済新聞2008.2.18】

17日投開票の前橋市長選で再選された高木政夫・前橋市長（57）の親族が経営していた建設会社など2社（解散）が関東信越国税局の税務調査を受け、一年間で総額約150億円の所得隠しを指摘されていたことが同日、分かった。追徴税額（更正処分）は重加算税含め少なくとも約67億円に達するとみられる。

両社側は処分に異議を申し立て、追徴税を減額されたが、現在、国税不服審判所に審査を請求しているという。

　関係者によると、所得隠しを指摘されたのは、いずれも高木市長の兄が経営して解散した建設会社「高木建設」（前橋市）と系列の不動産会社「アーバンプラン」（同）。両社は金融機関などから受けていた多額の債務免除の事実を申告せず、税務上の所得を圧縮していたという。

　税法上、債務を免除された法人は「債務免除益」を計上するよう定められているが、両社はこれを計上せず、帳簿上は債務が残っているように処理していたもようだ。

　同国税局は、重加算税の対象となる仮装・隠ぺい行為に当たると判断したとみられる。所得隠し額は高木建設が2005年9月期で約30億円、アーバン社が同年12月期で約120億円。

　高木市長は群馬県議会議長などを経て、04年に初当選。17日投開票の市長選に2期目を目指し立候補、再選された。

　高木市長は同日夜、報道陣に対し「今聞いたのでよくわからない」と話した。

---

⑱　きんでん11億円申告漏れ／大阪国税局指摘【日本経済新聞2008.6.10】

　関西電力グループの電気工事会社きんでん（大阪市）が、大阪国税局の税務調査で、2006年3月期までの3年間に約11億7,000万円の申告漏れを指摘されていたことが10日、分かった。

　国税局は申告漏れのうち海外子会社からの業務支援料などをめぐる約9,000万円を所得隠しと認定、重加算税を含めて、約3億9,000万円を追徴課税（更正処分）したもようだ。既に全額納付した。

　関係者によると、営業情報を提供して対価として海外子会社から受け取る業務支援料について、国税局は05年度にフィリピンとベトナムの2社から受け取った金額が少なかったと判断。子会社への寄付金に当たるとして、重加算税の対象にしたとみられる。

　国内の建設工事で、発注元から代金の一部を徴収しなかった部分でも所得隠しを認定されたという。

《納税者の主張》
　見解の相違があったが、指摘については真摯（しんし）に受け止めている。

⑲　米国産豚肉輸入／所得隠し指摘／三菱商事に追徴課税
　　　【日本経済新聞2009.4.29】

　　三菱商事が東京国税局の税務調査を受け、米国産豚肉の輸入を巡り所得隠し
　を指摘され、重加算税を含め約2億7,000万円を追徴課税（更正処分）されたこ
　とが28日、分かった。同社は同日付で更正通知を受領したと発表した。
　　関係者によると、同社は2003年3月から05年3月までの米国産豚肉の輸入取
　引について、仕入れ価格を実際より高く偽り、法人所得を少なく申告したとい
　う。隠した所得は約7億円とみられる。

⑳　読売東京本社が1億円所得隠し／国税局指摘【日本経済新聞2009.6.1】

　　読売新聞東京本社が東京国税局の税務調査を受け、2008年3月期までの7年
　間で計約1億円の所得隠しを指摘されたことが31日、分かった。経理ミスを合
　わせた申告漏れ総額は計約2億7,000万円となり、重加算税を含む追徴税額（更
　正処分）は計約9,800万円という。
　　同社によると、所得隠しを指摘されたのは本社や支局の取材費の一部。社員
　同士の飲食費が含まれていたとして交際費と認定され、重加算税の対象とされ
　たという。このほか社有航空機の償却期間の計上ミスなどを指摘されたとして
　いる。

《納税者の主張》
　　国税局からの指摘通り全額を納付する。今後とも、より適正な税務申告に努
　める。

㉑　宗教法人、14億円所得隠し／国税局指摘／ホテル休憩料「お布施」に
　　　【日本経済新聞2009.6.9】

　　関東地方や中部地方でラブホテルを経営する宗教法人「宇宙真理学会」が優
　遇税制を悪用したとして、関東信越国税局から2008年2月期までの7年間で計
　約14億円の所得隠しを指摘されていたことが9日、分かった。
　　重加算税を含めた追徴税額（更正処分）は約3億円とみられる。同法人は国

税局の指摘を不服として異議申し立てをしているという。

　関係者によると、宇宙真理学会は香川県多度津町に事務所を置き、長野県や群馬県、岐阜県などで複数のラブホテルを実質的に経営。ホテルの入り口には「恵まれない子のために喜捨をお願いします」などと書かれた看板や仏像が設置されている。

　同法人はホテルの休憩料などの売り上げの一部について、宿泊客から預かった「お布施」として税務申告から除外。宗教法人は「お布施」などは非課税だが、関東信越国税局は、宗教法人への優遇制度を悪用して法人税を免れたとして、悪質な所得隠しに当たると判断したとみられる。

　登記簿によると、宇宙真理学会は1983年9月の設立。「大宇宙生命光元神を本尊として、宇宙の真理の教義をひろめ、儀式行事を行う」などの目的を掲げている。

㉒　大和ハウス工業／3億円申告漏れ／大阪国税局が指摘
　　【日本経済新聞2009.8.5】

　大手住宅メーカーの大和ハウス工業が大阪国税局の税務調査を受け、2008年3月期までの3年間で約3億5,000万円の申告漏れを指摘されたことが5日分かった。うち約9,300万円を所得隠しと認定。重加算税を含めて約1億3,000万円を追徴課税（更正処分）した。

　同社によると、東京都内でホテルを建設した際、設計事務所に約2,900万円を支払い、ホテルの設計外注費として計上。しかし国税局は大和ハウス工業が実際の作業を行っており、課税対象となる交際費に当たると判断したとみられる。

《納税者の主張》
　<u>見解の相違はあった</u>が、指摘に従って全額納付した。

㉓　SBI、3億円所得隠し／東京国税局指摘／1億円追徴課税
　　【日本経済新聞2009.8.5】

　ベンチャーキャピタル事業や証券事業などを手掛けるSBIホールディングスが東京国税局の税務調査を受け、2008年3月期までの2年間で約3億円の所得隠しを指摘されていたことが5日分かった。追徴税額（更正処分）は重加算税

を含め計約1億円とみられる。

　関係者によると、SBIホールディングスは不動産コンサルタント業務を主体とする取引先に対し、不動産取引に関する業務委託料や情報提供料を支出し、損金として計上した。

　しかし、同局の税務調査で、業務委託した不動産取引の一部に実体がないことが判明。国税局はSBIの業務委託料の一部について「寄付金」に当たると認定し、全額を損金算入できないと判断したもようだ。

《納税者の主張》
　(指摘内容は)見解の相違によるものであり、当社は通常の適正な商取引だったと認識している。今後異議申し立ても含めて対応を検討していく。

㉔　積水ハウス申告漏れ／4億円、国税局が指摘／1.3億円追徴
　【日本経済新聞2010.3.19】

- -

　東証一部上場の住宅大手、積水ハウス（大阪市北区）が大阪国税局の税務調査を受け、2009年1月期までの4年間で約4億円の申告漏れを指摘されていたことが19日、分かった。国税局はうち数百万円を所得隠しと認定し、重加算税を含む約1億3,000万円を追徴課税（更正処分）した。同社は昨年12月までに全額納付したという。

　同社などによると、会社事務所の建設で、仲介した顧客側に「紹介料」として支払った数百万円を経費として計上。国税局は課税対象となる「交際費」として計上すべきだと指摘し、経費に仮装した所得隠しに当たるとみて重加算税を課したという。

　また住宅のアフターサービスに絡み、同社が補修用部品や部材の購入費を経費計上した点について、未使用のため棚卸し資産との認定を受け、過少申告加算税の対象となったとしている。

《納税者の主張》
　国税局の指摘を受けたのは、資産計上評価を巡り見解の相違があったもの。重加算税の対象とされた案件は、経費としての認識が否認された。すでに昨年末に納付を完了した。

㉕　商船三井、申告漏れ105億円／国税指摘、異議申し立てへ
【日本経済新聞2010. 6 .18】

　商船三井は17日、米国子会社との取引について、東京国税局から移転価格税制に基づく約105億円の申告漏れの指摘を受け、重加算税を含む法人税など約53億円の追徴課税を受ける見込みになったと発表した。同局は近く更正処分を通知する見通し。同社は処分を不服として異議を申し立てるとともに、二重課税防止のため日米2国間の政府間協議も求める方針。

　同社によると、指摘を受けたのは、米国のコンテナターミナル子会社との2009年3月期までの7年間のコンテナ荷役取引について。

　商船三井のコンテナ船が米国の港に寄港した際、子会社が運営するターミナルを利用してコンテナを運搬する。その際子会社に支払った荷役料金が市場価格よりも高く、商船三井本体の所得が子会社に移転し、日本での納税額が過少になったと国税局から指摘されたもよう。

　一部の取引については同局から仮装行為を伴う所得隠しと認定され、重加算税も課される見通しという。

　移転価格税制は、企業が海外子会社との取引を通じて「子会社に利益を移した」とみなされた場合、国税当局が親会社に追徴課税する制度。

《納税者の主張》
　荷役料金は市場価格の実勢に照らして妥当な水準。米国の税制に従い適正な納税をしており、とうてい納得できない。

㉖　川崎重工、申告漏れ約14億円／大阪国税局8千万円追徴
【日本経済新聞2012. 4 . 6 】

　川崎重工業が大阪国税局の税務調査を受け、2010年3月期までの5年間で約14億円の申告漏れを指摘された。うち米国子会社からの売り上げ約1億2千万円を、仮装・隠蔽行為を伴う所得隠しと認定、追徴税額（更正処分）は過去の赤字と相殺されたため、重加算税を含め約8千万円。

《納税者の主張》
　当局と見解の相違はあったが指摘に従った。

㉗　富士重工業、所得隠し約6,200万円／東京国税局約2,600万円追徴
　　【日本経済新聞2012.6.1】

　　富士重工業が東京国税局の税務調査を受け、2010年3月期までの7年間に約6,200万円の所得隠しを指摘された。東京国税局は不正支出された資金1億円のうち、元部長が私的流用した一部について、同社側に損害賠償請求権があると認定し、請求分が会社の利益に当たると判断した。重加算税を含め約2,600万円を追徴課税。（過去の税務上の赤字と相殺され納付額は約500万円）

㉘　僧侶派遣会社と葬儀会社数社、所得隠し総額約5億円／東京国税局
　　【日本経済新聞2012.6.6】

　　僧侶派遣会社「グランド・レリジオン」と提携している葬儀会社数社が東京国税局の一斉税務調査を受け、総額約5億円の所得隠しを指摘された。グランド社から葬儀会社へ支払われた手数料を「リベート」と認定し、重加算税を課したとみられる。グランド社は宗派や地域に合わせて僧侶を選んで葬儀場などに派遣し、お布施の中から仲介料収入を受領。うち一部を仲介手数料として葬儀会社側に支払っていたが、経費として認定されなかった。葬儀会社側はリベートを会社口座とは別口座に送金させるなどして所得から除外していた。グランド社は約3億円、葬儀会社数社は計約2億円の所得隠しを指摘された。

㉙　オリンパス、約150億円の申告漏れ／東京国税局約50億円追徴課税／粉飾決
　　算に絡み【日本経済新聞2012.7.4】

　　オリンパスの粉飾決算事件に絡み、東京国税局の税務調査を受け、2011年3月期までの5年間で総額約150億円の申告漏れを指摘された。有価証券報告書の虚偽記載を行う過程で、英医療機器メーカー「ジャイラス」の買収を巡りファイナンシャルアドバイザー（FA）に支払った報酬として経費計上した約150億円を、国税局は実際には自社の損失処理に使われた「内部取引」とみなし、経費として認めなかった。ただ一連の会計処理の目的が有価証券報告書の虚偽記載であり、支出先も特定できることから、意図的に課税逃れを図ったわけではないと判断し、重加算税の適用は見送ったとみられる。

㉚　シスメックスが約３億円所得隠し／大阪国税局、約１億９千万円追徴課税
【日本経済新聞2012.9 .26】

　　大手医療用検査機器メーカーのシスメックスが、大阪国税局の税務調査を受け、2009年３月期までの２年間で、約３億１千万円の所得隠しを指摘された。国税局は、米国の子会社に医療機器や試薬の臨床データについてリポート作成を委託し、この経費を子会社が了解した上で意図的に計上する時期をずらし、所得を圧縮したとして仮装・隠蔽を伴う所得隠しに当たると判断した。申告漏れ総額は約３億３千万円で重加算税や地方税を含む追徴税額は約１億９千万円。

《納税者の主張》
　　国税局と見解の相違はあったが、指摘に従った。

㉛　新撰組の旧屯所、1.8億円所得隠し／大阪国税局、約６千万追徴課税／拝観料一部除外【日本経済新聞2012.10.19】

　　幕末に新撰組が最初に活動拠点となる屯所を置いていたことで知られる八木家が経営する和菓子店「京都鶴屋鶴寿庵」が大阪国税局の税務調査を受け、2010年９月期までの７年間で約１億８千万円の所得隠しを指摘された。関係者によると、入場者数を実際より少なく計上し、拝観料収入の一部を除外して申告しており、国税局は重加算税の対象となる「仮装・隠蔽」行為があったと判断したとみられる。追徴税額は重加算税を含め約６千万円。

《納税者の主張》
　　税務調査を受けたことは認めた上で「そのような（所得隠しの）指摘を受けたことはない」

㉜　学校法人大阪学院大学、源泉所得税の徴収漏れ／大阪国税局、約１億円の追徴税額【日本経済新聞2012.12.21】

　　大阪学院大などを運営する学校法人大阪学院大学が大阪国税局の税務調査を受け、理事長の給与を巡り、過去７年間で約２億２千万円分にかかる源泉所得

税の徴収漏れを指摘された。大半は理事長名義で借りた米ハワイの邸宅の費用支出で、大学の研修センターとして借り、法人が管理会社への保証金約3億9千万円と管理費を支払っていた。国税局は、「大学の使用実態がなく、保証金の利息や管理費は個人の費用の肩代わりで理事長への給与に当たる」と判断。重加算税を含め計約1億円の追徴税額。

《納税者の主張》

　国税局と見解の相違はあったが指摘に従い納付した。今後は適正な経理、税務処理に取り組みたい。

㉝　板東英二氏が元役員の会社、5千万円の所得隠し／名古屋国税局、約2,800万円の追徴税額【日本経済新聞2012.12.27】

　元プロ野球選手でタレントの板東英二さんが役員を務めていたテレビ番組制作会社「オフィスメイ・ワーク」が名古屋国税局の税務調査を受け、2011年8月期まで7年間で約7,500万円の申告漏れを指摘されていた。うち5,000万円は所得隠しと認定された。同社は、テレビ番組の企画の一部を実際の外注分以外にも発注することで所得を圧縮するほか、板東さんの個人的な支出を会社の経費として計上していた。重加算税を含めた追徴税額は約2,800万円。

㉞　蝶理、3.9億円申告漏れ／大阪国税局、約2億円の追徴税額
　　【日本経済新聞2013.3.13】

　東証・大証1部上場の商社「蝶理」が大阪国税局の税務調査を受け、2012年3月期までの3年間で約3億9千万円の申告漏れを指摘された。このうち、海外子会社研修員の人件費を自社経費に計上した約1億1千万円は、所得隠しと認定された。追徴税額は重加算税を含め約2億円。

《納税者の主張》

　見解の相違はあるが、指摘に従う。

㉟　竹中工務店、3.3億円の申告漏れ／大阪国税局、約1億円の追徴税額
　　【日本経済新聞2013.3.22】

　ゼネコン大手の竹中工務店が大阪国税局の税務調査を受け、2011年12月期までの３年間で約１億９千万円の所得隠しを指摘された。子会社への外注費などとして計約１億９千万円を計上したが、国税局は「子会社が下請け業者に支払うべき費用を肩代わりした資金援助で、寄付金に当たる」として仮装・隠蔽を伴う所得隠しと判断した。また売り上げ計上時期を誤る経理ミスなどもあり、申告漏れの総額は約３億３千万円で、追徴税額は重加算税を含め約１億円。

《納税者の主張》
　見解の相違はあったが、国税局の指摘に従った。

㊱　日本テレビ、1.5億円の申告漏れ／東京国税局、約8,700万円の追徴税額
　　【日本経済新聞2013.5.3】

　日本テレビ放送網が東京国税局の税務調査を受け、2012年３月期までの２年間で約１億５千万円の申告漏れを指摘された。経費として計上していた番組制作費の一部について、国税局から社員同士の飲食費と判断され、交際費にあたると認定された。重加算税などを含めた追徴税額は約8,700万円とみられる。

㊲　オリンパス粉飾決算事件の指南役、７億円超の所得隠し／東京国税局、3.5
　　億円超の所得隠し【日本経済新聞2013.7.2】

　オリンパスの粉飾決算事件で、損失隠しを指南したとして金融商品取引法違反罪で起訴された野村證券OBの元証券会社取締役、中川昭夫被告＝公判前整理手続き中＝が、東京国税局の税務調査を受け、７億円超の所得隠しを指摘された。中川被告は損失隠しを指南した報酬として2010年に得た約７億円超を、自身がオーナーを務める香港の企業に移し、個人所得として申告していなかった。追徴税額は重加算税を含めて約３億５千万円。

㊳　文化勲章受章者の平山郁夫氏の妻、２億円の遺産隠し／東京国税局、1.5億
　　円の追徴税【日本経済新聞2013.7.13】

　2009年に死去した日本画家で文化勲章受章者の平山郁夫氏の遺産相続を巡り、妻が東京国税局の税務調査を受け、２億円の遺産隠しを指摘された。自宅の洋服

だんすにある紙袋に入った現金約2億円の存在を知りながら意図的に申告しなかったと認定された。また平山氏の作品の著作権についても、評価額が過少だったとして約1億円の申告漏れを指摘された。追徴税額は重加算税を含めて約1億5千万円。既に修正申告し、納付したとみられるが、妻側は不服として国税不服審判所に審査請求したとみられる。

㊴　元税務職員、1.2億円の所得隠し／名古屋国税局、約6千万円の追徴税額
　　【日本経済新聞2013.7.31】

元税務署職員で、ギニアで金鉱山などの開発を手がける「ジャパン・マイニング・カンパニー」の斉藤清社長が、名古屋国税局から2011年までの5年間で約1億2千万円の所得隠しを指摘された。海外から振り込まれた役員報酬を、会社に貸し付けた金の返済分として処理し、課税を免れていた。追徴課税は重加算税を含め約6千万円とみられる。

㊵　東日本大震災でがれき処理の複数の請負業者、申告漏れ／仙台国税局
　　【日本経済新聞2013.8.24】

東日本大震災の被災地で、仙台国税局ががれき処理などを請け負った業者に対して大規模な税務調査をし、複数の申告漏れを指摘した。国税庁の開示資料によると、仙台国税局はがれき処理業者のうち、売り上げがあるのに税務申告をしていないなど問題があるケースを把握し、仙台市など宮城県内の業者を中心に調査した結果、複数の法人や個人事業主で法人税や所得税などの申告漏れが見つかった。仮装や隠蔽を伴う悪質な所得隠しを指摘したケースもあり、重加算税も含めて追徴課税した。

㊶　マンション建設大手の長谷工、25億円所得隠し／東京国税局
　　【日本経済新聞2013.9.24】

マンション建設大手の長谷工コーポレーションが東京国税局の税務調査を受け、2012年3月期までの3年間に約25億円の所得隠しを指摘されていた。現場レベルの判断で、未完成で予算が厳しい工事の原価の一部を、完成して黒字が確定している別の工事の原価として、決算期をまたいで計上するなどの利益調整が複数の工事で行われており、仮装隠蔽に当たると判断された。経理ミスを

含めた申告漏れの総額は30億円超で更正処分を受けた。過去の赤字と相殺され、法人税の追徴課税はなかったが、消費税は重加算税を含めて約2億円を追徴課税された。

《納税者の主張》

見解の相違はあるが、最終的に当局の指摘に従った。

㊷　家具卸会社、3億円所得隠し／名古屋国税局、租税回避地の取引偽装
【日本経済新聞2013.10.16】

家具卸売会社「丸仲貿易」が、租税回避地（タックスヘイブン）に設立した子会社が取引したように装い、所得の一部を隠していたとして、名古屋国税局から2012年4月期までの7年間で約3億円の所得隠しを指摘された。中国の子会社から仕入れた草刈り機の部品を日本国内で販売したが、カリブ海の英領バージン諸島の子会社が取引したように装って、所得を隠していた。関連会社による約4億円の所得隠しも指摘されており、追徴税額は重加算税を含め計約2億円とみられる。

《納税者の主張》

当局の指摘で修正申告し、納税も済ませている。

㊸　医療法人理事長ら、28億円所得隠し／大阪国税局、十数億円の追徴
【日本経済新聞2013.10.17】

大阪府茨木市を中心に医療法人などを展開する「藍野グループ」の幹部である医療法人「恒昭会」の小山郁夫理事長と、その親族2人と関係会社が大阪国税局の税務調査を受け、約5年間で総額約50億円の申告漏れを指摘された。うち約28億円が仮装・隠蔽を伴う悪質な所得隠しとして重加算税の対象となり、追徴税額は十数億円に上るとみられる。藍野グループが2007年、東大阪市の病院を約20億円で買収した際、小山理事長側が設立した関係会社が病院側に出資する形をとった後、病院が売却され、関係会社が約28億円を受け取ったが、同国税局はこれが小山理事長ら3人に帰属し、個人所得に当たると判断した。この幹部側は国税当局に異議を申し立てている。

⑭　「ほけんの窓口」前社長、懲役２年求刑／消費税不正還付
　　【日本経済新聞2013.10.25】

　消費税法違反罪などに問われた保険の乗り合い代理店最大手「ほけんの窓口グループ」の前社長、今野則夫被告の論告求刑公判が、25日東京地裁であった。起訴状などによると、今野被告は自らの資産管理会社「東京レジデンス」を通じてマンション２棟を購入した際、架空売り上げを計上する手口で、約2,500万円の不正還付を受けたとされる。

⑮　元司法書士を逮捕＝廃業とうそ、1.4億円脱税容疑―京都地検
　　【時事通信2014.２.27】

　司法書士を廃業するとうその届け出をするなどして収入を隠し、所得税約１億4,400万円を脱税したとして、京都地検特別刑事部は27日、所得税法違反容疑で、元司法書士で無職安田成達容疑者(42)＝京都市中京区＝を逮捕した。地検は容疑者の認否を明らかにしていない。

　逮捕容疑は、2010年と11年に司法書士の仕事で得た収入のうち、計約３億6,800万円分の所得を申告せず、所得税を免れた疑い。

　地検によると、安田容疑者は長崎県平戸市で事務所を置き、07年６月〜11年11月まで仕事をしていた。しかし、平戸税務署に10年11〜12月にかけ、司法書士の廃業届や11年分の予定納税額はゼロとする虚偽の書類を提出した。

⑯　テレ朝、所得隠し1億1,200万円／国税指摘、元社員着服巡り
　　【朝日新聞2014.４.26】

　テレビ朝日（東京）の社員が番組制作費を着服して懲戒解雇された問題で、同社は25日、東京国税局から2013年３月期までの７年間で約１億1,200万円の所得隠しを指摘されたと明らかにした。社員の不正行為を会社の責任と判断され、重加算税を含む追徴税額は約4,500万円。同社は「見解の相違があったが、総合的に判断して国税の指摘に従う」としている。同社によると、元社員はバラエティー番組などを制作する部門のプロデューサーで03〜13年、外部の制作協力会社に架空業務の代金を請求させるなどして約１億４千万円を着服。国

税局は、時効にかからない06年以降の着服分を重加算税の対象とするなどした
という。

㊼　パナソニック100億円申告漏れ／国税指摘
　　【朝日新聞2014.5.15】

　大手電機メーカーのパナソニック（本社・大阪府門真市）が大阪国税局の税
務調査を受け、昨年3月期までの2年間で約100億円の申告漏れを指摘された
ことがわかった。このうち約3千万円は所得隠しと認定された。ただ、リーマ
ン・ショックのあった2009年3月期の決算で生じた巨額の赤字と相殺されるな
どして重加算税を含めた追徴税額は約2億円。ほかに税の還付もあるため、同
社が納める法人税額は約3千万円にとどまる見込みだ。関係者によると、所得
隠しと認定されたのは、パナソニックが決算を連結している海外子会社の経費
として申告した約3千万円。国税局は同社が経費とは認められない交際費など
を別の費目に付け替えて仮装・隠蔽（いんぺい）したと認定した。また同社は、
別の複数の海外子会社が現地仕様の商品開発をする際の費用約100億円を負担。
この費用について国税当局は「子会社に対する支援で、経費とは認められない
寄付金」と判断した。パナソニック広報グループは朝日新聞の取材に「見解の
相違があった、指摘に従い適切に処理する」としている。

㊽　日本ハム、所得隠し900万円申告漏れ計5.7億円／国税指摘
　　【朝日新聞2014.6.6】

　日本ハム（大阪市）が大阪国税局の税務調査を受け、2013年3月期までの3
年間で約5億7,600万円の申告漏れを指摘されたことがわかった。このうち約
900万円は所得隠しと認定された。重加算税や地方税を含めた追徴税額は約2
億8千万円。同社は全額納付する方針だ。関係者によると、所得隠しと認定さ
れたのは日本ハム子会社の工場改修費。実際には工事が続いているのに意図的
に終わったように見せかけ、本来は工事が終了した後に経費計上すべきところ
を前倒しして所得を圧縮したという。一方、申告漏れと指摘された主なものは
同社が負担していた海外子会社の品質検査費や人件費などで、国税局は「子会
社に対する寄付にあたる」と認定した。同社は「見解に一部相違があったが、
指摘に沿って対応した」としている。

㊾ 「おくりびと」企画会社、10億円所得隠し／東京国税指摘
　　【朝日新聞2014.10.29】

　米アカデミー賞外国語映画賞を受賞した「おくりびと」を企画した映画制作会社「セディックインターナショナル」（東京都渋谷区）が東京国税局の税務調査を受け、興行収入などを申告しなかったとして、2012年8月期までの5年間で約10億円の所得隠しを指摘されたことがわかった。重加算税を含む法人税の追徴税額は約4億円。同社は修正申告し、納付したという。同社は映画配給会社などとつくる「製作委員会」に加わり、映画を企画。「国税局と見解の相違もあったが、指摘を受け入れた」とコメントした。関係者によると、同社は「おくりびと」の興行やＤＶＤ販売で得た収入の一部を除外したほか、「十三人の刺客」「スキヤキ・ウエスタン・ジャンゴ」などの海外興行収入を除外。映画制作の経費を、二重計上するなどしていたという。

㊿ 架空発注問題の三菱電、2.4億円申告漏れ／東京国税指摘
　　【朝日新聞2015.3 .17】

　三菱電機（本社・東京都）の複数の社員が業務の一部を架空発注していた問題で、2013年3月期までの5年間で約2億4千万円の申告漏れがあったと東京国税局から同社が指摘されていたことが分かった。同社の調査で架空取引の総額は約4億6千万円にのぼり、国税局はこのうち課税の時効にかからない5年分について架空発注した支払い分を経費として認めず申告漏れを指摘したという。関係者によると、同社はこの架空発注とは別に、売り上げなどを本来計上すべき決算期に計上しなかった「期ズレ」で約1億円の所得隠しも指摘されており、重加算税などを含めた全体の追徴税額は数千万円という。同社広報部は「国税の指摘に従い、すでに納税した」と話している。

51 クボタ、2.6億円所得隠し申告漏れも3億円／国税局指摘
　　【朝日新聞2015.7 .9 】

　大手機械メーカー・クボタ（大阪市）が大阪国税局の税務調査を受け、約2億6千万円の所得隠しを指摘されたことがわかった。海外の子会社に支払った「奨励金」を経費に計上する時期をわざと早め、所得を少なく見せかけたと認

342

定された。経理ミスによる所得の申告漏れも2014年3月期までの3年間で約3億円あり、同社は重加算税を含め約2億7千万円を追徴され納付したという。関係者によると、問題とされたのは、クボタが13年1月以降、農業機械など自社製品の国外販売を担う欧州の子会社数社に支払った奨励金の会計処理。この金は、クボタから製品を仕入れた子会社が現地の代理店に商品を卸す際の値引き分にあてたり、代理店の販売実績に応じて渡すボーナスの原資にしたりしているという。クボタは、各子会社が将来の販売計画で示した必要経費をもとに奨励金の額を算定。これを経費として計上できるのは費用の発生時点で、今回の場合、子会社が実際に奨励金を使った時点となる。だが、同社は子会社への出荷時点でこの金を経費に計上していた。この会計処理について、国税局は「将来に計上すべき経費を前倒しし、故意に利益を圧縮した」とみなし、所得隠しと認定したという。クボタは朝日新聞の取材に「経費計上時期のずれで、所得隠しではない。国税局とは見解の相違があるが、税務処理上の不備があったのは事実。指摘に従い、納税した」と説明している。

(52)　ヤンマーＨＤ、19億円申告漏れ

【朝日新聞2015．8．6】

農業機械大手・ヤンマーホールディングス（大阪市北区）と傘下のヤンマー（同）が大阪国税局の税務調査を受け、2014年3月期までの3年間で計約19億円の申告漏れを指摘された。工場設備の修繕に絡んで所得を圧縮したとされ、うち約1億円は仮装・隠蔽（いんぺい）を伴う所得隠しと認定された。重加算税を含め約8億円を追徴され、全額納付したという。関係者によると、ヤンマーＨＤは滋賀県にあるディーゼルエンジンの生産設備の修繕費を14年3月期に「経費」として計上した。だが国税局は、修繕で設備自体の価値が高まったとみて、「資産」に計上すべきだと判断。経費に計上できるのは資産の減価償却費であり、その場合も複数年にわたり計上する必要があるとして所得隠しと指摘したという。また、ヤンマーＨＤとヤンマーは交際費を経費に計上するなどの経理ミスもあった。ヤンマーＨＤは取材に「国税当局と見解の相違があったが、指摘に従った」と回答した。

㊼ 辻調、9億円申告漏れ／国税指摘、所得隠し1,700万円認定
　【朝日新聞2015.10.16】

　辻調理師専門学校などを展開する「辻調グループ」（本部・大阪市）が大阪
国税局の税務調査を受け、2014年3月期までの4年間で約9億円の所得の申告
漏れを指摘されたことがわかった。うち約1,700万円は仮装・隠蔽（いんぺい）
を伴う所得隠しと認定された。地方税や重加算税を含めた追徴税額は約4億3
千万円で、すでに全額納付したという。辻調グループや関係者によると、申告
漏れのうち約8億9千万円は、「辻料理教育研究所」（大阪市）で生じた。研究
所は11年3月、グループ代表の辻芳樹氏から、同氏が経営する系列2校の事業
を買い取る形で譲り受けたが、費用を複数年にわたり経費に分割計上していな
かった。所得隠しとされたのは、研究所が融資していた先から入ってきた利子
と、学校の学園祭で得た模擬店の利益。これらは別の口座にプールするなどし
ており、重加算税の対象になったとみられる。辻調グループは「見解の相違は
あったが指摘に従い、納税した」としている。

㊽ 積水化学、6億円申告漏れ／国税指摘、所得隠し5千万円
　【朝日新聞2016.7 .20】

　セキスイハイムで知られる大手住宅化学メーカー積水化学工業（大阪市北区）
が大阪国税局の税務調査を受け、2015年3月期までの3年間で約6億円の申告
漏れを指摘されたことがわかった。取引先との接待飲食費を課税対象にならな
いように処理するなどし、うち約5千万円は所得隠しと認定された。重加算税
を含めた追徴税額は2億数千万円で、同社は全額納付したという。接待飲食費
は企業規模などにもよるが、原則として参加者1人当たりの支出が5千円以下
の場合は課税対象とならない。関係者によると、同社は取引先との会食にかか
った接待飲食費などの一部について参加人数を水増しするなどし、1人5千円
以下に収まるよう算出したとされる。大阪国税局は、こうした処理は仮装・隠
蔽（いんぺい）行為にあたると認定したとみられる。このほか、収入の計上時
期を誤って所得を少なく算出したほか、社内の会議や打ち合わせ時の社員の飲
食代を経費として計上するなどのミスもあった。同社は朝日新聞の取材に「指
摘に従った。再発防止に努める」としている。

⑤⑤　南海が申告漏れ、5年間で2億円／大阪国税指摘
　　【朝日新聞2016.7.21】

- -

　南海電気鉄道（大阪市）が大阪国税局の税務調査を受け、2015年3月期まで
の5年間で、連結子会社も含めて計約2億円の申告漏れを指摘されたことがわ
かった。うち約2千万円は子会社の元役員による架空経費の計上などによる所
得隠しと認定された。重加算税などを含む追徴税額は約7千万円。同社は納付
し、元役員の刑事告訴を検討している。関係者によると、所得隠しとされたの
は、子会社が商品を仕入れた経費として計上した約2千万円。元役員は業者に
代金を支払って商品を仕入れたように見せかけるため、架空の取引書類などを
作成。実際は子会社に納入されず、元役員が別の業者に横流しし、代金を着服
したとみられ、大阪国税局はこうした行為が仮装・隠蔽（いんぺい）行為に当
たると指摘した模様だ。一方、申告漏れとされたのは、経費計上した鉄道施設
の修繕費など。南海電鉄は「<u>見解の相違はある</u>が、指摘に従った」としている。

⑤⑥　ダイキン7.4億円申告漏れ所得隠し1.2億円／大阪国税指摘
　　【朝日新聞2016.8.5】

- -

　空調機器大手のダイキン工業（大阪市北区）が大阪国税局の税務調査を受け、
2015年3月期までの2年間で約7億4千万円の申告漏れを指摘されたことがわ
かった。このうち約1億2千万円は所得隠しと認定された。重加算税を含む追
徴税額は約3億円で、納付したという。関係者によると、所得隠しとされたのは、
ダイキン工業が空調部門とともに重点を置く化学部門の海外取引の一部。大阪
国税局は、同社が国内外の拠点で樹脂やゴムなどのフッ素化合物を製造する際、
原材料を海外の子会社から市場価格より高く購入したと認定。所得を圧縮し、
子会社に利益を移す目的があったとして仮装・隠蔽（いんぺい）行為とみなし、
購入費用は経費ではなく子会社への寄付金に当たると判断した模様だ。このほ
か、社内で使うコンピューターのソフトウェア導入費について、課税対象とな
る無形の固定資産にあたるのに経費計上した経理ミスもあったという。ダイキ
ン工業は「取引は適正な価格で行われたと認識しており、<u>見解の相違はある</u>が、
指摘に従った」としている。

(57)　スズキ、３億円所得隠し

【朝日新聞2016．9．14】

大手自動車メーカー「スズキ」（浜松市）が、名古屋国税局から2015年３月期までの２年間で、約３億円の所得隠しを指摘されたことがわかった。経理ミスなどを合わせた申告漏れは総額で約12億円に上り、追徴課税は重加算税を含めて約４億５千万円とみられる。同社は「当局と見解の相違があったが指摘に従った」とコメント。すでに修正申告し、全額を納税したという。同社広報部や関係者によると、同社は二輪車レースの最高峰「モトＧＰ」向けレース用オートバイの未使用部品について、実際は在庫として保管していたが、すでに使ったように装い、仕入れ費用を経費に計上。約３億円の所得を隠していたという。

(58)　村本建設、5,000万円所得隠し／外注費水増し、国税指摘

【朝日新聞2016．10．18】

中堅ゼネコン「村本建設」（本社・大阪市）が大阪国税局の税務調査を受け、2015年５月期までの３年間で計約５千万円の所得隠しを指摘されたことがわかった。外注費を水増しするなど経費を過大計上したとされ、追徴税額は重加算税を含め約２千万円とみられる。同社は修正申告し、全額納付したという。関係者によると、下請け業者に支払う建設工事関連の外注費を水増しし、実際の代金との差額分を取引業者との飲食代に流用したという。このほか、課税対象の交際費を経費として計上したとされ、国税局は仮装・隠蔽（いんぺい）を伴う所得隠しと認定した模様だ。同社は取材に対し、外注費が記録された書類を誤って紛失したと説明。「見解の相違はあるが指摘に従った」としている。

(59)　竹中工務店が所得隠し／大阪国税、4,600万円認定

【朝日新聞2017．4．13】

大手ゼネコンの「竹中工務店」（大阪市）が大阪国税局の税務調査を受け、2015年12月期までの５年間で約１億５千万円の申告漏れを指摘されたことがわかった。このうち、下請けの協力会社に支払う工事代金を水増しして経費を過大調査の過程で、社員が発注先の協力会社に工事代金を実際より多く請求させ

ていた疑いが浮上。水増し分の約4,600万円を協力会社にキックバックさせ、数回に分けて着服していたとみられる。国税局は、代金水増しが重加算税の対象となる仮装・隠蔽（いんぺい）行為に当たると判断した。社員は問題発覚後、着服を認め、懲戒解雇された。同社は弁済を求める一方、刑事告訴を検討しているという。同社は朝日新聞の取材に「国税局の指摘に従い納税した。再発防止に努める」とコメントした。

---

⑥　クボタ、所得隠し／2.4億円、国税局指摘　【2017.4.27】

- -

　大手産業機械メーカー「クボタ」（大阪市）が大阪国税局の税務調査を受け、2015年12月までの2決算期で、約10億3千万円の申告漏れを指摘されたことがわかった。このうち約2億4千万円は重加算税の対象となる所得隠しと認定された。追徴税額は約4億2千万円で、同社は修正申告し、納税したという。同社などによると、所得隠しと認定されたのは、農業機械を製造する工場敷地内の道路補修費。同社は「修繕が必要な複数の箇所を直した」と経費計上していた。しかし、国税局は「道路の機能や耐用性が上がっており、固定資産として計上すべきだ」と判断。「所得圧縮の意図で、一つの工事を複数の部分補修とした」と指摘した模様だ。税法上は、道路など固定資産の価値を高める補修費は経費認定されず、固定資産の減価償却費として、複数年に分けて経費計上する必要がある。同社は「税逃れの意図はなかったが、国税局の指摘に従い、納税した」としている。

---

⑥　神戸製鋼が申告漏れ11億円
　　【朝日新聞2017.8.4】

- -

　鉄鋼大手の「神戸製鋼所」（神戸市）は3日、大阪国税局の税務調査を受け、2016年3月期までの3年間で約11億1千万円の申告漏れを指摘されたと発表した。このうち約1千万円は仮装・隠蔽（いんぺい）を伴う所得隠しと認定された。追徴税額は重加算税を含め約2億7千万円で、同社は納税を済ませたという。同社によると、所得隠しと認定されたのは、下請けの協力会社の顧問を務める同社OB社員への顧問料。協力会社に支払う「請負作業費」に顧問料を含めて経費計上したが、国税局は、経費と認められない「交際費」に当たり、故意に所得を圧縮したと指摘した。申告漏れの大半は棚卸し資産の計上漏れだっ

たという。同社は「見解の相違はあったが指摘に従い納税した」とコメントした。

㉒　消費税70億円還付／免税店が不正申告／東京国税指摘
【産経新聞2017.8.10】

　東京・秋葉原の免税店運営会社「宝田無線電機」（千代田区）が消費税の免税制度を悪用し、金製品を訪日外国人に販売したように装って今年2月までの約1年間に消費税約70億円を還付するよう国に不正申告したと、東京国税局から指摘を受けていたことが10日、関係者への取材で分かった。追徴税額は重加算税を含めて約100億円。ただし、問題発覚後に還付の一部が留保されているため、納付すべき額は還付済みの額と、その重加算税を含む約30億円という。同社は処分を不服として国税不服審判所に審査請求したもようだ。訪日外国人客が免税対象商品を買って持ち帰る場合、実質的に「輸出」とみなされ、消費税を免除される。だが、免税店側は商品を仕入れる際に消費税を支払っており、この不均衡を解消するため免税店側が申告すれば支払った消費税が戻ってくる仕組みだ。関係者によると、同社は東京都文京区の金加工会社「明成」から金製品を仕入れ、中国や韓国からの観光客に販売したとして還付を申告していたが実際には来店していない客が複数いたという。宝田無線電機が仕入れては明成が買い戻していたとみられ、東京国税局は明成に対しても宝田無線電機との取引を簿外で処理していたとして重加算税を含む約14億円を追徴課税したもようだ。宝田無線電機は取材に対して「何も話せない」としている。明成とは連絡が取れていない。

㉓　5,100万円脱税の防水工事業者らを告発【産経新聞2017.9.27】

　5,100万円を脱税したとして、大阪国税局が法人税法違反の罪で、大阪市淀川区の防水工事業「トーワ技研工業」と、東大輔社長（46）＝同区＝を大阪地検に告発していたことが26日、わかった。修正申告に応じており、重加算税額は約1,800万円。関係者によると、東社長は、平成27年4月期までの3年間、複数の下請業者に外注費を水増しした請求書を作成させる手口で、約2億円の所得を隠し、法人税約5,100万円を脱税したとしている。また、大阪国税局は、法人税など約4,500万円を脱税したとする法人税法違反などの罪で、大阪市此花区の土木工事業「小城組」と、小城達司社長（51）＝同市＝を大阪地検に告

発していたことも26日に判明。重加算税額は、約1,500万円で、関係者によると、28年4月期までの2年間、個人事業者に対する架空の外注費を計上。約1億7,800万円の所得を隠し、法人税と地方法人税約4,500万円を脱税したとしている。

---

⑭　三重の業者／7億円所得隠し／サミット関連の工事も【産経新聞2017.10.5】

- -

　三重県の建設会社など100を超える業者が昨年、名古屋国税局の一斉税務調査を受け、少なくとも計約7億円の所得隠しを指摘されていたことが5日、分かった。平成28年5月の主要国首脳会議（伊勢志摩サミット）開催に向けて行われた公共工事を受注した会社も含まれていた。関係者によると、下請け業者への外注費を水増ししたり、嘘の請求書を作成し架空の代金を計上したりするなどして所得を少なく見せていた。1億円を超える所得隠しを指摘された業者もあった。意図的な不正以外に、経理ミスを含めた申告漏れは10億円を超え、重加算税などを含めた追徴税額は約3億円に上るとみられる。施工前の工事の経費を計上したと指摘された同県志摩市の建設会社社長は「見解の違いはあったが修正申告して納付した」と話した。

---

⑮　信和建設5,900万円脱税／前社長主導／架空外注費、還流か／大阪国税告発
【産経新聞2017.11.29】

- -

　法人税約5,900万円を脱税したとして、大阪国税局が法人税法違反などの罪で、中堅分譲マンション販売「信和建設」（大阪市）と、同社の前田裕幸前社長(50)を告発していたことが28日分かった。重加算税は約2千万円に上るとみられる。大阪地検は近く前社長を在宅起訴する見通し。関係者によると、同社は平成27年12月末までの2年間に、架空の工事の外注費を計上するなどし法人所得約2億3千万円を隠したとされる。前田前社長は、知人を通じ、取引先を装った複数の個人らに、マンション建設工事などに絡む架空の外注請求書を発行させるよう依頼。信和側がいったん相手先口座に請求額を入金後に知人が集金して現金の大部分を手渡しでキックバックさせていた。現金は前社長が自由に使える裏金としてため込んでいたという。大阪国税局が調査を始めて以降の29年6月、前社長は代表を辞任。現在は、同社グループの持ち株会社の代表を務めている。信和建設の幹部は「厳粛に受け止め、再発防止に努める」としている。

㊻　神社新報社が所得隠し／70周年事業の寄付金4,200万円
　【産経新聞2018.3.17】

　神社界の専門紙を発行する「神社新報社」（東京都渋谷区）が東京国税局の
税務調査を受け、創刊70周年事業の寄付金をめぐり約4,200万円の所得隠しを
指摘されていたことが16日、関係者への取材で分かった。重加算税を含む追徴
税額は約1,500万円。同社の担当者は産経新聞の取材に「すでに修正申告を済
ませた。寄付金についての認識が誤っていた」と事実関係を認めた。
　関係者によると、同社は平成28年に創刊70周年を記念した出版や式典開催の
ための寄付金を募集。全国の著名な神社などから1億円近くを集めた。うち6
千万円近くを支出し、残った約4,200万円を帳簿外の口座に保管しており、所
得隠しと認定されたという。同社は神社界の専門紙「神社新報」を月に4回発
行し、神社本庁で要職を務めるなどする著名神社の宮司らが役員に名を連ねて
いる。同社総務部の担当者は「会長や社長にも報告していたが、責任は私にあ
る。私的な流用などはしておらず、次の80周年事業に使用しようと思っていた。
寄付金の扱いについて認識が間違っていた」と説明した。

㊼　ナマコ捕り名人、2,600万円脱税／漁で得た所得申告せず、国税告発
　【産経新聞2018.3.28】

　ナマコ漁などで得た収入を税務申告せずに所得税約2,600万円を脱税したと
して、大阪国税局が所得税法違反の罪で、兵庫県明石市港町の漁師、浜西修治
氏（67）を神戸地検に告発していたことが、関係者への取材で分かった。追
徴税額は、重加算税を含めて約3,500万円に上るとみられる。修正申告に応じ、
すでに大半を納めたという。関係者によると、平成27年12月末までの3年間、
ナマコや貝などの漁業で得た所得8,692万円を隠し、所得税2,638万円を免れた
としている。漁業関係者によると、浜西氏は「明石浦漁業協同組合」（同市）
に所属し、海底の魚介類を水中に潜って捕獲するのに必要な「潜水士」の資格
を保有。地元では「ナマコ捕り」の名人として知られる。水産庁などによると、
中華料理などの高級食材として珍重される日本産のナマコは、中国などに高
値で輸出。国内市場で取引される価格は、20年前の1キロあたり641円と比べ、
28年は2,274円と3倍以上に高騰している。浜西氏は、こうしたナマコの水揚

げなどで手にした多額のもうけを申告していなかった。

㉘　消費税法違反で泉大津の輸出業者を告発【産経新聞2018.3 .30】

　消費税約1,500万円を脱税しようとしたとして、大阪国税局が消費税法違反（未遂）などの罪で、泉大津市の工作機械輸出業「久裕商事」の社長（38）と、法人としての同社を大阪地検に告発していたことが29日、関係者への取材で分かった。修正申告に応じ、すでに重加算税約550万円を納めたという。

　関係者によると、国内仕入れにかかる消費税が還付される「輸出免税制度」を悪用。平成27年8 ～ 10月、中古のエンジンなどを輸出する架空の売り上げを計上した虚偽の確定申告書を提出したとしている。税務署側が払い戻しの手続きを保留していたため、実際には還付金は支払われなかったという。

㉙　井岡氏の父、３億5,000万円申告漏れ【産経新聞2018.4 .26】

　世界ボクシング協会（WBA）フライ級など世界３階級制覇を果たし、昨年12月に現役引退を表明した井岡一翔氏（29）の父、一法氏（50）と、一法氏が代表取締役を務めるジム経営会社「一伸」（堺市堺区）が大阪国税局の税務調査を受け、平成27年までの約４年間で計約３億5,000万円の申告漏れを指摘されたことが25日、分かった。関係者によると、国税局は、うち約２億円を仮装・隠蔽を伴う所得隠しと認定した。重加算税を含む追徴税額は１億数千万円に上るとみられる。

㉚　1.4億円脱税／尼崎の輸出業者を告発【産経新聞2018.6.7】

　輸出する商品に消費税がかからない「輸出免税制度」を悪用して約１億４千万円を脱税したとして、大阪国税局が消費税法違反などの罪で、兵庫県尼崎市の輸出業者「大月商会」の大月秀樹社長（51）と、法人としての同社を神戸地検に告発していたことが６日、関係者への取材で分かった。すでに修正申告済みで、重加算税を含む追徴税額は約１億７千万円に上るとみられる。関係者によると、平成25年３月～ 28年２月、自動車の中古バッテリーなどの国内売り上げ分を帳簿上、輸出取引で売り上げたかのように装うなどして虚偽の確定申

告書を提出。還付を受けた消費税を含め計約1億4千万円を脱税したとされる。

⑦　ユニマット100億円申告漏れ／グループ3社／組織再編で租税回避か
　　【産経新聞2018.6.12】

　　オフィス向けのコーヒーサービス事業などを展開する「ユニマットライフ」
（東京都港区）などグループ企業3社が、平成28年3月期までの5年間で総額
約100億円の申告漏れを東京国税局から指摘されていたことが、関係者への取
材で分かった。
　　関係者によると、申告漏れを指摘されたのは、ユニマットライフのほかに、
グループ持ち株会社の「ユニマットホールディング（HD）」と、リゾートホテ
ルやゴルフ場などを経営する「ユニマットプレシャス」（いずれも港区）。グル
ープ企業内の組織再編を進める中で、赤字企業を取り込んで黒字企業の所得を
減らす行為があったという。国税局は、こうした組織再編について、租税を回
避する目的があったと判断したとみられる。約100億円のうち4億円が仮装隠
蔽を伴う所得隠しに当たるとして重加算税の対象と認定したという。ユニマッ
ト HD は産経新聞の取材に「税務当局と見解の相違があったが指導に従い納付
した。仮装隠蔽、所得隠しを意図したことはない」としている。

⑦　浄水器・健康食品「エナジック」グループ／3社で30億円申告漏れ
　　【産経新聞2018.7.14】

　　浄水器や健康食品の開発・販売を手がける「エナジック」（東京都中央区）
グループ3社が、東京国税局などの税務調査を受け、昨年3月期までの3年間
に計約30億円の申告漏れを指摘されていたことが13日、関係者への取材で分か
った。国税局はこのうち約8億円が仮装・隠蔽（いんぺい）を伴う所得隠しに
当たると認定した。重加算税を含む追徴税額は計3社で約9億円に上る。すで
に修正申告したという。
　　関係者によると、申告漏れを指摘されたのは、エナジックのほか、浄水器輸
出会社「エナジックインターナショナル」（那覇市）とウコン粉末販売会社「沖
縄還元フーズ」（沖縄県名護市）。国税局は、海外取引で架空の販売費を計上し
法人所得を圧縮したと認定。海外取引で生じた為替差益の過少申告も指摘した。
エナジックインターナショナルは産経新聞の取材に「輸出取引で為替差損の計

算ミスを国税当局から指摘され、すでに納付し手続きを終えた。不正な経理操作はしていない」とした。消費者庁は平成22年４月、連鎖販売取引（マルチ商法）をめぐり虚偽の勧誘を繰り返したとして、エナジックに、特定商取引法に基づき９カ月の一部業務停止命令を出していた。

(73)　押し買いグループ、所得隠し／大阪国税局／５年で11億円
【産経新聞2018.９.14】

高齢者宅を訪問して貴金属などを強引に買い取る「押し買い」を繰り返していたとみられる会社グループが大阪国税局の税務調査を受け、平成29年までの５年間に計約11億円の所得隠しを指摘されたことが13日、関係者への取材で分かった。押し買いで得た所得の一部を免れたとみられ、追徴税額は、重加算税を含め計約６億円の見通し。関係者によると、所得隠しを指摘されたのは、「シーエスアート」（大阪市）など数社による会社グループ。いずれも同じ人物が実質経営者で、貴金属やブランド品の買い取り・販売などを手掛けているという。国税局は、従業員らへの聞き取りなどから、会社グループが押し買い行為を行っている事実を確認したもようで、架空仕入れを計上するなどの手口で、悪質な仮装・隠蔽があったと判断したとみられる。信用調査会社によると、シーエスアートの売り上げは、26年９月期が約１億４千万円だったが、27年９月期は約５億１千万円に増えていた。悪質商法の押し買いは高齢者を中心とした被害が問題となり、25年から規制され、クーリングオフ制度が導入された。国民生活センターによると、押し買いに関する相談件数は、25年度が7,160件だったが、増加傾向が続き、28年度は8,656件。60歳以上からの相談が６割を超えている。

(74)　8,300万円脱税、東京のビルメンテナンス会社など告発
【産経新聞2018.10.19】

消費税や法人税総額約8,300万円を脱税したとして、大阪国税局は18日、消費税法違反などの罪で、東京都台東区のビルメンテナンス会社「GIGS（ギグス）」など計３社と、同社の高橋友也社長（46）＝大阪市西淀川区＝ら計３人を大阪地検に告発した。追徴税額は重加算税を含め、約１億円の見通し。３社は企業グループで、高橋社長が実質的に運営していた。ほかに告発されたのは、高橋

社長の妻で、グループの経理を担当する同社の委子社員（47）＝同、元税理士
事務所事務員の川崎満氏（47）＝神戸市北区。

　関係者によると、平成25年4月〜28年11月、パート従業員の給与などを、消
費税の控除対象となる仕入れ費用に仮装して計上し、消費税と地方消費税計約
6,600万円を脱税した。また、25年4月〜28年11月、架空の仕入れ費を計上して
所得を圧縮し、法人税と地方法人税計約1,700万円の課税を免れたとしている。

---

⑦　車用ホース会社、6,000万円所得隠し／大阪国税局指摘
　　【産経新聞2019.1.28】

- - -

　自動車用ホースの製造販売会社「ニチリン」（神戸市）が大阪国税局の
税務調査を受け、平成29年12月までの5年間に、約6千万円の所得隠しを
指摘されていたことが28日、同社への取材で分かった。申告漏れの総額は
約4億1千万円に上り、重加算税を含む追徴税額は、約1億6千万円。既
に修正申告を済ませたという。

　同社によると、社内で、商品を生産する設備を製作する際にかかる賃金
や加工時間を実際よりも低くすることで、「設備製作費」の一部を資産と
して計上せず、国税局は、意図的に所得を少なくみせていたと判断したと
みられる。

　同社は大正3年創業。平成29年12月期の連結売上高は、約593億円。同
社の担当者は「見解の相違があったが、指摘に従った」としている。

---

⑦　大和ハウス元所長／所得隠し／国税局指摘／取引先から4,000万円
　　【産経新聞2019.1.31】

- - -

　大手住宅メーカー「大和ハウス工業」（大阪市）の東京本店環境エネルギー
事業部の元営業所長（48）が東京国税局の税務調査を受け、取引先の太陽光発
電関連会社「ハンセン・ジャパン」（東京都品川区）から「裏金」4千万円を
受け取ったとして所得隠しを指摘されていたことが30日、関係者への取材で分
かった。大和ハウスの社内調査では元所長の裏金授受は認定しなかったが、国
税局は個人所得と認定した。関係者によると、大和ハウスが手がける千葉県内
の太陽光発電所建設事業をめぐり、元所長は平成28年、ハンセン社側に約15億
円の太陽光パネルの納入取引の見返りとして裏金を要求。同社は要求に応じた。

元所長は自身の妻が取締役を務めるシンガポールの株式会社に8千万円の送金を指示。ハンセン社は29年、この会社とコンサルティング契約を結び4千万円ずつ送金した。8千万円は元所長とハンセン社副社長（35）で折半したという。国税局は、株式会社に実体がないと判断し元所長の個人所得と認定。重加算税を含む所得税約2,500万円を追徴課税した。コンサル料として計上していたハンセン社に対しても仮装・隠蔽を伴う所得隠しと認定し、経理ミスを含めた申告漏れを指摘。重加算税などを含め法人税など約3千万円を追徴課税した。いずれも修正申告に応じたという。

　元所長は社内調査後の昨年7月に自主退職。大和ハウスは産経新聞の取材に「社内調査は適切に行ったが、国税局の調査や課税処分が事実だとすれば残念だ」。ハンセン社は「裏金の要求に応じてしまったのは不適切だった」とした。

---

⑦　大阪市官製談合／5,000万円脱税で告発／国税、前社長を
【産経新聞2019.4.8】

　大阪市発注の公共工事に絡む官製談合・贈収賄事件をめぐり大阪地検特捜部が社員を逮捕・起訴した、電気工事会社「アエルテクノス」（大阪市）と、渡辺照治（しょうじ）前社長（52）＝同市福島区＝について、大阪国税局が、約5千万円を脱税したとして法人税法違反などの罪で地検に告発していたことが7日、関係者への取材で分かった。重加算税を含む追徴税額は計約7千万円に上る見通し。大半は既に納付した。関係者によると、平成29年7月までの3年間、公園の照明灯設置工事などに絡む架空の外注費を計上する手口で所得約1億2千万円を隠し法人税約3千万円を脱税。消費税約2,300万円も免れたとされる。前社長は、知人の業者らに偽の請求書を作成させ、相手先の口座へ請求額を入金後に現金をキックバックさせていた。金は接待交際費に充てていたという。事件をめぐっては、加重収賄罪などで市建設局の男性職員2人と、贈賄罪などでアエル社の経理担当者の男を大阪地検特捜部がそれぞれ起訴している。

---

⑦　仮想通貨販売で所得隠し／9億円、国税局が指摘【産経新聞2019.6.7】

　独自の仮想通貨（暗号資産）「サークルコイン」を販売していた「エクラドクール」（那覇市）が東京国税局と沖縄国税事務所の税務調査を受け、平成29年5月期までの2年間で約9億円の所得隠しを指摘されていたことが6日、関

係者への取材で分かった。重加算税を含む追徴税額は約3億円に上る。

　関係者によると、エ社は米ラスベガスの「ネオシード」が発行したとするサークルコインを東京などで販売し、29年5月期までの2年間で売上高は約25億円となった。ただ、ネオシードを設立したのはエ社の代表を務める男性の知人らで、サークルコインは都内のシステム開発会社が発行していたことが国税側の調査で分かった。ネオシードに実体はなく、仕入れ代金として経費計上した約9億円は、仮装・隠蔽を伴う所得隠しと判断したとみられる。経理ミスなども含めた申告漏れ総額は9億数千万円に上る。企業が独自の仮想通貨を発行し、資金を集める手法は「ICO（イニシャル・コイン・オファリング）」と呼ばれる。昨年公表された金融庁の研究会の報告書では、ICOについて「詐欺的な事案や事業計画がずさんな事案も多い」と指摘されていた。

---

⑲　風俗店2グループ、5億円の所得隠し／大阪国税局
　　【産経新聞2019.6.7】

- -

　関西を中心に「ツーショットキャバクラ」と呼ばれる風俗店を展開する2グループが大阪国税局の税務調査を受け、平成28年までの5年間に計約5億円の所得隠しを指摘されたことが7日、関係者への取材で分かった。重加算税を含む追徴税額は約5億円で、既に期限後申告した。

　関係者によると、指摘を受けたのは、「2（ツー）キャバ大阪グループ」と、「ギルドグループ」。大阪国税局は、両グループの実質経営者らが店の売り上げを申告せず所得税や消費税、従業員の源泉所得税を免れていたと判断した。ツーショットキャバクラは、主に女性が客と1対1で接客する業態の店で、通常のキャバクラと異なり、体を触ったり密着させたりできるサービスが特徴。両グループのホームページなどによると、いずれも大阪を中心に多数の店を展開している。

---

⑳　遺産相続／8億円申告漏れ／4億円追徴か／名古屋の会社役員ら
　　【産経新聞2019.7.11】

- -

　名古屋市で芝刈り機製造会社を経営していた母親の遺産相続などをめぐり、同社役員の息子（66）らが昨年、名古屋国税局の税務調査を受け、約8億円の申告漏れを指摘されていたことが10日、分かった。母親の死後、割引金融債の

償還で得ていた現金などを意図的に除外したと国税局は判断し、重加算税など
を含め約 4 億円を追徴課税したとみられる。息子は取材に「知らない現金だっ
た。国税局の調査を受け、修正申告し全額納付した」と話した。国税局は調査で、
自宅や倉庫にある現金を発見、総額は約 7 億 5 千万円に上った。他にも約 5 千
万円の申告漏れがあったという。息子や関係者によると、製造会社は母親の夫
（故人）が昭和52年に設立。ゴルフ場から関連の機器を受注するなどしていた。
母親が生前に割引金融債を購入、償還された後、現金は自宅などで保管していた。

---

⑧　海外資産／届けず摘発／全国初、大阪国税局が告発
　　【産経新聞2019.7 .30】

　脱税した金を海外口座に隠した上、海外に計 5 千万円超の資産を保有する個
人に義務づけられる「国外財産調書」を提出しなかったとして、大阪国税局が
国外送金等調書法違反（不提出）と所得税法違反の罪で、京都市山科区の家具
輸入販売会社の中村英樹社長（49）＝同区＝を京都地検に告発したことが29日、
関係者への取材で分かった。国税庁によると、国外財産調書制度が導入された
平成26年以来、調書不提出による国外送金等調書法違反罪での告発は全国初。
同法違反罪の摘発には、資産保有者が意図的に調書を提出しないことを裏づけ
る必要がある。同国税局は、中村社長が隠した所得の一部が海外口座にあるこ
とを確認。中村社長が税務当局の監視を逃れるため、故意に調書を提出しなか
ったと判断したとみられる。
　関係者によると、中村社長は家具輸入販売事業を営んでいた27 ～ 29年、計
2 億 1 千万円の所得を隠し、8,300万円を脱税。そのうち7,300万円を香港にあ
る本人名義の銀行口座に保有し、調書の提出義務があるにもかかわらず、提出
しなかったとされる。中村社長は国内の業者に家具を販売した代金を、香港に
ある本人名義の口座へ入金させるなどの手口で、事業所得の隠蔽を図っていた
とみられる。重加算税を含む追徴税額は 1 億 1 千万円に上る見通しで既に大半
を納めた。

---

⑧　徳井さん個人会社／申告漏れ／所得隠しも／ 7 年間で計1.2億円
　　【産経新聞2019.10.24】

　お笑いコンビ「チュートリアル」の徳井義実さん（44）の会社が東京国税局

の税務調査を受け、平成30年までの約7年間で計約1億2千万円の所得隠しと申告漏れを指摘されていたことが23日、関係者への取材で分かった。重加算税などを含めた追徴税額は約3,400万円に上るとみられ、徳井さんはすでに納税と修正申告を済ませている。関係者によると、徳井さんは自身が設立した会社「チューリップ」を通じ、所属する吉本興業からのテレビやラジオの出演料などの収入を受け取っていた。

　24〜27年、この会社の経費として計上していた旅行代や洋服の購入費などについて、国税当局は徳井さん自身の私的な支出と認定し、約2千万円の所得隠しを指摘した。さらに、28〜30年の3年間には会社の収入を全く申告せず、約1億円の申告漏れを指摘されたという。一方、徳井さんの出演番組を抱えるNHKの編成担当者は同日、「事実関係を確認した上で判断したい」と話した。徳井さんはNHKで放送中の「シブヤノオト」（総合）「球辞苑」（BS1）のほか、大河ドラマ「いだてん」の今後の放送に、1964年の東京五輪で「東洋の魔女」と呼ばれた女子バレーボール日本代表の大松博文監督役で登場予定。

㊧　安藤ハザマ所得隠し／国税指摘／架空発注で2.5億円
　　【産経新聞2019.11.24】

- -

　ゼネコンの安藤ハザマ（東京都港区）が東京国税局の税務調査を受け、平成30年3月期までの5年間で約2億5千万円の所得隠しを指摘されていたことが23日、関係者への取材で分かった。社員が下請け業者に架空発注するなどして裏金をつくり、接待などに充てていたという。他の経理ミスなどと合わせた申告漏れ総額は約3億円で、重加算税を含む追徴税額は1億数千万円。関係者によると、東北支店や首都圏建築支店、大阪支店の社員約20人が26〜30年ごろ、下請け業者に、除染や土木関連工事を架空や水増し発注。代金を振り込んで現金で戻させるなどして、取引先との飲食や旅行、私的な飲食に流用していたとみられる。こうした架空や水増し発注による支出を同社は外注費として経費に計上していたが、国税局は経費として認められない交際費に当たるなどと指摘したもようだ。

㊐　たこ焼き店、1.4億円所得隠し／ミシュラン掲載「はなだこ」／大阪
　　【産経新聞2019.11.27】

- -

　大阪・梅田の人気たこ焼き店で、ミシュランガイドへの掲載歴もある「はなだこ」の運営会社と関連会社の計3社が大阪国税局の税務調査を受け、平成30年までの5年間で計約1億4千万円の所得隠しを指摘されたことが26日、関係者への取材で分かった。インバウンド（訪日外国人客）効果などで増加していた売り上げの一部を申告していなかったとみられる。重加算税を含む追徴税額は約8千万円。3社は既に修正申告を済ませたという。運営会社側は「調査を受けたのは事実」と説明したが、調査内容については「担当者がいないので答えられない」としている。

　関係者によると、調査を受けたのは、はなだこを運営する大阪府守口市の「芭食サービス」と関連会社2社。レジを操作して商品の販売記録を消去する手口で売り上げの一部を除外し、法人税や消費税の支払いを免れていたとみられ、国税局は仮装・隠蔽を伴う所得隠しと認定したもようだ。はなだこは、JR大阪駅の高架下にある「新梅田食道街」内で店舗営業。「ミシュランガイド2018」では「ビブグルマン」に選出され、店前には外国人観光客らの行列ができている。

---

⑧⑤　近江牛肥育農家／4,000万円脱税／大阪国税局／所得税法違反罪で告発
【産経新聞2019.12.19】

　食肉のブランド銘柄「近江牛」の販売で得た個人所得約4千万円を脱税したとして、大阪国税局が所得税法違反の罪で、滋賀県愛荘町の肥育農家「徳田牧場」の徳田重太郎代表（58）＝同町＝を大津地検に告発したことが18日、関係者への取材で分かった。重加算税を含む追徴税額は、約5,800万円。既に修正申告を済ませ、大半を納付した。

　関係者によると、平成28年12月までの3年間、近江牛の販売で得た所得を過少に申告する手口で、農業所得1億2千万円を隠し、所得税4,300万円を脱税。不正資金は、子牛の飼育の委託費用やエサ代に充てていた。徳田代表は子牛を自ら買い付け、約280頭を所有。実際の飼育は肥育業者に委託したうえで、成長した牛を食肉市場へ販売し、年間の売り上げ規模は2億円前後に上っていた。近江牛は、神戸牛や松阪牛に並ぶ和牛ブランドの一つで、増加するインバウンド（訪日外国人客）を中心に和牛人気が高まり、近年は1頭あたりの販売価格が値上がりしていた。

⑧⑥　大阪国税局が薬局チェーン２社に追徴／免税制度を悪用
　　【産経新聞2019.12.25】

　　大阪市内でドラッグストアを展開する運営会社２社が、大阪国税局の税務調査を受け、平成30年４月までの２年間に、約１億６千万円の所得隠しを指摘されていたことが25日、関係者への取材で分かった。２社は訪日外国人客向けの免税制度を悪用し、消費税の不正還付を受けていた。重加算税を含む追徴税額は、計約４千万円に上るとみられる。指摘を受けたのは、大阪・ミナミを中心にドラッグストア９店を展開する運営会社「フォレストドラッグ」と「ナガモリ」（いずれも大阪市）の２社。

　　関係者によると、２社は、訪日客に化粧品や薬などの消耗品を免税販売できる上限を超えて販売したレシートを分割発行するなどしていた。国税局は、２社が免税が適用されない販売分を免税販売だったように仮装し仕入れ時の消費税の還付を不正に受けたと判断したもようだ。免税店では、消耗品は同じ店で客１人あたり１日50万円を上限に消費税を受け取らない代わりに商品の仕入れ時に支払った消費税分の還付を受けることができる。２社は代表者が同じで、化粧品や医薬品を主に取り扱い、急増する訪日客の「爆買い」を背景に売り上げを伸ばしていた。取材に対し、男性社長は「不正な還付は受けていない」とする一方、「修正申告と納税は済ませた」と説明した。

⑧⑦　１億円所得隠しで中日新聞社に追徴／名古屋国税局
　　【産経新聞2019.12.27】

　　中日新聞社（名古屋市）が名古屋国税局の税務調査を受け、平成31年３月期までの４年間で約１億4,300万円の申告漏れを指摘されていたことが26日、分かった。うち約１億700万円は所得隠しと判断された。追徴課税は重加算税や過少申告加算税を含む約7,200万円。同社は既に修正申告し、全額納付した。同社は26日付の朝刊で、自社の申告漏れの記事を掲載した。同社経営企画室の武藤正敏次長は「一部に見解の相違はあったが、指摘を真摯に受け止め、適正な経費処理に努める」とのコメントを出した。

　　同社によると、東京本社管内で外部に委託していた新聞の販売活動をめぐり、同社は委託先の一部に活動の実体がないのを把握しながら、実質補助金に当たる費用を支払い、経費として計上しており、国税局は寄付金に当たると認定した。

中日新聞社健康保険組合が運営する中日病院（同市中区）についても、コンサルタント料が寄付金に当たると判断され、約3,100万円の申告漏れを指摘された。

(88)　法人税1.3億円脱税／不動産２社を告発／大阪国税局
【産経新聞2020.4.6】

架空の修繕費を計上するなどで約１億３千万円を脱税したとして、大阪国税局が、法人税法違反の罪で、兵庫県尼崎市の不動産会社「福現（ふくげん）」など２社の福田剛士社長（61）＝尼崎市＝と、法人としての２社を神戸地検に告発していたことが４日、関係者への取材でわかった。重加算税を含む追徴税額は計約１億８千万円で、すでに修正申告を済ませ、大半を納付している。

関係者によると、福田社長は平成28年４月～30年３月、所有する物件について、架空の修繕費を計上するなどの手口で、２社計約５億５千万円の法人所得を隠した。関係者によると、福田社長は不正に得た資金を一時貸金庫に保管したのち、自身の名義の預金口座などに隠していたという。

(89)　実習生監理３団体が総額５億円所得隠し／広島と長野
【産経新聞2020.4 .21】

外国人技能実習生の受け入れ窓口となる３つの監理団体が国税当局の税務調査を受け、総額約５億円の所得隠しを指摘されていたことが20日、関係者への取材で分かった。経費の架空計上を認定されたもようだ。関係者によると、広島市の「協同組合フレンドニッポン」は、広島国税局の税務調査で、平成30年までの数年間で約３億円の所得隠しを指摘された。重加算税を含む追徴税額は約５千万円とみられる。また関東信越国税局は、長野県佐久市の「全国人材支援事業協同組合」に約１億１千万円、同県川上村の「朝日協同組合」に約１億円の所得隠しをそれぞれ指摘したという。取材に対し、フレンドニッポンは「税務調査で経費性を否認された部分があり、修正申告と納税を完了した」と文書で回答。全国人材支援事業協同組合は「経理処理をめぐって指摘を受け、修正申告した。再発防止に取り組んでいる」とした。

⑨⓪　ゴーン被告流用／新たに10億円／東京国税局／日産に追徴課税
【産経新聞2020.8 .21】

　日産自動車前会長のカルロス・ゴーン被告（66）が会社資金を不正流用した
とされる問題をめぐり、日産が東京国税局の税務調査を受け、昨年3月期まで
の5年間で約10億円の申告漏れを指摘されていたことが20日、関係者への取材
で分かった。ゴーン被告が同社所有のジェット機をプライベートの海外渡航に
使用していた費用の経費計上などが認められなかったという。国税局は過少申
告加算税を含め約2億5千万円を追徴課税（更正処分）したもようだ。また、
ゴーン被告の姉にコンサルタント業務の報酬名目で支払った一部費用について
は、架空の業務委託費にあたるとして、仮装・隠蔽（いんぺい）を伴う所得隠
しと認定。重加算税の対象になったとみられる。ゴーン被告の私的流用をめぐ
っては、国税局が平成26年3月期までの3年間についても、約1億5千万円の
申告漏れを指摘したことが昨年判明。27年3月期以降についても国税局が調査
を続けていた。関係者によると、ゴーン被告は社有ジェット機を自身や家族の
プライベートな海外渡航に利用し、昨年3月期までの5年間で2億円以上を日
産が負担。また、東京やパリ、アムステルダムにあったマンションの家賃につ
いても、多額の住宅手当を受け取りながら別に約1億円を日産に支出させてい
たという。　国税局は日産に対し、タックスヘイブン（租税回避地）にある関
連会社の所得をめぐっても、昨年3月期までの5年間で約15億円の申告漏れを
指摘するなどしたもようだ。

　日産は取材に「昨年3月期までの税務調査が終了し、税務当局から更正決定
通知を受け取った。本通知に従って対処する」とコメントした。ゴーン被告は
金融商品取引法違反（有価証券報告書の虚偽記載）と会社法違反（特別背任）
の罪で起訴されたが、保釈中の昨年12月にレバノンへ逃亡した。

⑨①　中国系の太陽光5社、所得隠し30億円【産経新聞2020.12.9】

　太陽光発電事業を行う中国・上海の貿易会社「上海猛禽（もうきん）科技」
とその関連会社4社が東京、福岡両国税局の税務調査を受け、平成30年までの
4年間で計約30億円の所得隠しを指摘されていたことが8日、関係者への取材
で分かった。再生可能エネルギーの固定価格買い取り制度（FIT）を利用した

上で、経費の水増しなどをしていたとみられる。法人税などの追徴税額は重加算税を含めて計約6億円で、5社は修正申告に応じたもようだ。

(92)　2.2億円脱税、6社と実質経営者告発【産経新聞2021.3.25】

架空の外注費を経費として計上するなどの手口で約2億2千万円を脱税したとして、大阪国税局は24日、法人税法違反などの罪で、岸和田市の不動産管理会社「片山工業」と関連会社の計6社と、6社を実質的に経営する片山博貴氏を大阪地検に告発した。関係者によると、片山氏は平成26～30年の間、マンションや商業施設の修繕といった名目で関連会社や元取引先などに対して架空の外注を繰り返し、経費として計上。6社で計約8億3千万円の法人所得を隠し、約2億2千万円を脱税したとしている。重加算税を含む追徴税額は約3億1千万円で、すでに修正申告を済ませ大半を納付した。

(93)　ウナギ漁業者十数人、数億円所得隠し【産経新聞2021.3.29】

ニホンウナギの稚魚シラスウナギを捕獲する静岡県などの漁業者十数人が名古屋国税局の税務調査を受け、昨年までの7年間で計数億円の所得隠しを指摘されていたことが29日、関係者への取材で分かった。

関係者によると、漁業者十数人はいずれもシラスウナギの取引に関して申告せず、重加算税などの追徴課税額は合わせて1億円超に上ったとみられる。静岡県の漁業関係者は「他県の漁業者とのシラスウナギの取引で得た所得を申告していない業者がおり、国税局が一部の業者に調査に入ったと聞いている」と話した。

(94)　2.1億円脱税の罪、不動産グループを告発【産経新聞2021.7.10】

架空の修繕費を計上するなどして計約2.1億円を脱税したとして、大阪国税局が、法人税法違反などの罪で、大阪市中央区の不動産売買会社「おおきにビル」を中心としたグループ会社の計7社と、同社の植松俊之前社長を大阪地検に告発していたことが9日、関係者への取材で分かった。重加算税を含む追徴税額は約2.8億円で、すでに大半を納付した。

㊌ 4,700万円脱税の罪／建築会社を告発【産経新聞2021．7．20】

　架空の商品仕入れ代金などを計上するなどで計約4,700万円を脱税したとして、大阪国税局が法人税法違反などの罪で、大阪市西区の建築会社「ピースフリー」の下川秀樹前代表取締役と法人としての同社、関連会社１社を大阪地検に告発していたことが19日、関係者への取材でわかった。重加算税を含む追徴税額は約6,400万円で、すでに修正申告を済ませて大半を納付した。関係者によると、下川前代表取締役は平成27年４月〜29年３月、架空の商品の仕入れ代金やコンサルタント料などを計上する手口で計約１億８千万円の法人所得を隠し、法人税など約4,700万円などを不正に免れた。

㊎ 神戸製鋼、14億円申告漏れ【産経新聞2021．7．28】

　神戸製鋼所は27日、大阪国税局の税務調査により、令和２年３月期までの７年間で14億２千万円の申告漏れを指摘されたと発表した。このうち９億７千万円は所得隠しと判断されたという。中国での産業機械の取引をめぐり、現地の販売代理店に対する手数料の支払いを計上していたが「役務の提供を受けていない」と認定されたという。重加算税７千万円を含めた追徴税額３億１千万円を８月に納付する。神戸製鋼は「一部に見解の相違はあったが、国税当局の指摘を受け入れることにした。今後はさらに適正な納税に努める」とコメントした。

㊏ 関電役員報酬問題、２億700万円申告漏れ／追徴税額3,200万円
　【産経新聞2021．7．28】

　関西電力は27日、減額した役員報酬のうち約２億６千万円を退任後に補填していた問題などで、平成31年３月期までの４年間で約２億700万円の申告漏れを大阪国税局から指摘されたと発表した。約１億9,800万円は悪質な所得隠しと認定された。重加算税を含む追徴税額は約3,200万円で、既に全額納付した。
　関電によると、大阪国税局は元役員らに嘱託などの報酬として支払っていたうち約１億9,800万円が役員への退職金に当たり、損金算入が認められないと指摘。その上で重加算税約700万円を含む約3,100万円の納付を求められたという。また、子会社の関電プラントが福井県高浜町の元助役（故人）に支払って

いた顧問報酬も、実態は関電の交際費であるとして約100万円を納付するよう指摘された。関電は不服申し立てを行うか、今後検討するとしている。

(98)　実習生監理団体／所得隠し／国税局指摘／２億円、架空経費計上
【産経新聞2021．９．19】

外国人技能実習生の実習先を手配する愛知県一宮市の監理団体「アジア共栄事業協同組合」などが名古屋国税局の税務調査を受け、令和２年３月期までの３年間で計約２億円の所得隠しを指摘されたことが18日、関係者への取材で分かった。追徴税額は重加算税を含め約１億円。組合はすでに修正申告し、納付した。

関係者によると、組合は架空の監理業務の委託料を経費申告するなどして、約１億７千万円の所得を圧縮。また組合の理事長が取締役となっている関連会社も、計約３千万円の嘘の経費を計上するなどしていた。国税側はこの合計額を仮装・隠蔽を伴う所得隠しと認定したとみられる。組合側は取材に「悪意はなかったが、経費の趣旨について国税と認識が違った」としている。

(99)　不服審判所認定／国税 OB 側、所得隠し「提案」／税理士法抵触か
【産経新聞2021．10．12】

関係者の話や関係資料などによると、税務調査の対象は、大阪府内の太陽光発電会社側が平成28年、神奈川県内で実施した太陽光発電パネル設置工事をめぐる会計処理。発電会社がグループ会社から発注を受ける形で工事が実施され、28年６月までにグループ会社から工事代金として約４億６千万円が支払われた。うち約１億３千万円が神奈川県の補助対象で、28年８月に県から補助金を受け取った発電会社は、補助金と同額を発注元のグループ会社に送金。しかしグループ会社は、送金額は工事代金の値引き分だとして、28年12月期の収益に計上しなかった。これに対し国税局は、２社間で値引きの事前合意は確認できず、補助金の収益計上を免れるために値引きを偽装した悪質な所得隠しと判断。グループ会社に31年４月、重加算税を含む約４千万円を追徴課税（更正処分）した。同社は処分を不服として国税不服審判所に審査請求したが、昨年６月の裁決で棄却された。

裁決では、値引きの事前合意を装った会計処理が、税務顧問だった OB 税理

士側の提案だったとも認定。事前合意があったと装うため発電会社本体の帳簿を作成し直した上で、当初の帳簿を国税局側に見せないことや、以前の書類やデータを破棄することもOB本人らが指示したと指摘した。関係者によると、グループ会社を合併した発電会社は裁決後、OB税理士側に損害賠償を請求。今年4月ごろ、OB側が別の業務上の不備と合わせ、解決金2,800万円を発電会社に支払うことで決着した。OB税理士は取材に対し、所得隠しの提案を「していない」と否定。解決金の支払いは認めたが、理由は「消費税の手続きで失敗したため」と説明した。発電会社側の担当者は「お答えできない」とした。税理士法人のホームページによると、OB税理士は大阪国税局で約30年にわたり法人調査などを担当。退職後の約20年前から税理士として活動している。税理士法では、税理士が脱税や所得隠しを指南するなどした場合、業務停止など懲戒処分の対象になると規定する。大阪学院大の八ツ尾順一教授（租税法）は「税理士側の行為が事実ならば安直な上に悪質で、法に抵触する可能性もある」としている。

---

⑩　「納税額7万円か3,000万円か」／所得隠し／国税OB側、顧問先に提示
【産経新聞2021.10.13】

大阪国税局OBの男性税理士が代表を務める税理士法人が、顧問先に所得隠しを提案したとされる問題で、OB側が不正な会計処理を行った場合の税額を顧問先に事前に提示し、了承を求めていたことが12日、関係者への取材で分かった。OB側のやり方で7万円の課税で済みますか、正規の約3千万円を納税するか「どちらが良いか」などと尋ねていたという。大阪国税不服審判所がこうした発言も事実と認定している。関係者の話や関係資料などによると、顧問先は大阪府内の太陽光発電会社で、平成28年にグループ会社から、神奈川県内での太陽光発電パネル設置工事を約4億6千万円で受注した。うち約1億3千万円は県の補助対象で、県から発電会社経由でグループ会社に送金されたが、グループ会社は送金額は工事代金の値引き分だとし、28年12月期の収益に計上しなかった。これに対し、大阪国税局は補助金の収益計上を免れるための悪質な所得隠しと判断。グループ会社に31年4月、重加算税を含む約4千万円を追徴課税（更正処分）した。

⑩　3千万円を脱税／不動産会社告発／大阪国税局【産経新聞2021.10.14】

　架空の仕入れ高を計上するなどの手口で約3千万円を脱税したとして、大阪国税局が法人税法違反などの罪で、大阪市鶴見区の不動産販売会社「成夢都市開発」の田中一義元社長と法人としての同社を大阪地検に告発していたことが13日、関係者への取材でわかった。追徴税額は重加算税を含め約4千万円とみられ大半は納付済みという。関係者によると、田中元社長は平成27年9月～30年8月、建物の架空の解体費用を計上するなどの手口で計約1億2,600万円の法人所得を隠し、約3,100万円を免れたとされる。

⑩　輸入販売会社1.1億円を脱税／大阪国税局が告発【産経新聞2022.2.16】

　顧客から会社に支払われるはずのインターネット通販の代金を、従業員や親族の個人口座に入金させるなどの手口で約1億1千万円を脱税したとして、大阪国税局が法人税法違反などの罪で、大阪市西区の雑貨輸入販売会社「グローバルオンラインエンタープライズ」の岩崎弘志社長（39）と、法人としての同社を大阪地検に告発していたことが15日、関係者への取材で分かった。追徴税額は重加算税を含めて約1億5千万円に上るとみられ、すでに申告を済ませて大半を納付した。

　関係者によると、同社は平成28年11月～30年10月、インターネット通販サイトを通じて照明器具や工具などを販売。約2億円の所得を申告せず、約1億1千万円を不正に免れた。また、顧客が支払う代金の一部について、同社ではなく、従業員や親族の個人口座が受け皿となり、会社としての売り上げを隠していたという。

⑩　訪日客に販売装い還付申告／免税店に6億円追徴【産経新聞2022.6.8】

　外国人旅行客に免税で販売したように装い、不正に消費税の還付を受けたとして、東京国税局が免税店運営会社「永山」（東京）に消費税約6億円を追徴課税したことが7日、関係者への取材で分かった。家庭用ゲーム機「ニンテンドースイッチ」などを訪日客に販売したように装ったが、実際は国内の業者に販売していたとみられる。訪日外国人客が免税対象商品を買って持ち帰る場合、

原則消費税が免除される。だが、免税店側は商品を仕入れる際に消費税を支払っており、免税店側が申告すれば支払った消費税の還付を受けられる。

　関係者によると、永山は国内で30以上の免税店やスーパーなどを経営。ゲーム機などを免税で販売したとして、令和3年3月までの5年間に消費税数億円の還付を税務署に申告、一部の還付を受けていたが、東京国税局の昨年からの調査で、客1人に10台以上のゲーム機を販売したとするなど不自然な取引が判明したという。調査に対し、永山は不正な申告を認めたといい、重加算税を含む約6億円を追徴課税した。修正申告をしたとみられる。

---

⑩⁴　5,200万円脱税の罪／不動産会社告発／大阪国税局【産経新聞2022.7.6】

- -

　法人税など計約5,200万円を脱税したとして、大阪国税局が法人税法違反などの罪で、いずれも韓国籍の不動産賃貸・販売会社ナポリビルディング（大阪市北区）、申俊雨会長（76）と申龍植社長（45）、法人としての同社を大阪地検に告発していたことが5日、関係者への取材で分かった。重加算税などを含む追徴税額は約7千万円に上る見通し。既に修正申告を済ませ、大半を納付した。
　関係者によると、同社は平成28年7月〜30年6月、大阪市内のビルなど不動産4件を売却した際、別の会社を介したかのように取引を仮装。実際よりも売却額を低く見せかけ、約2億1千万円の所得を隠し、約5,200万円を脱税したとされる。隠した資金は現金で貸金庫に保管したり、親族名義の金融機関口座に預けたりしていた。

（注）　上記新聞記事の下線は筆者が記したものである。

第 7 章

重加算税の具体的な対応策

　第5章で各税目の重加算税賦課決定の裁決・判例をみてきたが、そこでは課税庁の重加算税に対する統一的な取扱いがなされているようには思われない。一方、納税者自身も、どのような場合に重加算税が賦課決定されるのかという確固たる自信を有していない。重加算税を賦課決定する側も賦課決定される側も、重加算税に対する判断基準があいまいであるが、その趣旨を十分に考慮して処理されなければならない。

■1 「正当な理由」があると認められる場合

　重加算税の賦課要件としては、①過少申告加算税（無申告加算税又は不納付加算税）が成立していること、②いわゆる「隠蔽又は仮装」が存すること、③「隠蔽又は仮装」の行為に基づいて納税申告書が提出されていること、である。

　そうすると、過少申告の場合であっても、「正当な理由」がある場合には過少申告加算税が成立しないことになる。その結果、重加算税の賦課決定は過少申告加算税が成立していることを要件としているのであるから、「正当な理由」がある場合には重加算税も賦課決定できないことになる。

　「正当な理由」としては、次のようなものが考えられる。

(1) 税法の解釈に関し、申告当時において公表されていた取扱通達がその後変更されたこと

(2) 税法の解釈に関し、申告書提出後、取扱通達が新たに定められたため、その定められた取扱通達と納税者の解釈とが異なることとなった場合において、その納税者の解釈について相当の理由があると認められること

(3) 公表されている取扱通達の解釈に疑義があった場合において、法人の解釈につき相当の理由があり、かつ、従来税務計算上認められていたこと等、その解釈に従ったことについてやむを得ない事情があると認められること

(4) 法人の行為又は計算の否認によるもので、これと同様又は類似のものについて前期以前に否認されたことがないため、否認されることを予知しえなかったことについて相当の理由があると認められること

(5) 青色申告書の提出の承認が取り消されたことにより、青色申告法人に限り損金算入をすることができる金額につき損金算入が認められないこととなったこと

これらの「正当な理由」については、課税庁が公表した「申告所得税の過少申告加算税及び無申告加算税の取扱いについて（事務運営指針）」等（平成12年7月3日）においても明らかとなっている。

❷ 減額更正があった後の更正等の場合

　更正の請求に基づいて「減額更正（通法23）」する場合を除いて、課税庁が職権で減額の更正処分を行った後に、その後修正申告又は更正処分があったときには、当該修正申告又は更正処分による増差額のうち、当初の申告所得金額までは、「正当な理由」があるものとして取り扱われるという。この考え方は、基本的に、納税者の責めによって減額更正されたものではなく、したがって、それを基因とする増加所得があったとしても、それに加算税を賦課することは妥当でないからである。

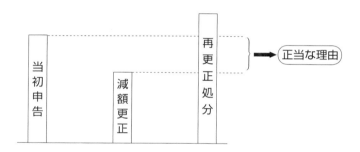

　過少申告加算税の取扱い（事務運営指針）では、次のように規定している。

> 　所得税の確定申告書に記載された税額につき、通則法24条の規定による減額更正があった場合において、その後修正申告又は通則法26条の規定による再更正による税額が申告税額に達しないこと

（注）　当該修正申告又は再更正による税額が申告税額を超えた場合であっても、当該修正申告又は再更正により納付することとなる税額のうち申告税額に達するまでの税額は、上記の事実に基づくものと同様に取り扱う。

3 「隠蔽・仮装」と言われた場合

　課税庁において、重加算税の対象にする「事実」とは、次のようなものが挙げられるので、納税者としては、これらの事柄について、注意する必要がある。

(1)　いわゆる二重帳簿を作成していること

(2)　帳簿記録の虚偽表示等（帳簿、原始記録、証憑書類、貸借対照表、損益計算書、勘定科目内訳明細書、棚卸表その他決算に関係のある書類につき、廃棄、隠匿又は虚偽の表示その他の方法により仮装の経理を行うことをいい、故意に売上げその他の収入（営業外の収入を含む。）を計上せず、又は棚卸資産の数量を除外することを含むものとする。以下同じ）をしていること

(3)　特定の損金算入又は税額控除の要件とされる証明書その他の書類を偽造し、若しくは変造し、又は虚偽の申請に基づき当該書類の交付を受けていること

(4)　簿外資産（確定した決算の基礎となった帳簿の資産勘定に計上されていない資産をいう。）の果実を計上していないこと

(5)　簿外支出金（確定した決算の基礎となった帳簿に計上していない収入金又は費用の過大若しくは架空の計上をすることにより当該帳簿から除外した資金をもって支出した費用をいう。）のうちに次に掲げる費用があること

　①　交際費等又は寄附金（これらを含めて限度超過額がある場合）

　②　役員賞与その他損金の額に算入されない費用

(6)　同族会社であるにもかかわらず、その判定の基礎となる株主等の所有株式等を架空の者又は単なる名義人に分割する等により非同族会社としていること

　上記の事実とほぼ同様の内容については、「法人税の重加算税の取扱いについて（事務運営指針）」（平成12年7月3日）において明記されている。

　従って、事務運営指針を座右とし、調査官から重加算税の対象になると言わ

れたときには、同指針を検討し、その対応を考えることが必要である。

　また、「隠蔽・仮装」を認める旨の「確認書」を調査官から求められることがあるが、納税者が納得しない場合には、当然「確認書」を提出する必要はない。「隠蔽・仮装」の立証責任は課税庁側にあり、納税者は、説明責任、回答責任があるが、立証責任はないことを認識しておくべきであろう。

4 取引先等から「隠蔽・仮装」行為を強いられる場合

経済取引を行っている場合に、しばしば取引の相手方から不自然（不正）な取引行為を強いられることがある。もちろん、立場上、相手方の指示どおりに対応しなければ、最悪の場合、商取引そのものができなくなるようなケースも考えられる。

例えば、取引先の担当者から裏リベートなどを要求されることが、それに当たる。支払う側の処理を考えると、他の勘定科目（例えば、外注費、仕入原価、支払手数料など）に含めて、費用化することがあるかもしれない。このような処理が税務調査によって発見されれば、「重加算税」の対象になるであろう。そうすると、支払者は、どのような処理をすべきであろうか。1つには、「使途秘匿金」として処理することも考えられる（使途秘匿金の処理をすれば、重加算税の対象にはならないと解せられる）。しかし、使途秘匿金として処理すれば、法人税で損金不算入として取り扱われるとともに、その支出額に対して40％の法人税が別途課税されることになる。支出額に対して40％（さらにそれに係る地方税も生じる）課税されるのであるから、増加税額に対して35％の重加算税を賦課決定される方が、負担が少ないかもしれない。

経済取引を行う上で、自らの税負担を減少させるために「隠蔽・仮装」行為を行わなければならない状況下においても、「隠蔽・仮装」という事実が課税庁によって認定されれば、重加算税の賦課決定は行われる。納税者として、以上のことは十分に認識しておく必要がある。

「隠蔽・仮装」を強いられる具体的なケース
---

① 発展途上国で工事等を行う際のリベートの要求

② 元請会社又は担当者である個人からの金品の要求

③ 取引先の利益操作（売上計上時期の操作など）を助けるための会計処理

④ 総会屋・公務員・政治家等に金員を渡すとき

⑤ その他刑事事件に関連する支出

5 税務調査官によって判断が異なる場合

　過去の裁決・判例をみて分かるように、重加算税の賦課決定の判断基準は、税務調査官によって異なる。それは、「隠蔽・仮装」という行為には、灰色の部分がかなりあるということも原因であろう。明らかに隠蔽又は仮装している場合はともかく、そうでなければ、最終的な重加算税の賦課決定は、担当した税務調査官の主観的な判断部分にかなり委ねられる。

　その意味では、税務調査において、納税者は、できるだけ調査官に信頼しうる納税者であることをアピールしておくことが必要である。また、帳簿書類や証憑関係の整理保存を十分に行い、税務調査に際しても協力的な姿勢をとることも必要であろう。これは何も、課税庁に対して卑屈になるということを意味しない。税務調査の過程で、担当する調査官から一定の信頼を得ることができたならば、上記のグレー部分についての判断は、納税者にとって、決して不利にはならないと思われる。

　ただし、平成25年1月からは、「不利益処分」について、理由附記をしなければならなくなったことから、税務調査官の判断についても一定の歯止めがかかるであろう。

第 8 章

脱税（ほ脱）と重加算税

1 国税犯則事件の状況

　国税庁の公表する「直接・間接国税犯則事件」によれば、平成6年から平成28年までの判決件数・通告処分等は、次のとおりである。

【直接国税犯則事件表】

　　一審判決件数及び有罪件数・率の累積比較

区　分	判 決 件 数	有　　　　　罪	
		件　　数	率
平成6年	163　件	162　件	99.4　%
7	162	162	100.0
8	165	164	99.4
9	180	180	100.0
10	173	173	100.0
11	164	164	100.0
12	145	145	100.0
13	155	155	100.0
14	170	169	99.4
15	133	133	100.0
16	171	171	100.0
17	156	156	100.0
18	141	141	100.0

19	189	189	100.0
20	154	154	100.0
21	141	141	100.0
22	152	152	100.0
23	150	150	100.0
24	120	119	99.2
25	116	115	99.1
26	98	96	98.0
27	133	133	100.0
28	100	100	100.0
29	143	143	100.0
30	122	122	100.0
令和元年	124	124	100.0
2	87	85	97.7

㊟　件数には、控訴審等において一審差戻しとなった件数を含む。

調査期間：令和2年4月1日から令和3年3月31日までの間における事績を示したものである。

起訴事件数及び有罪に係る人員、金額

区　分	起　訴　事　件						
	① 前年度からの繰越未決件数	② 本年の起訴件数	起訴件数の合計 ①＋②	左の内訳			
				有罪件数	無罪件数	公訴権消滅件数	未決件数
申告所得税	9	11	20	15	－	－	5
法　人　税	20	62	82	48	1	1	32
そ　の　他	11	33	44	22	－	－	22
合　　計	40	106	146	85	1	1	59

㊟　「その他」は、相続税、源泉所得税及び消費税である。

区　分	起　訴　事　件			
	有罪に係る人員及び金額			
	懲役刑を科せられたものの人員	罰　金		
		人　員		金　額
	人	内	人(社)	百万円
申告所得税	19	17	17	451
法　人　税	47	10	58	688
そ　の　他	11	5	19	143
合　計	77	32	94	1,282

㊟　内書は、懲役刑に罰金刑が併科されたものである。

犯則者違反行為別件数

（単位：件）

申告所得税			法　人　税			そ　の　他		
該当条項	件数		該当条項	件数		該当条項	件数	
	外			外			外	
第238条	－	16	第159条	－	48	脱税犯規定	－	22
第244条	－	－	第163条	48	－	両罰規定	20	－
合　計	－	16	合　計	48	48	合　計	20	22

㊟　この表は、「起訴事件数及び有罪に係る人員、金額」の「有罪件数」欄の内訳を示したものである。

　　外書は、ほ脱犯規定の適用のほかに、両罰規定も適用された件数である。

　　「その他」は、相続税、源泉所得税及び消費税である。

【間接国税犯則事件表】

通告処分件数の累年比較

区　分	通告処分件数		合　計	
	酒　税	その他	件　数	伸び率
平成 6 年度	4 件	－ 件	4 件	△ 83.3%
7	7	1	8	100.0
8	6	－	6	△ 25.0
9	9	－	9	50.0
10	6	－	6	△ 33.3
11	11	－	11	83.3
12	25	－	25	127.3
13	9	－	9	△ 64.0
14	12	3	15	66.6
15	7	2	9	△ 40.0
16	14	1	15	114.3
17	16	2	18	20.0
18	29	－	29	61.1
19	36	3	39	34.5
20	51	－	51	30.8
21	42	3	45	△ 11.8
22	40	5	45	0.0
23	72	4	76	68.9
24	56	3	59	△ 22.4
25	69	－	69	16.9
26	47	2	49	△ 29.0
27	35	4	39	△ 20.4
28	39	1	40	2.6
29	36	1	37	△ 7.5
30	18	－	18	△ 51.4
令和元年度	20	－	20	11.1
2	8	－	8	△ 60.0

(注)　調査期間は、各年 4 月 1 日から翌年 3 月31日までである。

2 租税犯の概要

(1) 租税犯とは

　租税犯とは、税法がその違反行為に対して「刑事罰」をもって制裁を加える対象者（脱税犯等）をいう。

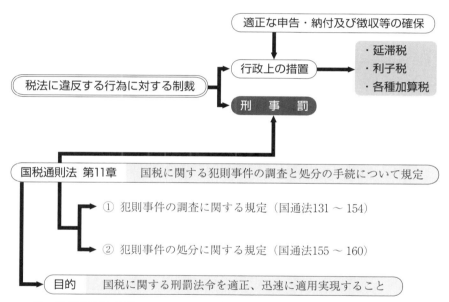

(注)　国税犯則取締法は、カタカナ・文語体で書かれ、その内容や用語が時代遅れになっていたことから、平成29年度税制改正で、ひらがな・現代用語に改めるとともに、同法を廃止し、その内容が国税通則法の第11章（犯則事件の調査及び処分）に編入された。

事例 ◆ 二重処罰

　重加算税の賦課決定については、ほ脱犯との関係で二重処罰の問題が指摘されているが、最高裁（昭和33.4.30判決）は二重処罰の禁止の原則に反していないと述べている。

◎**要旨**

　国税通則法68条に規定する重加算税は、同法65条ないし67条に規定する各種の加算税を課すべき納税義務違反が課税要件事実を隠ぺいし、又は仮装する方法によって行われた場合に、行政機関の行政手続により違反者に課せられるもので、これによってかかる方法による納税義務違反の発生を防止し、もって徴税の実を挙げようとする趣旨に出た行政上の措置であり、違反者の不正行為の反社会性ないし反道徳性に着目してこれに対する制裁として科せられる刑罰とは趣旨、性質を異にするものと解すべきであって、それゆえ、同一の租税ほ脱行為について重加算税のほかに刑罰を科しても憲法39条に違反するものでないことは、当裁判所大法廷判決の趣旨とするところである。

┌─【過料と科料の違い】──────────────────────────
│
│　過料は、軽い法令違反に対して一定の金銭の納付を命ずるものであるが刑罰ではない。これに対して、科料は、比較的軽い犯罪に対して科せられる刑罰で、罰金（刑法15）と同様に一定の金銭の納付を命ずるものである。科料は、1万円を超えることができない点で罰金と異なる（刑法17）。
│
└──────────────────────────────────────

　租税犯は、「脱税犯（広義）」と「租税危害犯（租税秩序犯）」との2つに大別することができる。

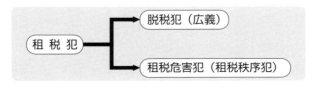

そして、脱税犯と租税危害犯は、それぞれ次のように分類することができる。

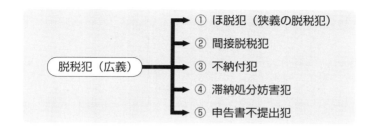

① ほ脱犯（狭義の脱税犯）

納税義務者又は徴収納付義務者が、偽りその他不正の行為（ほ脱の意図をもって、その手段として税の賦課徴収を不能若しくは著しく困難ならしめるような何らかの偽計その他の工作を行うこと：最高裁・昭和42.11.8判決）により、租税を免れ、又はその還付を受けたことを構成要件とする典型的な犯罪

具体例……「二重帳簿の作成」「帳簿への虚偽記入」「虚偽申告」等

② 間接脱税犯

租税収入を確保するために特定の行為を一般的に禁止している場合に、許可を受けずにその行為をなすことを構成要件とする犯罪

具体例……「酒類の密造」「外国貨物の密輸入」等

③ 不納付犯

徴収義務者が納税義務者から徴収して納付すべき租税を納付しないことを構成要件とする犯罪

具体例……「源泉徴収すべき所得税の不納付」「特別源泉徴収すべき地方税の不納付」等

④ 滞納処分妨害犯

滞納処分の執行を免れる目的で財産の隠蔽・損壊その他国の利益を害する行為をすることを構成要件とする犯罪

⑤ 申告書不提出犯（平成23年度改正）

　　故意に確定申告書・修正申告書等を法定期限までに提出しないことにより租税を免れることを構成要件とする犯罪

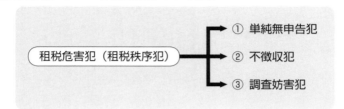

① 単純無申告犯

　　正当な理由がなくて納税申告書を所定の提出期限までに提出しないことを構成要件とする犯罪

② 不徴収犯

　　徴収義務者が納付義務者から徴収すべき租税を徴収しないことを構成要件とする犯罪

③ 調査妨害犯

　　税務職員の行う質問に対し答弁せず、偽りの答弁をし、検査を拒み、妨げもしくは忌避し、又は検査に関し偽りの記載をした帳簿書類等を提出するなどの行為を構成要件とする犯罪

(2)　脱税犯の罰則

　脱税犯の罰則は、租税の種類によって一部異なるが、一般的には、次のように、それぞれほ脱等の内容（悪質度）によってペナルティーは異なる。

所得税・法人税等の直接税をほ脱した場合
⇨10年以下の懲役もしくは1,000万円以下の罰金に処し、又はこれを併科する。
源泉徴収されるべき所得税をほ脱した場合
⇨10年以下の懲役もしくは100万円以下の罰金に処し、又はこれを併科する。
間接消費税のほ脱及び間接脱税犯の場合
⇨10年以下の懲役もしくは100万円以下の罰金に処し、又はこれを併科する。
不納付犯の場合
⇨10年以下の懲役もしくは200万円以下の罰金を処し、又はこれを併科する。
滞納処分妨害犯の場合
⇨3年以下の懲役もしくは250万円以下の罰金に処し、又はこれを併科する。
没収・追徴
⇨刑法の没収及び追徴の規定は租税犯についても適用
酒税法・関税法⇨必要的に没収する規定がある。
⇨没収できない場合は、追徴することができる。

(注)　刑事訴訟法の改正（平成28年5月24日／平成30年6月1日施行）によって、協議・合意（いわゆる「司法取引」）制度が新設された（刑訴法350の2～350の15）。
　「司法取引」とは、被疑者・被告人が、共犯者等の他人の特定の犯罪事実について一定の協力をすることと引換えに、検察官が裁量の範囲内で、処分や訴追に関する恩典を与えることを両者が合意する制度である。経済犯である「脱税」も司法取引の対象になった。

(3) 租税犯と責任

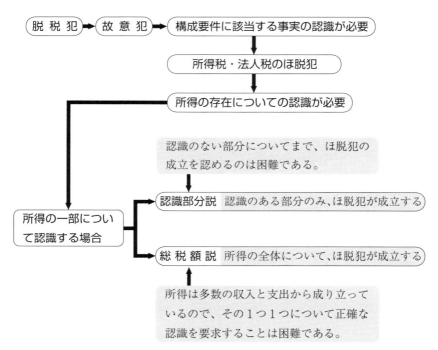

【業務主の責任】

　法人の代表者又は代理人、従業員等が、法人等の罰則規定に違反する行為を
したときは、その行為者を罰するほか、その法人等に対して罰則規定の罰金を
科する旨を定めて、行為者のほか、業務主をも罰することとしている。

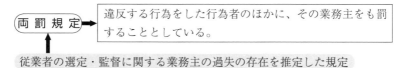

⑷　租税犯則調査の種類

　租税犯則調査とは、犯則事件の証憑を収集して、犯則事実の有無と犯則者を確定させるための手続であり、「告発」又は「通告処分」を終極の目的として行われるものである。

　租税犯則調査の手段は、次のように、「任意調査」と「強制調査」とに分けることができる。

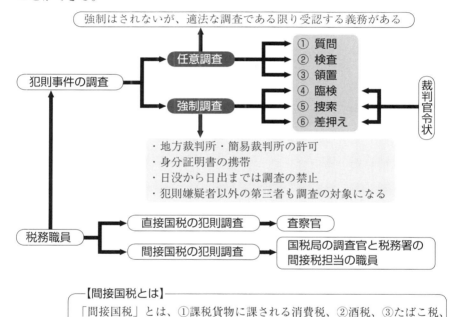

　①　質問とは、犯則嫌疑者又は参考人に対して、問を発して答弁を求めることである。(国通法131①)

　②　検査とは、犯則嫌疑者又は参考人が持っている物件、帳簿、書類などについて、五官を働かせ、その存在及び性質、形状、現象その他の状態を知

覚、認識することである。(国通法131①)

> **【五官の作用】**
> 五官とは、五官（視覚、聴覚、臭覚、味覚、触覚）を生ずる5つの感覚器官、すなわち、目、耳、鼻、舌、皮膚をいう。そして、五官の作用とはこれらの器官を働かせて物の存在、状態などを観察することをいう。

③ **領置**とは、犯則嫌疑者又は参考人が任意に提出した証憑と思われる物件又は没収品に該当する物品と思われる物件の占有（所有権の有無に関係なく物を事実上支配すること）を取得することをいう。(国通法131①)

④ **臨検**とは、犯則嫌疑者又は参考人の所持する犯則事件に関係のある帳簿、書類、その他の物件又は住居その他の場所について、五官を働かせ、その存在及び性質、形状、現象その他の状態を強制的に調査することをいう。(国通法132①)

⑤ **捜索**とは、犯則嫌疑者又は参考人の身体若しくは所持する物件について、犯則の事実を証明する帳簿、書類その他の証憑を強制的に捜すことをいう。(国通法132①)

⑥ **差押え**とは、犯則嫌疑者又は参考人が持っている、犯則事件の証憑と思われる物件又は没収品に該当する物品と思われる物件の占有を強制的に取得することで、相手方の承諾の有無などに関係なく行うことができる。(国通法132①)

収税官吏は、「質問」「検査」「領置」「臨検」「捜索」「差押え」をした場合には、その顛末を記載した「調書」を作成しなければならない。

調書の作成要領は、次のとおりである。

① 調書の作成者（税務職員）
② 調書作成の場所・時期（即時に作成）
③ 調書の記載事項は、質問、検査、領置、臨検、捜索又は差押えの事実、場所及び時並びに答弁の要領である。(国通令52)

④ 調書作成の形式的要件

イ 確認(立会人又は質問を受けた者に顛末書を示さなければならない)

ロ 署名(自署)押印 (立会人又は質問を受けた者)

なお、押印には「指印」をも含む。

ハ 契印 (書類の枚数が2枚以上の場合)

ニ 文字の挿入・削除 (国通令56②)

─【税務職員が租税犯則調査を行う理由】─
・租税犯については証拠の収集と判定について特別の知識と経験を必要とすること
・犯則事件の発生件数が極めて多く、その処理を検察官の負担に任せることが実際問題として困難なこと

任意調査は、相手方の承諾を得て質問、検査、領置の方法によって行われるものであり、強制調査は、相手方の承諾のあるなしに関係なく強制的に臨検、捜索、差押えの方法によって行われるものである。

国税通則法においては、「事実の認定」は証憑によらなければならない。証憑は、次図のように分類される。

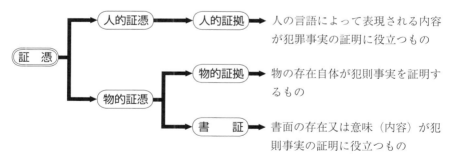

(5) 犯則事件の処理

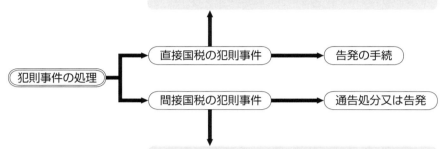

収税官吏の調査によって、犯則があると思われたときには、調査した収税官吏は検察官に告発しなければならない。（国通法155）

税務職員は、間接国税に関する犯則事件の調査を終了したときには、国税局長又は税務署長に報告することを原則とするが、次の場合には、直ちに告発の手続をしなければならない。（国通法156①）
① 犯則嫌疑者の居所が不明の場合
② 犯則嫌疑者が逃走するおそれがある場合
③ 証憑隠滅のおそれがある場合

┌【通告処分】────────────────────────
国税局長又は税務署長は、間接国税に関する犯則事件の調査により犯則の心証を得たときは、犯則者に対して、一定の例外に該当する場合を除き、その理由を明示して、罰金又は科料に相当する金額等を指定の場所に納付すべきことを通告しなければならない。通告処分は、行政処分であるが、刑事訴訟の手続によらない行政上の科刑に代わる手続である。
└─────────────────────────────────

　地方税のうち、①ゴルフ場利用税、②軽油引取税、③入湯税及び④たばこ税の犯則事件については、通告処分の制度が適用される。

【通告処分の問題点】

①　行政権によって実質的には刑罰に当たる負担を課することが、裁判を受ける権利の侵害にならないのか。

〔通説〕

　　一般に、通告処分は拘束力を持たず、通告処分の旨を履行するかどうかは犯則者の自由であって、犯則者がそれを履行しない場合は、国税局長又は税務署長の告発及び検察官の公訴の提起を待って刑事裁判が進行を開始し、犯則者は、通告の対象となった犯則事実の有無等をそこで争うことができるから、通告処分制度は裁判を受ける権利を害するものではない。

②　間接税の犯則事件についてのみ通告処分制度を採用することが合理的なのか。

〔通説〕

　　間接税の犯則件数が直接税のそれに比してはるかに多いから、裁判所の負担を過重にしないためには、行政権による略式の処罰手続が必要なのである。

【告発から裁判までの関係図】

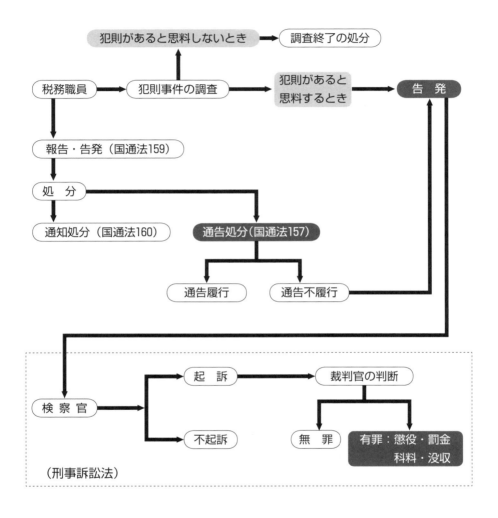

❸ 罰金・重加算税・憲法との関係

　重加算税と罰金の関係は、従来から指摘されてきたことである。重加算税も罰金も共に納税者の不正手段により国税を免れた場合に課される。

　すなわち、罰金については、次のように規定されている。

　偽りその他不正の行為により国税を免れ、又は還付を受けた場合においては、納税者である個人又は法人の代表者又はその使用人等でその違反行為をした者は、10年以下の懲役もしくは1,000万円（いわゆる月例課税に係る税にあっては、100万円とし、免れ、又は還付を受けた国税の額が1,000万円もしくは100万円を超えるときは、その免れ、又は還付を受けた税額に相当する金額）以下の罰金に処され、又はこれを併料されることとなっている。

　さらに、法人の代表者又は人の代理人その他の従業者が、その法人又は人の業務等に関して、このような行為をしたときは、その行為者が罰せられるほか、その納税義務者に対しても、1,000万円又は100万円（免れ、又は還付を受けた国税の額が1,000万円もしくは100万円を超えるときは、その免れ、又は還付を受けた額に相当する金額）以下の罰金が科されることとされている。

　「重加算税と刑罰」に関して、憲法違反を主張する事件は多いが、次に示すように、ほとんど納税者の主張は斥けられている。

【憲法39条(二重処罰の禁止)関係】

◆広島高裁・昭和25.8.30判決

> 　加算税は、納税義務者が法の規定に従って適正な申告納税を怠ったことに対し、課税庁により租税法上の手続によって賦課徴収される行政上の秩序罰であって、刑罰とはその性質目的を異にするから、これと併科しても憲法39条に違反するものではない。

◆名古屋高裁・昭和26.12.10判決

> 　加算税は、税法上の制裁であって、一種の行政罰たるにとどまり、憲法39条後段は、何人も同一犯行につき重ねて刑事上の責任を問われるべきでないといういわゆる一事不再理の原則を表明するものであるから、追徴税の告知を受けた事実につき、更に脱税犯により公訴を提起しても、憲法39条後段に違反するものではない。

◆最高裁・昭和36.5.2判決

> 　加算税のほかに刑罰たる罰金を科しても、憲法39条後段に違反しない。

◆福岡高裁・昭和43.6.11判決

> 　重加算税を課することは、納税義務違反の発生の防止を目的とした行政上の措置であって、刑罰として科する趣旨でないことが明らかであるから、これに対し、租税刑罰を併科することは、憲法39条後段に違反しない。

◆最高裁・昭和51.6.18判決

> 　同一の租税ほ脱行為について重加算税のほかに刑罰を科しても、憲法39条に違反するものではない。

【憲法25条(生存権、国の生存権保障義務)関係】

◆最高裁・昭和36.8.8判決

> 　同一の行為について、重加算税のほかに罰金刑を科することは、憲法25条に違反しない。

【憲法31条（法定手続の保障）・14条（法の下の平等）関係】

◆最高裁・昭和49.10.22判決

> 　重加算税を課し、更に法人税法159条の刑罰を科することは、憲法31条・14条に違反しない。

【憲法13条（個人の尊重、生命・自由等・幸福追求の権利の尊重）関係】

◆名古屋高裁・昭和43. 2 .29判決

> 　所得税の脱税犯に対し、重加算税のほかに罰金刑を科することは、憲法39条後段・31条・13条に違反するものではない。

第 9 章

税理士責任と重加算税

1 納税者と税理士の関係

事例 ◆ 税理士に帳簿を秘匿する行為

　納税者が、自己が委任している税理士に帳簿等を秘匿する行為は重加算税の賦課要件に当たるとされた事例（横浜地裁・平成11.4.12判決）

◎要旨

　重加算税を課すためには、納税者のした過少申告行為そのものが隠ぺい又は仮装に当たるというだけでは足りず、過少申告行為そのものとは別に隠ぺい又は仮装と評価すべき行為が存在し、これに合わせた過少申告がされたことを要するものというべきであるが、右の重加算税制度の趣旨に鑑みれば、架空名義の利用や資料の隠匿等の積極的な行為が存在したことまで必要であると解するのは相当ではなく、納税者が当初から所得を過少に申告することを意図し、その意図を外部からも窺い得る特段の行動をした上、その意図に基づく過少申告をしたような場合には、重加算税の賦課要件が満たされたものというべきである（最高裁判所第二小法廷平成7年4月28日判決）。そして、納税者が自己が委任している税理士に帳簿等を秘匿する行為も右の場合に含まれると解するのが相当である。なぜならば、税理士は、税務に関する専門家として、独立した公正な立場において納税義務の適正な実現を図ることを使命とするものであり（税理士法1条）、納税者が課税標準等の計算の基礎となるべき事実を隠ぺい又は仮装していることを知ったときは、その是正をするよう助言する義務を負うものであって（同法41条の3）、納税者から正しい帳簿等が提出されればそれに従い正しく税務申告をしたはずであるから、納税者がこのような職責を負う税理士に提出すべき帳簿等を提出しないこと

は、重加算税の賦課要件を検討するに当たって無視し得ないからである。

ポイント

・納税者が自己の申告の委任をしている税理士に帳簿等の秘匿をして、それに基づいて税理士が過少申告を行った場合には、重加算税の対象になる。

・税理士は、独立した公正な立場において納税義務の適正な実現を図ることを使命とするものであるから、納税者が正しい帳簿等を提示すれば正しい申告を行うし、納税者が帳簿等を秘匿すれば、結果として過少申告になる。したがって、納税者の行為自体によって、重加算税の判断がなされる。

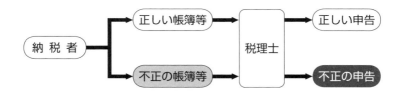

事例 ◆ **税理士の隠蔽・仮装行為**

　顧問契約を締結している税理士が、重加算税の課税要件を満たす過少申告をした場合、これを請求人が認識していたか否かにかかわらず、請求人は重加算税を負うとした事例（平成3.7.25裁決）

◎**要旨**

　税理士が、請求人に代わって行った税務申告等の行為は、納税義務者である請求人が行ったと同様に扱われるべきであるから、これに付随する重加算

税の責任も、請求人が本件確定申告について不適正であることを認識していたか否かにかかわらず、当然請求人が負うと解すべきである。

納税者（請求人）の主張の中には、次のようなものがある。

　　請求人は、A税理士に正しい税務申告をすることを委任したにもかかわらず、A税理士は、請求人に何の断りもなく事実と異なる記載に基づいて本件確定申告書を提出していたものであるから、その責任はすべてA税理士自身にある。

ちなみに、本件事件の審判所の判断には、次のような見解が述べられているが、納税者の側からみれば、かなり厳しいものといえる。

　　ところで、重加算税賦課制度の目的は、隠ぺい又は仮装したところに基づく過少申告、無申告による納税義務違反の発生を防止し、それによって申告納税制度の下における納税義務者の自主性の強化促進を図るとともに、同制度の信用を保持するところにあり、納税義務者本人の刑事責任を追及することにあるのではないと解すべきである。
　　上記のような国税通則法第68条の立法趣旨に鑑みると、隠ぺい又は仮装の行為をした者が、納税義務者本人ではなく、その代理人、補助者の立場にある者で、いわば納税義務者本人の身代わりとして、同人の所得金額の計算の基礎となる事実に関与し、課税標準等又は税額等の計算に変動を生じさせた者である場合を含むものというべきである。この場合、納税義務者が納税申告書を提出するに当たり、その隠ぺい又は仮装行為を知っていたか否かによって、同条項の適用の可否が左右されることはないものと解すべきである。

ポイント

・納税者が過少申告に対して知らない場合であっても、正当な税務代理を委任された税理士が、隠蔽又は仮装を行った場合には、重加算税の対象になる。

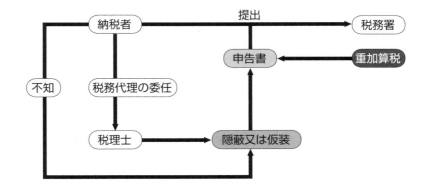

・委任を受けて代理人（税理士）が作成し、提出した申告書は、納税者が作成
し、提出したものとして効力が生じるものである。

事例 ◆ **税理士の使用人による隠蔽・仮装行為**

税理士の使用人による隠蔽・仮装に基づく納税申告書の提出が、請求人の
行為によるものであるとした事例（昭和55. 4 .30裁決）

◎**要旨**

　税理士の使用人が、独断で、事業所得の計算の基礎となる収入金額を圧縮
したところにより決算書及び確定申告書を作成し提出したものであり、請求
人本人は当該使用人からその内容説明を受けず、また、収入金額を記帳した
帳簿との対査等も行っておらず、当該申告が所得金額を過少に申告したもの
であることを知らなかったから、請求人には仮装、隠ぺいの意図がなかった
上、そのような行為もしていない旨主張するが、請求人及び当該使用人の各
答述により、収入金額を圧縮した申告書等が作成されたことなどについて知
らなかった旨の主張が信用できない状況が認められる場合には、請求人と申
告書作成等の受任者との間にいかなる事情が存したにせよ、また、このこと
について受任者がどこまで関与したかにかかわらず、請求人本人が収入金額
を不正に繰作し、これによって所得金額を過少に表示して確定申告書及び決
算書を作成の上、提出したものというべきであるから、請求人は本件確定申
告に当たり、国税の課税標準の計算の基礎となる事実の一部を仮装し、隠ぺ

いしたところに基づいて納税申告書を提出したことに該当する。

ポイント

・税理士の使用人が、隠蔽・仮装した場合においても、納税者には重加算税
　が賦課される。

・大きな税理士事務所の場合、申告書の相談・作成等は、担当の税理士の使
　用人（資格を有している者もいる）がほとんど行っているという現状を考
　えると、税理士として、このような事例は十分に認識しておく必要がある。

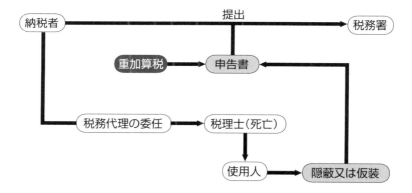

・なお、この事件では、請求人が原処分庁の調査を受けるまで、昭和51年分
　の事業所得の計算の基礎となる収入金額を圧縮した申告書等が提出されて
　いたことを全く知らなかったということは信用できない、と審判所は判断
　している。

② 税理士の使命（税理士法１条）

　税理士は、税の専門家であることは当然なことであるが、その税理士としての専門性と、税理士の役割、すなわち、本来の税理士の使命がどのようにかかわってくるのか、特に顧問先である「納税者」との関係において、どのような姿勢を保つべきかを十分に認識しておく必要がある。税理士が納税者の「隠蔽・仮装」に対して取るべき姿勢、また、事件によっては、税理士が申告書を作成する際に、納税者の「隠蔽・仮装」に加担するケース、更には、積極的に税理士が納税者に対して「隠蔽・仮装」を指導するなどの事例が見受けられる。

　旧税理士法（昭和26年施行）第１条において、税理士の責務として、次のように規定されていた。

> 　税理士は、中正な立場において、納税義務者の信頼にこたえ、租税に関する法令に規定された納税義務を適正に実現し、納税に関する道義を高めるように努力しなければならない。

　この中の「中正な立場」という不確定な規定の内容について、従来から、議論が多かった。そこで、日本税理士会連合会は、「税理士法改正に関する基本要綱」をとりまとめ、「税理士の使命」について、次のように定めることを提案した。

　　①　税理士は納税者の権利を擁護し、法律に定められた納税義務の適正な実現を図ることを使命とする。
　　②　税理士は、前項の使命に基づき、誠実にその職務を行い、納税者の信頼にこたえるとともに、租税制度の改善に努力しなければならない。

　この規定は、税理士に２つの使命を課している。すなわち、「納税者の擁護」と「適正な納税義務の実現」である。

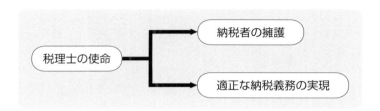

　しかし、現実の問題として、この2つの使命を税理士が実現しようとする場合に、しばしば困難なケースが生じることがある。特に、「租税回避行為」などのケースを想定すれば分かるように、税理士としてはどちらを選択すべきかという問題が生じる。納税者の利益を考えれば、「租税回避行為」を容認することとなり、また、「適正な納税義務の実現」を目指すならば、租税回避行為は採るべきではない、ということになるのであろう。

　この選択は、最終的には、個々の税理士の価値観に依存することになるのかもしれないが、税理士の使命には、そのような相対立する部分も含まれているということである。

　昭和55年の「税理士法改正案」で、第1条については次のように改正された。

> 　税理士は、税務に関する専門家として、独立した公正な立場において、申告納税制度の理念にそって、納税義務者の信頼にこたえ、租税に関する法令に規定された納税義務の適正な実現を図ることを使命とする。

　そして、この規定の中での「納税義務の適正な実現」という文言が中核をなし、税理士の立場を表現したものが「独立した公正な立場」といわれている。

　「独立した公正な立場」の文言については、国会で当時の福田幸弘政府委員が、次のように説明している。

> 　従来『中立的な立場』がいかなる意味を持つものであるか、必ずしも明確でないという意見があったわけでありますが、中立公正という立場という意味に解されておったと思います。しかし、この中立という言葉は、納税者と税務当局との中間にあって、いずれの立場にも立たないという消極的な趣旨

に解される懸念がありますけれども、本来、税理士は納税者の適正な納税義務の実現を図る上で、税務の専門家として特定の者に偏しない独自の公正な判断に基づき活動すべきであるというその積極的な立場が明確でないので、今回の改正はその点を明らかにしたものです。したがって、『独立』とは、税務官署、納税者を含むすべての特定の立場からの独立であるということであります。また、『公正』とは、租税法規及びその根底にある健全な社会的良識に照らして正しい判断に立つことをいうものであります。(中略)独立というものはその立場を意味するわけでありますが、それを今度は公正というふうに社会的な価値判断がそこに加わるということであろうと思います。これは適正な納税義務の実現という租税法律主義の憲法規定からくる趣旨を明確にしたということが、この『独立した公正な立場』の解釈でございます。

(税 理 士) ➡ 納税者から隠蔽・仮装の求めがあっても、当然これにこたえてはならず、むしろ、積極的に租税法規の目的に沿った申告を指導しなければならない。

したがって、本来、税理士が関与する「重加算税」などはあり得ず、仮に、そのようなことに関与しているものがあれば、厳しく罰せられなければならない。

■税理士と弁護士の相違

　税理士法1条は、税理士の使命について、次のように述べている。

　「税理士は、税務に関する専門家として、独立した公正な立場において、申告納税制度の理念にそつて、納税義務者の信頼にこたえ、租税に関する法令に規定された納税義務の適正な実現を図ることを使命とする。」

　税理士は、「独立した公正な立場」で、「納税義務の適正な実現」を図らなければならないのである。もちろん、納税者の信頼にこたえることは必要であるが、もし、納税者が脱税等を行おうとした場合には、税理士は、納税者に対し

て、適正な申告をするよう指導しなければならない。もし、税理士が、そのような行為をしなければ、罰せられることになる（税理士法58以下）。また、納税者の脱税等に応えることは、「納税者の信頼にこたえる」ことを意味してはいない。税理士は、脱税相談等についても禁止されている（税理士法36）。

　これに対して、弁護士法 1 条（使命）では「弁護士は、基本的人権を擁護し、社会正義を実現することを使命とする。」と規定している。すなわち、弁護士の使命は、「基本的人権の擁護」と「社会正義の実現」である。

　要は、先の例において、弁護士は、納税者に対して、税理士のように、適正な申告をするよう指導する義務は生じない。また、脱税を依頼者である納税者が行った場合、「黙秘する権利がある」ことを弁護士は伝えることができる。逆に、弁護士は、税理士と異なり、脱税をしている納税者の情報（依頼者の不利な情報）を公表してはならない。

　税法そのものは、原則として、税理士の行為を拘束するが、弁護士は税法によって拘束されない。すなわち、もし、社会正義に反する税法であれば、当然、弁護士は、社会正義に反する税法の訴訟を提起することができる。税理士は、税法そのものに従って、処理するのみである。

3 税理士への損害賠償と重加算税

　税理士の法的な責任として、「民事責任」、「秩序責任」そして「刑事責任」が考えられる。そして、それぞれの責任内容は、次のようになる。

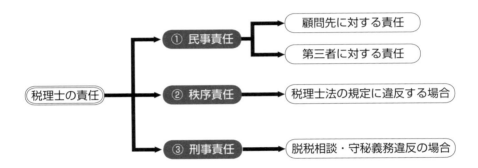

　最近、税理士に対する損害賠償の請求が増加してきた背景には、一部の弁護士によるアドバイスがある。すなわち、税務のトラブルについて、課税庁と正面から争っても、裁判でほとんど納税者が勝訴することが期待できないことから、むしろそのような状態になったことに関係する「税理士」を訴え、その税理士から損害賠償金を求める方が、手っ取り早いというのである。そして、恐ろしいことに、このようなことに対して、ほとんどの税理士は無防備な状態なのである。

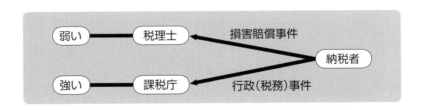

(1) 民事責任

　税理士と顧問先とは、「委任契約又は準委任契約」であるから、民法上の規定は、次の条文が関連する。

【顧問先に対する責任】

・民法643条（委任）

　　委任は、当事者の一方が法律行為をすることを相手方に委託し、相手方がこれを承諾することによって、その効力を生じる。

・民法644条（受任者の注意義務）

　　受任者は、委任の本旨に従い、善良な管理者の注意をもって、委任事務を処理する義務を負う。

・民法651条（委任の解除）

　　委任は、各当事者がいつでもその解除をすることができる。

　　当事者の一方が相手方に不利な時期に委任の解除をしたときは、その当事者の一方は、相手方の損害を賠償しなければならない。ただし、やむを得ない事由があったときは、この限りでない。

●要件等

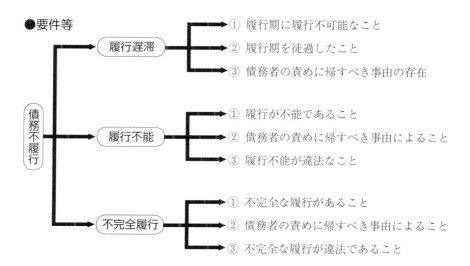

顧問契約の法的性格については、「税務調査が無事終了した後、突然顧問税理士が顧問契約を解除され、それ以後の報酬を支払わない旨の通告を受けたことに対する損害賠償事件」（最高裁・昭和58.9.20判決）で、次のように述べている。

事例 ◇ 税理士の顧問契約の解除と損害賠償

◎要旨

　原審が適法に確定した事実関係によれば、本件税理士顧問契約は、被告会社が、税理士である上告人の高度の知識及び経験を信頼し、上告人に対し、税理士法2条に定める租税に関する事務処理のほか、被上告会社の経営に関する相談に応じ、その参考資料を作成すること等の事務処理を目的として締結されたというのであるから、全体として一個の委任契約であるということができる。

　ところで、委任契約は、一般に当事者間の強い信頼関係を基礎として成立し存続するものであるから、当該委任契約が受任者の利益を目的として締結された場合でない限り、委任者は、民法651条1項に基づきいつでも委任契約を解除することができ、かつ、解除に当たっては、受任者に対しその理由を告知することを要しないものというべきであり、この理由は、委任契約たる税理士顧問契約についてもなんら異なることはないものと解するのが相当である。

　税理士の債務不履行に関する責任の判例も多くある。以下、代表的な判例をここで紹介する。

事例 ◇ 税理士の懈怠等

　税理士に対する所得申告手続の懈怠等の委任契約上の債務不履行を理由とする損害賠償請求が棄却された事例（岐阜地裁・昭和61.11.28判決）

○事件の内容

　期限内に法人税の申告書を提出しなかったため、法人の解散を余儀なくされたとして、委任契約上の債務不履行を理由に損害賠償を請求した。

ポイント

　①　税理士は、依頼された個別的な申告手続代行についてのみ善良な管理

　者としての注意義務を負うにすぎない。

②　税理士に帰責されるべき理由がない以上、損害賠償の請求にも理由が
　ない。

事例◇ **相続税納税猶予の要件の説明義務違反**

　税理士に対する相続税納税猶予の要件についての説明義務違反を理由とす
る損害賠償請求が棄却された事例（横浜地裁・平成1.8.7判決）

○事件の内容

　未分割にて、申告期限内に相続税の申告をしたことにつき、たとえ申告期
限までに遺産分割の全部について協議が成立していなくても、農地について
一部分割協議を成立し、納税猶予の申請をすれば認められるのに、助言勧告
を行わなかったのは、税理士の説明義務違反である。もし、相続人が農業を
継続していれば、全部免除されることになっているとして損害賠償を請求し
た。

ポイント

①　税理士は、納税猶予の適用申請手続の税務代理を受任した場合、当該
　農地だけの一部遺産分割協議書が作成されなければならないことを説明
　すべき義務が存するものというべきである。

②　被相続人の死亡直前に、相続を予見して原告の子供3人全員を被相続
　人の養子としたこと、農地の生前一括贈与を受けていたこと等のため、
　他の相続人（原告の兄弟）が感情的になっていたので、農地の一部分割
　を求めたとしても、期限内に協議が成立し得たものと推認することは困
　難である。

③　納税猶予額は、当然に免除されないから、損害が発生したことになら
　ない。

事例◇ **事業用資産の買換え特例の助言指導**

　税理士が顧客に対して事業用資産の買換えの特例を受けるために必要な助

言指導をしなかったため修正申告して追加納税を余儀なくされたという顧客の損害主張と税理士の行為との間に相当因果関係がないとされた事例（東京地裁・平成2.8.31判決）

○事件の内容

　昭和61年分の所得税の確定申告につき、買換取得資産（貸駐車場）を買換譲渡資産と同様の砂利敷の状態で措法37条を適用した。舗装し、車止め等の施設を設けるよう、指導助言する義務があったにもかかわらず、これを怠ったため、修正申告を余儀なくされ、追加金の納付が生じた。よって、債務不履行による損害賠償を請求した。

ポイント

①　租税特別措置法（所得税関係）通達37-21は、税務行政上の解釈指針を示したものにすぎない。

②　特例適用が認められるとする税理士の判断に相当な根拠が存する。

③　税理士の意向に反し、自らの責任で修正申告書を提出し、納付したのであって、税理士の申告指導が、修正申告につき、直接的な契機をなすなど特別な事情が存すると認めるに足りない。

④　税理士の行為は、原告らの主張する損害との間に相当因果関係を欠く。

【第三者に対する責任】

・民法709条（不法行為による損害賠償）

　　故意又は過失によって他人の権利又は法律上保護される利益を侵害した者は、これによって生じた損害を賠償する責任を負う。

●要件等

不法行為
① 故意又は過失による行為であること
② 他人の権利を侵害すること
③ 加害者に責任能力があること
④ 加害行為によって損害が発生したこと

　具体的には、「粉飾決算等により債権者に損害を与えること」「顧問先の秘密を競争企業に漏らすこと」「顧問会社の指導監督を怠った過失責任」などが挙げられるが、判例（仙台高裁・昭和63.2.26判決）としては、次のものがある。

事例 ◇ 税理士の作成した虚偽の申告書と損害賠償

①　税理士による虚偽の黒字の法人税申告書を真実と誤信し資金を融通並びに担保をしたことに伴い、税理士に損害賠償責任が認められた事例

②　税理士作成の内容虚偽の確定申告の記載を真実と信じて、保証、担保の提供などをした者が、損害を被った場合における右税理士の損害賠償責任と過失相殺した事例

○事件の内容

　税理士Ｙは、甲社の代表者からの依頼により、税務署に対する赤字の確定申告書を提出しながら、銀行に対しては黒字の虚偽の確定申告書を二期分作成し、さらに、毎月甲社の試算表も作成しており、Ｘ（原告）は、甲社から資金の融通、銀行借入れの保証、担保の提供を頼まれ、同時に甲社の二期分の黒字の確定申告書を示され、この記載を信じたＸは、甲社のために保証と担保を提供し、甲社は、多額の資金の融通を受けたが、真実は赤字のため間もなく倒産し、そのためＸは損害を受けたので、税理士Ｙの虚偽の内容の書類の作成が原因として、損害賠償を求めたものである。

ポイント

①　税理士は、その作成した書類の記載を信用して融資をし（保証をし、担保を提供した場合を含む）損害を受けたものに対しては、その損害を賠償する義務がある。

②　控訴人は、その融資を始めた頃から甲社の取締役になったものであり、甲社の帳簿類を閲覧し、その営業実績を調査することができたはずであり、それをしていればその確定申告書等の虚偽であることを知り得たのに、それをしなかったことが認められ、控訴人にも過失があるといわざるを得ない。

【被保険者（税理士）の損害保険の対象範囲と具体的な事例】

多くの税理士は、自己の仕事に係る損害賠償のおそれに対して、保険を掛けているが、すべての損害賠償に対して保険が出るとは限らない。

被保険者（税理士）が行う以下の支払や、被保険者が次の損害賠償責任を負担することによって被る損害については、保険会社は免責となる。

① 過少申告加算税、無申告加算税、不納付加算税、重加算税（それに対応する地方税の加算金）・延滞税（延滞金）及び利子税に相当する損害賠償責任

② 納税申告書を法定申告期限まで提出しなかったり、納付額が過少であった場合等に修正申告、更正又は決定により納付すべきこととなる本税等、顧客が本来納付すべき税額に相当する金額について被保険者が行う支払

③ 被保険者の不誠実行為又は税理士法や各種税法上禁止されている行為により発生した損害賠償責任

④ 他人の名誉を毀損したことに対する損害賠償責任（例えば、税理士が顧問先企業の秘密内容を過失により他に漏らしたために、名誉を毀損されたとして損害賠償請求を受けた場合等）

ただし、④については名誉毀損担保特約を付けることにより有責とすることも可能である。

事例 ● 税理士の相続財産の調査義務

被相続人Aの相続人である原告らが、税理士である被告において、Aの課税対象となる相続財産を調査すべき義務を怠り、あるいは同人に過大な相続税を納税する危険を説明すべき義務を怠った結果、同人が相続していない本件土地について相続税を納付して損害を被ったと主張して、被告に対し、不法行為による損害賠償を求めた事案において、税理士は、税務の専門家であ

って、法律の専門家ではないから、ある財産を遺産に含めて相続税の課税対象として処理する場合に、所有権の移転原因を厳密に調査する義務があるとまではいえず、税務署が納税行為の適正を判断する際に先代名義の不動産の有無を考慮している現状に照らせば、被告が本件土地に関する調査義務に違反したということはできないとした事例（那覇地裁・平成23.10.19判決）

ポイント

① 税理士は、税務の専門家であって、法律の専門家ではない。

② ある財産を遺産に含めて相続税の処理をする場合、税理士は、その所有権の移転原因につき厳密な調査義務を負わない。

③ 税理士は、税務代理に係る業務を行うに当たり、課税対象となる財産の範囲を調査し、依頼者に説明すべき義務を負う。

【税理士損害賠償事例】

番号	事 例 の 内 容
1	電子機器利用設備のリース税額控除の適用を失念した事例
2	小規模企業共済掛金の控除対象者を誤認した事例
3	地積の誤認により申告直前に配偶者間の居住用財産の贈与の取消しを行ったが、最終的に登録免許税が余分な負担となってしまった事例
4	税務調査により指摘され納付した源泉税額が相手先より回収不能となった事例
5	所有株について低価法の申請期限を誤認した事例
6	消費税簡易課税制度選択届出書の提出を失念した事例
7	法人税の確定申告に際し、土地重課税の計算上、誤って概算方式を選択した事例
8	相続税の申告に際して、「小規模宅地等の課税価格の特例」の適用すべき土地を誤ったため、相続税の税額が過大になった事例
9	消費税において、誤って一括比例配分方式を適用した事例
10	青色申告承認申請書及び専従者給与に関する届出書の提出を失念した事例
11	社会保険診療報酬に対して概算経費率の適用を失念した事例
12	相続税の申告に当たり、土地の評価を誤った事例
13	買換取得資産について、誤って特別償却を行ったために、買換資産の特例を受けることができなかった事例
14	消費税において「貸倒れに係る税額控除」の適用を失念した事例
15	損金算入できる支払保険料を誤って保険積立金として、約20年間にわたり計上し続けた事例

16	税理士が、法人税の申告書を作成するに際して、5年間の長期にわたり受取配当等の益金不算入の処理を失念していた事例
17	店舗併用賃貸マンションを税理士が全戸居住用物件と勘違いし、課税事業者選択届出書を提出しなかったことによって、建築購入費に係る消費税の還付を受けることができなかった事例
18	補助金収入を誤って課税売上高に計上し続けた結果、過大な納付消費税が発生した事例
19	特別償却の適用をして所得税の確定申告をしたが、税額控除を適用した方が有利であった事例
20	相続によって取得した土地の譲渡申告にあたって、相続財産を譲渡した場合の譲渡所得の特例の適用を失念した事例
21	相続税の修正申告書の提出と同時に提出すべき物納申請書の提出を失念した事例
22	変動所得または臨時所得に該当する収入があったにもかかわらず、平均課税の適用をしないで所得税の確定申告をしたため、過大納付所得税等が発生した事例

　なお、「税理士職業危険特別約款」第6条（免責－その2）の(6)では、「重加算税または重加算金を課された事案に基因する賠償責任」が掲げられ、重加算税、重加算金が免責の対象となるばかりではなく、当該事案で損害賠償請求を受けたもの、すべてが損害賠償の適用範囲外であることが規定されている。

(2)　秩序責任

　秩序責任といわれる税理士懲戒制度は、納税義務の実現に税理士が関与する場合に、納税義務が租税法規に従って、税理士によって適正に実現することを

担保するために設けられたものである。すなわち、適正な納税義務の実現は、結果として、納税者の権利・利益をも擁護することになる。

【税理士法の規定に違反する場合】

・税理士法44条（懲戒の種類）

　税理士に対する懲戒処分は、左の３種とする。

　　　一　戒告

　　　二　２年以内の税理士業務の停止

　　　三　税理士業務の禁止

・税理士法45条（脱税相談等をした場合の懲戒）

　　1　財務大臣は、税理士が、故意に、真正の事実に反して税務代理若しくは税務書類の作成をしたとき、又は第36条（脱税相談等の禁止）の規定に違反する行為をしたときは、２年以内の税理士業務の停止又は税理士業務の禁止の処分をすることができる。

　　2　財務大臣は、税理士が、相当の注意を怠り、前項に規定する行為をしたときは、戒告又は２年以内の税理士業務の停止の処分をすることができる。

(3)　刑事責任

　税理士法において、第８章として「罰則規定」が第58条から同65条まで刑事罰を定めているが、通常の税理士業務を行っている場合には、「脱税相談等の禁止違反」と「守秘義務違反」の２つの規定が刑事罰に課せられる可能性がある。

【脱税相談・守秘義務違反の場合】

・税理士法36条（脱税相談等の禁止）

　税理士は、不正に国税若しくは地方税の賦課若しくは徴収を免れ、又は不正に国税若しくは地方税の還付を受けることにつき、指示をし、相談に応じ、

その他これらに類似する行為をしてはならない。

・税理士法38条（秘密を守る義務）

　税理士は、正当な理由がなくて、税理士業務に関して知り得た秘密を他に洩らし、又は窃用してはならない。税理士でなくなった後においても、また同様とする。

・税理士法58条

　第36条（第48条の16又は第50条第2項において準用する場合を含む。）の規定に違反した者は、3年以下の懲役又は200万円以下の罰金に処する。

・税理士法59条

　次の各号のいずれかに該当する者は、2年以下の懲役又は100万円以下の罰金に処する。

　　一　税理士となる資格を有しない者で、日本税理士会連合会に対し、その資格につき虚偽の申請をして税理士名簿に登録させたもの

　　二　第37条の2〔非税理士に対する名義貸しの禁止〕（第48条の16〔税理士の権利及び義務等に関する規定の準用〕において準用する場合を含む。）の規定に違反した者

　　三　第38条〔秘密を守る義務〕（第50条第2項〔臨時の税務書類の作成等〕において準用する場合を含む。）又は第54条〔税理士の使用人等の秘密を守る義務〕の規定に違反した者

　　四　第52条〔税理士業務の制限〕の規定に違反した者

　2　前項第3号の罪は、告訴がなければ公訴を提起することができない。

事例 ◇ **税理士と代表取締役の共謀共同正犯**

　顧問先の法人税について過少申告をした税理士を、同社代表取締役との共謀共同正犯であると認定した事例（東京高裁・昭和62.2.2判決）

事例 ◇ **納税者の税理士に対する非協力**

　税理士の確定申告に係る資料請求等にもかかわらず、納税者は、何ら資料を提供せず、同税理士に過少申告の確定申告書を作成させた事例（最高裁・平成7.4.28判決）

◎要旨

　重加算税を課するためには、納税者のした過少申告行為そのものが隠ぺい、仮装に当たるというだけでは足りず、過少申告行為そのものとは別に、隠ぺい、仮装と評価すべき行為が存在し、これに合わせた過少申告がされたことを要するものである。しかし、重加算税制度の趣旨に鑑みれば、架空名義の利用や資料の隠匿等の積極的な行為が存在したことまで必要があると解するのは相当ではなく、納税者が、当初から所得を過少に申告することを意図し、その意図を外部からも窺い得る特段の行動をした上、その意図に基づく過少申告をしたような場合には、重加算税の賦課要件が満たされるものと解すべきであるとした上、昭和60年から62年までの3箇年にわたって、所得税の確定申告をするに当たり、株式等の売買による多額の雑所得を申告すべきことを熟知しながら、あえて申告書にこれを全く記載しなかったのみならず、各年分の確定申告書の作成を顧問税理士に依頼した際に、同税理士から、その都度、同売買による所得の有無について質問を受け、資料の提出も求められたにもかかわらず、確定的な脱税の意思に基づいて、前記所得のあることを同税理士に秘匿し、何らの資料も提出することなく、同税理士に過少な申告を記載した確定申告書を作成させ、それを課税庁に提出した場合には、当初から所得を過少に申告することを意図した上、その意図を外部からも窺い得る特段の行動をしたものであるから、その意図に基づいてした過少申告行為は、重加算税の賦課要件を満たすものというべきであるとした。

ポイント

①　税理士は、「税務に関する専門家として、独立した公正な立場において、申告納税制度の理念にそって、納税義務者の信頼にこたえ、租税に関する法令に規定された納税義務の適正な実現を図ることを使命とする」（税理士法1条）職業であり、納税者に依頼されてその職務を行う者であるが、他方で、納税者の不当な信頼にこたえる義務はなく、納税義務者の適正な実現を図る公益的な立場にも立つ者であるから、原告より所

得税の申告手続をすることの依頼を受けた税理士を単なる原告の履行補助者にすぎないものということはできない。

②　税理士は、適正な納税義務の実現を図るため原告に対して何度も注意し、資料の提出を求めたにもかかわらず、原告は、株式等の取引による所得があったことを隠し、その部分に該当する資料を提出しなかったのであるから、資料保存義務の存否にかかわらず、隠蔽行為等に該当する。

❹ 税理士の脱税行為と重加算税

確定申告を請け負った税理士が、税務職員と共謀し、納税者の知らないところで「脱税行為」を行い、それによって納税者に対して重加算税が賦課決定された事件について、東京高裁（平成14.1.23判決）は、（旧）国税通則法70条5項の適用を認め、納税者が勝訴したのであるが、最高裁（平成17.1.17判決）は、審理不十分として二審判決を破棄し、東京高裁へ差し戻したのである。

① 事件の概要

イ　被上告人は、平成2年9月、昭和62年に6,836万5,000円で買い受けた川崎市多摩区所在の本件土地を1億3,000万円で売却した。被上告人は、従前、大学教授として得た収入等について税理士に委任することなく所得税の申告をしていたが、本件土地の売却に伴う譲渡所得を得た平成2年分の所得税については、申告を税理士に委任することとし、平成3年2月頃、知人からA税理士（以下「A税理士」という）を紹介された。

ロ　A税理士は、平成3年2月末頃、被上告人から本件土地の譲渡所得に係る所得税について相談を受け、裏付け資料等を示されることなく事情を聴取しながらメモを作成し、これを被上告人に示して、税額約2,600万円が経費を控除して2,310万円となるところ、全部で1,800万円で済ませることができ、800万円も税額を減少させて得をすることができる旨の説明をした。同メモには本件土地の買手の紹介料等が経費として記載されていたが、被上告人が上記紹介料を出費した事実はなく、出費した旨をA税理士に告げたこともなかった。

ハ　被上告人は、上記の相談をした当日直ちにA税理士に相談することなく、知人から同税理士が税理士資格を有していることについて確認を得た上、数日後に、同税理士に対し平成2年分の所得税の申告を委任し、平成3年3月6日、同税理士に対し税務代理の報酬5万円のほか1,800万円を交付した。

ニ　A税理士は、昭和42年に税務署を退職後、税理士を開業していたが、長年

にわたり、受任した納税者の不動産の譲渡所得に係る課税資料を税務署員を
して廃棄させた上、その譲渡所得を申告しないという方法による脱税行為を
実行し、納税者から受領した納税資金を領得していた。Ａ税理士は、平成３
年３月上旬頃までに、被上告人について脱税行為の協力者であったＢが勤務
していた荻窪税務署管内に転居した旨の虚偽の転居通知をして、その譲渡所
得に係る課税資料を同税務署に送付させ、同人にこれを廃棄させた。そして、
Ａ税理士は、同月15日、被上告人の平成２年分の所得税について、総合課税
の所得金額を999万3,048円、納付すべき税額を7,100円とする確定申告書を提
出し、本件土地の譲渡所得については、申告も納税もせずに、被上告人から
受領した1,800万円を領得した。被上告人は、後日、妻を通じて、Ａ税理士に
対し申告手続の履行について確認し、申告が終了したとの返答を得たが、申
告書の控えの交付を受けることはなかった。

ホ　その後、Ａ税理士の上記の脱税行為が発覚し、被上告人は、平成９年12月
12日、上告人に対し、平成２年分の所得税について、総合課税の所得金額を
1,036万5,148円、分離課税の所得金額を4,882万2,934円、納付すべき税額を
2,529万3,600円とする修正申告書を提出した。これを受け、上告人は、同月
19日、被上告人に対し、税額を１万1,000円とする過少申告加算税賦課決定及
び税額を880万9,500円とする重加算税賦課決定をした。

② **最高裁（平成17.1.17判決）の「重加算税」に対する判断**

　以上が本件事件の概要であるか、最高裁は、上記の事実から、納税者は、税
理士の違法行為を知っていたと推認し得るとし、東京高裁が事実認定した次の
２点からは、「特段の事情」があるということはできないと判断している。すな
わち、東京高裁の国税通則法68条１項の解釈適用の誤りを指摘している。

イ　税理士は、国が資格を付与し、租税に関する法令に規定された納税義務の
適正な実現を図ることを使命とするものであり、職務違反行為等について懲
戒処分が科される我が国の税理士制度の下では、納税者は、一般に、税理士

に対して税務申告手続の煩わしさから解放されるとともに、法律に違反しない方法と範囲で必要最小限の税負担となるように節税することを期待して委任するのであり、これを超えて脱税をも意図して委任するわけではないこと。

□　A税理士が税務署勤務の経験を有し、税務当局から不正行為の疑いを抱かれることもなく長年業務に従事してきた税理士であることからすると、被上告人が、上記の疑いを取り除くことなく、同税理士に申告を委任したからといって、脱税を意図し、その意図に基づいて行動したと認めることはできない。

上記イについては、税理士の社会的な地位及び役割を考慮すべきであるということであり、また、ロについては、当該税理士の経歴及び長期の間、税務職員と共謀してきた特殊な事件であることを強調している。しかしながら、最高裁は、これらの事実は、国税通則法68条1項を適用しない「特段の事情」があるとはいえないとしている（これは、最高裁の「重加算税」に対する1つの判断基準である）。

前期事実関係によれば、A税理士は、本件土地の譲渡所得に関し、被上告人に対し、本件土地の買手の紹介料等を経費として記載したメモを示しながら、800万円も税額を減少させて得をすることができる旨の説明をしたが、被上告人は、上記紹介料を実際に出費していなかったし、出費した旨を同税理士に告げたこともなかったにもかかわらず、上記の説明を受けた上で、同税理士に対し、平成2年分の所得税の申告を委任し、税務代理の報酬5万円のほか、1,800万円を交付したというのである。そうであるとすれば、被上告人は、A税理士が架空経費の計上などの違法な手段により税額を減少させようと企図していることを了知していたとみることができるから、特段の事情のない限り、被上告人は同税理士が本件土地の譲渡所得につき架空経費を計上するなど事実を隠ぺいし、又は仮装することを容認していたと推認するのが相当である。

　すなわち、納税者も「違法な手段により税額を減少させようと企図していることを了知していたとみることができる」ことから、「被上告人が脱税を意図し、その意図に基づいて行動したとは認められないとした原審の認定には、経験則に違反する違法がある」と判断している。

　結局、このような特殊な事件の中で、どこまで納税者が税理士の行為を認識（予知）し得ていたかという事実認定の問題として捉え、最高裁は、「被上告人とＡ税理士の間に前記の意思の連絡があったと認められるかどうかなどについて、更に審理を尽くさせるため、本件を原審に差し戻すのが相当である。」と判断した。

　なお、滝井繁男裁判官は、その補足意見として、次のように述べている。

　　重加算税は、高率の加算税を課すことによって、隠ぺい・仮装による納税義務違反行為を防止し、徴税の実を挙げようとする趣旨に出た行政上の一種の制裁措置である。納税者から申告手続の委任を受けた税理士等の第三者が隠ぺい・仮装行為をした場合において、納税者は、自らその行為をしていないというだけの理由でこの制裁を免れるわけではない。しかし、事実の隠ぺい・仮装についてその一部に意思の連絡があるからといって、必ずしも過少申告となった税額全体について納税者に対して重加算税を賦課することができるわけではないとする考え方が十分あり得るのであり、重加算税を賦課することができる範囲は、重加算税制度の趣旨、目的等から見て、慎重な検討を有する問題である。

　　　　　　　　　　　　　　　　　　　　　　　　　（下線：筆者）

　上記下線部分についても、重加算税の賦課決定に対する一つの判断基準を示しているものである。なお、重加算税（制度の趣旨）について「申告納税義務違反の制裁」と考えるのか、「国家の侵害された利益の回復手段」であると考えるのかの２つの考え方がある（２つの考え方は「脱税目的の認識」の有無で結論が異なってくる）が、納税者の予知（予測性）を重く考えるならば、「申告納税義務違反の制裁」と解するのが妥当であろう。

③ 東京高裁（差戻し審・平成18.1.18判決）

　差戻し審では、「納税者と税理士の間の意思の連絡を認めず、納税者に帰責理由を認めるには足りない」と判断して、重加算税の賦課決定処分を取り消した。すなわち、「重加算税の賦課決定としては、その隠ぺい・仮装の行為が納税者の行為と評価し得る（納税者に帰責すべき）事由が必要である。そして、重加算税が過少申告加算税の加重形態であることからすれば、その要件は、課税庁において立証すべきものと解すべきである。控訴人がA税理士による隠ぺい又は仮装の行為による過少申告を容認し、A税理士との間に意思の連絡があったということはできず、また、その余の事情も、A税理士による隠ぺい行為による譲渡所得の過少申告につき、控訴人の帰責自由を認めるには足りない。」と判示して、重加算税賦課決定処分を取り消した。

　なお、過少申告加算税の賦課決定処分については、「正当な理由があるとは認められない」と差戻し審では判示したため、納税者はこれに対して上告手続をとった。

第10章

青色申告の取消しと重加算税

　青色申告制度は、納税者に適正な帳簿書類を作成させ、それに基づいて正しく申告・納付させることを目的として、申告納税の水準を高めることを目的としている。そして、このような正しい納税者に対しては、その見返りとして、「税法上の種々の特典」を与えている。

　具体的には、主に次のような「特典（privilege）」がある。

① 専従者給与

② 現金主義（小規模事業者）

③ 純損失（又は繰越損失）の繰越控除

④ 推計課税の禁止

⑤ 純損失の繰越還付

⑥ 引当金の必要経費算入

⑦ 低価法の採用

⑧ 青色申告特別控除

⑨ 減価償却の特例（特別償却・割増償却）

⑩ 準備金の特例

⑪ 税額控除の特例

青色申告の承認の取消しに関する税法の規定は、次のように「所得税法150条1項」及び「法人税法127条1項」があるが、それぞれの要件は、次のとおりである。

所得税法

①　その年における第143条に規定する業務に係る帳簿書類の備付け、記録又は保存が第148条第1項（青色申告者の帳簿書類）に規定する財務省令で定めるところに従って行われていないこと

②　その年における前号に規定する帳簿書類について第148条第2項の規定による税務署長の指示に従わなかったこと

③　その年における第1号に規定する帳簿書類に取引の全部又は一部を隠ぺいし又は仮装して記載し、その他その記載事項の全体についてその真実性を疑うに足りる相当の理由があること（下線筆者）

法人税法

①　その事業年度に係る帳簿書類の備付け、記録又は保存が前条第1項に規定する財務省令で定めるところに従って行われていないこと

②　その事業年度に係る帳簿書類について前条第2項の規定による税務署長の指示に従わなかったこと

③　その事業年度に係る帳簿書類に取引の全部又は一部を隠蔽し又は仮装して記載し、その他その記載事項の全体についてその真実性を疑うに足りる相当の理由があること（下線筆者）

④　第74条第1項（確定申告）の規定による申告書をその提出期限までに提出しなかったこと

⑤　第4条の5第1項（連結納税の承認の取消し）の規定により第4条の2（連結納税義務者）の承認が取り消されたこと。

青色申告の承認の取消しの要件の1つである「帳簿書類の隠ぺい又は仮装」の表現は、重加算税と同じである。

なお、青色申告の承認の取消しについては、例えば、法人税法127条2項において、取消しの原因となった事実がいずれに該当するか「附記」を要するとしているが、特に3号の隠ぺい又は仮装になる場合、単に「3号該当」とのみ記載すればよいというのではなく、その基因たる具体的事実の摘示を要する（最高裁・昭和49.6.11判決）。

帳簿の不実記載については、次のような納税者が勝った裁決がある。

事例 ◇ **隠蔽・仮装と青色申告の承認の取消し**

隠蔽・仮装を理由とする青色申告の承認の取消しを不相当とした事例（昭和45.12.2裁決）

> ◎**要旨**
> 売掛債権の貸倒処理に当たって、仮装隠ぺいがあったとする原処分庁の事実認定には誤りがあるので、青色申告承認の取消し処分は不相当である。

ポイント

① 課税庁の事実認定についても、納税者はひるむことなく、積極的に争うべきである。

② 原処分は、「会計処理上不正意思の存在が認められ、かつ、税務調査の際において売掛債権に対する担保を証する書類の提示を拒み、虚偽の申立てをしたとして青色申告書提出の承認取消処分をしている」が、事実認定によって原処分の主張が斥けられた。

事例 ◇ **記帳誤謬と青色申告の承認の取消し**

ごく一部の取引について記帳誤謬があったとしても、青色申告の承認の取消しは行うべきではないとした事例（昭和46.10.26裁決）

> ◎**要旨**
> 全体からみれば、極めてわずかな特定の取引先の一部の取引について取引ごとの記録がなく、また、それについての原始証憑の一部の保存がなくとも、

帳簿書類の備付け、記録、保存状況及び記載事項を全体としてみれば、法人税法施行規則の定めるところによっており、かつ、極めてわずかな一部の取引について存した計算誤りは故意に基づくものとは認められないので、青色申告の承認の取消しは行わないのが妥当である。

ポイント

・金額の小さい誤謬は、一般的に「故意」に行ったものとはみられないことがある。

事例 ◇ **簿書の一部保存の欠如**

簿書の一部保存を欠いたことを理由に青色申告の承認の取消しを行った処分は妥当でないとした事例（昭和46.12.9裁決）

◎要旨

請求人は不測の事態（不渡手形による銀行取引停止処分に伴う財産整理）によりO支店分の簿書の一部について保存を欠いているが、財産整理に伴う損益は適正に補正され、以後は整然かつ明瞭に処理されているので、当該簿書の一部保存を欠いたことを理由に青色申告の承認の取消しを行った原処分は妥当でない。

事例 ◇ **棚卸資産の計上漏れ**

棚卸資産の計上漏れは大部分在庫管理の不注意に基づくものであり、青色申告の承認の取消事由に該当しないとした事例（昭和47.3.31裁決）

◎要旨

棚卸資産の計上漏れが在庫管理の不注意と怠慢によると認められるものは、青色申告の取消しの原因となる隠ぺい仮装の事実に該当しない。

ポイント

・不注意と怠慢による棚卸計上漏れは、「隠蔽・仮装」に該当しない。

事例　◇ **棚卸資産の計上漏れ2**

　棚卸計上漏れを理由とする青色申告の承認の取消しを不相当とした事例
（昭和47.8.22裁決）

> ◎**要旨**
> 　原処分が青色申告の取消原因とした棚卸計上漏れについて、その起因となった材料及び製品の受払いカードの記帳状況について審理したところ、いずれも受払いカードの単なる記帳誤りであり、当事業年度末の総体の在庫数量は請求人が確定決算に計上した数量と一致するものと認められるから、原処分は取り消すことが相当である。

ポイント

・単なる受払いカードの記載ミスは、「隠蔽・仮装」に該当しない。

　次の判例は、納税者の特殊な主張に対する判断である。すなわち、青色申告の特典を受けていないことを理由として、青色申告制度の趣旨に反しないというものである。

事例　◆ **青色申告の特典を受けないこととその趣旨**

　青色申告の特典を受けていないことを理由として、青色申告制度の趣旨に反するとはいえないとの主張が斥けられた事例（東京地裁・昭和54.9.19判決）

> ◎**要旨**
> 　被告会社が青色申告承認に基づく特典を利用した所得計算をしていなかったことは明らかであるが、本件は確定決算による経理処理をしていず、確定申告書に明細書の添付もなかったのであるから、そのことだけで弁護人の主張する経理方法は採用し得ないところである。また、被告会社の代表者である被告人は、法人税を免れようと企て架空修繕費の計上、車両の取得価格の過大計上等による減価償却費の過大計上等により、その備付帳簿書類に内容虚偽の記載をする等の方法により所得を秘匿した上で、ことさらに虚偽過少の申告をしたものであって、その行為は、青色申告承認制度と根本的に相容れないものであり、税法上の特典を享受するに値する青色申告者としての資格を納税者自ら破壊する行為といい得る。したがって、そのこと自体におい

て、青色申告法人に限って認められる前掲特典の享受を主張することは許されないものといわなければならない（最高裁・昭和49年9月20日第二小法廷判決）。そして、その理は、青色申告の特典を享受しつつあえて同制度の趣旨に反する行為に及んだ場合たると、そのような特典を全く利用しておらずして同制度の趣旨に反する行為に及んだ後に、右特典を享受すべく主張する場合たるとによって、その差異を認めることはできないといわねばならない。けだし、両者はいずれも、適式に帳簿書類を備え付けてこれに取引を正確に記載する誠実な納税者にのみ、所得計算上の特典を与えようとする青色申告承認制度の本旨に悖るからである。

下記の判例は、青色申告の承認の取消し等の違法性のために、重加算税の賦課決定が取り消されたという事例である。

事例 ◇ **青色申告の承認の取消し及び更正手続の違法**

　青色申告の承認の取消し及び更正手続の違法を理由として、更正及び重加算税等の賦課決定を全部取り消した事例（平成5.6.24裁決）

◎**要旨**
　請求人は、昭和57年には事業所得を生ずべき義務を廃止していると認められるから、昭和58年以後は、所得税法第151条第2項の規定により、青色申告の承認の効力は失われていることになるから、原処分庁が行った昭和60年分以後の青色申告の承認の取消しは、事実を誤認したものである。
　また、請求人は、昭和61年分の確定申告書とともに青色申告承認申請書を提出したものと推認され、昭和62年分以後は青色申告者であると認められる。したがって、原処分庁が行った昭和62年分から平成元年までの更正通知書には、更正の理由が附記されていないので、各年分の更正は違法な処分である。

ポイント

・課税庁の手続上の違法は、更正処分及び重加算税の賦課決定処分を取り消す原因となる。

【運営指針の取扱い基準の内容】

その1

「個人の青色申告の承認の取消しについて（事務運営指針）」（平成12年7月3日）によれば、「青色申告の承認の取消し」については、次のような基準を設けている。

① 無申告のために所得金額を決定した場合

② 更正処分をした場合

不正（隠蔽・仮装に基づく）所得金額が500万円以上で、当該所得金額が当該更正所得金額の50％に相当する金額を超える場合（次図参照）

この50％基準は、「納税者の悪質度」の基準を測定しているものと思われる。

隠蔽・仮装に基づく所得金額／更正所得金額＝納税者の悪質度

③ 欠損金額を減額する更正をした場合

②と同様に「50％基準」と「500万円基準」がある。

（注）　上記②及び③についての、「更正所得金額」又は「欠損金額」については、次のように計算する。

イ　法人税法57条の規定による青色申告法人に係る繰越欠損金の金額
……当該金額の損金算入をしないで計算した金額

ロ　青色申告法人に限り損金算入をすることができる金額（イの繰越欠損金の損金算入額を除く）

……当該金額の損金算入をしたものとして計算した金額

　また、再更正等が行われた場合の判定は、その都度判定するのではなく、その事業年度についての総額を基礎として判定する。

④　推計課税を行った場合

　上記の形式基準は、個人も法人も同じである。一般に、個人の方が法人よりも規模が小さいことから、500万円という金額基準については、法人と個人で異なる金額基準にすることも考えられるが、運営指針では、そのあたりの考慮はせずに、同一金額基準としている。

　ちなみに、旧法人税基本通達332では、具体的に次のような事実がある場合には、青色申告の承認の取消しを行うべきであるとしていた。

・法人の記帳が複式簿記の方法によっていない場合
・伝票・領収書・納品書その他の証憑書類の大部分を保存していない場合
・二重帳簿を作成する等の方法により計画的に取引の一部を正規の帳簿に記載しなかった場合
・期限後申告を常習とする場合
・右に掲げる場合のほか作為又は不正の行為により取引について真実の記載をしなかった場合

その2

　国税通則法18条又は19条の規定による「期限後申告書」又は「修正申告書」の提出があった場合において、これらの申告書の提出が「調査があったことにより決定又は更正がされるべきことを予知してされたものであるとき」は、上記その1の①から③の規定を適用することになる。

　この「更正があるべきことを予知してされたもの」の具体的な判断については、同時に発遣された「過少申告加算税及び無申告加算税の取扱いについて」の運営指針の中で示されている。

　すなわち、「修正申告書の提出が更正があるべきことを予知してされたと認められる場合」として、次のように述べている。

> 　通則法第65条第5項の規定を適用する場合において、その納税者に対する臨場調査、その納税者の取引先に対する反面調査又はその納税者の申告書の内容を検討した上での非違事項の指摘等により、当該納税者が調査のあったことを了知したと認められた後に修正申告書が提出された場合の当該修正申告書の提出は、原則として、同項に規定する「更正があるべきことを予知してされたもの」に該当する。
>
> ㊟　臨場のための日時の連絡を行った段階で修正申告書が提出された場合には、原則として、「更正があるべきことを予知してされたもの」に該当しない。

　上記(注)に記載している事項は、事前通知の連絡を受けた段階での修正申告は、原則として「更正があるべきことを予知してされたもの」に該当しないというのであるが、その際に、課税庁から具体的に否認事項を明らかにされた場合には、該当することになるのであろう。

　青色申告の承認の取消しの判断についても、同様の取扱い基準が用いられるものと考えられる。

　過去の事例としては、「申告漏れの土地譲渡について具体的に指摘した来署依頼状の送付後になされた修正申告書の提出は、国税通則法第65条第5項に規定する調査があったことにより更正があるべきことを予知してされたというべきであるとした事例」（平成8.9.30裁決）がある（詳しくは、40ページを参照）。

　その他、上記**その1**の①から③に該当する場合であっても、その事業年度前7年以内の各事業年度につき、次のいずれの要件も満たし、かつ、今後適正な申告をする旨の当該法人からの申出等があるときは、青色申告の承認の取消しを見合わせることになっている。

　イ　青色申告承認取消処分を受けていないこと。

　ロ　既往の調査に係る不正所得金額又は不正欠損金額が500万円に満たないこと。

第11章

重加算税が与える
その他の影響

　重加算税の賦課決定の影響は、いろいろな側面において影響する。ここでは、いくつかの側面において、重加算税がどのように影響しているのかを述べる。

１ 上場基準の判定

　上場審査は、上場申請要件に適合する申請会社及び資本下位会社等（人的関係会社及び資本的関係会社が他の会社の発行済株式総数の20％以上を有している場合などをいう）により構成される申請会社の企業グループを対象として、株券上場審査基準第２条に掲げる事項に基づいて行われる。そして、その申請会社が、脱税をしたり、税務調査において重加算税が賦課決定された場合に、関係する事項は、次のとおり □□□□ で印している。

審査基準第２条	取扱内容
① 企業の継続性及び収益性 　※ 継続的に事業を営み、かつ、安定的な収益基盤を有していること	企業グループの事業計画が、そのビジネスモデル、事業環境、リスク要因等を踏まえて、適切に策定されていると認められること
	企業グループが今後において安定的に利益を計上することができる合理的な見込みがあること
	企業グループの経営活動（事業活動並びに投資活動及び財務活動をいう。）が、安定的かつ継続的に遂行することができる状況にあると認められる

	こと
② 企業経営の健全性 ※ 事業を公正かつ忠実に遂行していること	関連当事者その他の特定の者との間で、取引行為（間接的な取引行為及び無償の役務の提供及び享受を含む。）その他の経営活動を通じて不当に利益を供与又は享受していないと認められること
③ 企業のコーポレート・ガバナンス及び内部管理体制の有効性 ※ コーポレート・ガバナンス及び内部管理体制が適切に整備され、機能していること	企業グループの役員の職務の執行に対する有効な牽制及び監査が実施できる機関設計及び役員構成であること
④ 企業内容等の開示の適正性 ※ 企業内容等の開示を適正に行うことができる状況にあること	経営に重大な影響を与える事実等の会計情報を適正に管理し、投資者に対して適時適切に開示することができる状況にあると認められること
⑤ その他公益又は投資者保護の観点から本所が必要と認める事項	その他公益又は投資者保護の観点から適当と認められること

したがって、申請会社等が、重加算税を賦課決定された場合には、④の「企業内容等の開示の適正性」を満たしていないと判断される可能性があり、また、脱税によって刑事事件に発展している場合には、⑤の「その他公益又は投資者保護の観点から、本所が必要と認める事項」に該当することになる。

なお、東京取引所上場基準の中に「虚偽記載」があり、その内容は、「最近2年間「虚偽記載」がない」こととなっているが、この要件は、財務諸表の上での「虚偽記載」であり、直接「重加算税の賦課決定」の問題と関係することはない。

❷ 優良法人と不正計算

　優良申告法人とは、申告納税制度の趣旨に即した適正な申告と納税を継続し他の納税者の模範としてふさわしいと認められる法人をいう。

　課税庁は、こうした法人に対して、敬意を表すとともに、今後の適正な申告納税への期待を込めて、所轄税務署長から表敬状が授与される。

　なお、平成26年6月30日に「事務運営指針」の一部見直しが行われ、優良法人の取扱いについて、「表敬基準」の見直しや「個別指導」に基づく表敬の導入などが、平成27年7月1日以後の表敬から行われた。優良申告法人として表敬されるためには、次の二つの基準を満たす必要がある。

1　机上調査

①　法人税について、調査事業年度前5年以内の各事業年度において継続して青色申告を行っていること。

②　法人税及び消費税について、継続して期限内申告をしていること。

③　法人税、消費税及び源泉所得税について、継続して期限内完納していること。

④　各種申告等手続のいずれかにおいて、e-Tax を利用していること。

⑤　次のいずれかの基準を満たしていること。

　法人税　→　直近3年間の各事業年度（管内の平均所得金額以上）

　消費税　→　直近3年間の各課税期間（管内の平均消費税額以上）

⑥　10年以内の調査により法人の事業実態が的確に把握され、かつ法人税について不正計算がなく、各年度の申告漏れ割合が10%以下であること。

2　深度ある調査

①　法人税について、不正計算がなく、調査年度における申告漏れ割合が、過去5年間に調査した申告漏れ割合の2分の1以下かつ、増差所得金額の2分の1以下であること。

② 消費税、源泉所得税について、<u>不正計算がなく</u>、各調査課税期間の追徴税額が過去5年間に調査した1件当たりの追徴税額の2分の1以下であること。

③ 上記以外の国税についても<u>不正計算および多額な更正等がないこと</u>。

④ 追徴税額が期限内に完納していること。

⑤ すべての取引が整然かつ明瞭に記録され、帳簿および証拠書類が適切に整理・保存され、事実関係や会計処理が速やかに確認できること。

⑥ 経理責任体制が確立されていて、内部牽制が機能しているなど経理組織が整備されていること。

⑦ 企業会計と家計が明確に区分されており、いわゆる公私混同がないこと。

⑧ 仮名・借名などの不明朗な金融機関取引がないこと。

⑨ 取引先など他の者の<u>不正計算に加担又は援助していないこと</u>。

⑩ 使途不明金がないこと。

⑪ 税務調査・資料収集に理解と協力があること。

⑫ 代表者の国税についても、上記（1）①②③及び⑥の基準を満たしていること。

⑬ 代表者が実質的に経営する法人も適正な申告及び納税が行われているとともに、代表者等の税務に対する認識が深いと認められること。

（注）下線の「不正計算」は、原則として、重加算税と結びついている。

事務運営指針の見直しによって、優良申告法人表敬された場合、その表敬から原則5年後に「個別指導」が行われることになった。すなわち、表敬後、引き続き適正な申告納税のための会計・経理体制が構築・維持されているかどうかのチェックは、「調査」そのものではなく、「行政指導」により判定することになった。

なお、「個別指導に基づく表敬対象法人の選定表」と「調査に基づく表敬対象法人の選定表」は、次のとおりである。

個別指導に基づく表敬対象法人の選定表

1　使用目的

　「個別指導に基づく表敬対象法人の選定表」は、個別指導に基づく表敬対象法人に該当するか否かを的確に判定するために使用する。

2　記載要領

　固定文字で印刷されている欄については、該当する文字を○で囲んで表示し、当該以外の各欄については、次による。

項　　目		内　　　容
業　　　　　　種		法人が現実に営んでいる主たる事業の内容を業種分類整理番号に定める業種目により記入し、（　）内には業種番号を記入する。
兼　　　　　　業		法人が2以上の事業を営んでいる場合に、その従たる事業の内容を記入し、兼業割合を（　%）内に記入する。
資　　本　　金		個別指導の対象とする表敬最終事業年度の資本金額等を記入する。
表敬状況	当　　　初	当初の表敬年月日を記入する。
	前　　　回	前回の調査及び個別指導に基づく表敬年月日を記入する。
代表者等の申告状況		代表者等に係る申告所得税及びその他の国税の状況について、その税目等を記入する。
前回調査の修正事項・指摘事項		前回調査で修正した事項及び指摘を受けた事項がある場合には、当該事項等を具体的に記載する。
左記の基準以外で不適当と判断した場合その理由		個別指導対象外とする基準及び個別指導における基準以外で表敬の実施が不適当と判断した場合に、その理由を具体的に記載する。
署幹部及び担当者意見		判定結果について、署幹部及び担当者の意見を記載する。

（注）　1　「個別指導対象外とする基準による判定」の各欄のうち、網掛けの項目のいずれかに該当する場合は、「判定」欄の「不適当」に該当する。

　　　　2　「個別指導に基づく表敬対象法人の選定表」は、次回の調査に基づく表敬まで法人税歴表に編てつの上保管する。

調査に基づく表敬対象法人の選定表

1　使用目的

「調査に基づく表敬対象法人の選定表」は、表敬対象法人を上申するために使用する。

2　記載要領

固定文字で印刷されている欄については、該当する文字を○で囲んで表示し、当該以外の各欄については、次による。

項　目			内　　容
業　　　　　種			法人が現実に営んでいる主たる事業の内容を業種分類整理番号に定める業種目により記入し、（　）内には業種番号を記入する。
兼　　　　　業			法人が2以上の事業を営んでいる場合に、その従たる事業の内容を記入し、兼業割合を（　％）内に記入する。
資　　本　　金			上申の対象とする表敬対象最終事業年度の資本金額等を記入する。
机上審査基準による判定	表敬状況	当　初	当初の表敬年月日を記入する。
		前　回	前回の調査及び個別指導に基づく表敬年月日を記入する。
	臨時的欠損等の有無		上申の対象とする事業年度以前5事業年度において、無所得申告を行った事業年度がある場合には、欠損理由が臨時的かつ明白なものの有無について判定し、その内容を簡記する。
	業績の早期回復見込み		上申の対象とする事業年度以前5事業年度において、所得金額が局内有所得法人の平均所得金額又は局内業種大分類別有所得法人の平均所得金額を下回る場合に、早期に業績が回復する見込みの有無について判定し、その内容を簡記する。
	進行期の見込み		進行事業年度の売上高、所得金額の見込み等を簡記する。
	過去10年間の調査結果		（　　事務年度）には、過去10年間に調査した事務年度を記入し、調査結果に基づき判定する。
	「事業・実態の特記事項」及び「深度ある調査の選定事由等」		事業・実態の特記事項及び深度ある調査の選定事由等を具体的に記載する。

	局内有所得法人の平均所得金額との対比	（　　千円）には、法人税について、過去３年間における所轄国税局管内の有所得法人１法人当たり平均申告所得金額を記入するとともに、法人の申告所得金額が当該金額の「以上」又は「未満」であるかを上申の対象とする事業年度以前３事業年度（６か月決算法人については６事業年度について判定する。以下同様とする。）について記入する。
	局内業種大分類別有所得法人の平均所得金額との対比	（　　千円）には、法人税について、過去３年間における所轄国税局管内の業種大分類別の有所得１法人当たりの平均所得金額を記入するとともに、法人の申告所得金額が当該金額の「以上」又は「未満」であるかを上申の対象とする事業年度以前３事業年度について記入する。
	局内平均消費税額との対比	（　　千円）には、消費税について、過去３年間における所轄国税局管内の納税法人１法人当たり平均消費税額を記入するとともに、法人の消費税額が当該金額の「以上」又は「未満」であるかを上申の対象とする事業年度以前３事業年度について記入する。
	局内全法人の平均所得金額との対比	（　　千円）には、法人税について、過去３年間における所轄国税局管内の全法人１法人当たり平均申告所得金額を記入するとともに、法人の申告所得金額が当該金額の「以上」又は「未満」であるかを上申の対象とする事業年度以前３事業年度について記入する。
深度ある調査における選定基準による判定	「金融機関調査」、「反面調査」及び「連携調査」	金融機関調査、反面調査及び連携調査の有無、調査支店(法人)数及び調査延日数を記載する。
	法人税	（申告漏れ割合　％）及び（増差所得金額　千円）には、基準となる過去５事務年度間に実施した実地調査における１事業年度当たり申告漏れ割合の２分の１の割合及び当該１事業年度当たり増差所得金額の２分の１の金額を記入する。
	「消費税」及び「源泉所得税」	（追徴税額　千円）には、基準となる過去５事務年度間に実施した実地調査における消費税又は源泉所得税に係る非違１件当たり追徴税額の２分の１の金額を記入する。
	その他	（　税）には、法人税、消費税及び源泉所得税以外の調査した税目を記入する。
	代表者が経営している法人（有・無）	代表者が経営している他の法人の状況について、当該法人の所在地に応じて法人数を記入する。
	代表者等の申告状況	代表者等に係る申告所得税及びその他の国税の状況について、その税目等を記入する。
	「深度ある調査の実施状況」、「調査における検討事項」及び「その他の参考事項」	具体的に状況又は検討事項等を記載する。

会社内部の状況	取引の記録状況（正確度・自計能力）	法人事業概況説明書の「経理の状況」欄等の記載内容並びに実地調査等の際の取引の記録状況を総合勘案して資産、負債及び資本に影響を及ぼす一切の取引について整然かつ明瞭に記録されているかどうか法人税、消費税の別に判定する。
	帳簿・証拠書類等の整理・保存状況	法人事業概況説明書の「経理の状況」欄等の記載内容及び実地調査等の際に確認した状況に基づいて取引等に係る事実関係及びその会計処理が速やかに確認できるなど帳簿及び証拠書類等が適切に整理・保存されているかどうか判定する。
	経理組織（責任体制・内部牽制）	経理上の責任体制が確立され、使用人等の不正を防止するための内部牽制及び経理組織が確立されているかどうかを、実地調査等の際に把握した内容に基づいて判定する。
	会社と家計の区分	企業会計と家計が明確に区分され、いわゆる公私混同がないかどうかを、実地調査等の際に把握した内容に基づいて判定する。
	金融取引の明朗性	法人並びに代表者等及びその家族が、仮名・借名口座等の不明朗な金融機関取引がないかどうかを実地調査等の際に把握した内容に基づいて判定する。
	代表者等の税に対する認識・理解度	従業員等他の者に対しても適正な申告又は税務処理及び納税について喚起するなど、代表者等の税務に対する認識について実地調査等の状況等に基づいて法人税、消費税、源泉所得税及び申告所得税の別に判定する。
	調査・資料収集に対する協力度	税務調査及び資料収集に対して、理解と協力を得られたかどうか実地調査等の状況等に基づいて判定する。

（注）　「調査に基づく表敬対象法人の選定表」は、次回の調査に基づく表敬まで法人税歴表に編てつの上保管する。

442

❸ 帰化する場合の基準

　日本の国籍を取得するためには、一般的な条件として、国籍法5条の条件を満たさなければならない。

　国籍法5条は、次に示すとおりである。

> 第5条　法務大臣は、次の条件を備える外国人でなければ、その帰化を許可することができない。
> 一　引き続き5年以上日本に住所を有すること。
> 二　18歳以上で本国法によって行為能力を有すること。
> 三　素行が善良であること。
> 四　自己又は生計を一にする配偶者その他の親族の資産又は技能によって生計を営むことができること。
> 五　国籍を有せず、又は日本の国籍の取得によってその国籍を失うべきこと。
> 六　日本国憲法施行の日以後において、日本国憲法又はその下に成立した政府を暴力で破壊することを企て、若しくは主張し、又はこれを企て、若しくは主張する政党その他の団体を結成し、若しくはこれに加入したことがないこと。
> 2　法務大臣は、外国人がその意思にかかわらずその国籍を失うことができない場合において、日本国民との親族関係又は境遇につき特別の事情があると認めるときは、その者が前項第五号に掲げる条件を備えないときでも、帰化を許可することができる。

　上記、国籍法5条の内容を具体的に示すと、次のようなこととなる。

　　①　**住所条件**……引き続き5年以上日本に住所を有すること

　　②　**能力条件**……18歳以上で本国法によって能力者であること

　　③　**素行条件**……素行が善良であること（過去に「重加算税の賦課決定」をされたことがないこと）

　　（注）イ　この条件の素行とは、抽象的な概念であるから、具体的には生活全般からの帰化調査が必要となる。

　　　　　ロ　職業、経済活動、日常生活、納税義務、刑事、行政法規に対する違反

の有無並びに程度等が判断の資料とされる。

ハ　刑事犯で有罪判決を受けた者、執行猶予中の者等については、社会通念上、素行善良とは見られないので、一定の期間を置いて、その事実を悔い改め、再犯のおそれがない状態になった場合でなければ素行善良とはいえない。

ニ　<u>納税義務は、国民の基本的義務の１つであるから、脱税をすることは容認できない。重加算税の追徴を受けた場合も、その態様、内容、回数等によって可否が判断される。</u>

ホ　車の事故、違反については、刑法違反（業務上過失障害等）や道路交通法違反等について、その時期、態様、回数等が斟酌される。

ヘ　風俗営業法違反等についても、公序良俗に著しく反していると考えられるときは、素行条件に適合しない。

<u>コメント</u>

　　憲法30条で、「国民は、法律の定めるところにより、納税の義務を負う」と書かれているとおり、納税義務が日本国民の義務であるにもかかわらず、「隠蔽・仮装」によって、義務を履行しないということは、国籍を取得する条件を満たさないと判断されるのであろう。

④　生計条件……自己又は生計を一にする配偶者その他の親族の資産又は技能によって生計を営むことができること

⑤　重国籍防止条件……国籍を有しないか、帰化によって国籍を失うべきこと

⑥　不法な団体を結成し、又は加入したことがないこと

なお、条件には、具体的に記載されていないが、「日本語能力」も必要であるとされている。

❹ 叙勲の判定基準

　内閣府の中に「賞勲局」がある。この賞勲局では、栄典制度の調査、研究、企画業務のほか、春秋叙勲等における勲章等の授与に関する審査などの栄典に関する事務を行っている。叙勲及び褒賞の種類については、次のとおりである。

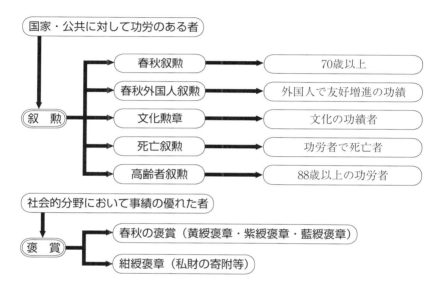

　このように、叙勲・褒賞については、多くの種類があるが、これらの者を選定する際には、本人の身元調査を原則的に行うことになる。そして、その際に、過去に「脱税」「重加算税の賦課決定」の対象者になった者は、除かれるのが一般的である。すなわち、賞勲局が、その対象者を人選する際には、一定の基準に基づいて行われる。

　各省庁栄典担当課長宛に出されている候補者の推薦依頼に係る総務課長通達には、次のような注意事項が示されている。

> 　2　候補者の選考にあたっては、候補者又は候補者の関係する法人等について、訴訟が係属中である場合、最近になって、警察官又は検察官の取調べを受けた場合、刑の確定があった場合、公正取引委員会による取調べを受

けた場合、同委員会の審決等を受けた場合、その他勲章を授与することが適当でないような事実が新聞又は週刊誌等に報道された場合等については、特に慎重に調査検討し、その者に勲章を授与することが適当でないと判断されるときは、これを除外すること。

そして、具体的には、「栄典を授与することが不適当な者」として、次のような事項を挙げている。

(1) 候補者自身又は候補者の関係する法人等が、

　ア　警察官若しくは検察官等による取調べを受けてその処分が未定の場合又は刑事訴訟係属中である場合

　イ　刑罰又は行政処分を受けて一定期間を経過していない場合

　ウ　公正取引委員会による調査を受けてその処分が未定の場合、審理が係属中である場合、審決等を受けて一定期間経過していない場合

　エ　公害、人身事故等の問題が存し、補償その他の措置が終了していない場合

(2) 候補者の親族又は候補者の指揮監督下にある者が、候補者又はその関係する法人等のために行った行為に関し警察官等による取調べを受けている場合、刑事訴訟が係属中である場合又は刑罰を受けて一定期間経過していない場合

(3) その他栄典を授与するにふさわしくない行為があった場合

なお、一定の期間が経過し、栄典の候補者として取り上げることが許される場合であっても、犯罪その他栄典を授与するに不適当な事実の内容によってはその社会的影響の程度を考慮して、栄典を授与しないことが適当と判断される場合があるので、十分留意する必要がある。

行政処分としては、「候補者自身又はその関係する法人等が、反社会性の強い行為を行うことによって重加算税の賦課、許認可等の取消し、登録の抹消、業務の停止等の行政処分を受けた場合、一定の期間栄典の授与の対象としないこととしている」との取扱いがある。

《参考》

　内閣府のホームページでは、下記のように示されている。

■勲章

種　　類		授与対象
大勲位菊花章　大勲位菊花章頸飾　大勲位菊花大綬章		旭日大綬章又は瑞宝大綬章を授与されるべき功労より優れた功労のある方
桐花大綬章		
旭日章	瑞宝章	国家又は公共に対し功労のある方
旭日大綬章　旭日重光章　旭日中綬章　旭日小綬章　旭日双光章　旭日単光章	瑞宝大綬章　瑞宝重光章　瑞宝中綬章　瑞宝小綬章　瑞宝双光章　瑞宝単光章	**旭日章**　功績の内容に着目し、顕著な功績を挙げた方　**瑞宝章**　公務等に長年にわたり従事し、成績を挙げた方
文化勲章		文化の発達に関し特に顕著な功績のある方

㊟　上記の他に、外国人に対する儀礼叙勲等特別な場合に、女性のみに授与される勲章として宝冠章がある。

■褒章

種　類	授与対象
紅綬褒章	自己の危難を顧みず人命の救助に尽力した方
緑綬褒章	自ら進んで社会に奉仕する活動に従事し徳行顕著なる方
黄綬褒章	業務に精励し衆民の模範である方
紫綬褒章	学術、芸術上の発明、改良、創作に関して事績の著しい方
藍綬褒章	公衆の利益を興した方又は公同の事務に尽力した方
紺綬褒章	公益のため私財を寄附した方等
飾　　版	既に褒章を授与された方に更に同種の褒章を授与すべき場合

索　引

◇著者紹介◇

八ッ尾　順一
やつお　じゅんいち

昭和26年生まれ　京都大学大学院法学研究科（修士課程）修了

現　在：大阪学院大学法学部教授、公認会計士・税理士

著　書：『ドキュメント税金裁判』（平成 9 年）・『平成10年度法人税改正と実
　　　　務の対応』（平成10年）・『交際費（第 5 版）』（平成19年）以上中央経
　　　　済社／『自社株式の評価と事業承継対策』（平成 3 年）・『税務判断の
　　　　ポイント─譲渡・相続・贈与・評価』（平成 8 年）・『入門連結納税制
　　　　度』（平成11年）・『判例・裁決等からみた税務調査の事例研究』（平
　　　　成17年）以上財経詳報社／『資産税の税額計算ハンドブック』（編
　　　　著、平成 8 年）・『金融商品の時価会計と税務Ｑ＆Ａ』（平成13年）・
　　　　『新装版／入門税務訴訟』（平成22年）・『時価課税の規定と事例研究』
　　　　（平成15年）・『法人税損金処理の判断と実務』（平成15年）・『実務家
　　　　のための税制改正Ｑ＆Ａ』（共著、平成22年）『（七訂版）租税回避の
　　　　事例研究』（平成29年）・『新・減価償却制度と改正耐用年数の実務』
　　　　（平成20年）『十三訂版／図解租税法ノート』（令和 3 年）『マンガで
　　　　わかる遺産相続』（平成23年）・『損金経理の判断と実務』（平成23年）
　　　　以上清文社／『交際費の節税実務と支出管理』（平成 6 年）・『交際
　　　　費・寄附金の実務と節税』（平成10年）・『やさしくわかる減価償却』
　　　　（平成12年）以上日本実業出版社／『基本テキスト：税務会計論』（平
　　　　成15年）同文舘出版／『業種別税務調査の傾向と対策』（平成元年）
　　　　ぎょうせい

論　文：「制度会計における税務会計の位置とその影響」（昭和61年、第 9 回
　　　　日税研究賞受賞）

その他：平成 9 ～11年度税理士試験委員
　　　　平成19～21年度公認会計士試験委員（「租税法」担当）

第7版 事例からみる重加算税の研究

2022年12月15日　発行

著　者　　八ッ尾 順一Ⓒ

発行者　　小泉 定裕

発行所　　株式会社 清文社

東京都文京区小石川1丁目3−25（小石川大国ビル）
〒112-0002　電話03（4332）1375　FAX03（4332）1376
大阪市北区天神橋2丁目北2−6（大和南森町ビル）
〒530-0041　電話06（6135）4050　FAX06（6135）4059
URL https://www.skattsei.co.jp/

印刷：大村印刷（株）

ISBN978-4-433-73042-0